ALPENVEREINSJAHRBUCH

BERG 2008

ZEITSCHRIFT BAND 132

Titelbilder (von links): Kamerateam in den Anfängen des Bergfilms. Foto: Archiv Matthias Fanck; *Ines Papert in »Camillotto-Pellesier 8b« an der Cima Grande di Lavaredo.* Foto: Rainer Eder, Visual Impact; *Am Pisciadusee. Sella.* Foto: A. Strauss; *Gehbehinderter TN wird bei Wanderung unterstützt – No Limits Sommer 2007.* Foto: Anke Hinrichs
Bild oben: Pößnecker Klettersteig, Sella Gruppe, Dolomiten, Italien. Foto: Bernd Ritschel
Bild Seite 2/3: Seiser Alm mit Felswänden der Sellagruppe. Foto: Bernd Ritschel
Bild Seite 7: Nachtskipiste bei Bischofswiesen vor der Kulisse der Reiteralpe. Foto: Gunar Streu
Bild Seite 8/9: Boehütte mit Piz Boe, Sella, Dolomiten. Foto: A. Strauss

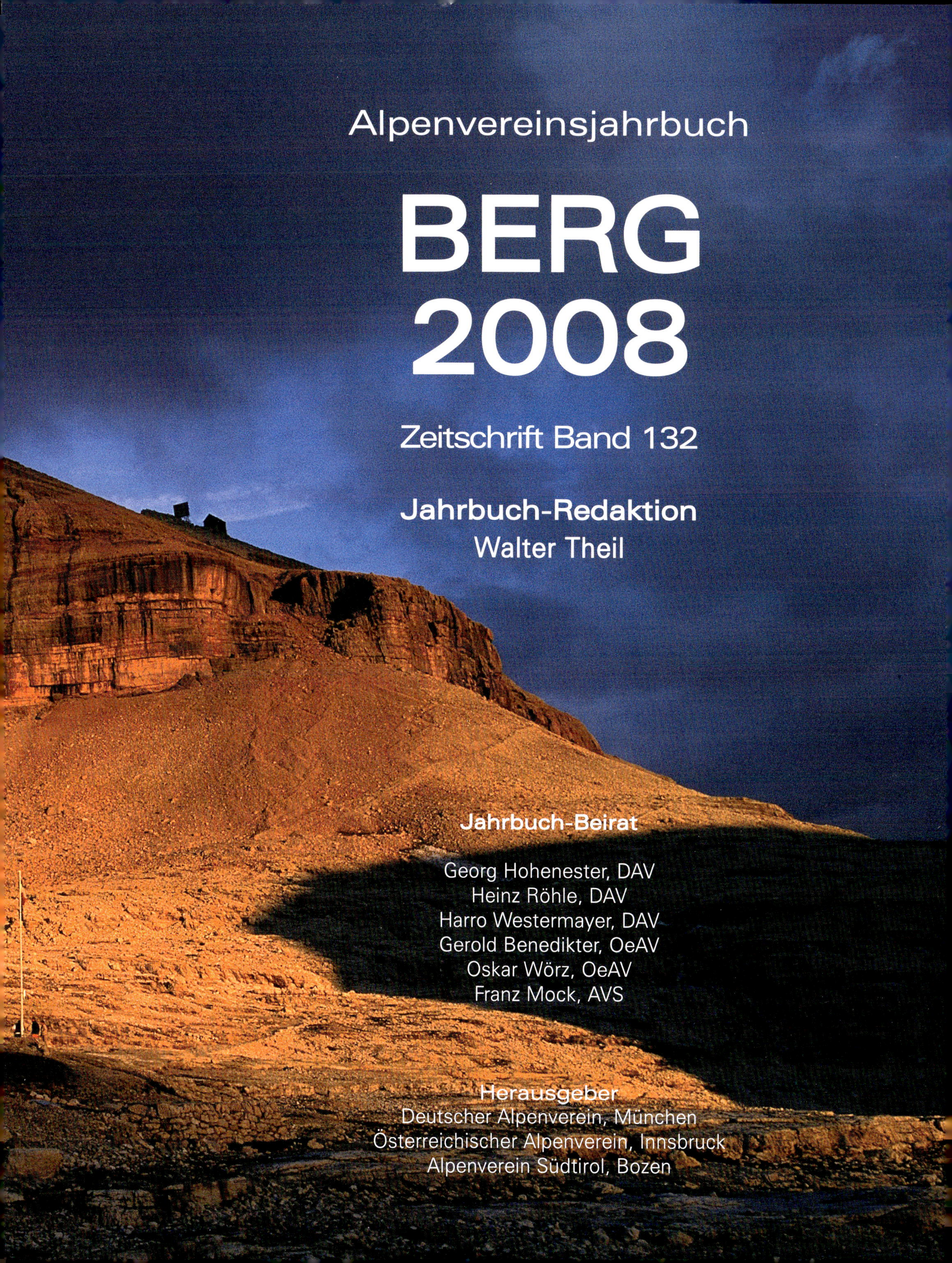

Alpenvereinsjahrbuch

BERG 2008

Zeitschrift Band 132

Jahrbuch-Redaktion
Walter Theil

Jahrbuch-Beirat

Georg Hohenester, DAV
Heinz Röhle, DAV
Harro Westermayer, DAV
Gerold Benedikter, OeAV
Oskar Wörz, OeAV
Franz Mock, AVS

Herausgeber
Deutscher Alpenverein, München
Österreichischer Alpenverein, Innsbruck
Alpenverein Südtirol, Bozen

Der Berg: Natur – Kulisse – Inszenierung

• Topthema

Martin Roos

Walter Theil

Stefan König

Helga Peskoller

Bernhard Tschofen

Jürgen Winkler

Bernhard Kathan

Beat Gugger

Thorsten Schüller

Stephanie Geiger

Helvetisches Alpentheater

VON MARTIN ROOS

Vorhang auf im »Ferienland«! Willkommen an der Schweizer Schaubühne mit den imposanten Bergkulissen! Touristen wohnen der Erlebnisaufführung ebenso bei wie Einheimische, zumal sich helvetische Identität zu einem guten Stück über die Alpenwelt definiert. Doppelter Grund also für die Schweizer, ihre Berge stets aufs Neue zu inszenieren. Neu und doch alt, denn die Inszenierungen der Schweiz stehen in Tradition des 18. und 19. Jahrhunderts. Die Trilogie aus Vorromantik, Romantik und Neoromantik wurde bereits gegeben. Wird auch die Postromantik über die Bühne gehen?

Heidi – Teil 2. Auch in der Fortsetzung von Johanna Spyris Geschichte steht die Kulisse vor der Kulisse. »Vorbühne«: Akteure auf der Seebühne Walensee; »Hinterbühne«: Kette der Churfürsten.
Foto: A. Mettler/Swiss Image

Schuld ist Haller; Albrecht von Haller. Der Berner Physiologe, Botaniker und Dichter, dessen dreihundertster Geburtstag im Jahr 2008 begangen wird, verfasste 1729 »Die Alpen«. Das Fünfhundertzeilengedicht[1], drei Jahre später veröffentlicht, brachte die Leser zum Schwärmen – und Ausschwärmen in eine touristisch jungfräuliche Bergwelt. Kräftige Almwiesen, beherztes und glückliches Hirtenvolk, imposante Felswelten, zartes Alpenglühen. Was für ein wunderbares Schauspiel bot Haller dem geistigen Auge seiner Leser. Schauspiel? Richtig, Haller inszenierte schweizerische Landschaft vor 275 Jahren als Insel der Glückseligkeit, beschützt von den Bergen. Damit legte er den intellektuell-poetischen Grundstein für eine Schaubühne, auf der bis heute Einheimische und Touristen die Hauptakteure sind. Erstere müssen von diesem Theater leben, sehen also die Berge im Licht einer möglichst effizienten wirtschaftlichen Ausbeutung. Touristische Besucher aber begreifen die Schweizer Alpen als Sport- und Kulturpark und bevorzugen die Logenplätze im alpinen Erlebnistheater, dessen Kulissen so herrlich in den Himmel ragen.

[1] Albrecht von Haller: Die Alpen und andere Gedichte. Aktuell aufgelegt z.B. bei Reclam, Stuttgart. **Hallers Schrift erschien bis zu seinem Tod (1777) in dreißig Auflagen, wurde in alle Weltsprachen übersetzt und darf als eine der erfolgreichsten PR-Kampagnen der Geschichte angesehen werden** (Rainer Stephan: Die Alpen. *Süddt. Ztg.* 12.2.1999).
[2] Beat Stutzer (Hrsg.): Der romantische Blick. Chur 2001

Schreckliche Berge

Diese Verherrlichung war neu. Noch bis über Haller hinaus nahmen Reisende das Hochgebirge feindlich wahr. »Bis in die 70er Jahre des 18. Jahrhunderts galten die Alpen als gefährliches, schreckliches Hindernis zwischen dem Cis- und Transalpinen, als wahre Todeszone, die man auf der ›Grand Tour‹ nach Italien (...) rasch überqueren wollte.«[2] Johann Joachim Winckelmann beispielsweise empfand die Gegend um den Gotthardpass im Jahr 1760 als geradezu verabscheuungswürdig. Englische Literaten sahen die Alpen gar als unförmige Auswüchse der Natur an, als Sinnbilder der Hölle.[3]

Dass es die Schweiz als erster Alpenstaat »schaffte«, dieses Schreckensbild zu überwinden, die Alpen als zünftiges Volksstück zu inszenieren und als Tummelplatz für Touristen zu prädestinieren, verdankt sie Menschen wie Haller oder auch dem aus Genf stammenden Jean-Jacques Rousseau. Diese sorgten für eine Art Alpauftrieb ausländischer Literaten und Philosophen, von Goethe bis Byron, von Shelley bis Nietzsche. Mancher nahm die Bergwelt seinerzeit schon als Spektakel wahr, wie das Beispiel Gottfried Kellers zeigt. Nachdem er der Einweihung des Schillerdenkmals am Vierwaldstätter See beigewohnt hatte, notierte Keller: »Ich fuhr mit dem Frühboot von Luzern weg in die klassische Gebirgswelt hinein, welche in grauem Morgenschatten vor uns stand, geheimnisvoll gleich einem Theatervorhang den goldenen Morgen verhüllend.« Keller war es wortwörtlich »wie in einem Theater zu Mut«.[4]

Berge wirkten und wirken inspirierend. Das machen sich die Dramaturgen moderner Touristik heute verstärkt zunutze, in einer Art reziproker Inszenierung. Gewissenhaft werden die großen Köpfe wieder aus dem staubigen Magazin geholt und ins Rampenlicht ausgetüftelter Kampagnen gerückt, frei nach dem Motto »unterwegs auf den Spuren« Goethes, Nietzsches und Konsorten. Indem die Touristiker verstärkt auf derartige Regietechniken setzen, greifen sie auf geistige Requisiten einstiger Dichter und Denker zurück. Durch diesen Rückgriff auf aufklärerische, klassische, romantische Literatur bekommt die imposante Bergwelt eine vierte Dimension im Auge des Zuschauers. Werke, denen einst die Berge ihr Leben einhauchten, helfen hundert Jahre später wieder bei der Inszenierung der Berge.[5]

Alles Palette?

In Szene setzen – Vorhang auf für die Maler! Wer konnte die Bergwelt besser veranschaulichen als die malende Zunft? Das Bedürfnis, Gipfelwelten zu pinseln, keimte in der zweiten Hälfte des 18. Jahrhunderts.[6] In vorromantischer, vorrevolutionärer Zeit postulierte man die Formulierung von Extremsituationen in der Natur. Hier trat Caspar Wolf auf den Plan. Dieser kann für die Malerei als eigentlicher Entdecker der hochalpinen Bergwelt angesehen werden. In den 1770er Jahren schuf Wolf rund 200 Gemälde mit schweizerischen Bergansichten, die ein findiger Kunstverleger wenig später druckgrafisch reproduzieren ließ, was für eine weite Verbreitung sorgte.[7,8] Außer Malern des Alpengebiets, wie Joseph Anton Koch oder später Giovanni Segantini und Ferdinand Hodler, inszenierte beispielsweise auch ein begeisterter William Turner vermehrt Bergszenen der Schweiz. Diese stießen in den folgenden Dekaden auf immer größere Resonanz in Europa, was sich in den Katalogen der Pariser Louvre-Ausstel-

[3] Aurel Schmidt: Geschichte der Alpen. In: Aargauer Kunsthaus (Hrsg.): Die Schwerkraft der Berge. Basel 1997.
[4] Gottfried Keller: Am Mythenstein. In: Sämtl. Werke. Frankfurt/M 1996.
[5] **Anschauliches Beispiel**: Andreas Bellasi (Hrsg.): Höhen, Tiefen, Zauberberge – literarische Wanderungen in Graubünden. Zürich 2004.
[6] Museum Würth (Hrsg.): Die Inszenierung der Natur. Künzelsau 1999.
[7] Yvonne Boerlin-Brodbeck: Das Bild der Alpen. In: Barbara Welter (Hrsg.): Die Erfindung der Schweiz. Zürich 1998.
[8] **Moderne Erweiterungen erfuhren die Schönen Künste in Form von Foto- und Filmkunst – hierbei abgelöst von der Wirklichkeit der Natur, transportabel, manipulierbar und einer großen Masse zugänglich. Letzteres gilt insbesondere für Tourismusprospekte und »Bilderbücher«** (»Swiss Panorama« oder »Switzerland« AT Verlag, Aarau).

Schweiz- Inszenierung »klassisch-zünftig«

- Alpkäsemeisterschaft (Berner Oberland)
- Fußball-UEFA-Pokal-Endrunde (teils in der Schweiz, Juni 2008)
- Heidi – Das Musical, Teil 2 (Walenstadt; Welturaufführung Sommer 2007 auf der Seebühne)
- Niesen-Treppenlauf (entlang der Niesen-Standseilbahn, auf der, Zitat, längsten Treppe der Welt: 11.674 Stufen)
- Rigi-Schwingen (Zentralschweiz)
- Tellspiele (Interlaken)
- www.myheidi.ch, alternative Domäne von »Schweiz Tourismus« (www.myswitzerland.com).

lungen widerspiegelte.[9] Kaum ein Bild brachte mehr die Bedeutung des Bergs als Kulisse zum Ausdruck als der »Schwur auf dem Rütli«, den Jean-Léonard Lugardon 1836 auf Leinwand verewigte. Die Bergszene, im Hintergrund der drei Eidgenossen, wurde ideologisch aufgeladen, geradezu religiös überhöht.

Eben dies waren die Ansprüche der Romantiker: Sehnsucht nach Ursprünglichkeit, nach Reinheit und stimmungshafter, unberührter Natur. Die Maler der Romantik bestückten den imaginativen Schnürboden mit einem Kontingent an Kulissen, aus dem Schweiztouristiker noch heute schöpfen. In Szene gesetzt wurden und werden die Schweizer Alpen zum Beispiel als:

- Ruinen einer Naturvorzeit
- gottgegebene Festung
- Altar, vor dem das Knie zu beugen ist
- Hort der Freiheit, Sicherheit und des Widerstands
- »Setting« heldenhafter Kämpfe
- Schauplatz eidgenössischer Mythen und Historien
- Träger der »Idee Schweiz«.

Letzterer Punkt mag überraschen; aber anders als vielleicht angenommen, besitzt die Schweiz keineswegs eine solide identitätsstiftende Basis. »Die Schweiz muss sich als Nation ständig neu inszenieren, damit sich nationale Identität entfaltet.«[10] Dabei werden nur zu gerne alte Kulissen hervorgeholt, um diese in einen neuen Erlebniszusammenhang zu stellen. Und der Helvetier ist stolz auf diese Leistung. Zitat Peter Bichsel: »›Die Schweiz ist wunderschön.‹ Wenn wir den Satz hören, denken wir nicht nur an Landschaftliches, sondern an ein Ganzes, und wenn schon an Landschaftliches, so erscheint uns auch diese Landschaft als Leistung.«[11]

Die Touristen kommen

Vom ausgehenden 18. bis zu Beginn des 20. Jahrhunderts blühte der Tourismus in der Schweiz auf. Maßgeblich durch die Reise- und Investitionslust von Engländern der gehobenen Mittelschicht florierten Hotels, Gastronomie und Bergbahnen. Vor allem Letztere erwiesen sich als besonders erfindungsreich, was werbewirksame Methoden anbelangte. Mehr noch: Dem Publizitätsdienst der SBB kam das Verdienst zu, erstmals systematisch für den gesamtschweizerischen Tourismus geworben zu haben.[12] Dabei entpuppte sich das Plakat als wichtiges Regieinstrument der Inszenierung, ließ sich doch damit enorme emotionale Schubkraft transportieren. Und dies nicht nur im Falle der beliebten weiblichen Allegorien der Eisenbahn – quasi Vorläuferinnen moderner Pin-up-Girls.[13] Ende des 19. Jahrhunderts kristallisierten sich bereits die werbewirksamsten Bergkulissen heraus, darunter das Matterhorn. Zugleich vollzog sich der Wandel von der naturalistischen Wiedergabe zum Jugendstil. Mit Emile Cadinaux begann die Ära kühner Touristikplakate, in der sich Kubismus, Expressionismus und Fauvismus wiederfanden.

Warum sind solche Werbeplakate interessant? Aus der Veränderung ihrer Bildgebung lässt sich recht gut eine Interessenverlagerung ablesen: weg von purer landschaftlicher Erbauung, hin zu möglichen (sportlichen) Betätigungen vor der Bergkulisse. Und was ließ sich da nicht alles abspielen, vor dieser Kulisse: Älpler- und Schwingerfeste, Alpaufzüge, Bahnfahrten und Ballonflüge, bengalisch oder elektrisch beleuchtete Schluchten und Wasserfälle, Gasthöfe und Hütten, Gastronomie, Glücksspiele und diverseste gesellschaftliche Anlässe; dann natürlich Freilichtspiele aller Art, Konzerte und Feuerwerke, Promenaden, Höhenwege und Sport in allen Facetten.

Verblüffend wirkt der Umstand, dass derartige »Erlebnisindustrie« bereits im 19. Jahrhundert massiv inszeniert wurde. Zum Beispiel das Unspunnenfest (1805), die beleuchteten Giessbachfälle (1852), die Berg-

[9] s. Fußnote 2.
[10] Philipp Sarasin et al.: ImagiNation. In: s. Fußnote 7
[11] Peter Bichsel: Des Schweizers Schweiz. Zürich 1989.
[12] Arthur Schärli: Höhepunkte des schweizerischen Tourismus. Bern 1984.
[13] Karl Wobmann: Touristikplakate der Schweiz. AT Verlag Aarau 1981.

bahnen über den Brünigpass, auf den Beatenberg, ins Berner Oberland usw. (1888/89/90)[14], der erste öffentliche Tennisplatz (1893) oder die Ballonflüge des Kapitän Eduard Spelterini, der eigentlich Schweizer hieß (ab 1898).

Die Schweiz boomte als Reiseland. 1893 gründeten sich der Schweizerische Hotelierverein und der Verband Schweizerischer Verkehrsvereine. Es dauerte nicht lange, bis sich der Luxus- zum Massentourismus wandelte, z.B. in Zermatt und St. Moritz. In Gesamthelvetien lagen die Übernachtungszahlen des Jahres 1910 bei 22 Millionen – eine Zahl, an die erst wieder 1955 angeknüpft werden konnte und die, gemessen an der verstrichenen Zeitspanne, nicht weit entfernt ist von den 70 Millionen des Jahres 1996.

Abgesehen von den Zeitspannen um die Weltkriege erlebt der Schweiztourismus in den 1970er und 80er Jahren eine tiefe Krise. Damals drängten sich die Erlebnisbühnen anderer, exotischer Reiseländer in den Vordergrund. Die Schweiz reagierte mit einem neuen Konzept: Tourismuspolitische Einzelaktionen wurden gebremst, die gesamtschweizerische Marktbearbeitung beschleunigt. Imagewerbung, Marketing – Promotion im Doppelsinn: Über die Verbesserung der Tourismuswirtschaft konnte gar promoviert werden! Angebotsfaktor Nummer Eins, rekurriert ein Dissertant auf altbekanntes Erkenntnisgut, war und bleibt in der Schweiz: die Natur.[15] Dennoch: In den 1990er Jahren erlebte der Schweizer Tourismus erneut eine Flaute. Erstmals beschäftigte sich nun sogar der Bundesrat mit der »Bekämpfung der Krise«.[16]

Was war mit den Kulissen passiert? Im Laufe von Dekaden hatten Bühnenarbeiter die Schweiz von der Bergidylle zum Bauplatz transformiert. Zur Spielzeit des auslaufenden 20. Jahrhunderts war man im Begriff, »die Alpen zuzubetonieren«.[17] Der »Wahn des Zugänglich-Machens«, wie Oskar Eckstein bereits 1934 die Erschließung in Form von Bahnen, Hotels usw. beklagte hatte,[18] griff um sich. In den 1990er Jahren wurde die Schweiz gewahr, dass zu viele ihrer wertvollen Kulissen zu viele Veränderungen erfahren hatten. Der Kniff musste hingegen darin bestehen, die Kulissen von Veränderungen zu verschonen, zugleich aber die Kulissen in einem anderen Licht erstrahlen zu lassen.

Höchste Eisenbahn: Weibliche Bahnallegorie vor der »Jungfrau«, kreiert im Jahr 1900 von H. Tanconville im Auftrag der Bahngesellschaft Paris-Lyon-Marseille
in: Karl Wobmann: Touristikplakate der Schweiz. AT Verlag Aarau 1981
Foto: Museum für Gestaltung Zürich, Plakatsammlung

Heimat verkaufen

»Die Wirklichkeit mit alternativen Möglichkeitshorizonten versehen.« So erklären die Macher einer erfolgreichen Werbekampagne ihre Marketingmaxime. Das Buch, in dem sich die Werbeleute beweihräuchern, trägt sinnigerweise den Titel »Heimat verkaufen«.[19] Dabei stehen die Menschen mit

Schweiz-Inszenierung »top event & cool«

- Beach Soccer-Happening (Lenk im Simmental)
- Country City Festival (Unterwasser)
- Eiger Nordic Walking (Grindelwald)
- Neue 50-Franken-Banknote (ab 2010): Auf dem Satellitenfoto sollen sogar Gebirgszüge, Seen usw. erkennbar sein.
- Restaurant Bollywood (Jungfraujoch, auf 3454 m Höhe)
- Rockboarding Festival (Kandersteg)
- Saas-Fee Ride (Saas-Fee)
- Sky Race (Valposchiavo)

[14] **Ende des 19. Jh. schossen in der Schweiz die Schwellen und Schienen für neue Bergbahnen wie Pilze aus dem Boden.**
[15] Walter Hagmann: Kommunikationspolitik des Tourismuslandes Schweiz. Dissertation, München 1984.
[16] Schw. Bundesrat: Botschaft über die Förderung von Innovation und Zusammenarbeit im Tourismus, 9.12.1996.
[17] Urs Widmer: Schweizer Geschichten. Bern 1975.
[18] Elsbeth Flüeler et al. (Hrsg.): Wildnis. Zürich 2004.
[19] Thomas Bieger (Hrsg.): Heimat verkaufen. Weltwoche, Zürich 1998.

Zauberhafte Schatzalp: Die Kulisse des Davoser Sanatoriums inspirierte Thomas Mann zu seinem »Zauberberg«
Foto: Martin Roos

Exportschlager Schweiz
Alle wollen ihre Schweiz. Anders lässt sich wohl nicht erklären, dass diverseste Berg- und Hügellandschaften auf der ganzen Welt das Attribut Schweiz bekommen: von der Fränkischen über die Sächsische bis hin zu den exotischen Schweizen Japans, Venezuelas oder der Elfenbeinküste. Nach Recherchen der Redaktion von Merian sind 191 Schweizen in aller Welt bekannt. Jedem Land die Seine – zumindest fast.

ihren Eigenheiten und Einmaligkeiten im Mittelpunkt. Gefragt sind ausgefallene Bilder und Kompositionen mit ironischen, humorvoll-subtilen Texten. Aber man will und kann sich nicht völlig verabschieden vom Klischee eines »Landes der Heugabeln, Melkschemel und Tresore«[20], in dem durch Maßnahmenpakete zu Viehabsatz, Milchwirtschaft, Tierhalter- und Flächenbeiträgen und so weiter »die Bergbauern langsam zu Alpengärtnern umgeschult werden, die Subventionen für jede Kuh über zweitausend Meter Höhe bekommen«.[21]

»Wir leben in der Legende, die man um uns gemacht hat«, reflektiert Peter Bichsel. »Wir haben uns daran gewöhnt, Museum zu sein.«[22] Dies ist das Bild der biederen Schweiz, das noch immer eine zentrale Rolle für die Inszenierung als – Titelzitat vom jüngsten Schweizheft von Merian – »perfektes Ferienland« spielt. Aber mutige Marketingmanager schwangen sich zu modernen Alpinintendanten auf und kreierten im Zuge der 1990er-Krise eine Parallelwelt, auf die am besten das englische Wortpaar Fun & Action zutrifft.

Doch der Reihe nach. Zunächst ging es darum, sich von anderen Alpenanrainern abzugrenzen, allen voran von Österreich als stärkstem Konkurrenten. Worin bestanden die Kriterien? Schweizer Bergwelt spiegelte jene identitätsstiftende Mythisierung wider, wie sie bei anderen Alpenanrainern eben nicht zustande kam. In Sachen »Symbol der Freiheit« hängt an der Schweiz eben nicht der monarchistische Vergangenheitsballast wie an Österreich. Außerdem verfügt das Schweizer »Alpentheater« über prächtige Logenplätze – Stichwort Mondänität. Schon zu Beginn des 20. Jahrhunderts gab es z.B. über ein Dutzend Palace-Hotels. Diese vermitteln noch heute den gewissen Hauch von Luxus und Exklusivität, was hervorragend zu einem Trend der Freizeitgestaltung passt, den Wortschöpfer Luxese tauften: Sparen im Alltäglichen, um sich gezielt Qualität im Urlaub leisten zu können; ergo Luxus plus Askese – gleich Luxese. Dem Abwechslungsreichtum, den die Schweiz auf kleinstem Raum schon von sich aus bietet – hochalpin bis mediterran – haben die Marketingexperten weitere Dimensionen hinzugefügt, damit sich der Fremde ja nicht als Einer in der breiten Masse fühlt. Bedürfnisorientierung und »Value Added« sind hier nur zwei der inflationären Neologismen, welche die Experten soufflieren. Werden zum Beispiel die Ferien in den Bergen mit einer Schifffahrt, mit einem Wellnessprogramm oder einem Aufenthalt auf einem Bauernhof aufgepeppt, dann handelt es sich bei letzteren drei Beispielen um solchen »Mehr-Wert«.

Der letzte Schrei aus dem Lager des versammelten »Marke-Thing« heißt das Vermarkten von Destinationen. Definiert wird eine Destination als geografischer Raum, der sämtliche für einen Gastaufenthalt notwendigen Einrichtungen enthält,[23] also von der Beherbergung bis zum Babysitter für bergsteigende Eltern.

Neuer Wein vor alten Kulissen

Aber: Der Kniff modernen Marketings muss darin bestehen, die Schweizer Kulis-

[20] Stefan Gmünder: Der Sonderfall? *Der Standard* 28.4.2001.
[21] s. Fußnote 17.
[22] s. Fußnote 11.
[23] Oliver Patrick Kühn: Destinationsmarketing im schweizerischen Tourismus. Diss., Freiburg 2000.

senwelt von Veränderungen weitestgehend zu verschonen, um vor diesem Hintergrund das biedere Schweizbild wahlweise zu bewahren oder zu überwinden. Wie so etwas organisatorisch und sprachlich aussieht, wurde am Beispiel der Destination Flims Laax Falera ausgearbeitet.[23] Diese firmiert unter der Marke Alpenarena, und zwar mit »konsequenter Ausrichtung als ›Fun and Action‹-Destination«. Weltweit einmalig: Alpenarenas Konzept des »New Technology Center«, das der Ausprobierwut und dem Zeitverständnis des Publikums entgegen kommt – dem immer »hybrideren Kunden, der weniger (Frei-)Zeit hat, aber trotzdem alles machen und ausprobieren will«, bei möglichst geringen Leer- und Wartezeiten. Gemäß diesem Konzept wird der Kunde für ein Entgelt »von Kopf bis Fuß für die entsprechende Sportart ausgerüstet (z.B. Skifahren). Entscheidet er sich nach 2 bis 3 Stunden für eine andere Sportart, kann er ein New Technology Center aufsuchen und kostenlos für eine andere Sportart ausgerüstet werden (z.B. Snowboard).« Es versteht sich von selbst, dass in einer derartigen Arena – um beim Wintersport zu bleiben – das biedere Blau, Rot und Schwarz zur Pistenklassifizierung ausgedient hat. Die Routen heißen Beginner, Allrounder und Off Slopes; geboten werden Freestyle-, Backcountry- und Speed-Strecken; und selbstverständlich gibt es Pipes, Boarder-Parks und eine Jump-Arena.

Da haben wir sie, die Felswelten als Funpark und die Alpen als Erlebnisbühne. Die Berge bleiben stoisch das, was sie schon für die Vorromantiker waren: Kulisse. So haben sich die Schweizberge eingebrannt in die Retina des geistigen Sehorgans. Und so kursieren sie weiter vor den Augen der Welt – seit Mitte 2007 zum Beispiel im neuen IMAX-Film »The Alps«, gedreht an den Kulissenbergen schlechthin: Eiger und Matterhorn.

Das ist ja das Wunderbare: Als Bühnenrequisiten scheinen die Berge unbeschränkt wiederverwertbar. Es sei denn, eine postromantische Strömung spült sie eines Tages hinfort. Das wollen Wenige, am wenigsten wohl die Schweizer selbst. Hilft Devotion? Die Nationalhymne, der so genannte Schweizerpsalm, mahnt gleichsam vorbeugend:

»Wenn der Alpenfirn sich rötet /
Betet, freie Schweizer, betet!«

Exportschlager Matterhorn

Ähnlich wie mit dem ganzen Land verhält es sich mit dem emblematischen Matterhorn. Neben Namensvettern in den Alpen, wie dem Matterhorn Graubündens (Zervreilahorn) und dem des Montafons (Zimba), präsentiert zum Beispiel Neuseeland den Mount Aspiring stolz als »the Matterhorn of the South«, gilt der indische Shivling als eines von mehreren Matterhörnern des Himalaja und ragt an der Grenze zwischen Russland und Georgien mit dem Belalakaya das kaukasische Matterhorn auf.

Erlebnisbühne Schweizer Alpen: Tourengeher auf den letzten Metern am Gipfel des Gletscher Ducan.
Foto: Martin Roos

Schöne neue Kletterwelt

– Wandert das Bergsteigen in die Halle ab?

VON WALTER THEIL

Kletterzentrum München. Sportstätte und kommunikativer Treffpunkt. Foto: Archiv Kletterzentrum München

Im Juni 2006 fand im Rahmen der Veranstaltungsreihe »Bergforum« auf der Praterinsel ein Symposium zum Thema »Klettern! Wohin geht die Reise?« statt. Dabei wurden auch die »Plastikkletterer« thematisiert. Der folgende Beitrag basiert auf Überlegungen zu dieser Diskussion und ist ergänzt durch Gespräche mit zwei in jeder Hinsicht Beteiligten, Manfred Sturm und Stefan Fürst.

Manfred Sturm, geb. 1936, klettert seit Mitte der 1950er Jahre im Klettergarten Buchenhain, war ab Ende der 1980er Jahre Initiator und ist heute 1. Vorsitzender des Kletterzentrums München. Mitglied mehrerer Auslandsexpeditionen.

Stefan Fürst, geb. 1969 in Kufstein, national und international erfolgreicher Sport- und Wettkampfkletterer (9-facher österreichischer Staatsmeister), ist heute in der Planung und Beratung von Kletteranlagen tätig.

Ein regnerischer Nachmittag, irgendwo in einer deutschen Großstadt. Eine Gruppe von Frauen und Männer unterschiedlichen Alters trifft sich nach Büroschluss und fährt mit der S-Bahn zum Klettern.

Der Praktikant und angehende Wettkampfkletterer freut sich darauf, seinem Chef die ersten Schritte in der Vertikalen beizubringen, die Verkaufsleiterin möchte überprüfen, ob sie sich in ihrem demnächst geplanten Gardaseeurlaub endlich an die erste 5er Route wagen darf und für ihre alpin kletternde Kollegin aus der Buchhaltung ist es eine willkommene Abwechslung ihres wöchentlichen Trainingsprogramms. Ein Außendienstmitarbeiter befolgt den Ratschlag seines Hausarztes, der ihm das Klettern als Therapie für seine Rückenschmerzen empfohlen hat und zwei Sachbearbeiter haben sich mit ihren Familien verabredet, möchten ihren Kindern und Partnern beim Klettern und Bouldern zuschauen und ein paar angenehme Stunden verbringen.

Ein idealisiertes Szenario, sicherlich. Und doch enthält es noch längst nicht alle Komponenten und Motive, die eine Kletterhalle attraktiv machen.

Hallenklettern ist in, Kletterhallen boomen, und unser Beispiel lässt nur erahnen, wie vielfältig und differenziert die Gründe für diese Entwicklung sind.

Am Anfang stand das alpine Bergsteigen mit seinen klassischen Stationen: Bergwandern, Hüttenbesuche, Gipfelbesteigungen. Höhere Gipfel, schwierigere Ziele. In den 80er Jahren tauchte das Klettern als Thema in den Medien auf, das Sportklettern schwappte von Amerika in die Alpenländer über und beeinflusste die junge Generation der Bergsteiger. *Stefan Fürst* erinnert sich: »Plötzlich sind Bilder aufgetaucht, auf denen man Menschen sah, die in Felsen herum klettern. Für uns damals eine ganz abenteuerliche Geschichte. Wir sind dann sofort mit einem Seil vom Bau und einem gekauften Felshaken zum Klettern gegangen. An kleinen Felswänden haben wir mit Abseilsachen begonnen und sind unter wildesten Bedingungen geklettert, also lebensgefährlich. Es war eine ganz wilde Zeit, in der Gott sei Dank nichts passiert ist.«

Dann ging es ins Gebirge, die Klassiker wurden gemacht, und nach und nach entwickelte sich eine leistungsstarke und miteinander konkurrierende Sportkletter-Szene. »Jeder hat versucht, schwerer zu klettern...« und so war das Auftauchen der ersten Kletterwettkämpfe für *Stefan Fürst* fast zwangsläufig, denn »vorher lebte man immer nur von Geschichten. Der ist dort geklettert, und der ist da geklettert.« Erst im Wettkampf zeigte sich tatsächlich, wer der Beste ist.

Die Wettkampfsituation brachte eine neue Dynamik ins Spiel. Preisgelder, Sponsoren und Fördermittel unterstützten die Kletterelite, ermöglichten den Kletterprofi und katapultierten das Leistungsvermögen immer weiter nach oben.

Und vor allem brachte das Wettkampfklettern eigene Strukturen und Gesetzmäßigkeiten mit sich. Die mediale Vermarktung der Wettkämpfe setzte voraus, dass die erzielten Ergebnisse und Leistungen objektiv messbar und miteinander vergleichbar waren, außerdem sollten sie für öffentliches Publikum zugänglich sein. Voraussetzungen, die sich in der freien Natur nicht adäquat herstellen ließen. Der Weg in Richtung künstliche Kletteranlagen war vorgezeichnet.

Kletterturm Großkirchheim (Kärnten). Mit 18 Meter Höhe der höchste freistehende Kletterturm Österreichs. Baujahr 2006, 400 m² Kletterfläche).
Foto:ArtRock

Auch von anderer Seite wurde diese Tendenz bestärkt. Das hohe Kletterniveau bedeutete auch für die alpinen Spitzenkletterer immer aufwändigere Toprouten. Der erforderliche Trainingsaufwand sowie die gesamte logistische Vorbereitung waren ohne Rückgriff auf künstliche Anlagen kaum mehr durchführbar. Schwer erreichbare und witterungsabhängige Ziele erzeugten in vielen Fällen ökonomische Schieflagen und ließen sich wirtschaftlich nicht mehr sinnvoll vermarkten.

Parallel zu diesen Entwicklungen stießen die als natürliche Klettergärten genutzten

Outdoorbereich mit Naturerlebnis.
Foto: Archiv Kletterzentrum München

Klettergebiete in den Mittelgebirgen durch die Zunahme der Kletterer an Kapazitätsgrenzen und gerieten in heftige Auseinandersetzungen mit dem Naturschutz.

Manfred Sturm, seit den 50er Jahren in Buchenhain aktiv, kennt die Münchner Bergsteigerszene länger als ein halbes Jahrhundert. Er machte sich Ende der 80er Jahre Gedanken über die Schaffung eines eigenen Trainingsgeländes für die Münchner Kletterer. Die große Akzeptanz, die sein gemeinsam mit Pit Schubert auf der Praterinsel erbauter Holzkletterturm anlässlich einer Freizeitmesse erzielte, bestätigte seine Einschätzung. Vollends überzeugt von der Notwendigkeit als DAV-Mann aktiv zu werden war er, als Münchner Sportgeschäfte begannen, eigene Klettertürme zu errichten und private Kletterkurse abzuhalten.

Die heutige Situation spricht eine deutliche Sprache: Über 250 öffentlich zugängliche Hallen in Deutschland, über 150 in Österreich und mehr als 30 in der Schweiz; mit Indoor- und Outdooranlagen, vom kleinen Boulderraum bis zum über 3000 m² großen Kletterzentrum.

Entscheidend ist aber die Erkenntnis, dass es sich bei den Kletterhallen und künstlichen Kletteranlagen längst nicht mehr nur um Trainingsmöglichkeiten oder Durchgangsstadien für alpine Sport- oder Wettkampfkletterer handelt, sondern dass hier eine eigenständige Sportwelt entstanden ist.

Neben dem auf die natürlichen Felsen ausgerichteten Bergsport »Klettern« hat sich der Freizeitsport »Klettern« etabliert und aus mehreren Gründen als massentauglich erwiesen. Die Kletterhalle nimmt dem Klettern den Nimbus des Gefährlichen. Durch das Fehlen von objektiven Gefahren (Steinschlag u.ä.) bietet es größtmögliche Sicherheit und spricht dadurch vor allem die am Sport, und weniger am Risiko Interessierten an. Die Partnerfrage ist ebenfalls weniger problematisch. Auch bei ganz unterschiedlichen Kletterfähigkeiten lässt es sich gemeinsam und in Gruppen gleichzeitig klettern, da im Gegensatz zur Natur Routen mit unterschiedlichem Niveau direkt nebeneinander bestehen. Kletterhallen sind in der Regel schnell erreichbar, witterungsunabhängig und das ganze Jahr hindurch zugänglich. Jeder kann seinen Zeitaufwand selbst bestimmen und die wenige Ausrüstung, die notwendig ist, kann auch ausgeliehen werden.

Damit wurden über den klassischen Bergsteiger hinaus neue sport- und fitnessoriente soziale Gruppen angesprochen, die neue Strömungen und Ansprüche mit sich brachten. Auch für Frauen und Familien gewannen die Kletterhallen an Attraktivität. Bei einer Umfrage im Kletterzentrum Mün-

Katrin Sedlmeier.
Foto: Tunger

chen ergab sich immerhin ein Frauenanteil von rund 35%.

Neben den Bergsteigern, die für alpine Touren trainieren, das hat *Manfred Sturm* inzwischen erkannt, »gibt es auch ein Publikum, das nur in die Halle geht.« Und *Stefan Fürst* charakterisiert den Hallenkletterer als »den Herrn, der seinen Porsche vor die Tür stellt, drei Stunden zum Klettern geht, sich duscht und wieder heim fährt.« Von denoben befragten Kletterhallenbenutzern hielten über 61 % Duschen für notwendig und nicht weniger als 52 % wären an einer Sauna interessiert. Dieser Entwicklung müssen sich zukünftige Hallen stellen. Neben einer abwechslungsreichen Routensetzung, der Verwendung unterschiedlicher und natürlicher Materialien und der Verbesserung hinsichtlich Luft und Beschallung wird der Trend generell zu mehr Ästhetik und Wohnlichkeit, stärker in Richtung Wellness- und Fitnesspark gehen.

Es bleibt abzuwarten, ob die Angst der Alpinkletterer, dass all diese Hallenkletterer eines Tages ins Gebirge strömen und hallenähnliche Verhältnisse und Standards an die Felswände transportieren, berechtigt ist. Nur dort, wo – wie in einigen stark ausgebauten Sportklettergebieten – hallenähnliche Bedingungen bereits bestehen, wird sich der reine Hallenkletterer überhaupt wohlfühlen. Er wird sich kaum den Gefahren und Risiken natürlicher, unerschlossener Felsen aussetzen.

Die alpinen Vereine haben die Chance, in der Halle Kontakt mit einer neuen Klettergeneration aufzunehmen und sie können jene Kletterer, die den Schritt aus der Halle in die Natur machen wollen darauf vorbereiten, dass sie dort eine qualitativ andere Welt betreten, mit neuen Gesetzmäßigkeiten und Regeln. Das Klettern wird drinnen und draußen unterschiedliche Entwicklungen nehmen, es gilt den Kletterer im Auge zu behalten.

Farben und Strukturen: Ästhetik als Spaßfaktor. (GfK-Wand, Kletterhalle Interlaken, Schweiz).
Foto: Archiv ArtRock

Vorteil Halle: Klettern mit Wellnessambiente.
Foto: Mittermaier

Welche Kletterwelt wird einmal seine sein?
Foto: Tunger

Der Bergfilm

VON STEFAN KÖNIG

Arnold Fanck (links im Bild) gilt als der Begründer des Bergfilm-Genres. Er brachte dem urbanen Menschen das Hochgebirge näher – im »Lichtspielhaus«...
Foto: Archiv Matthias Fanck

Als im Februar 1921 Arnold Fancks Stummfilm *Das Wunder des Schneeschuhs* in der Berliner Scala eine der ersten Aufführungen erlebte, da war das Kino voll bis auf den letzten Platz. Reichspräsident Friedrich Ebert gab sich mit Mitgliedern seiner Regierung höchstpersönlich die Ehre, und die Kritiker zeigten sich so beeindruckt wie das Publikum.

Was war geschehen? Hatte Fanck einen Film geschaffen, der künstlerisch konkurrieren konnte mit Meisterwerken wie *Der Golem, wie er in die Welt kam* (Paul Wegener) und *Das Cabinett des Dr. Caligari* (Robert Wiene), beide von 1920, oder Joe Mays *Das indische Grabmal* von 1921? Hätte sein Film dem Vergleich mit Charlie Chaplins *The Kid* standhalten können, der fast zeitgleich in den Vereinigten Staaten seine Premiere hatte?

Nein! Ohne seine Leistungen oder gar sein Ansehen schmälern zu wollen, muss gesagt werden, dass Fancks Einfluss auf das internationale Filmschaffen weit geringer war als das seiner oben genannten Kollegen.

Und doch waren die Kinobesucher begeistert, waren hingerissen, kamen aus dem Staunen nicht mehr heraus. Und wenn vom Kinopublikum die Rede ist, dann muss es zu dieser Zeit bei jeder großstädtischen Aufführung in Tausenderzahlen gemessen werden: Kinos waren noch Lichtspielhäuser mit Pomp und Glanz und Gloria, sie waren die Theater der Mittelschicht, und bis heute gibt es deutschlandweit immer noch Kinos, die sich, längst abgeschminkt und in fünf Säle unterteilt, Filmtheater heißen.

Fanck begeisterte die Massen nicht mit großen Darstellern und spannendenden Handlungen – zumindest zunächst nicht –, er begeisterte mit seiner kraftvollen und bildgewaltigen Darstellung der hochalpinen Natur und des sportlichen Erlebens eben dieser Natur. Ihm gelang etwas bis dahin nicht Dagewesenes: Er brachte einen Eindruck von der wilden, hochalpinen Region in die Städte und machte das Gebirge so zum Allgemeingut.

Wolken und Gletscher als Hauptdarsteller: Der Bergfilm zur Stummfilmzeit (etwa 1910 bis 1930)

Der Mensch war noch wenig mobil in dieser Zeit. Das Reisen war ein Privileg der Oberschicht, die dafür über das nötige Geld und, fast genauso wichtig, über die erforderliche »freie« Zeit verfügte. Das war schon im 19. Jahrhundert so gewesen, als britische Landadlige die Viertausender in den Westalpen und die schroffen Felsgipfel der Ostalpen erstmals touristisch erstiegen, das war in den ersten beiden Jahrzehnten des 20. Jahrhunderts kaum anders. Die Erschließung der Alpenhaupttäler mittels der Eisenbahn brachte die technische Möglichkeit zur Mobilität, die soziale aber gab es für die meisten Menschen nicht.

Wenn also ein Bergbesessener wie Arnold Fanck (1889-1974) die schwere Filmausrüstung ins Hochgebirge schleppte, wenn er seine Akteure zeigen ließ, wie Gletscherspalten umgangen, Felswände erstiegen, steile Firnhänge mit Ski befahren werden, und wenn er diese Filme dann ins Kino bringen konnte, so war das für die Besucher eine kaum geringere Sensation als es dann Ende der sechziger Jahre die Fernsehbilder von der ersten Mondlandung waren.

Die Filme waren stumm, das heißt, es fehlte noch an den technischen Voraussetzungen, sie zu vertonen, den Bildern also die O(riginal)-Töne anzuhaften. Den fallenden Steinen das Poltern, dem Blitz den Donner, dem Wildbach das Rauschen, dem Felshaken das Hammerschlagen, dem Stapfen im Firn das Knirschen des Schnees. Wirklich stumm aber war das Kino-Erlebnis in jener Zeit beileibe nicht. Zu den großen Spielfilmen – den zu erwartenden Leinwanderfolgen mit Stars wie Paul Wegener, Asta Nielsen, Conrad Veith, Greta Garbo oder Emil Jannings – wurden ganze Orchesterpartituren geschrieben. Was die Filmtheaterbesucher dann aber zu Gehör bekamen, waren meist nicht die Orchesterwerke, sondern abgespeckte Versionen. Transkriptionen für die kleine Kinokapelle, für den Klavierspieler oder den Kintoppgeiger. Luis Trenker, der später als Schauspieler und Filmregisseur berühmt werden sollte, war so einer: während seiner Studienjahre in Wien und in Graz verdiente er sich als Kino-Musiker ein Zubrot – und tauchte richtig ein in die Welt des Films...

Wer sich heute für die frühe Zeit des Bergfilms besonders interessiert, sollte danach trachten, zwei Filme zu sehen, beide von Arnold Fanck. Der eine ist *Im Kampf mit dem Berge* (1921). Der andere trägt den Titel *Der heilige Berg* (1926). Ersterer ist eine hinreißende Hommage an die Schönheit des Hochgebirges. Lautet doch auch der Untertitel *In Sturm und Eis. Eine Alpensymphonie in Bildern*. Das Gebirge wird gezeigt als geradezu arktische Wildnis, kaum zugänglich, geradezu unerforscht, ein »playground of science and extreme adventures«.

Man muss das Glück haben, diesen Film auf großer Leinwand zu sehen, und zwar mit Orchesterbegleitung. Erst vor gar nicht allzu langer Zeit konnte herausgefunden

Fancks Film »Im Kampf mit dem Berge« vermittelte ein Bild vom Hochgebirge, wie es in jener Zeit den meisten Menschen noch völlig unbekannt war.
Foto: Archiv Matthias Fanck

werden, dass sich hinter dem Komponistenpseudonym Paul Merano kein Geringerer als Paul Hindemith (1895-1963) verbirgt. Die Filmpartitur eines der führenden Köpfe der sogenannten Neuen Musik wirkt hier noch geradezu spätromantisch. Im Zusammenwirken des großen Bildgestalters Fanck und des großen Musikers Hindemith entstand ein Gesamtkunstwerk, das sogar nachvollziehen lässt, wie es den Menschen zu Beginn der zwanziger Jahre ergangen sein muss: Jahrzehnte vor dem Fernsehzeitalter und der damit einhergehenden Überflutung mit visuellen Eindrücken, hat Fancks Hochgebirge überwältigende Eindrücke vermittelt und große Emotionen hervorgerufen. Es ist die dokumentarische Wucht seiner Bilder, die fasziniert und beeindruckt. Es ist die Handlungslosigkeit dieses Stummfilms, die eine hohe Konzentration auf Filmszenen und Orchestertöne erlaubt. Hier sind die Hauptdarsteller zweifelsohne »der Berg«, das Gebirge, die Gletscher, die Wolken. Die Menschen sind Menschlein, die sich hineingetraut haben in die gewaltige Wildnis, die aber auch zusehen müssen, schleunigst wieder weg zu kommen, ehe der Riese alles zerdrückt.

Bereits drei Jahre später wandte sich Fanck verstärkt dem Handlungs-, dem Spielfilm zu. *Der Berg des Schicksals* (1924) war sein erster Spielfilm. Der ganz große Erfolg kam mit *Der heilige Berg*, der 1926 in Berlin uraufgeführt wurde. Für den Architekten und Bergführer Luis Trenker war dieser Film, in dem er eine Hauptrolle spielen durfte, der Beginn seiner Leinwandkarriere. Für Leni Riefenstahl, die von Fanck verehrt wurde und der er das Drehbuch gewidmet hatte, ebenfalls.

Leni Riefenstahl und Gustav Dießl in Fancks berühmtem Film »Die weiße Hölle vom Piz Palü«. Das Eis für diese Szene war künstlich erzeugt worden.
Foto: Archiv Matthias Fanck

Bemerkenswert ist, wie sich der Bergfilm bei Fanck – und er ist nun mal ein Solitär, der den Bergfilm der frühen Jahre fast allein erschuf, ihn zumindest dominierte – innerhalb weniger Jahre veränderte: vom handlungsfreien Naturepos zum Spielfilm, bei dem die menschlichen Tragödien im Vordergrund steht, das Gebirge zur Kulisse wird, ja, bisweilen wirklich ein Kulissengebirge ist.

Er bereitet den Boden für das, was heute noch als moderner Bergfilm zu gelten hat: Ein Film mit Spielhandlung, an möglichst vielen hochalpinen Originalschauplätzen gedreht. Doch den großen Sprung in die Moderne vollzieht ein anderer.

Von der Naturverherrlichung zum Actionfilm: Der Bergfilm zur Trenker-Zeit (1931-1940)

Es ist eine spannende und nicht zu beantwortende Frage, woher Luis Trenker (1892-1990) die Gabe und die Kraft hatte, Bergfilme in einer Art zu inszenieren, die ganz den Erfolgsgesetzen Hollywoods entsprach.

Trenker, im Südtiroler Grödnertal geboren, stammte aus einfachen Verhältnissen. Er war Bergführeranwärter, ein guter Alpinist und Kletterer. Und er bekam die Möglichkeit, höhere Schulen zu besuchen und Architektur zu studieren. Als er bei Fanck als Bergführer bei Filmarbeiten assistierte, hatte er keinen anderen filmkulturellen Hintergrund als den, in den Kinos von Innsbruck, Graz und Wien begeistert Stummfilme gesehen und schließlich als Kinogeiger gearbeitet zu haben.

Natürlich kam Trenker etwas zugute, was Fanck erst in seinem Spätwerk nutzbar machen konnte: der Tonfilm. 1927 war in New York *The Jazzsinger* uraufgeführt worden. Es war der noch zaghafte Beginn der

Tonfilmära. Zwei Jahre später kam mit *Melodie der Welt* von Walther Ruttmann der erste abendfüllende Tonfilm in die deutschen Lichtspieltheater. Und wiederum zwei Jahre später, 1931, brachte Trenker seinen Spielfilm-Erstling *Berge in Flammen* heraus. Ob dieser Film, der den Dolomitenkrieg 1915-1918 zum Hauptthema hat, schon darauf hinweist, in welch martialische Zeiten Deutschland und Europa marschierte?

Wie dem auch sei: festzuhalten bleibt, dass Trenker von 1931 bis 1940 insgesamt acht große Kinofilme als Regisseur, Drehbuchautor und Hauptdarsteller in Personalunion realisiert hat. Bei allen spielen die Berge eine wichtige Rolle, ohne dass deshalb jeder dieser Filme dem Bergfilmgenre zugeschrieben werden könnte. Die Berge sind für Trenker ganz einfach die filmische Landschaft, die ihm aufgrund seiner Herkunft und seiner alpinistischen Neigung besonders vertraut ist – und in denen sich kein anderer Filmemacher so souverän zu bewegen versteht.

Bei den vielen Bergfilmfestivals, die es heute gibt, allen voran in Trient (I), Banff (Can), Graz (A), Les Diablerets (CH), St. Anton (A) und Tegernsee (D), würden heute am ehesten *Liebesbriefe aus dem Engadin* gezeigt, eine flotte Skikomödie von 1938, der schon erwähnte Film *Berge in Flammen* und, natürlich, *Der Berg ruft* von 1937.

Ist das nicht *der* Bergfilm schlechthin? Die dramatisch übersteigerte Verfilmung der tragischen Ereignisse bei der Matterhorn-Erstbesteigung im Jahr 1865? Steht dieser Film nicht im Mittelpunkt jeder Betrachtung der Bergfilmgeschichte? Eine frühe Vollendung dieser Filmsparte, ein Meilenstein, an dem sich davor und danach alles irgendwie messen lassen muss?

Keine Frage: Trenkers *Der Berg ruft* hat, zumindest aus heutiger Sicht, auch reichlich Schwächen. Er gehört sicher nicht zu den 100 besten Filmen aller Zeiten. Die Handlung wirkt bisweilen überspielt. Und, wie so oft, geht Trenker auch hier wieder auf dem arg schmalen Grat zwischen Filmkunst und Heimatkitsch – und rutscht immer wieder auch nach dieser Seite hin ab.

1931 gab Luis Trenker (im Bild links auch als Hauptdarsteller) mit »Berge in Flammen« sein Regie-Debüt. Trenker wurde zum Superstar des Bergfilms der Vorkriegszeit.
Foto: Archiv der Familie Trenker, Bozen.

Andererseits gelingt ihm großes, kommerzielles Kino. Er verbindet enorm spannende, dramatische Ereignisse mit einer Liebesgeschichte – Heidemarie Hatheyer, die spätere *Geierwally*, in ihrer ersten Filmrolle –, und er löst die Handlung in jenem amerikanischen Stil auf, der bis heute für das Gros der Mainstream-Produktionen Gültigkeit hat: Setup, Konfrontation und Auflösung. Der erste Teil des Films schildert die gemeinsamen Versuche von Whymper und Carrel, das Matterhorn zu ersteigen, von ihrer Freundschaft, von ihrem gemeinsamen großen Ziel. Und er endet mit einer Intrige, die dafür sorgt, die beiden Männer auseinander zu dividieren. Teil zwei schildert den Wettlauf um den Gipfelsieg zwischen Whymper von der Schweiz und Carrel von Italien aus. Und Teil drei hat die Angriffe auf Whymper nach der Tragödie zum Thema und – als wahre Auflösung – die Ehrenrettung durch seinen Rivalen Carrel, verkörpert durch Luis Trenker höchstpersönlich...

Der alpine Handlungsfilm, bereits von Fanck eingeführt und dann von Luis Trenker zur Reife gebracht, ist aber nicht nur wegen der Spielhandlung interessant, sondern auch, weil hier die alpinistische Handlung ins Zentrum rückt. Das Gebirge bleibt mächtig, oft übermächtig, und der Mensch bleibt immer noch klein. Doch spätestens bei *Der Berg ruft* wird offensichtlich, dass die Berge mehr sind als beeindruckende und erschreckend-schöne Ur-Natur. Sie sind »The Playground of Europe«, so der geflügelte Ausdruck des britischen Alpinisten und Publizisten Leslie Stephen (1834 - 1904). Aber Playground, Spielplatz, hat, wie auch der später im Zusammenhang mit dem Alpinismus in Mode gekommene Begriff »Spielformen« etwas allzu Verharmlosendes für einen Sport, eine Betätigung, die immer wieder, nicht nur am Matterhorn, ihre Opfer fordert.

Trenkers Filme wecken Sehnsüchte. Es ist, als wenn die Berge tatsächlich die Leute rufen würden. Hinaufzusteigen zu den höchsten Höhen, seine Kraft und seinen Mut zu spüren, scheint bald für Viele erstrebenswert.

Viele Bergsteiger, die heute zwischen 40 und 50 sind, haben in jungen Jahren ihre Bergbegeisterung aus Trenkers Radio- und Fernseherzählungen geschöpft – auch wenn das später kaum einer hätte zugeben wollen.

Noch einmal Luis Trenker. In seinem Film »Der Rebell« von 1932. Der handelnde oder zum Handeln getriebene Mensch steht im Vordergrund. Der Berg wird zur Kulisse.
Foto: Archiv der Familie Trenker, Bozen.

Von den alten Kämpen bis zu den Späthippies: Der Bergfilm nach 1945 und bis zum Ende des Traums vom Leben in Einklang mit der Natur

1945 war zwar der Krieg zu Ende, aber die Blut-und-Boden-, die Kampf-und-Sieg-Mentalität war deshalb noch lange nicht aus den Köpfen und den Herzen der Bergsteiger und Bergfilmer getilgt. Wie auch: Viele betrachteten ihr Tun, das alpinistische und das filmische, von jeher losgelöst von den gesellschaftlichen Rahmenbedingungen. Das Bergsteigen als Gegenentwurf zur Alltagswelt.

Eine Illusion.

Und doch wären wohl die meisten Fanck- oder Trenkerfilme ohne Nazi-Regime ganz ähnlich ausgefallen. Das Bergsteigen jener Zeit war geprägt von Heroik und Pathos – lange vor Hitlers Machtergreifung und noch lange nach dem Zusammenbruch des III. Reichs.

Man sehe sich nur einmal Hans Ertls Film *Nanga Parbat 1953* an, die Dokumentation der Erstbesteigung des Achttausenders durch Hermann Buhl. Da »geloben« die Expeditionsteilnehmer im Basislager ein heldenhaftes Ringen um den Sieg, den Tod nicht zu fürchten und sich in Kameradschaft treu zu sein. Eine Szene, die ohne weiteres Leni Riefenstahls Reichsparteitagsfilm *Triumph des Willens* von 1934 hätte entnommen sein können. Und dann wird der Kommentar auch noch gesprochen, als säße man irgendwann zwischen 1939 und 1944 im Kino, sähe die Wochenschau und ließe sich dabei von den vermeintlich großen Siegen der Wehrmacht und der Luftwaffe berichten.

Die »großen Probleme« der Alpen waren in den dreißiger Jahren gelöst worden – die Nordwände von Matterhorn, Eiger und Grandes Jorasses. Mit derselben Kampfhaltung widmete man sich nun dem Himalaya und dem Karakorum: generalstabsmäßig geplante, militärisch straff durchgeführte Großunternehmungen zur »Eroberung« und zur »Bezwingung« der Achttausender.

Als Spielfilm findet der Bergfilm nach dem Krieg keinen großen Anklang mehr – und das sollte so bleiben bis in die achtziger und neunziger Jahre. In Europa hat das Publikum erst einmal genug vom Kämpfen, vom Siegen oder Sterben. Im deutschsprachigen Raum mutiert der alpinistische Bergspielfilm zum Heimatfilm. Da wird eine heile Welt vorgegaukelt mit Berglandschaft als »Bühnenbild«.

In den Dokumentationen aber zeigt sich: Der Berg ist noch »Kriegsschauplatz«, und die Bergsteigerei in ihrer extremeren Ausrichtung ist vor allem Kampf.

Insbesondere aus den Expeditionsfilmen der fünfziger Jahre spricht ein gewaltiger

Nationalstolz. Die Erstbesteigungen der Annapurna 1950 durch Franzosen, des Everest 1953 durch eine britische Expedition (am Gipfel waren dann der Neuseeländer Hillary und der Sherpa Tensing) sowie des Nanga Parbat im selben Jahr durch eine deutsch-österreichische Mannschaft sind allesamt in Dokumentarfilmen festgehalten worden. Eindrucksvolle alpingeschichtliche Dokumente, bis heute spannende und bewegende Filme. Wenn auch verstörend in ihrer nationalistischen Ausrichtung.

Allerdings darf nicht übersehen werden, dass schon in den fünfziger Jahren auch andere Töne im Bergfilmmetier anklangen. Man denke zum Beispiel an den Film – *Les etoiles de midi* von Marcel Ichac (1959), man erinnere sich des großen französischen Bergsteigers und Schriftstellers Gaston Rébuffat: die Filme von und mit ihm – z.B. *Étoiles et tempêtes* von 1955 – erzählen vom Bergsteigen in berauschenden Bildern. Wenn er im Eis oder im Fels kletterte, hatte das wenig von Kampf und Krampf. Ja, diese Filme sind beseelt von Poesie, und sie zeigen Protagonisten, die zwar enorm anspruchsvolle Touren im Eis und im Fels gehen, deren Hauptantriebskraft aber nicht Kampf und Nationalstolz zu sein scheinen, sondern vor allem die Liebe zu den Bergen, zur Natur.

Zum Glück haben Filme wie diese auch auf das Bergfilmschaffen im deutschsprachigen Raum Einfluss ausgeübt. Zum Glück blieben Pathos und Pseudo-Heroismus nicht mehr alleine bestimmende Hauptmerkmale für dieses Genre. Mit den sechziger Jahren gesellte sich zum Heimatfilm und zum Expeditionsfilm eine neue Art von Bergfilm, der man heute, zurückblickend, das Etikett »neue Sachlichkeit« ankleben möchte. Nicht etwa, dass ein Lothar Brandler frei gewesen wäre von Pathos. Nicht etwa, dass die Zeit schon reif war zur Selbstironie. Aber: Brandler war zuallererst einmal ein Klettergenie, ein Naturtalent, dass sich nirgends so wohl zu fühlen schien wie in senkrechten (und überhängenden Wänden). Seine Erstbegehungen im Elbsandsteingebirge, im Altmühltal (Schnippelriss) und in den Alpen (u.a. die Hasse-Brandler an der Großen Zinne) zeugen von seiner Extraklasse.

Brandlers Bergfilmschaffen ist geprägt von einem neuen (Zeit)Geist: in seinen Filmen erzählt er wie seine Vorgänger vom großen Abenteuer Berg und Bergsteigen. Aber mehr als bei seinen filmischen Vorfahren ist bei ihm der Berg ein großer Abenteuerspielplatz in atemberaubend schöner Natur. Da klingt die Liebe zum Gebirge an, die pure Lust am Bergsteigen, schon auch manches Männlichkeitsritual – aber nie plumpe Heldenvergötzung oder Selbstverherrlichung. Sogar mit seiner »Spieldokumentation« *Inferno am Montblanc* (1973), die eine Bergsteigertragödie am Montblanc-Zentralpfeiler zum Thema hat, gelingt ihm der Spagat: einen großen Bergfilm in logischer Nachfolge von Arnold Fanck und Luis Trenker zu machen – und zugleich diesem Genre neue Impulse zu geben, herauszuführen aus der prägenden Zeitenfolge von Vorkriegs-, Kriegs- und Nachkriegszeit.

Ja, das könnte die Formel sein: spätestens mit dem Film *Die europäische Seilschaft* von 1964 ist im Bergfilm die Nachkriegszeit abgehakt – der Heimatfilm bleibt auf ewig am (Groß)Muttertag hängen, die Expeditionsfilmer wiederholen sich wie in einer Endlosschleife selbst, aber der Bergfilm ist reicher geworden, frischer, offener, so dass die Zukunft eigentlich beginnen kann.

Diese Zukunft freilich erlebt zunächst noch ein Zwischenspiel.

Das Bild, das der Bergfilm der Brandler-Ära vermittelt, ist ein der wieder mobil gewordenen Gesellschaft gemäßes: Die Berge sind erreichbar, sind nicht mehr nur Revier für Abenteurer, sondern sind Ziel für die wachsende Zahl der Freizeitbergsteiger, die auf die vergletscherten Drei- und Viertausender strömen, die das Klettern für sich entdecken, das Wandern sowieso. Das Bergsteigen wandelt sich vom elitären Sport zum Breitensport. Die Alpenvereine tragen ihren Teil dazu bei, versuchen aber noch lange, dem Sport einen geistigen Überbau zu verleihen. Bergsteigen sei mehr als Sport, ist eine in verschiedenen Abwandlungen und Abhandlungen immer wieder forcierte Meinung. Wobei vergessen worden ist, dass jeder Sport grundsätzlich einmal mehr ist als nur sich ganz selbst zu Genüge.

In jedem Fall wurde das Gebirge von den sechziger Jahren an (Wirtschaftswunderzeit!) für immer mehr Menschen ein bevorzugtes Reiseziel. Die Berge hatten den Schrecken verloren, den Arnold Fanck mit kraftvollen, expressionistischen Bildern auf die Leinwand gebracht hatte, und sie waren auch nicht mehr länger nur die Trenkerschen Schauplätze heroischen Lebensgefühls. Sie boten die Spannbreite zwischen idyllischer Almlandschaft und überhängender Kletterei in den Dolomiten. Und immer mehr wollten das eine und/oder das andere selbst erleben. Die Kniebundhosen, die kleinkarierten Hemden und die grellroten Wadlstrümpfe wurden zur Uniform der Bergsteiger in jener Zeit – bis dann die »jungen Wilden« das Bild veränderten. Einhergehend mit der Jugendbewegung in den späten Sechzigern, wandelte sich auch die Bergsteigerei – wenngleich langsamer und zaghafter als alles andere. Das Hippietum zog ein in die Klettergebiete. Plötzlich galt eine grausliche Eiger-Nordwand nicht mehr viel. Aber eine harte Risskletterei im Yosemite, wo es kein Erstes, Zweites, Drittes Eisfeld gab, kaum Steinschlag, aber immerzu nur gutes Wetter, war voll angesagt ...

»Frei wie der Wind«, Dreharbeiten in der Westlichen Zinne, Gerhard Baur filmend im Gestänge vor der Wand. Foto: Archiv Gerhard Baur

Filme wie Mike Hoovers *Solo* (1974) spiegeln nicht nur poetisches Empfinden, sondern auch die veränderte Haltung zur Natur: Aussteiger, denen das Leben im Gebirge und denen ihr sportliches Tun wichtiger geworden sind als Beruf und Karriere. Sinnsuche in der Natur – nicht mehr in konventionellen Vorgaben. Der Traum vom Andersleben, der allerdings wie jeder Traum mit dem Erwachen endet.

Die Wirtschaft macht mobil – alles ist Werbung: Der Bergfilm von etwa 1975 bis heute

Das Erwachen der Aussteiger, Lebensveränderer, Selbstverwirklicher kam nicht abrupt. Es dauerte, bis jeder merkte, dass die Vermarktungsmaschinerie angelaufen und der Bergsport zu einem bedeutenden Element des Marktes wurde.

Da griff eins ins andere: Über das Fernsehen mit seinen immer zahlreicheren Programmen gelangte das Thema Berg in alle Haushalte, wenn auch nicht immer auf hohem filmischem Niveau. Aber es gab ganz offensichtlich ein gar nicht so kleines Publikum, dass sich von epischen Landschaftsschilderungen und von nützlichen Wandervorschlägen fesseln ließ oder aber fasziniert den Aufsehen erregenden alpinhistorischen Spieldokumentationen des Gerhard Baur folgte: *Der Weg ist das Ziel – Eiger-Nordwand-Tragödie 1936* von 1982 oder auch *Die Grandes Jorasses Nordwand* von 1986.

Parallel dazu begannen Ausrüster und Reiseveranstalter künstlich Bedürfnisse zu wecken. Bergsport wurde zum Trend. »Think Pink« stand am ungefähren Anfang – wer wüsste heute noch zu sagen, ob es sich dabei um eine Sportkletterbewegung oder um ein Mode-Label gehandelt hat ...

Aber es wurde nicht nur ständig Neues entwickelt und Modischeres kreiert, es schossen auch gleich noch jede Menge neuer, trendiger Sportarten aus dem Boden (und die Industrie hatte einen weiteren »Playground« zur Vermarktung...): Mountainbiken, Paragliding, Canyoning, Bouldern.

In jedem Sportgeschäft liefen plötzlich Filme, die extremen Bergsport zeigten. Die Berge waren in Mode gekommen, der daraus resultierende Massenansturm ist längst zum ökologischen Problem geworden. Und das Bild vom Berg hat sich in den letzten beiden Jahrzehnten schneller und häufiger gewandelt als in den fünfzig Jahren zuvor.

Die Programme der heutigen Bergfilmfestivals zeigen eine erfreulich große Bandbreite des gegenwärtigen Bergfilm- und Bergsportfilmschaffens. Von der Monographie einer Bergregion bis zum Expeditionsfilm, von der kritischen Dokumentation bis hin zu der unendlichen Vielzahl kurzer Action-Filme, von denen die meisten der Verkaufsankurbelung dienen, von Ausrüstung über Bekleidung bis hin zum Flügel verleihenden Erfrischungsgetränk. Diese Filme ähneln sich (fast) alle – da lassen sich vorwiegend junge Leute oder solche, die den Absprung in ihr eigentliches Alter noch nicht geschafft haben, vor den Karren einer letztlich schlecht zahlenden Werbewirtschaft spannen. Die eigene Leidenschaft in Szene setzen, einen Film machen können, Spaß haben dabei. Wirtschaftlich rechnen tut sich das anderswo.

Natürlich zeigt man in Trient, in Tegernsee oder St. Anton nicht nur diese kleinen Funken des Zeitgeists. Es gibt mehr, es gibt die Besonderheiten, die immer wieder überraschenden Produktionen. Spielfilme wie *Am Rande des Abgrunds* (1982) vom großen Hollywood-Regisseur Fred Zinnemann war so etwas Überraschendes, *Der Berg* (1990) von Markus Imhoof, *Totem* (1990) von Robert Nicod, Einiges noch von Gerhard Baur, Leo Dickinson, Fulvio Mariani. Nicht zu vergessen Gerhard Königs *Dokumentation einer Unzweckmäßigkeit* (1995), Uli Wiesmeiers *Escape* (1996) und Michael Dillons wundervolle Doku *Everest – From Sea to Summit* (1992).

Sehr erfreulich ist, dass sich der Berg-Kinofilm wieder mehr Raum schaffen konnte. *Sieben Jahre in Tibet* oder auch *Der Sturz ins Leere* oder, in diesem Jahr, *Am Limit* beweisen, was eigentlich jedem ganz klar sein müsste: Der Alpinismus in seinen verschiedenen Variationen kann filmisch so eindrucksvoll und spannend sein wie ein Krimi oder ein Monumentalfilm.

Am Limit – Alexander (links) und Thomas Huber (rechts) blicken auf das Yosemite Valley.
Foto: Erich Lackner

Die Frage, die sich abschließend stellt ist: Warum erreicht die einst so beharrlich gepriesene bergsteigerische Kultur in ihren kulturellen Leistungen, dem Buch und dem Film, heutzutage zu wenige Leute. Allein in Deutschland sind bald eine Million im DAV organisiert, die »Dunkelziffer« der Bergbegeisterten ist weit höher.

Am Limit – v.l.n.r.: Regisseur Pepe Danquart, Kameramann Wolfgang Thaler und Kammeraassistentin Susanne Bernhard.
Foto: Erich Lackner
Mit freundlicher Genehmigung der Hager Moss Film GmbH.

Aber zu einem Bergfilm ins Kino gehen noch viel zu wenige, als dass so ein Film dann bestehen könnte gegen den Mainstream.

Liegt es vielleicht doch daran, dass die meisten nur auf ihr ganz eigenes Bild vom Berg Wert legen? Da sind die spannenden Momente, wenn man acht Meter über der letzten Zwischensicherung geklettert ist. Da sind die großen Gefühle am Gipfel, am Ende einer anspruchsvollen Tour. Da sind die ersten Sonnenstrahlen, irgendwo auf einem Gletscher im Wallis. Da sind die Gesichter der Freunde. Da sind diese ganz persönlichen Erlebnisse, die wie ein Film im Kopf ablaufen und gegen die kein anderer Film eine wirkliche Chance hätte.

Könnte doch sein, oder?

Wenn Berge Kulisse sind

Konkurrenz und Medien

VON HELGA PESKOLLER

Mt. Cook, Neuseeland.
Foto: Gunar Streu

Der Beitrag hat fünf Teile, einleitend wird mit aktuellem Bezug[1] These und Frage entwickelt, dem folgen Materialausfaltung, Rekonstruktion, Bearbeitung und münden tut das Ganze in ein Resümee mit Augenzwinkern.

Einleitung

Anlass und Beispiel für meine Überlegungen ist ein Interview mit Reinhold Messner, das im Standard vom 28./29.10.2006 abgedruckt wurde. Fritz Neumann und Martin Grabner haben die Fragen gestellt und die Überschrift lautet: *Es gibt sie noch, die großen Abenteuer*. Bei der Lektüre des Textes blieb ich insbesondere an einem Satz – *Das Abenteuer beginnt dort, wo der Tourismus aufhört*[2] – hängen, er veranlasste mich spontan zu einer Abwandlung: Das Abenteuer fängt an, wo die Berichterstattung der Medien endet. Diese harmlose Verschiebung verpflichtet mich nun, einen Zusammenhang zwischen den vorgegebenen Begriffen Natur, Kulisse und Inszenierung zu denken. Um das tun zu können, beziehe ich mich auf ein Phänomen, das sich wie ein roter Faden durch das Interview zieht und die Berge zu einer Kulisse verwandelt: Konkurrenz.[3] Das Zurücktreten der Berge zugunsten der konkurrierenden Menschen, die sie besteigen, darüber sprechen und sich dabei darstellen ist jedoch nicht besonders neu und gehört zu den strukturierenden Merkmalen der Alpingeschichte und ihrer Aufzeichnungspraxis.[4] Weil ich hier aber nicht die Alpingeschichte referieren will,[5] greife ich exemplarisch auf das eine, gegenwartsbezogene Interview und dort auf Einzelheiten zurück, die unabhängig von der Person Reinhold Messner Einblicke in ein vernachlässigtes Thema gestatten. Vermutet wird, dass sich Konkurrenz parasitär verhält und der Wirt ein anderer ist. Die These lautet: Konkurrenz treibt unter dem Mythos des Fortschritts in den Konkurs. Die Frage ist, ob und mit welcher Konsequenz sich diese Annahme nachzuweisen lässt.

Materialausfaltung

Das inhaltliche Panorama der insgesamt 17 Antworten Messners, von denen im Folgenden 3 zitiert werden, ist weitläufig, es reicht von Sisyphos über die Wüste Gobi, GPS, Grönland, Hausfrau am Everest, Lokalberichterstattung, Konkurrenz, Grenzgehen, Abenteuer, Tourismus, Alexander Huber, Paul Preuß zu Emmi Eisenbergs Hammer, der Anlass zu Messners Museumsidee gewesen sein soll.

- Das große Abenteuer

In der Mitte des Interviews antwortet Messner auf die Frage, ob es das große Abenteuer noch gibt mit *Ja, das gibt es noch. Aber da müssen die Leute, die das machen sollten, wirklich bereit sein, auf fast alles zu verzichten. Aber es gibt junge Leute, die fantastische Sachen machen, das Problem ist nur, es kennt sie niemand mehr. Voriges Jahr ist ein Amerikaner die Südwand vom Nanga Parbat geklettert, eine neue sehr schöne Route und ohne Kontakt zur Außenwelt, alles frei. Aber es kennt ihn kein Mensch, es war in keiner österreichischen Zeitung, während die Hausfrau von irgendwo, wenn sie im Rahmen einer Gruppenreise auf den Everest steigt, in jeder Zeitung steht. Und die nehmen den wirklichen, großen Bergsteigern die Aufmerksamkeit weg.*[6]

Daraufhin sieht sich der Interviewer zu einer Erklärung veranlasst und meint, weil alles Richtung Lokalberichterstattung geht? Messner stimmt ihm zu, greift diese Erklärung auf, verbindet sie mit dem Thema Konkurrenz und gleichzeitig mit einer Kritik am kommerziellen Expeditionsbergsteigen: *Ja, es geht alles in Richtung Lokales, es ist nicht mehr ein Spiel mit den besten Leuten der Welt. Das war bei uns so. Als der Peter Habeler und ich die schönen Sachen gemacht haben, haben wir nicht mit Österreichern konkurriert und auch nicht mit anderen Mitteleuropäern. Sondern die Engländer waren sehr gut. Und heute gehen halt die Tiroler auf irgendeinen Hügel, die Wiener gehen auf irgendeinen anderen. Der erste Mensch aus Graz hat irgendetwas gemacht. Es geht nicht mehr darum, etwas Verrücktes umzusetzen – jetzt geht es um den ersten Grazer. 1978 ging's um die ersten Österreicher am Mount Everest. Heute werden große Gruppenreisen organisiert, in die man sich einkaufen kann. Das ist immer noch anstrengend und gefährlich, aber mit selbstverantworteten Abenteuern hat das nichts zu tun. Da sind viele dabei, die organisieren und die Leute rauf- und runterbringen.*[7]

Nachdem der Interviewer Messner fragt, ob ihm noch große Abenteuer vorschweben und er dies wie auch die Frage danach verneint, ob solche Touristenexpeditionen eingeschränkt werden und nur noch jene ohne Sauerstoff gezählt werden sollen, wird seine Einstellung zu Extremen abgefragt: *Bei Ihnen ist das Extreme vor allem auch durch die Dauer der Belastung definiert. Andere Extremsportler springen von Brücken, holen sich via Adrenalinstoß den Kick, was halten sie davon?* Messner: *Das ist etwas ganz anderes, Kicksport, ich habe nichts dagegen. Aber ich bin ein klassischer Abenteurer, ich hab nur den Ausdruck vermieden, weil man angefangen hat, diese Abenteuerreisen zu verkaufen. Wenn man ein Abenteuer als Reise anbieten kann, ist es keines mehr. Dazu gehört Selbstverantwortung, Gefahr, leider, und vielleicht auch eine so große Schwierigkeit, dass ich es nicht schaffe. Und zum Grenzgang, wie ich das definiert habe, gehört vor allem die Erkenntnis, dass das wirkliche Grenzgehen dort beginnt, wo der Spaß aufhört. Das ist kein Spaß. Es ist wirklich ungemütlich auf 8000 Meter, allein, im Zelt, es ist kalt. Das andere ist möglichst gemütlich, Sauerstoffdepots, große Zelte, sie kochen nicht selber. Wir haben das alles selber gemacht. Ich bin für selbst verantwortete Abenteuer. Das Abenteuer beginnt dort, wo der Tourismus aufhört. Ich habe nichts gegen den Tourismus, das sind zwei verschiedene Tätigkeiten.*[8]

Rekonstruktion

Das soeben zitierte Material wird nun in einem nächsten Schritt mit Hintergrundswissen angereichert.

- Die Jungen

Messner sagt, dass es junge Leute gibt, die fantastische Sachen machen, von denen die Medien keine Notiz nehmen und verweist auf einen Amerikaner, der 2005 die Südwand des Nanga Parbat geklettert ist. Dieser Amerikaner war zu zweit, es handelt sich um Steve House und Vince Anderson, die Anfang September im alpinen Superleichtstil mit der Erstbegehung des »Zentralpfeilers«, 5.9 M5X W14, Wandhöhe 4 100 m in der Rupalflanke des Nanga Parbat eines der, wie es heißt, letzten großen Probleme im Himalaya gelöst haben.[9] Zur Voraussetzung hatte diese Meisterleistung

[1] Dieser Beitrag entstand unmittelbar nach der Standard - Lektüre im November 2006.

[2] Messner 2006, 16; zur besseren Erkennung sind alle Zitate aus dem Interview kursiv gesetzt.

[3] Damit hat es angefangen und scheint dann eine Tradition geworden zu sein: Im Musée d'Orsay befindet sich mit »Joachims Traum« ein 800 Jahre altes Fresko des italienischen Malers Giotto di Bondone. Das Besondere an diesem zweiteiligen, etwa 185 x 200 cm großen Fresko ist, dass hier vermutlich zum ersten Mal eine Gebirgslandschaft dargestellt wurde, deren Aufgabe es ist, nur eine Kulisse zu bilden.

[4] Vgl. Peskoller 1999[3], insbes. 107-117 und 158ff. Dort wurde die Geschichtsschreibung über die Erstbesteigung des Mont Blanc einer Analyse unterzogen, die als »Geburtsstunde des Alpinismus« von Konkurrenz durchdrungen ist und eine Reihe von Widersprüchen aufweist.

[5] Vgl. Peskoller 1999[3]

[6] Messner 2006, 16

[7] Ebd.

[8] Ebd.

[9] Vgl. Mersch 2007, 289

eine jahrelange Verfeinerung der Taktik durch House, dann erst gelang, nach einem Versuch mit Bruce Miller ein Jahr zuvor, »dem Zwei-Mann-Team die Durchsteigung dieser technisch anspruchsvollen Wand in nur sechs Tagen bis zum Gipfel. Auf der letzten, leichteren Etappe zum Gipfel reduzieren sie ihr Material nochmals. Nur mit einer 5mm Reepschnur, minimalster Biwakausrüstung und einem Rucksack erreichen sie spät den Gipfel und kämpfen sich in zwei Tagen über eine leichtere Route zurück ins Tal«,[10] was für den alpinistischen Meilenstein den XVten Piolet d´Or 2006 eintrug.[11]

Damals haben sie, gemeint ist Reinhold Messner und Peter Habeler, weder mit Österreichern noch mit anderen Mitteleuropäern konkurriert. Das »damals« bezieht sich auf die 1970er Jahre, die Zeit als Messner so jung war wie Steve House heute ist. Messner hatte die fixe Idee geboren, Achttausender allein oder zu zweit zu besteigen, d.h. auf Träger, Hochlagerketten und weiterhin auf Sauerstoffgeräte zu verzichten. Zudem brachte ihn die Frage nach der Finanzierung seiner Expeditionen auf den Gedanken, an Ort und Stelle zu produzieren, was sich nachher verkaufen ließ: Bücher, Bilder, Filme oder Vorschläge zur Verbesserung der Ausrüstung.[12] Bereits 1975, als er mit Peter Habeler zum Hidden Peak aufbrach, wurden diese Ideen in die Tat umgesetzt, hier ein Detail: Am Gipfel funktionierte Messners Fotoapparat nicht, er verwendete den von Peter Habeler, filmte außerdem mit einer schweren 16 mm Kamera und unter dem Bild steht: »Nicht weil Habeler zuerst oben war, gibt es dieses Dokument, sondern weil Messner am Gipfel ›arbeitete‹«.[13]

Für den minimalistischen Stil gab es Vorbilder und Vorläufer wie etwa Hermann Buhl[14] oder die Cho Oyu Expedition mit Herbert Tichy, Sepp Jöchler und Pasang Dawa Lama von 1954, die Messner kannte, schätzte, rund 20 Jahre später überbot und von Tabubruch sprach, »Mit dem Hidden Peak hatte ich nun als erster drei der 14 höchsten Gipfel der Welt bestiegen. Mit diesem Erfolg habe ich gleichzeitig dem traditionellen Expeditionsstil den noch älteren Alpenstil entgegengesetzt. Besteigungen von Achttausendern waren einfacher geworden, mit bescheidenen Mitteln durchführbar, für alle erreichbar. Mit diesem Erfolg war es mir auch gelungen, eine Barriere in der Ideologie zu durchbrechen. Ein Tabu war aufgehoben. Expeditionen konnten künftig anders als bisher ausgerichtet werden.«[15]

Diese Erneuerung mit Anspruch auf Demokratisierung des Expeditionsbergsteigens habe er »teuer bezahlt. Freunde, die früher zu mir gehalten hatten, standen mir plötzlich skeptisch gegenüber. Ich war ihnen zu bekannt geworden, gehörte ihnen nicht mehr so wie früher. Durch meine Öffentlichkeitsarbeit in Presse, Rundfunk und Fernsehen glaubten sie sich betrogen, ›verraten‹«.[16] Als die Everestbesteigung von 1978 ohne die von Medizinern prophezeite Hirnschädigung gelungen und zum Großereignis der Medien geworden war, traf das oben beschriebene Problem die Protagonisten selbst, plötzlich verstanden und vertrugen sich Habeler und Messner nicht mehr und bis zur offiziellen Versöhnung sollte immerhin ein Vierteljahrhundert verstreichen.

- (K)ein Wettlauf

Vorweg, die Sachlage ist nicht einfach: Als Reinhold Messner neun Achttausender bestiegen hatte, teilte er mit, nun alle Achttausender besteigen zu wollen. Das war 1984 und versetzte auch den Polen Jerzy Kukuczka in Spannung: »Ich würde sagen, dass die Reaktion der Alpinisten auf die Ankündigung Messners anfangs Unbehagen war. Es galt als sicher, dass die Bezwingung aller Achttausender möglich sei, aber wann würde sie stattfinden? Bis zum Ende dieses Wettlaufs würde es noch lange dauern. So schien es zumindest: und auch die Vorstellung des ›Wettlaufs‹ selbst spielte in unserem Bewusstsein noch keine große Rolle,« etwas später heißt es dann im Text, »Für mich hatte jedoch der Aspekt des Wett-

[10] Mersch 2007, 289

[11] Der begehrte Preis wurde in Grenoble vergeben, für die 6 ausgewählten Spitzenleistungen waren insgesamt 13 Bergsteiger nominiert. Was die Medienpräsenz betrifft, ergab meine Recherche über das Duo im März 2007 bei Google 1,18 Millionen Einträge; keinen Eintrag konnte ich zu den »Hausfrauen am Everest« finden, die den Jungen angeblich die Show stehlen. Verfährt man ähnlich fahrlässig wie bei der ersten Frau am Everest, könnte sich das Suchergebnis ändern: Junko Tabei, die am 16. Mai 1975 den Gipfel erreicht hat und als erste Frau die Seven Summits, wird als »kleine, stämmige Hausfrau und Mutter« beschrieben, obwohl sie mit mindestens derselben Leidenschaft Bergsteigerin und Literaturwissenschaftlerin für englische Sprache ist. Aus diesem Grund ist bei der Rede von den »Hausfrauen am Everest« Vorsicht geboten, sie hat offensichtlich nicht nur Tradition, sondern auch Methode.

[12] Vgl. Messner 1995^5, 57, vgl. auch Habeler 1978, insbes. 17f

[13] Ebd. 59

[14] Weiterführend zu Buhl, vgl.Peskoller 1998 und 2004; zu Messner am Nanga Parbat, vgl.Peskoller 2001 und 2002

streits immer eine gewisse Bedeutung. Wahrscheinlich habe ich deshalb an dem Köder angebissen, den Messner ausgelegt hatte.«[17] Auch zur Rolle der Medien äußert sich Kukuczka und meint, »Heute sagt man, es seien die Journalisten gewesen, die die Rivalität auf über 8000 Meter Höhe angeschürt hätten, doch auch ohne die Atmosphäre der Sensationsgier, die sie schufen, hätte der Wettlauf stattgefunden. Einige fühlten sich in der Lage, das Vorhaben durchzuführen; dazu gehörte auch ich.«[18]

Die Medien taten das ihre, aber auch ohne sie, behauptet Kukuczka, hätte dieser Wettlauf stattgefunden, ein Wettlauf, den Kurt Diemberger mit einem Pferderennen verglich und dann könnte das ganze so klingen: Am 17. Dezember 1984 bat Jerzy Kukuczka in Kathmandu den Expeditionsleiter Andrezej Zawada an den beiden gleichzeitig stattfindenden Expeditionen zum Dhaulagiri und Cho Oyu teilnehmen zu dürfen. Dieser stimmte nach einer heftigen Debatte im Team zu, woraufhin Kukuczka ein Meisterstück gelang und er innerhalb eines Monats zwei Achttausender schaffte.[19] Messner dazu: »Polnische Expeditionsleiter, Bürokraten in Nepal und Pakistan duldeten Kukuczka immer wieder als Gast in immer anderen Expeditionen, auch weil sie das Wetteifern um die 14 Achttausender anheizen wollten. Mir versuchte man am Ende die Permits vorzuenthalten.«[20] Im Frühjahr 1985 eröffnet Reinhold Messner mit Hans Kammerlander eine neue Route in der Nordwestwand der Annapurna I, sie benötigen fünf Tage vom Basislager bis zum höchsten Punkt, den sie am 24. April erreichen,[21] im Anschluss steigen sie in nur drei Tagen bei starkem Gewitter über den Nordostgrat zum Dhaulagiri und stehen am 15. Mai 1985 auf dem Gipfel.[22] Durch die Ostwand desselben Berges klettern im darauf folgenden Winter Erhard Loretan, Jean Troillet und Pierre-Alain Steiner, sie kommen am 8. Dezember 1985 um 13.30 Uhr oben an.[23] Bei Loretan ist nicht von Wettlauf die Rede, seine Motive in dieser Weise auf den Dhaulagiri zu steigen, hören sich anders an: »Erstens, weil die äußeren Bedingungen in dieser Jahreszeit am extremsten sind – es gibt nichts Härteres, als den Winter auf 8000 m zu verbringen, und der Alpinist (den man nicht mit dem Masochisten verwechseln darf) liebt es, sich an den eigenen Grenzen zu messen. Zweitens, weil am Berg das ganze Jahr über nie so gute Verhältnisse herrschen wie im Winter: Der Wind hat die Flanken blankgefegt, und dank den geringen Niederschlägen bleibt einem kräftezehrende Spurarbeit erspart.«[24] Im Januar 1986 bewältigt Jerzy Kukuczka mit Krystof Wielicki die erste Winterbesteigung auf den Kangchendzönga – der Zwischenstand: Kukuczka 10, Loretan 9, Messner 12 Achttausender. Messner wird mit Hans Kammerlander am 26. September 1986 den Gipfel des Makalu, drei Wochen später, am 16. Oktober den des Lhotse erreichen und schließlich mit einem Vorsprung von 14:11 gewonnen haben.

Um mit dem Zählen auch wieder aufzuhören: Messner benötigte 16 und Kukuczka 11 Jahre für alle Achttausender,[25] er ist 1989 auf 8350 m Höhe unterhalb des Lhotse-Gipfels umgekommen. Messner dazu: »Kukuczka hat in nur elf Jahren alle 14 höchsten Berge der Welt bestiegen und diesen Rekord nur kurz vermarkten können. Seine Sponsoren im Westen lachten sich ins Fäustchen. Als am 24. Oktober 1989 in der Lhotse – Südwand sein Seil riss, hinterließ der dreifache Vater eine verarmte Familie und eine Reihe von Claqueuren, die sich weder um die Hinterbliebenen, noch um seine Aussagen kümmerten. Sein ›Vierzehnter Himmel‹ ließ sich mit antagonistischen Sprüchen besser verkaufen als mit genauen Berichten über ›Aufstieg und Fall‹ dieses zähen Machers.«[26] Messner bezeichnete Kukuczka als »einen der letzten ›Dinosaurier‹ des vorkommerziellen Höhenbergsteigens. Fünfzehnmal stand er auf einem Achttausender-Hauptgipfel,[27] davon viermal im Winter, oft als Erstbegeher einer schwierigen Route. Nach ihm haben sich nur noch der Schweizer Erhard Loretan und der Franzose Pierre Beghin dem schwierigen

[15] Vgl. Messner 1995^{5}, 60f
[16] Ebd. 61
[17] Kukuczka 1990, 11
[18] Ebd.
[19] Ebd. 119f
[20] Messner 1995^{6}, II
[21] Vgl. ebd. 176-19
[22] Vgl. ebd. 192-207; vgl. verstreuter dazu auch Kammerlander 1999
[23] Vgl. Ammann/Loretan 1996, 87ff
[24] Vgl. ebd. 88
[25] Vgl. Messner 1995^{6}, 11 und 14. Die Zahlen stimmen nicht immer überein, so ist z. B. auch von 8 Jahren für Kukuczka zu lesen (vgl. Bonatti in Kukuczka 1990, 8). Zuverlässig mögen die folgenden Daten sein: Messner stand erstmals auf einem Achttausender am 27.6.1970, letztmals am 16. 10. 1986; Kukuczkas erster Gipfelsieg war am 4.10.1979 und der letzte für die 14-Achttausender-Serie am 18.9.1987.
[26] Messner 1995^{6}, II
[27] Bei Messner war es insgesamt achtzehnmal.

und langen Weg des immer wieder anderen Zugangs verschrieben.«[28]

Wie sich die bei Kukuczka überlieferte Erklärung Messners – »Schluß mit dem Sport; die neuen Routen, die Rekorde und Gipfelhöhen interessieren mich nicht mehr«[29] – auf die Expeditionsbergsteiger ausgewirkt haben mag, entzieht sich meiner Kenntnis. Messner soll diese Erklärung im Oktober 1985, also knapp ein Jahr vor seinem großen Finish anlässlich eines Treffens, das von der französische Fachzeitschrift »Vertikal« organisiert wurde und die zehn besten Himalaya-Bergsteiger auf Schloss Juval versammelte, überraschend abgegeben haben. Die Frage, wozu die Bekanntgabe eines so großen Ziels, das als Aufruf zum Wettlauf verstanden werden konnte, aber dann doch wieder dementiert wurde, letztlich gedient und erwirkt haben mag, muss unbeantwortet bleiben, könnte sich aber für die Suche nach der Wirkungsweise von Konkurrenz als durchaus produktiv erweisen.[30] Kukuczka sagt, er sei zu diesem Treffen nicht eingeladen gewesen, im Unterschied zu einer späteren Zusammenkunft, die nach Messners letztem Achttausender auch auf Juval im Jahr 1987 stattfand und wo man unter dem Motto »Wettlauf zum Gipfel« über das Problem, »dass die Alpinistik mehr und mehr zum sportlichen Vergleichskampf verkommt« diskutiert hatte.

Über die Zusammenkunft von 1987 schreibt Kukuczka, »Wenn ich mich recht erinnere, war es damals, dass er zum ersten Mal öffentlich von mir zu sprechen begann, viel und gut. Vorher hatte er, wenn man ihn nach seiner Meinung über Kukuczka fragte, geschwiegen, obwohl er gegen Ende dieses Wettlaufs nicht mehr ignorieren konnte, wer ich war. 1982 lud er Wojtek ein, an seiner Expedition auf den Cho Oyu teilzunehmen. Ich konnte von einer solchen Einladung nur träumen.«[32] Abschließend sei noch auf ein Telegramm hingewiesen, das Messner Kukuczka mit der Botschaft »Du bist nicht Zweiter. Du bist großartig« übermittelt haben soll und das dieser nach dem letzten seiner Achttausenderserie, der Shisha Pangma, am 9. Oktober 1987 nach der Rückkehr von Tibet vorfand.[33] Auch wenn die Korrektheit dieser Aussagen im letzten nicht beurteilt werden kann, stellen sich mindestens ein paar Fragen: Wie hört sich ein Telegramm an, das den Verlierer mit »großartig« beschreibt? Welche Rückschlüsse lassen Kukuczkas Beschreibungen der beiden Juval-Treffen auf das zu, wie er seine Position wahrgenommen und bewertet hat? Was könnte Messner bewogen haben, ihn weder zu einer Expedition, noch zu diesem Treffen von 1985 einzuladen? Weshalb bezeichnet er Kukuczka nachträglich als einen »zähen Macher« oder als einen der letzten »Dinosaurier« des vorkommerziellen Höhenbergsteigens? Was könnte zwei so bedeutsame Bergsteiger miteinander verbinden, aber auch trennen?

Bearbeitung

Dass Konkurrenz indirekt und direkt Thema der Materialausfaltung und Rekonstruktion war, ist unbestritten, weniger gesichert scheint, was Konkurrenz bedeutet und ob sie sich als das letzte und wichtigste Thema erweist. Um das herauszufinden, bedarf es der Theorie und Geschichte in zwei Schritten.

- Rettung Abenteuer

Die jungen Leute mit den fantastischen Sachen ermutigen ihn, die Existenz der großen Abenteuer aufs Neue zu beschwören. Er hat gezeigt, dass es geht, bezeichnet sich als einen »klassischen Abenteurer« und meint damit in erster Linie die Selbstverantwortung für ein wirkliches Grenzgehen. Das Grenzgehen, sagt er, beginnt dort, wo der Spaß aufhört und das ist, wo es keinen Tourismus mehr gibt. Wo das Abenteuer existiert, fehlen die organisierten anderen, es ist kalt, ungemütlich, man ist im Zelt, allein und muss auch noch selber kochen. Dass der Kontakt zur Außenwelt eingeschränkt bzw. abgeschnitten ist, erhebt Messner zum Kriterium des Abenteuers schlechthin. Woher kommt dieses Aben-

[28] Messner 1995[6], II
[29] Tomasz Malanowski/Journalist zit. in Kukuczka 1990, 16
[30] P. Bourdieu würde sagen, dass die Produktivität von der Verfügbarkeit unterschiedlichen Kapitals (soziales, symbolisches, kulturelles, ökonomisches) abhängt und ein Kapital wäre der Zugang zu den Medien und der Öffentlichkeit (vgl. Messner 1995[6], 218)
[31] Messner 1995[6], III
[32] Vgl. Kukukczka 1990, 16
[33] Ebd. 236

teuerdenken? Welcher Stellenwert wird ihm im Laufe der Geschichte zugemessen und womit kann es in Verbindung gebracht werden?

Im Wörterbuch steht, dass Abenteuer erregende Erlebnisse, mutwillig eingegangene Wagnisse oder Liebensaffären sind. Das Wort selbst geht auf das mittelhochdeutsche *aventiure/abentiur* zurück, was Begebenheit, gewagtes Beginnen mit ungewissem Ausgang oder Schicksal bedeutet und Ende des 12. Jahrhunderts aus dem altfranzösischen *aventure* entlehnt wurde. In dieser Zeit begann man den handelnden Menschen und seine Existenz erstmals vom Wagnis her zu denken. Sein Leben wurde als Experiment aufgefasst, das auf Plan und Zufall gründet. Zur menschlichen Tätigkeit gehörte fortan, Vertrautes preiszugeben, Fremdes kennen zu lernen, den kulturellen Horizont zu überschreiten und ins Unbekannte vorzudringen. Diese Experimentalexistenz des Menschen hat in der Mentalitätsgeschichte Europas tiefe Spuren hinterlassen und die vormoderne Welt irreversibel in die Moderne verwandelt. Messners Ansage vom großen Abenteuer ist ein Beweis mehr, dass dieser Vorgang, der die Freisetzung des Individuums vorbereitet hat, bis heute nicht zum Abschluss kam. Was aber veranlasste die Erfindung eines Abenteuerdenkens? Als bestimmende Kategorie des Menschlichen wurde das Abenteuerdenken zur Errettung des Ritterwesens erfunden[34] und geht auf Chrétien de Troyes zurück, der 1170 eine erstaunlich genaue Definition ausgearbeitet hat,[35] die sich später mit dem Mythos des Fortschreitens verbinden lässt.[36]

Beide, Fortschrittsmythos und Abenteuerdenken, scheinen von einem merkwürdigen Drang zur Bewegung beseelt zu sein, erzählen von Abschied, Aufbruch, Rückkehr und beschleunigten Suchbewegungen, die das Verhalten modellieren, Wissen vermitteln, die Wahrnehmung mit Blick auf das organisieren, was noch kommen wird. Man richtet sich nicht am Notwendigen, sondern am Möglichen aus und dieses Mögliche wird bildhaft vorgestellt und lässt das reale, gegenwärtige Leben immer nur provisorisch erscheinen. Sollte das Abenteuer den Ruf und Stand der Ritter retten, handelt der Fortschrittsmythos von den Pilgern. Zu Hunderttausenden sind sie im 14./15. Jahrhundert mit dem eigenen Seelenheil vor Augen aufgebrochen, haben Haus und Hof verlassen, um quer durch Europa zu wandern. Diese Wanderungen darf man sich aber nicht wild vorstellen, strenge Vorschriften sorgten dafür, dass die Pilger ihr Ziel nicht aus den Augen verlie-

[34] Um den realen Machtverlust zu kompensieren, begann die Ritterschaft ihre eigenen ethisch-kulturellen Qualitäten zu entwickeln und zu rühmen, um die eigene Existenz als notwendig zu rechtfertigen. Diese Aufgabe übernahmen die Intellektuellen aller Couleurs, insbesondere die Dichter wie Chrétien de Troyes, der jedoch trotz Idealisierung des Rittertums doch auch ihren profanen Charakter bewahrt hat und seine Helden im Irdischen handeln ließ (vgl. Nerlich 1997, 207ff)

[35] Das Rettungsprogramm der Ritter lautete: Wer auszog, um ein Mensch zu werden, den musste man nach seiner Heimkehr in die Gemeinschaft aufnehmen, jederzeit wieder aufbrechen und ziehen lassen, da sich nur in der Suche, im Bestehen und dem Berichten über die Gefahren am Hofe das Höchste, was ein Mensch auf Erden erlangen kann, verwirklicht (vgl. Nerlich 1997, insbes. 201).

[36] Vgl. Sting 1991
Das Wort »Fortschrittsmythos« meint eine Ablösung vom Mythos und mit dieser Ablösung ist der Zerfall einer sinn- und gemeinschaftsstiftenden Gesamtperspektive verbunden. Es kann aber auch vom Gegenteil handeln: Der Fortschrittsmythos kann als Versprechen zur Verbesserung und Vervollkommnung von Mensch und Welt trotz und wegen der vernichtenden Folgen, erinnert sei an Tschernobyl, aufrecht erhalten bleiben, was umso eher gelingt, je weniger man ihn als einen Mythos erkennt. Nachweis des Glaubens an diesen Mythos ist die Steigerung. Sie drückt sich im unablässigen Hervorbringen von Neuem aus, das in Form von Rekorden als Motor und Garant für das Existieren und Funktionieren des Fortschritts gewertet und zum ersten Kriterium des Vergleichs als Grundlage von Konkurrenz erhoben wird. Neues zu fordern, zu erbringen, zu bewachen und ihm seinen Stempel aufzudrücken, hält den Mythos des Fortschritts wach und am Leben und tut so, als wäre er bereits das Leben selbst. Vielleicht erklärt sich darüber dieses merkwürdige und nicht zu stillende Begehren, das Neue auszuweisen, den Besten fest- und den Ersten von allen sicherzustellen, vergewissert es doch, dass es weiter geht wie bisher. Dabei würde sich Neues ebenso gut für den Bruch mit dieser Logik eignen.

ren und vom eingeschlagenen Weg abkommen konnten.[37] Es war als folgten sie zielstrebig einem unsichtbaren Wink, oder theoretischer gesagt, als übten sie sich in die Abstraktion ein, die darin bestand, über einen längeren Zeitraum sich nur von der Vorstellung und den heil bringenden Wörtern leiten zu lassen und Erfahrungen mit dem Imaginären zu machen. Sie steuerten ständig neue Orte an, um sie ohne jede Bindung wieder zu verlassen. Dieses »Mobilitätstraining« ging mit der Gewöhnung an den Verlust von Wirklichkeit zugunsten der Schriftzeichen einher, denen sie stärker als der realen Anforderung des Alltags vor Ort Folge geleistet haben. Daher nimmt es nicht wunder, dass während solcher Pilgerfahrten, deren Beweggründe übrigens nicht immer nur rein geistlichen Ursprungs waren, die soziale Ordnung daheim, Familie, Haus und Hof zerfiel.

Ritter und Pilger sind zwar historisch wie gegenwärtig keine Bergsteiger, dennoch gibt es zwischen ihnen Verbindungen.[38] Das Abenteuer ging ursprünglich von den Rittern aus, setzte sich im Pilgern fort und wurde mit Hinweis auf die Jungen und eigenen Taten vergangener Tage von Messner wiederholt aufgerufen. In diesem Hinweis steckt die Frage nach dem Altern und der Generation, denn wer auf Abenteuer auszieht, ist im Normalfall kein Greis und wer es beschwört, stellt sich mit den Jungen in eine Reihe.

- Paradoxie von Konkurrenz und Medien

Warum sollte ein klassischer Abenteurer wie Messner, dessen Selbstverständnis an eine, wie zu zeigen war, lange Tradition anschließt, die zur Ehrenrettung des maroden Ritterstandes antrat und in Folge unzählige Pilger mobilisierte, heute nicht ähnliche Versuche starten und anstelle des Ritter- das Bergsteigerwesen beleben wollen? Die in seinen eindrucksvollen Museen ausgestellte Alpingeschichte könnte man dafür als ein Indiz werten, da konserviert, wer Vergessen, Verkennung, Verlust oder Verfall befürchtet. Trug Chrétien de Troyes mit dem Abenteuerbegriff zur Ideologisierung der ritterlich-noblen Menschlichkeit bei, könnte Messner dasselbe für die jetzige Bergsteigerzunft vorhaben. Sie soll, daran lässt er keinen Zweifel, »gereinigt« werden, deshalb setzt er auf Selektion und scheidet die besten von den nur guten oder ordentlichen Bergsteigern bzw. Bergsteigerinnen. Die Besten – und das muss ein kleiner Kreis bleiben – sind die wahren Vertreter der Zunft, sie sollen sich ins kollektive Gedächtnis einschreiben und er wacht darüber. Elitebildung durch Selektion und Überwachung ist dem Fortschrittsmythos verpflichtet, der an die »Höherentwicklung« durch Beherrschbarkeit glaubt und zur Steigerung von Ideen, Leistung und Profit auf Konkurrenz setzt. Was meint Konkurrenz? Welche Struktur, Dynamik und Mechanismen kennzeichnen sie?

- Konkurrenz

Das Wort Konkurrenz ist bei uns noch nicht lange in Gebrauch. In der ersten Hälfte des 17. Jahrhunderts verstand man darunter Rivalität, Wettbewerb und einen angespannten Wirtschaftskampf, erst Anfang des 20. Jahrhunderts kam der sportlichen Wettkampf hinzu. Im Alltag werden diese Begriffe synonym verwendet und das macht auch das Grimmsche Wörterbuch. Etymologisch gibt es Unterschiede, so leitet sich »Konkurrenz« von lateinisch *concurrere* ab, was zusammenlaufen, zusammentreffen, aufeinander stoßen, eilig zusammen kommen oder gemeinsam nach einem Ziel laufen bedeutet. »Wettbewerb« taucht im 16. Jahrhundert als Ausdruck für das Kräftemessen bei Sport und Spiel und somit früher auf und wurde dann im Sinne eines Kampfes um bessere Leistungen im 19. Jahrhundert durch die Bezeichnung »Konkurrenz« abgelöst. Der Ausdruck »Rivalität« schließlich leitet sich von lateinisch *rivalis* ab, was soviel heißt wie wer am selben Bach wohnt und mit jemand anderem das Wasserrecht teilen muss. Aus dem Wasser wurde im Mittelfranzösischen die Geliebte, wodurch sich der »rival« in einen Neben-

[37] Vgl. Gurjewitsch 1980

[38] Eine Gemeinsamkeit besteht beispielsweise darin, sich trotz der Verpflichtungen zuhause, eines drohenden Misserfolgs oder der Verderbnis sich durch eine unsichtbaren Kraft von fernen, schwer erreichbaren Zielen magisch anziehen zu lassen. Das wiederholt aus dem Alltag fortgezogen zu werden, um irgendwo anders, weitab in der Hoffnung auf Veredelung, Erlösung oder Selbstverwirklichung über die eigenen Grenzen zu gehen und aller Sicherheit zum Trotz sein Bestes und mehr als das zu geben, verbindet das Abenteuer mit den edlen Rittern, den Vorgang des Pilgerns mit dem Fortschrittsmythos und der Bergsteigerei (vgl. Peskoller 1999[3], 61f, 59ff, 220-227).

buhler verwandelt hat. Dem Rivalen oder der Rivalin haftet seitdem ein Ruch feindlicher Gegnerschaft an und ist mit Neid, Eifersucht und Hass verbunden.

Ungeachtet dieser Unterschiede ist die Grundlage jeder Art von Konkurrenz der Vergleich. Vergleiche benötigen eine Maßeinheit, ohne sie kann nichts gemessen werden. Die einfachste Einheit um (sich) zu messen sind Zahlen: Wie viele Achttausender wurden innerhalb welcher Zeit bestiegen? Will man hingegen Qualitäten erfassen, braucht es ein Bündel von Kriterien, die in Relation zueinander stehen und ein Spektrum verschiedener Ausprägungen nach der Formel zulassen: Je höher der Komplexitätsgrad, desto schwieriger der Vergleich. Dass zur Konkurrenz Ziel und Anlass gehört, steckt bereits in der ursprünglichen Wortbedeutung, was dort aber noch nicht zu finden ist, wäre der »Umschlagplatz«. Darunter soll ein realer oder auch virtueller Ort verstanden werden, wo aufeinander trifft, was auf ein gemeinsames Ziel zuläuft. Wird so ein »Ort« allgemein zur Kenntnis genommen und dieser, man denke an die Medien, mit einer gewissen Autorität ausgestattet, findet das Konkurrieren nicht mehr nur zufällig statt und bleibt unbeachtet, sondern fällt zumindest einigen auf und gewinnt an Bedeutung.

Es gibt viele Arten von Konkurrenz, sie reichen von der freiwillig eingegangenen und friedlichen Konkurrenz, bei der alle voneinander lernen und etwas davon haben bis zur unfreiwilligen, aufgezwungenen Konkurrenz, die Unterlegene schädigen kann. Dazwischen finden sich andere Varianten wie z. B. der Zweikampf als Duell, wo es sich meist und gleichwertige Partner handelt, Konkurrenz, die erst im Nachhinein zu einer stilisiert oder als solche geleugnet wird, Konkurrenz zwischen Gattungen, die einseitige Konkurrenz, wo ein Älterer gegen einen Jüngeren oder häufiger ein Jüngerer gegen einen Vertreter der älteren Generation antritt, was in der Regel zu einer Hommage führt,[39] bei der sich der Ehrende seinem Vorbild als gleichwertig erweisen will oder aber auch zu einer Parodie, die den Gegner der Lächerlichkeit preisgibt. Erwähnung verdient noch das Verdrängen von Konkurrenz, wie es bei Fälschungen und Plagiaten vorkommt und die Verhinderung von Konkurrenz durch Monopolbildung wie es beispielsweise die Zünfte im Mittelalter versuchten.[40]

Wenn die Grundstruktur von Konkurrenz ist zu zeigen, dass einer etwas mindestens so gut wie ein anderer kann, darf der Einfluss des Gegenübers nicht unterschätzt werden. Das Gegenüber verändert einen und macht aus der Konkurrenz ein paradoxes Geschehen. Die Paradoxie besteht darin, dass man ausgerechnet dem Gegner Macht über sich und sein Verhalten einräumt. Die dem Gegner abgegebene und ihm eingeräumte Macht schwächt, obwohl man zu einem Kräftemessen antritt. Damit sich die Schwächung in Grenzen hält, investiert man aufseiten der Kräfte. Man steigert sie, trainiert ohne Ende und gerät in ein zweites Verhängnis, das darin besteht, dass mit der Vermehrung der Kräfte auch der Zweifel wächst, ob es jemals reicht und auf Kraft, Disziplin, Übung und Wissen durch Erfahrung Verlass ist. Kann man es nicht, wofür soll dann dieser ganze Aufwand gut sein? Das klingt anstrengend und ist es auch. Der fortwährenden Anstrengung wächst nämlich nicht automatisch das notwendige Vertrauen in die eigenen Fähigkeiten, den Zufall oder der Glaube an die Unterstützung durch andere zu, sondern das Gegenteil ist eben auch der Fall. Deshalb funktioniert Konkurrenz nicht allein auf der Basis von Einsatz und Anstrengung, es kommen noch andere Mechanismen wie Taktik, Strategie, Netzwerk, List, Täuschung, Schlagkraft oder Geschwindigkeit ins Spiel, was auch, wie angedeutet, in der Bergsteigerliteratur vorkommt.

Das einzige Mal, wo Messner im Interview ausdrücklich von *konkurrieren* spricht, ist übrigens jene Passage, wo er sich gegen die veränderte Berichterstattung der Medien wendet und sagt, *Ja, es geht alles in Richtung Lokales, es ist nicht mehr ein Spiel mit den*

[39] Vgl. dazu Messner u.a. 2000
[40] Einige dieser Gedanken verdanke ich Renate Prochnos Vortrag, der sich auf die Kunstgeschichte bezogen hat.

besten Leuten der Welt. Das war bei uns so. Als der Peter Habeler und ich die schönen Sachen gemacht haben, haben wir nicht mit Österreichern konkurriert und auch nicht mit anderen Mitteleuropäern. Sondern die Engländer waren sehr gut. Und heute gehen halt die Tiroler auf irgendeinen Hügel, die Wiener gehen auf irgendeinen anderen. Der erste Mensch aus Graz hat irgendetwas gemacht. Es geht nicht mehr darum, etwas Verrücktes umzusetzen – jetzt geht es um den ersten Grazer.[41]

Ist, wie wir hörten, die Basis von Konkurrenz der Vergleich, stellt sich die Frage, was hier womit und wozu verglichen werden soll? Ein Vergleich des ersten Tirolers mit dem ersten Wiener oder Grazer erscheint weder aufregend noch durchführbar, weil er nicht einmal mehr auf denselben, sondern jeder auf einen andere Hügel steigt. Daraus zu schließen, Vergleiche am Berg hätten sich erübrigt, wäre aber auch im Sinne Messners nicht. Er wollte mit diesem Beispiel vermutlich nur sagen, dass sich die Suche der Medien nach einem je Ersten ad absurdum führt, wenn sich der Blick, wie es seinerzeit war, nicht auf die gesamte Bergsteigerwelt erweitert. Dass Messner selbst an dieser von ihm kritisierten Engführung ungewollt mitgewirkt haben könnte, kommt nicht zur Sprache, scheint aber aufgrund der Tatsache, dass er viele Jahre hart an einer Monopolstellung in den Medien zum Thema Berg und Bergsteigen gearbeitet hat und arbeitet, nicht ganz aus der Luft gegriffen. Monopolbildung verhindert Konkurrenz und fördert nicht den Wettbewerb mit den anderen, sondern den mit sich selbst. Wenn nun nur noch auf sich selbst als sein Gegenüber das paradoxe Prinzip der Konkurrenz angewendet und ihm die Macht über das eigene Verhalten eingeräumt wird, scheint die Grundlage dafür geschaffen, um, wie Messner sagt, Verrücktes umzusetzen.

- Inszenierung, Medien

Der Begriff der Inszenierung ist sehr jung. Er stammt aus dem Französischen und geht auf das Theater zurück, jenem Ort, wo etwas zur Schau gestellt, den Blicken anderer ausgestellt wird und an dem sich, wie es im 17. Jahrhundert hieß, etwas Zeigens Würdiges ereignet. Was im 17. Jahrhundert der Begriff des Theaters bewerkstelligen sollte, scheint heute der Begriff der Inszenierung zu leisten, der seit den 1990er Jahren eine Hochkonjunktur erlebt. Zu seinem semantischen Feld gehören: Aufführung, Darstellung, Leiblichkeit, Präsenz, Rolle, Maske, Bühne, Szene, Zuschauer, Wahrnehmung, Körper, Beobachter, Schauplatz und Spiel. Definiert wurde die Inszenierung als »Setzung der Szene« erstmals von August Lewald im Jahr 1837 wie folgt: »Ein dramatisches Werk vollständig zur Anschauung bringen, um durch äußere Mittel die Intention des Dichters zu ergänzen und die Wirkung des Dramas zu verstärken.«[42] In der Inszenierung geht es ursprünglich also um das Drama. Was in ihm unsichtbar ist, soll zur Erscheinung gebracht werden, aber so, dass sich seine Wirkung erhöht, wodurch die Inszenierung aus dem lebt, was sie nicht ist. Sie muss nämlich selbst produktiv und schöpferisch werden, um etwas hervor- bzw. zur Erscheinung zu bringen. Dadurch nimmt sie die Form einer Verdoppelung an: Die Inszenierung zeigt, was ohnehin schon dramatisch ist. Dadurch wird die Inszenierung zu einer Institution der menschlichen Selbstauslegung und mithin zum unablässigen Versuch, sich selbst zu stellen. Weil Menschen, die inszenieren, von dem, was sie an sich kennen, Abstand nehmen und sich dadurch die eigene Andersheit zeigt, fällt der Inszenierung die Aufgabe zu, Differenz zu produzieren. Jemand, der inszeniert, ist also nicht bloß mit sich identisch, sondern er erfindet sich irgendwie und laufend wieder als einen etwas anderen. Dadurch entstehen eine Reihe von Facetten an ein und derselben Person, die nicht versteckt, sondern als Unterschied offen gezeigt werden und den, der sie zeigt, herausfordert, sich immer wieder mit sich selbst zusammen zu schließen. Bei diesem Vorgang des Zusammenschließens muss Vorstellung und Wirklichkeit neu miteinander in Beziehung gebracht werden. Damit

[41] Messner 2006, 16
[42] Lewald zit. nach Fischer-Lichte in Willems 1998, 82

zielt die Inszenierung auf einen kreativen, transformierenden Umgang mit sich und der Umgebung, ein Beispiel: In seinem Buch *überlebt* blicken dem Betrachter 14 unterschiedliche Messnergesichter entgegen und jedes einzelne gehört ein- und derselben Person, die nach der Rückkehr von ihrem letzten Achttausender das zweite ihrer vielen Leben zum Abschluss bringen wird.[43] Inszeniert, d.h. verstärkt und verdoppelt wird hier nicht das Werk, sondern wer es vollbracht hat[44] und der es vollbracht hat, schließt sich mit der Zeit und dem Ort zusammen, an dem die Tat gelang.[45] Die Formel für die Inszenierung könnte lauten, je größer der Bergsteiger, desto mehr hat er sich kreiert und über allem steht Jerzy Kukuczkas »Congratulation for your big slam!«[46]

Messner setzt über drei Jahrzehnte schon auf unterschiedliche Medien und sich dort in Szene, das hat er auch im Standard getan und was normalerweise zum Vorschein kommt, ist schon deshalb etwas »Zeigens Würdiges«, weil es von existentiellen Erfahrungen genährt wird. Sollte die Inszenierung früher ein dramatisches Werk vollständig zur Anschauung bringen und mithin seine Wirkung verstärken, stellt sich für heute die Frage, ob das auch für Achttausenderbesteigungen gilt, ob diese überhaupt eine Verstärkung vertragen bzw. wozu sie einer solchen bedürfen. Naheliegend wäre nämlich das Gegenteil und das bedeutet Extensivierung und Deeskalation. Wie auch immer, Messner macht es anders, aber macht er es wirklich anders?

- Konkurs: Hausfrau vor Bergheld

Ein Wettlauf ließe sich, hieß es im Interview, besser verkaufen und wenn es diesen nicht gibt, erfinden ihn die Medien. Nicht nur Bergsteiger, auch Medien haben Verkaufsinteressen und nicht allein Messner, sondern auch sie scheinen nach demselben Prinzip vorzugehen, das lautet: Was zählt ist Neues. Das Problem besteht darin, dass es Nichtbergsteigern und, wie es Medienleute oft sind, Außenstehenden trotz fortschreitender Informationstechnologie nicht leichter, sondern schwer bis unmöglich fällt, Neues zu objektivieren und von »Neuem« zu unterscheiden. Dennoch, vielleicht gerade deshalb findet Neues, wie Messner berichtet, aktuell statt: *Voriges Jahr ist ein Amerikaner die Südwand vom Nanga Parbat geklettert, eine neue sehr schöne Route und ohne Kontakt zur Außenwelt, alles frei. Aber es kennt ihn kein Mensch, es war in keiner österreichischen Zeitung, während die Hausfrau von irgendwo, wenn sie im Rahmen einer Gruppenreise auf den Everest steigt, in jeder Zeitung steht. Und die nehmen den wirklichen, großen Bergsteigern die Aufmerksamkeit weg.*[47]

Wenn das stimmt, dass die Hausfrauen den großen Bergsteigern die Aufmerksamkeit der Öffentlichkeit wegnehmen, stellt sich neben einer Reihe von Fragen die, wen das am meisten stört und warum. Das Primat des Neuen scheint, darin bestehen keine Zweifel, auf den zurück zu schlagen, der es fordert und gefordert hat. Dazu kommt, dass einem Laien der Zentralpfeiler am Nanga Parbat weniger packt als die »Hausfrau« von nebenan am höchsten Punkt der Welt, daran hat man sich trotz Gruppenreisen noch nicht gewöhnt. Überträfe die Hausfrau in ihrer Anziehungskraft die extremen Jungen, wäre das Bild des Höhenbergsteigens in der Tat über den Haufen geworfen und die kollektive Vorstellung entweiht. Denn wenn all das auch eine Frau, die sonst nur den Haushalt besorgt, zuwege bringt, was sollen die unmenschlichen Taten dann noch wert und jemals wert gewesen sein?

Die Hausfrau von heute wird zur Bedrohung der Helden von damals. Dabei haben sie sich unendlich viel Mühe gegeben und zwar nicht nur oben am Berg, sondern auch hinterher, unten, als sie von den Qualen und Gefahren erzählt und Bericht erstattet haben. Vorwiegend waren es Männer und als solche von ihrer gemeinsamen Wortwurzel her Helden, die sich durch kühne Taten als tapfere Kämpfer auszeichneten. Bedenkt man, dass extremes Klettern oder Bergsteigen in großer Höhe selten

[43] Vgl. dazu Messner 2006, 16 unter der Überschrift *Die vielen Leben des Reinhold M.*

[44] Vgl. Messner 1995⁶, 0

[45] Vgl. ebd. Die jeweilige Bildunterschrift enthält in großen Ziffern das Besteigungsjahr, benennt mit kleineren Lettern den erstiegenen Berg und die Form der Darstellung ist wie eine Blattkopie.

[46] Vgl. ebd.

[47] Messner 2006, 16

kampflos abgeht, Bergsport mit Sport zu tun hat und Sport, nachdem er sich vom griechischen Götterglauben freigemacht und aus dem Zusammenhang des Heiligen herausgelöst hat, seine Karriere in rituellen Handlungen der Antike startete, um aber nicht mehr dem Heiligen, sondern fortan der Heiligung des Individuums zu dienen,[48] fällt auf jene, die ihn betreiben und sich dabei in Szene setzen, ein etwas anderes Licht. Im Sport rücken die Körper ins Zentrum und werden mit einer Macht ausgestattet, die sie seit langem verloren haben. Die Macht der Körper besteht zum einen in ihrer Beweglichkeit, Ausdauer und Kraft und zum anderen darin, für die Allmachtswünsche anderer eine Fläche zu anzubieten, auf der sehnsüchtige Frauen-, schweifende Männer- und euphorische Gruppenphantasien ihren Platz finden können. Das macht den sportlichen Helden zu einer künstlichen Figur oder Maske, an der sich nicht ohne Eingriff und Beteiligung der Medien die menschliche Einbildungskraft entzündet.

Eine Person wie Reinhold Messner ist also immer mehr als sie selber will, denkt, weiß und kontrollieren kann, weil sie nicht nur ihren eigenen, sondern den Phantasien aller gehört.[49] Menschen, die sich oder die anderen zu Helden von Erzählungen machen, werden entwirklicht, wobei diese Entwirklichung nicht nur nimmt, sondern auch gibt und etwas ermöglicht. Sie schafft beispielsweise Platz, um »ausgeräumte« Sportler- oder Berghelden mit individuellen und kollektiven Vorstellungen aufzufüllen, was diese auch ohne ihr Zutun kräftigt und machtvoll erscheinen lässt. Das könnte für die kämpfenden und angestrengten Helden bequem sein, sie lockern und entspannen.

Resümee

Bezieht man das Abenteuerdenken, den Fortschrittsglauben und die Sportlerhelden mit antiker Herkunft aufeinander, baut sich jener Mythos von Männlichkeit auf,[50] der von Anfang an und insgeheim das Thema der Konkurrenz begleitet und unterströmt hat. Gelänge eine Befreiung aus diesem Mythos,[51] wäre die letzte und größte aller Heldentaten vollbracht. Ohne ihn hört ein unfruchtbares Denk- und Handlungsschema auf und beginnt tatsächlich Neues, was einen Schöpfer, Pionier und Abenteurer wie Reinhold Messner noch reizen könnte.

Konkurrenz und Konkurs gehören zusammen. Beim Konkurs wird aufgeteilt, was von der Beute übrig bleibt und das ist in der Regel nicht viel. Daher kritisiert Messner die Berichterstattung, weil sie lokal und mithin nur noch Unbedeutsames berichte. Er gilt zurecht als d e r Bergsteiger des 20. Jahrhunderts und keiner hat das Spiel mit den Medien gesucht und sein Bild als der Beste in der Öffentlichkeit so befestigt wie er. Jetzt beklagt sich Messner bei den Medien über sie ohne zu bedenken, dass eine Folge des *Ultra* die Beliebigkeit und Gleichgültigkeit sein muss. Mit den Medien ist nicht zu rechnen, mit dem Berg auch nicht, von ihm als die stumme Kulisse blieb wie von der Natur zumindest in diesem Interview keine Spur.[52]

Messner war trotz und wegen seiner Monopolstellung nicht imstande, diese unterschiedslose Berichterstattung zu verhindern, sie stellt sich als das ungewollte Resultat von Konkurrenz heraus. Mit der Vorherrschaft des Neuen, den Steigerungs- und Überbietungsprozessen, dem Grenzgang und den Überschreitungen aller Art gehört Konkurrenz zum Projekt der Moderne. Sie versteht sich selbst als Abenteuer und hat den Menschen als Experimentalexistenz hervorgebracht. Und jetzt scheint dieses Projekt, in die Jahre gekommen und vor sich hinalternd, in den Paradoxien seiner eigenen Grenzenlosigkeit sich hoffnungslos verfangen zu haben und gegen die ursprüngliche Intention ins Alltägliche, Banale, Illusionäre, Nebelhafte und unkenntliche Einerlei abzugleiten.[53] Das gilt als Katastrophe und gemeint ist der Punkt, wo die Journalisten und nicht nur sie nicht mehr weiter wissen. Deshalb fängt heute das Abenteuer an, wo die Berichterstattung endet.

[48] Vgl. Gebauer 1988, insbes. 4
[49] Vgl. dazu Stehle in Messner 1995[6], 63
[50] Vgl. u.a. Forster 1998, Bründel/Hurrelmann 1999, Tebben 2002
[51] Vgl. Schlesier 1997, 1048.
[52] Im Gegenzug dazu vgl. Peskoller 2003, 2007a, 2007b und 2007c
[53] Vgl. Kamper 1998, insbes. 266

Literatur

- Ammann, Jean/Loretan, Erhard, Erhard Loretan. Den Bergen verfallen. Paulusverlag: Freiburg 1996
- Bründel, Heidrun/Hurrelmann, Klaus, Konkurrenz, Karriere, Kollaps. Männerforschung und der Abschied vom Mythos Mann. Kohlhammer: Berlin/Stuttgart 1999
- Fischer-Lichte, Erika, Inszenierung und Theatralität. In: Willems, Herbert/Jurga, Martin, Inszenierungsgesellschaft. Ein einführendes Handbuch. Westdeutscher Verlag: Opladen/Wiesbaden 1998, 81-90
- Forster, Edgar, Unmännliche Männlichkeit. Melancholie, Geschlecht, Verausgabung. Böhlau: Wien/Köln/Weimar 1998
- Gebauer, Gunter (Hg.), Körper- und Einbildungskraft. Inszenierungen des Helden im Sport. Reimer: Berlin 1988
- Gurjewitsch, Aaron J., Das Weltbild des mittelalterlichen Menschen. München 1980
- Habeler, Peter, Der Einsame Sieg. Mount Everest ´78. Goldmann: München 1978
- Kammerlander, Hans, Abstieg zum Erfolg. Rother: München 1987
- Kamper, Dietmar, »Ultra«. In: Praragrana. Internationale Zeitschrift für Historische Anthropologie. Jenseits. Band 7 (1998), Heft 2, 266-277
- Kukuczka, Jerzy, Im vierzehnten Himmel. Wettlauf im Himalaya. Verlag J. Berg: München 1990
- Mersch, Jan, Die Spirale dreht sich weiter. Herausragende alpinsportliche Leistungen der letzten Saison. In: Berg 2007. Alpenvereinsjahrbuch. Zeitschrift Band 131. 2007, 288-293
- Messner, Reinhold, »Es gibt sie noch, die großen Abenteuer«. Interview, Folge 1. In: Der Standard vom 28./29.10.2006, 16
- Messner, Reinhold, Mallorys zweiter Tod. Das Everest-Rätsel und die Antwort. BLV: München 2000
- Messner, Reinhold, Überlebt: Alle 14 Achttausender. BLV: München/Wien/Zürich 1995[6] (Erstdruck 1986)
- Nerlich, Michael, Abenteuer oder das verlorene Selbstverständnis der Moderne. Von der Unaufhebbarkeit experimentalen Handelns. Gerling Akademie Verlag: München 1997
- Peskoller, Helga, a, Biwak. Zustände des Untätigseins. In: Paragrana. Internationale Zeitschrift für Historische Anthropologie. Muße. Band 16 (2007), Heft 1, 113-125
- Peskoller, Helga, b, Erfahrung. In: Bilstein u.a. (Hg.), Erträge der Pädagogischen Anthropologie. Klinkhardt: Bad Heilbrunn 2007 (in Druck)
- Peskoller, Helga, c, vermessen. In: Schuhmacher-Chilla, Doris, Maß oder Maßlosigkeit in Kunst und Kultur der Gegenwart. Athena: Köln 2007 (in Druck)
- Peskoller, Helga, Abstieg und Rückkehr. Das Animalische religiöser Erfahrung als Blickgeschehen. In: Wulf, Christoph/Macha, Hildegard/Liebau, Eckart, Formen des Religiösen. Pädagogisch-anthropologische Annäherungen. Beltz: Weinheim/Basel 2004, 370-381
- Peskoller, Helga, Wider die Vernunft. In: Liebau, Eckart/Peskoller, Helga/Wulf, Christoph (Hg.), Natur. Pädagogisch-anthropologische Perspektiven. Beltz Wissenschaft: Weinheim/Basel/Berlin 2003, 51-56
- Peskoller, Helga, Bergeinsamkeit. Messners Scheitern am Nackten Berg. In: Caysa, Volker/Schmid, Wilhelm (Hg.), Reinhold Messners Philosophie. edition Suhrkamp: FaM 2002, 76-114
- Peskoller, Helga, BergDenken. Eine Kulturgeschichte der Höhe. Eichbauer: Wien 1999[3] (Erstdruck 1997)
- Peskoller, Helga, »...unfassbar und doch wirklich« – Grundzüge eines anderen Wissens von Menschen. In: BERG 1999. Alpenvereinsjahrbuch. Zeitschrift Band 123. 1998, 241-248
- Peskoller, Helga, 8000 – Ein Bericht aus großer Höhe. In: Dies., extrem. Böhlau: Wien/Köln/Weimar 2001, 233-244
- Prochno, Renate, Konkurrenz als kreatives Prinzip in der bildenden Kunst. Vortrag auf dem Symposium Innovation – Kunst – Technik, Wien 1.12.2006
- Schlesier, Renate, Mythos. In: Wulf, Christoph (Hg.), Vom Menschen. Handbuch der Historischen Anthropologie. Beltz: Weinheim/Basel 1997, 1079-1086
- Sting, Stephan, Der Mythos des Fortschreitens. Zur Geschichte der Subjektbildung. Reimer: Berlin 1991
- Tebben, Karin (Hg.), Abschied vom Mythos Mann. Kulturelle Konzepte der Moderne. Vandenhoeck & Ruprecht 2002

Bergkultur zwischen Konstruktion und Praxis

Wie alpine Inszenierungen Erfahrung und Handeln bestimmen

VON BERNHARD TSCHOFEN

Die Berge sind ein großes Skript: durch den jahrzehntelangen touristischen Gebrauch haben sich ihnen Spuren eingeschrieben, die uns unmissverständlich wissen lassen, was zu tun ist. Und wir tun es: oft in den vorgegebenen Bahnen, manchmal ein wenig modifiziert, immer jedenfalls in subjektiver Auseinandersetzung mit dem Vorgefundenen. So tragen wir wieder dazu bei, dass der Text der Berge nicht verblasst, sondern aktuell bleibt, dass an ihm weitergeschrieben wird und er uns verständlich bleibt in seinen Aussagen und Anleitungen: Aussicht genießen! Gemütlich sein! Rustikale Haut nach außen! Aber auch: Vorsicht walten lassen! Dankbar sein! Sich ganz bei sich fühlen…

So alt wie der Alpinismus selbst ist die Auseinandersetzung mit dem ›alpinen Erleben‹. Mit der Entzauberung der Bergnatur durch die Mehrung der Kenntnisse – über Steine, Tiere, Pflanzen und des Wetters etwa kommt ein neuer Zauber in die Sache: ein moderner Mythos, der die Berge in Beziehung zu den alltäglichen Kränkungen der Menschen des Industriezeitalters setzt und neue ästhetische Erfahrungen verspricht.

Als vor bald 150 Jahren der organisierte Alpinismus anhebt, die Alpen systematisch zu erschließen, ist das Terrain im großen Ganzen schon gestaltet: jedenfalls als Landschaft mit spezifischen Bedeutungen und Möglichkeiten in den Horizont der zeitgenössischen Gesellschaft gerückt und von dieser mit ihren Erwartungen überzogen. Neu war damals eine im historischen Vergleich rasante Öffnung der Berge für die Massen. Eisenbahnbau und Medien der technischen Reproduktion ließen die Alpen nicht nur näher an die Zentren des europäischen Bürgertums heranrücken, sondern die Alpen begannen sich in der Konfrontation mit den Sehnsüchten und Möglichkeiten der Moderne nun auch grundlegend zu verändern. Der damals geprägte Denkstil, sich Landschaft vorzustellen und sich in ihr zu bewegen, hat ihnen den Stempel aufgedrückt. Und ungeachtet aller Modifikationen, die der alpine Tourismus in seinem ganzen Spektrum zwischen der Aussichtsfahrt auf der Hochalpenstraße und der asketischen Flucht in entlegene Täler seither erfahren hat, bestimmt dieser Denkstil in seinen Grundzügen bis heute unsere Erfahrung der Berge – weil wir, wo immer wir uns bewegen, auf Ablagerungen früherer Nutzungen stoßen, die auf uns wie eine Handlungsanleitung wirken.

Dies ist – in knappen Worten skizziert – der Kern des modernen Transformationsprozesses der Alpen. Als ›Natur‹ entdeckt, sind sie mittlerweile in einem solchen Ausmaß kulturalisiert, dass es uns mitunter schwer fallen mag, ihren ›natürlichen Kern‹ zu sehen. Mehr noch, wie dem Menschen ist ihnen eine kulturell geformte Oberfläche zur ›zweiten Natur‹ geworden. Unter oder hinter dieser Schicht einen wirklicheren Kern zu vermuten, wäre aber vermessen; die Alpen verdanken ihr Sosein dem Dialog mit der Moderne, denn diese hat ihre Gestalt und Bedeutung unhintergehbar geprägt. Es fällt uns heute leichter, diesen Befund so zu formulieren, als noch vor etwa einer Generation. Damals standen zivilisationsskeptische Positionen, die eine kulturindustrielle Vereinnahmung der Alpen zuungunsten ihres natürlichen Kerns beklagten, hoch im Kurs. In teilweisem Widerspruch dazu betonte eine konstruktivistische Lesart das historische und soziale Gewordensein moderner Naturauffassung und machte sich daran, an den verschiedenen Wirklichkeitsausschnitten die in diesen Prozessen angelagerten Strukturen und Bedeutungen zu dekonstruieren. Dies war wichtig und hat ein neues Verständnis der alpenbezogenen Diskurs- und Praxisformen ermöglicht, indem zumal die geschichtliche Dimension des quasi Natürlichen betont und seine gesellschaftlichen Funktionen sichtbar gemacht wurden. Auf der Strecke blieben dabei mitunter aber die Menschen selbst, nämlich ihr Umgang mit den vorgefundenen Strukturen, der Anteil, den sie an ihrer Bestätigung, Modifizierung, Unterlaufung haben. Und auf der Strecke blieb außerdem die Aufmerksamkeit für die offensichtlich unbeschädigte Emotionalität des Alpenerlebnisses. Dafür, für die verschiedenen Akteure, die sich auf alpinen Bühnen tummeln, einerseits, für die Erfahrung der Orte und Dinge andererseits, wäre wohl ein neues Verständnis zu entwickeln, wenn man aus Sicht einer kultur- und sozialwissenschaftlichen Alpen- und Tourismusforschung verstehen möchte, was in den Alpen geschieht: bei den Mega-Events auf den Skigletschern, bei der Seniorenwanderung oder Kinderfreizeit, wie auch bei den Gesprächen der ›Summit-Clubler‹ nach gelungener Tour.

An drei beispielhaften Feldern sollen im Folgenden Dimensionen alpinen Erlebens zwischen Konstruktion und subjektivem Erfahren diskutiert werden: am Beispiel der Landschaftserfahrung (als einer grundlegenden Voraussetzung des alpinen Tourismus), am Beispiel der Hüttenkultur (als einer herausragenden Materialisierung alpinen Erlebens) und schließlich am Beispiel alpiner Geruchskultur (als Hinweis auf die Vernachlässigung wichtiger Aspekte sinnlicher Erfahrung und als Plädoyer für neue Aufmerksamkeiten).

Landschaft: Das klassische Beispiel

Die Moderne hat uns Landschaft als geordnete und bearbeitete Natur zu verstehen gelehrt, als Ausschnitt aus dem Naturganzen mit verbindenden und unverwechselbaren Zügen – und als Metapher für im Raum organisierte Kultur. Die enge Verbindung, die Landschaft und Kultur im europäischen Denken eingehen, zeigt, welche zentrale Rolle »Landschaft« für die Verständigung über Werte und Identitäten in der Gegenwart spielt.

Der Begriff hat seine Ursprünge im Mittelalter und er bezog sich damals auf einen ländlichen Grundbesitz im Rahmen des Feudalsystems – meist klein und überschaubar. Ein Ausschnitt Landes, das als »zusammenhängendes Ganzes«, als »Gegend« verstanden wurde und rechtlich unterlegt war: Landschaft bezeichnete in diesem Sinne, so heißt es etwa im Wörterbuch der Brüder Grimm, das Land, so weit

Abbildung S. 42 oben: »Glocknerfahrt«: Der Postbus als Vehikel des Landschaftsgenusses – für die Alpenerlebnisse der Generation nach dem Zweiten Weltkrieg ein zentrales Erinnerungsmoment.
Amateurfotografie aus Privatalbum (sw-Abzug), um 1960, Archiv »The Family Austrians«, Wien.
Abbildung S. 42 unten: Alpine Unterhaltungsindustrie: Globale Grammatik mit selbstredendem Zeichenvorrat. Verleihung der Top of the Mountains-Awards an die (kommerziell) erfolgreichsten Apres-Ski-Wirte, Hintertux, 2007.
Foto: Lois Hechenblaikner

die Herrschaft einer Stadt oder eines Herrn reicht. Dieser Begriff übertrug sich dann auch auf die Bewohner und Vertreter eines Territoriums. Eine Bedeutung von Landschaft, die in der Neuzeit weitgehend verschwand und nur in manchen europäischen Regionen in Begriffen der politischen und administrativen Praxis überlebte.

Als das Wort Landschaft im 17. und 18. Jahrhundert zu neuen Ehren kommt, geschieht das mit verändertem Sinn und neuer Bedeutung: jetzt bezog es sich auf etwas überschaubar Vertrautes und verband sich mit einer neuen Weltsicht. Und der ästhetisch-philosophische Begriff von Landschaft begann den raumpolitischen zu durchdringen. Die Art, wie die Moderne Landschaft aufzufassen begann, war Teil von Differenzierungsprozessen im weiteren Sinn: Sie spiegelt die Trennung von Natur und Kultur. Außerdem wird »Landschaft« jetzt zusehends von »Land« abgesetzt bzw. wird das Begriffspaar in eine bestimmte Beziehung zueinander gesetzt: Während Landschaft den bürgerlichen Blick aufs Land zu bezeichnen begann, wurde dem (landbauenden) »Volk« der Sinn für Landschaft abgesprochen. Diese Dichotomie durchzieht in Modifikationen die Diskurse des 19. und 20. Jahrhunderts bis in unsere Zeit. Auch die Herren Alpinisten aus der Gründerzeit der Alpenvereine gingen oftmals davon aus, dass Hirten, Jäger und Bauern in voralpinistischer Zeit gar kein Interesse gehabt haben konnten, ›zweckfrei‹ auf die Berge zu steigen.

Spätestens von etwa 1800 an hatten Landschaften etwas mit Schauen zu tun: sie waren distanziert, entrückt, waren dazu da, angesehen oder überblickt zu werden. Zum Sehen von Natur als Landschaft gehört immer ein Subjekt, das Natur durch den Akt des Sehens zur Landschaft macht. Dieser klassenpriviliegierte westliche Blickwinkel erscheint uns bis heute als Selbstverständlichkeit und er bestimmt auch die kulturkritische Landschaftsauffassung, nach der Landschaft eine notwendige Projektion der zivilisationsgeschädigten Moderne ist. Der Landschaftsdiskurs ist von Anbeginn an reflexiv und bedient sich dieser Opposition zur Legitimierung eigener, je zeitgenössischer Praxis. Das ist unter anderem auch den für die vergangenen Jahrzehnte so maßgeblich gewordenen kompensationstheoretischen Erklärungsansätzen zur Kritik gemacht geworden, wie sie von Joachim Ritter mit zunächst großer Plausibilität in die Diskussion eingebracht worden sind: Ritter geht davon aus, dass die »Entfremdung der modernen Welt von der Natur, die die Bedingung unserer Freiheit sei, ästhetisch aufgehoben werden kann in der Zuwendung zur Natur als Landschaft«. Ein Ansatz, der ob seines affirmativen (und Natur als notwendigerweise ausbeutbare Ressource legitimierenden) Charakters vor allem in einer ökologisch orientierten Philosophie und Kulturwissenschaft in den letzten Jahren zusehends auf Ablehnung gestoßen ist.

Rückt man die Geschichte der Landschaft in den Kontext der Geschichte der Moderne, so hilft das, Landschaft schon einmal als etwas zu verstehen, was nicht einfach gegeben ist oder »natürlich«, sondern als offene soziale Konstruktion verstanden werden will. Das heißt gleichzeitig auch, dass Landschaft veränderbar und gestaltbar ist. Menschen verändern Landschaften nicht nur im Sinne konstruierter *mental scapes*, sondern die Konstruktionen beginnen in der Praxis konkret zu werden und sich zu materialisieren. Dazu gehört die Verwandlung von Landschaft entlang literarischer Fiktionen: um ein Beispiel zu nennen, dem Heidi-Land ist die literarische Fiktion längst eingeschrieben worden und als handlungsanleitende Benutzeroberfläche präsent.

Als historisch-soziale Konstruktion ist Landschaft also in der geteilten Geschichte der Kulturen und Regionen situiert: selbst einsame und augenscheinlich rückständige Landschaften sind interdependent mit anderen. Das gilt sowohl in globaler Perspektive als auch in Bezug etwa auf die Beziehungen zwischen Zentren und Peripherien in den hochstrukturierten Räumen Mitteleuropas. Auch Geschichte und Gegenwart

Die gestaltete Landschaft als Blickregime: Aussichtsbank in den Tiroler Bergen. Amateurfotografie (KB-Dia), um 1965, Archiv »The Family Austrians«, Wien.

alpiner Landschaften sind nicht zu denken ohne ihr städtisches europäisches Gegenüber, seine Projektionen und Abhängigkeiten.

Versteht man nun Kultur und Raum als einen offenen Prozess, so erscheint Kulturraum als Summe der Projektionen und Konstruktionen, die zu einer bestimmten Zeit auf eine bestimmte Landschaft oder Gegend gemünzt waren. Und das heißt auch, dass solche Konstruktionen nichts Stabiles sind. Landschaften können niemals stillstehen; in der Forschung spricht man daher manchmal von Landschaften als ›Palimpsest‹, was meint, dass vergangene Aktivitäten ihre Spuren im Textbuch der Landschaft hinterlassen.

Aber das suggeriert zugleich, dass Elemente aus der Vergangenheit einfach im »Raum« hinterlassen werden. In Wirklichkeit sind die Dinge weit komplizierter: die Menschen versehen diese Elemente mit neuer Bedeutung, gebrauchen sie literarisch oder figurativ wieder. Oder aber sie vernachlässigen und vergessen sie. Was in der Erzählung ausgelassen wird ist dabei ebenso interessant wie das, was sie beinhaltet. Auch Landschaften besitzen ihr Imaginäres, das durch Selektionsprozesse geformt und zur strukturierenden Struktur wird.

Doch wer macht Landschaft? Wie wird sie konstruiert? Wie werden die Konstruktionen wirkmächtig – und wie schreiben sie sich der Landschaft als sozialem Raum ein? Vielleicht unter dem Eindruck der ästhetisch-philosophischen Landschaftsdiskurse des 19. Jahrhunderts, bestimmt aber verleitet von der besonderen Rolle der bildenden Künste, des Wahrnehmens und *Bildnehmens*, hat bislang die Aufmerksamkeit der Landschaftsforschung (wie auch der Tourismusforschung) vor allem dem Blick gegolten und dagegen kulturelles Handeln in Bezug auf Landschaft, Erfahrung, Erzählung und Emotion, in den Hintergrund gerückt. Wenn Landschaft nicht nur als diskursiv Ausgehandeltes, sondern auch als in Praxis Erprobtes verstanden werden will, dann gibt es hier einen großen Nachholbedarf. Denn Landschaft ist sozusagen symbolische Interaktion im Raum, sie liegt (in Wendung des berühmten Diktums Georg Simmels) nicht nur »im Auge des Betrachters«, sondern auch in der Hand (resp. unter den Fußsohlen, Autoreifen – und was sonst noch) des Benutzers. Wenn Soziales sich der Landschaft einschreibt, dann durch alltägliche Praktiken im Wechselspiel von Idee *und* Handlung.

Um ein Beispiel zu nennen: es genügt nicht, Ende des 19. Jahrhunderts Landschaften als ›nationale‹ zu titulieren, sondern sie brauchen, um als solche wahrnehmbar und erlebbar zu werden, auch Infrastruktur und Instrumentarium für den populären Gebrauch. Die Verwandlung von Landschaften ist dann meistens eine Aufbereitung für den Konsum – durch Hotels, Aussichtspunkte und Wege, durch all die an der Schnittstelle von Orientierungs- und Handlungswissen angesiedelten Materialisierungen. Richtet man dabei den Blick auf die Alpen, so zeigt sich wie sich in den kulturellen Distinktionsprozessen der Moderne Selbst- und Fremdwahrnehmung verwischen. So dienen etwa in Teilen der Alpen die von außen herangetragenen Bilder und Werte auch als Identitätsressourcen und wird der Tourismus mit seinen Konstruktionsleistungen zum Maßstab kultureller Orientierung. Dabei ist nicht nur an den Tourismus als Nationalisierungsagentur zu denken, sondern auch an eine »sanfte Nationalisierung« und noch allgemeiner an eine typisierende Funktion durch Einübung in touristische Sichtweisen und v. a. Konsumstile. Die Rituale des Landschaftsgebrauchs (Wandern, Seilbahnfahren, das Befahren von Pass- und Höhenstraßen) haben dazu beigetragen, dass aus Naturausschnitten, zunächst ›schöne Landschaften‹, dann aber auch ›typische‹ wurden, bis hin zum Gedächtnisort, dessen sinnstiftende Funktionen in die Nähe einer Säkularreligion gehen. Trotzdem sollte man sich das viel »harmloser« vorstellen, als es mit den Begriffen Nation und Gedächtnisort angedeutet ist, nämlich als durchaus massenkulturell überformte Kommodifizierung von Landschaft und Landschaftsritualen wie auch von sog. Traditionen.

Raus aus den Schuhen, Beine hoch – und ein Tabakspfeifchen in Ehren! Klassenübergreifende Gemütlichkeit? Bergführer und Touristen machen es sich nach der Tour in einem Schutzhaus bequem.
Amateurfotografie (SW-Abzug), um 1903, Archiv B. Tschofen, Tübingen

Über solche Zusammenhänge weiß die Alpen- und Tourismusforschung in der Tat noch viel zu wenig, auch weil die in Kulturkritik gefangene Vorstellung von der »Ware Landschaft« den Blick auf die Handlungsoptionen im alltäglichen Umgang mit Landschaft verstellt hat.

Hüttenkultur: Die Spezifik alpin(istisch)en Erlebens

Zu den wichtigsten Ausstattungsmerkmalen alpiner Landschaft gehören neben den die Landschaft begehbar (und damit erfahr- und genießbar) machenden Wegen mit Sicherheit Hütten und Unterkunftshäuser. So sind denn auch die Hütten der alpinen Vereine in ihrer rund 140jährigen Geschichte Zeugnisse der Alpenbegeisterung. Man könnte sie als materielle Substrate der Ideologien und Praktiken des historischen Alpinismus bezeichnen, wie er sich unter der Ägide der alpinen Vereine entwickeln konnte.

Hütten sind Teil einer Benutzeroberfläche der alpinen Natur: Zusammen mit Wegen, Führern und Karten legten die Hüttenbauten eine neue Struktur über die Landschaft, wurden sie zu Einschreibungen bestimmter Wertordnungen und Vorstellungen. Über den Alpinismus hinaus ist die Hütte ein Leitmotiv des ostalpinen Tourismus geworden: sie steht für einen Tourismus aus handwerklicher Tradition mit überschaubaren Strukturen und regionaler Verortung. Das ist mit ein Grund, warum sich in den Ostalpen eine klassisch-moderne Tourismusarchitektur nie richtig durchsetzen konnte und sogar noch mit dem Wachstum der Hotellerie das Ideal der Hütte gesucht wurde – Satteldach, Stube und Ofen, Holz. Solche Verweissysteme reichen bis zur Materialwahl und zur Präferenz bestimmter Symbole in der Stimmungsdekoration.

Bei genauem Hinsehen aber zeigt sich, dass viele Hütten zugleich Zeichen der Innovationskraft der alpinen Erschließung sind und durchaus auch als Ausdruck einer regionalen Moderne zu begreifen sind: Durch ungezählte Zu- und Umbauten in ihren Strukturen heute vielleicht oft nicht mehr so erkennbar, standen sie seinerzeit für Gemütlichkeit *und* Experimentierfreude und waren oft nach dem Fertigteilprinzip im Tal vorgefertigte Zweckbauten mit einer nach alpinen Vorstellungen überformten Formensprache.

Wenn hier behauptet wird, dass sie auch als Denkmale fungieren, soll damit nicht gesagt sein, dass sie entledigte Erinnerung sind (wie das laut Robert Musil für viele Denkmale gilt), sondern Teil des kulturellen Gedächtnisses und damit immer für Aktualisierungen gut. Diese Hütten sind Aktivposten des Alpengedächtnisses und greifen durch ihre Präsenz in der Landschaft, durch die Stimmung, die sie nach außen und zumal nach innen verkörpern, in unser Handeln ein. Hütten (und andere Materialisate des alpinen Tourismus) bestimmen – für uns nicht immer bewusst –, wie wir uns fühlen und welche Haltung wir einnehmen, wie wir Landschaft wahrnehmen, wie wir unsere Erlebnisse ordnen und wiederum aktiv gestalten.

Im Gegensatz zu den Denkmalen, die wir sonst kennen, sind AV-Hütten nicht unveränderlich. Sie verändern vielmehr ihre Gestalt mit den neuen Anforderungen, die an sie gestellt werden, durch ihre Benutzung und ihre Benutzer. Anhand der Veränderungen einzelner Hütten ließe sich die gesamte Geschichte des Alpinismus seit etwa 1870 in einzelnen Epochen rekonstruieren, quasi ablesen aus der Veränderung der Substanz.

So einfach frühe Hütten sein mögen (und manche Hütten noch sind), so sehr zeugen sie immer von mehr als nur elementaren Bedürfnissen. Als John Sholto Douglass 1870 den Plan für eine Unterkunftshütte am Lünersee am Fuß der Schesaplana zeichnete, vergaß er nicht, in der kleinen Unterkunft mit zwei Kammern und gerade einmal 12 Fuß im Geviert eine kleine Bibliothek einzuzeichnen und die Tischecke so zu positionieren, dass sie sich dem Panorama öffnete. Das konnten die Hütten der Hirten und Bauern nicht, von denen sich der bürgerliche Verein nun autark machen wollte: die waren zwar auch oft idyllisch gelegen, aber die Aussicht galt mehr den Nachtweiden des Viehs als der Schönheit der Berge.

Das Prinzip Alm: Die alpine Tourismuskultur produziert Hütten in industriellem Maßstab. Tanzbar, Obertauern/Salzburg, 2006.
Foto: Lois Hechenblaikner

Mit der Entwicklung des Alpinismus brachte eine veränderte Benutzerstruktur neue Probleme und machte Adaptierungen in den Funktionen notwendig: das geschieht bis heute einerseits kontinuierlich, andererseits in Schüben, ja verbunden mit generellen Brüchen. So brachte etwa der alpine Wintersport seit den 20er Jahren auf manche Hütten verstärkt ein neues Publikum mit veränderten Ansprüchen, wie insgesamt nach dem Ersten Weltkrieg mit den Ideologien auch die konkreten Orte und Dinge in Bewegung geraten. Unter dem Eindruck von Jugendbewegung und Zivilisationskritik wuchs im Alpenverein die Angst vor dem selbst ins Rollen gebrachten Stein: immer lauter wurde der Ruf nach einem Ende der Erschließung und nach mehr Selbstbeschränkung. Die 1923 verabschiedeten »Tölzer Richtlinien« sind Ausdruck dieses zumindest proklamierten Paradigmenwechsels: ideologisch untermauert, vollzog er sich als Verbannung der Federbetten, der Grammophone und der Filmgesellschaften aus den Hütten des Vereins.

Schmiermittel für die Hüttengaudi: Aus dem ritualisierten Willkommensschnäpschen ist eine konfektionierte alpine Spirituosenindustrie geworden. Jausenstation in Kaltenbach/Zillertal, 2007.
Foto: Lois Hechenblaikner

Die Bergsteigerei als ausformuliertes System der Naturbegegnung (und Auslotung des Ich im Verhältnis zu Natur und Gesellschaft) kämpft von vornherein mit einem grundsätzlichen Problem, das den bürgerlichen Tourismus insgesamt auszeichnet: Hans Magnus Enzensberger hat in seiner bis heute gültigen Tourismus-Theorie auf dieses Dilemma hingewiesen und den Tourismus als eskapistischen Versuch, der selbst geschaffenen Realität zu entkommen, beschrieben. Gleichzeitig wiederholt der Tourismus in den so erschlossenen Sphären die Strukturen der geflohenen Welt. Deshalb (und nicht nur, weil der Wettlauf um die guten Hüttenbauplätze der Konkurrenz in den Kolonien im Zeitalter des Imperialismus glich) wirken heute noch manche Hütten wie ein vorgeschobener Posten der eignenden Sektionen: manche sind in ihrem Stolz, ihrer Sprache und Struktur ganz ›verlängerte Großstadt‹; andere versprühen mehr die kleinbürgerliche Idylle der unter großem Einsatz spät, aber doch noch zu einer eigenen Hütte gekommenen kleinstädtischen Sektionen; wieder andere zeugen von dem Mut, es etwas anders zu machen und die Hütten bewusst als funktionale Einrichtungen zur Erfüllung bergsteigerischer Bedürfnisse zu gestalten – und alle erzählen sie von den Versuchen, sich eine wohltuende Gegenwelt zu schaffen.

Als, um ein Beispiel zu nennen, 1905 die Straßburg-Mannheimer Hütte eröffnet wurde, priesen die Reden und Berichte diese als Zeichen echter »alt-deutscher Gemütlichkeit« und konnten es doch nicht lassen, hunderte Flaschen besten Elsässer Weins und Mengen von Gänseleberpastete über die steilen Felsensteige hinauf zu der weit vorgeschobenen und funktional fragwürdigen Hütte zu schaffen. In dieser Zwickmühle stehen die allermeisten AV-Hütten bis auf den heutigen Tag: sie wollen Gegenwelt sein, können aber offensichtlich allein schon aus wirtschaftlichen Erwägungen nicht darauf verzichten, ihren Gästen Komfort und Annehmlichkeiten zu bieten. Dieses Dilemma wird umso größer, je stärker die einzelnen Standorte durch die Veränderung ihres Umfelds und durch inhomogene Besucherstrukturen sich mit neuen Erwartungen konfrontiert sehen.

Viele Unterkunftshäuser etwa kamen in den Nachkriegsjahrzehnten in die Nähe von Aufstiegshilfen zu liegen. Um andere herum wuchsen Skigebiete und verlagerte sich der Besuch vom Sommer zum Winter. Wieder andere werden für ihren ursprünglich intendierten Zweck nicht mehr gebraucht, weil trainierte Bergsteiger für die 1000 oder 1500 Höhenmeter, die zwischen dem letzten Parkplatz und dem Gipfel selbst hoher Ostalpenerhebungen noch liegen, kein Quartier mehr benötigen. So passen oftmals die Bedingungen nicht mehr zu den Erwartungen. Manche Hütte kann auch die Versprechungen ihrer Lage und Architektur nicht mehr halten: es scheint dann, als ob um die Funktionen des Baus die falsche Hülle gelegt worden wäre.

In einer umgekehrten Perspektive werden Hütten also auch zu Indikatoren der Haltungen und Handlungen ihrer Benutzer. Es wäre nicht falsch, sie mit anderen Zeugnissen einer geformten Landschaft auch so zu lesen – nicht nur in historischer Sicht für eine Rekonstruktion früherer Mentalitäten des Alpentourismus, sondern gerade auch mit Blick auf abweichende Erwartungen und subjektive Lesarten gegenwärtiger Benutzer. Anders gesagt: das Verständnis des Alpenerlebnisses am Beginn des 21. Jahrhunderts ist ohne den Einbezug aktueller Umgangsformen mit dem materiellen Erbe kaum möglich.

Gerüche: Über vernachlässigte Sinne

2005/06 hat eine Ausstellung des Alpinen Museums mit dem Titel »Mit der Nase in die Berge. Alpine Duftgeschicht(e)« in Erinnerung gerufen, dass die Begeisterung für die Alpennatur nicht nur eine Angelegenheit des Schauens ist. Wer in die Berge geht, so das Argument der von Beat Gugger kuratierten Ausstellung, begibt sich mit allen Sinnen in eine vielfältige Erfahrungswelt – umso verwunderlicher, dass davon bislang in der alpinen Kulturgeschichte kaum die Rede war. Die Ausstellung hat auf eine wichtige Leerstelle hingewiesen, sie hat vorgeführt, welche Rolle das Nichtartikulierbare in der emotionalen Erfahrung spielt.

Die Vernachlässigung der olfaktorischen Dimension alpinen Erlebens ist bezeichnend, denn der Geruchssinn besitzt einen ganz unzweifelhaften Sonderstatus. Das ist mit ein Grund, warum sich mit ihm die Wissenschaften so schwer tun, und gilt längst nicht nur für die Sozial- und Kulturwissenschaften, sondern auch für die Naturwissenschaften, deren Forschungen zum Wahrnehmungsapparat des Geruchssinns weit hinter denen zu den anderen Sinnen zurückstehen. Dem Geruchssinn eignet nicht nur der Ruf des Nicht-Fassbaren, sondern auch der Ruf des Unqualifizierten.

Welches sind die Gründe dafür? Geruchskultur, verstanden als das Verhältnis der Menschen zu Düften und ihren Bedeutungen, verweigert sich einerseits der Beschreibung und der Analyse. Dennoch wissen wir andererseits um ihre Macht und darum, wie wirkungsvoll sich der Geruchssinn in kulturelle Ordnungen und Orientierungen einträgt. Aufgrund seiner gewissermaßen irrationalen Qualität scheint der Geruchssinn eine besondere Affinität zu Stereotypen- und Vorurteilskonstruktionen zu haben. Während Farben, Töne und Geschmackrichtungen systematisch klassifiziert werden können, gilt das für Gerüche nicht. Sie sind nicht einmal in verlässliche Termini gefasst und daher nur schwer diskursfähig. Dafür sind sie aufgrund ihres Platzes im passiven Gedächtnis umso intensiver an der Stereotypenbildung beteiligt, sie prägen sich dem Gedächtnis ein, sind jederzeit abrufbar, haben aber keine begrifflich-rationale Rückbindung an eine empirische Konstellation. Deshalb sind sie auch an keine institutionalisierte kulturelle Vorstellung gebunden und können nur eine Symbolkraft jenseits einer klar kodierten Kommunikation entwickeln.

Für einen Vortrag im Begleitprogramm der erwähnten Ausstellung habe ich eine kleine Umfrage in meinem persönlichen Umfeld durchgeführt. Sie erhebt freilich keinerlei Anspruch auf eine Validität der Daten und diente allein der spielerisch-assoziativen Annäherung. In ungezwungener Atmosphäre wurden Probanden – ohne in das Thema und etwaige Erwartungen eingeführt zu sein – um je drei Assoziationen zum Thema »Alpenduft: Gerüche aus den Bergen« gebeten. Was dabei alle Auskünfte verband, ist die Ambivalenz der Antworten, niemand hatte nur »positive« oder »nega-

Alpendüfte: Wenn es aus der Hüttenküche in die Gaststube hinüberzieht – Küche der Saarbrücker Hütte, Silvretta, um 1912.
Amateurfotografie (SW-Abzug), um 1912, Archiv B. Tschofen, Tübingen

Alpine Semantik als Orientierungssystem für Wellnessangebote: Therme Aqua Dome, Längenfeld im Ötztal, 2006.
Foto: Lois Hechenblaikner

tive« Sinneseindrücke notiert. Die notierten Assoziationen reichten von »Duft von Bergheu, das auf der Wiese trocknet« und »Geruch beim Durchqueren eines Latschenfeldes bei Hitze«, über »den säuerlichen Milchgeruch in einer Sennhütte« und »den Geruch der feuchten Holzböden in den alten Seilbahnkabinen« bis zur »schlechte[n] Luft in einem Alpentunnel« und den »Reibepostkarten: Alpenduft«.

Ein weiteres wichtiges Faktum zeigt die Nennung der Assoziationen: Ungeachtet der behaupteten primordialen Qualität des Geruchssinns, sind die Antworten selbst bei einer ad hoc-Befragung differenziert und reflektiert. Oder anders gesagt, auch die aus unmittelbarer Empfindung abgeleitete Erfahrung eröffnet Bedeutungsfelder, die auf bestehende Sinnkonstruktionen in Bezug auf die Alpen verweisen. Sie zeigen gleichzeitig, dass viele der ganz zentralen Erfahrungen von alpiner Kultur und Natur in unserer Gegenwart auch – und nicht zuletzt – über den Geruchssinn vermittelt sind, auch wenn sie sich in den »Bildern« und »Vorstellungen« von den Alpen nur am Rande einen Platz behaupten konnten. Das Spektrum der Antworten demonstriert die umfassende Bedeutung touristischer Erfahrungen für das alpine Geruchsprofil. Mit Sicherheit hätte eine Umfrage in anderen Milieus und vielleicht in den Alpen selbst etwas andere Antworten gebracht, so zeigt sie jedenfalls, dass alpiner Tourismus eine sehr sinnliche Erfahrung ist, in der ganz gegen die bislang favorisierte Erzählung einer Kulturgeschichte der Alpenwahrnehmung alle Sinne eine Rolle spielen.

Symbolhafte Geruchsnoten vermessen diesen Erfahrungsraum, in dem sie weniger die Düfte selbst zu umschreiben versuchen, sondern auf die Konkreta verweisen, die sich mit Geruchsassoziationen verbinden lassen. Denn Gerüche haben wenig Namen und sie haben das auch kaum in der Alltagssprache. Wenn in der ethnologischen Forschung heute etwa darauf verwiesen wird, wie viele Begriffe in manchen Stammeskulturen Afrikas oder Ozeaniens zur Bezeichnung allein des Wortes Geruch zur Verfügung stehen, oder wenn der Theorie vom Zivilisationsprozess Norbert Elias' folgend in der Umweltgeschichte etwa darauf hingewiesen wird, wie durch Affektregulierung und Ausgrenzung seit dem Mittelalter auch unsere Ausdrucksfähigkeit für Geruchsempfindungen mehr und mehr reduziert worden ist, dann bestätigt sich darin die schwierige Diskursfähigkeit des Geruchs, aber noch lange nicht die oft behauptete Verarmung der westlichen Geruchswelt.

Denn Gerüche sind immer relativ und relational, gut oder schlecht ist die Luft stets im Vergleich, und was man hier riecht (und angenehm oder unangenehm empfinden mag), riecht man dort schon nicht mehr. Das haben Untersuchungen der Physiologen bereits sehr früh nachgewiesen, und bereits in den zwanziger Jahren ist in Untersuchungen zur »Geopsyche« darauf hingewiesen worden, dass Umgebungsgerüche – also auch der Duft bestimmter Landschaften – nur im Vergleich und nur eine bestimmte Zeit lang oder bei Veränderungen wahrgenommen werden kann. Daneben besitzt er seine nicht thematisierte Selbstverständlichkeit. Wir kennen das alle, wenn wir unsere im Gebirge angeblich besonders sensiblen Nasen bei der Begegnung auf einem

Literatur (Auswahl):

Barlösius, E.: Über den Geruch. Langfristige Wandlungen der Wahrnehmung, Kontrolle und Gestaltung von Riechendem. In: Kuzmics, H.; Mörth, I. (Hg.): Der unendliche Prozeß der Zivilisation. Zur Kultursoziologie der Moderne nach Norbert Elias. Frankfurt a.M./New York 1991, S. 243-256.
Enzensberger, H. M.: Eine Theorie des Tourismus. In: Ders.: Einzelheiten I. Bewußtseinsindustrie. Frankfurt a.M. 1964, S. 179-205.

Güterweg plötzlich dem Geruch eines Automobils ausgesetzt sehen. Gewöhnlich nehmen wir das dann zum Anlass, die gute Luft (davor haben wir sie gar nicht bemerkt) zu ästimieren und unserem Entsetzen Ausdruck zu verleihen, wie fürchterlich ein Auto stinkt, wenn man's denn einmal riecht.

Willy Hellpach, der stets mit Vorsicht wiederzuentdeckende Vorreiter einer pyhsiologisch-materiellen Erklärung moderner Naturbegeisterung, hat in seinem 1935 erschienenen Werk »Geopsyche« dazu bereits wichtige Beobachtungen gemacht: »Dann die Duftwogen frühsommerlich blühender Wiesen – in alpinen Mittagssonnenstunden oft von unbeschreiblicher Stärke; schließlich Wiesen-, Heu-, Heide-, Waldduft schlechthin, dem naturfernen Städter wohl mehr ›Natur‹ bedeutend als dem Landbewohner, dem sie alltägliche Berufsdaseinstücke sind. In diesem Sinne empfindet der im Alltag naturferne Mensch dann auch Undüfte als Naturboten: Holzgeruch, ›Wassergeruch‹ [...] Erdgeruch [...]«. Daneben hat Hellpach auf die Bedeutung des Geruchs für das Landschaftserleben als Ganzes hingewiesen und betont, dass selbst die sogenannten charakteristischen Gerüche zugleich »ambivalent, zwiewertig in ihrer Wirkung zu sein pflegen, je nach Einstellung, in der sie uns erreichen.«

Mit allen Sinnen: Perspektiven

»Die Hälse werden im Gebirge frei! Es ist ein Wunder, dass wir nicht singen«, heißt es in Franz Kafkas »Ausflug ins Gebirge«. Der Satz verweist auf das Assoziationsfeld, in dem sich unser Thema bewegt: auf das alpine Freiheitsversprechen und auf ein Bergerlebnis, das sich nicht auf den einen oder anderen Sinn beschränken lässt. Blickt man zurück in die Ideengeschichte des Alpinismus, dann wird auch rasch klar, warum von dieser multisensuellen Wahrnehmung nur zwischen den Zeilen und in den weniger nobilitierten Quellen die Rede ist: Der Alpinismus ringt ja über einige Jahrzehnte hinweg um ein Selbstverständnis als ernsthafte Beschäftigung und versucht sich selbst immer wieder in die Nähe der Künste zu bringen: einen »Platz in der Culturgeschichte« etwa will der D.Oe.A.V. 1900 für den Alpinismus und damit auch für sein eigenes Tun und Treiben beanspruchen. Die Medialität, die ihm einerseits bei der Popularisierung seiner Ideen hilft, andererseits alpine Wahrnehmung selbst zu überformen beginnt, forciert diese Schieflage und lässt wenig Raum für Gefühle oder gar explizit Körpernahes. So konnte die Bergsteigerei geradezu als unkörperliche Praxis erscheinen, während in der Praxis geschwitzt und gestunken wurde, Nasen gerümpft wurden und die Grenzen der eigenen körperlichen Leistungsfähigkeit oft unangenehm zu spüren waren. Auch von den Genüssen danach, vom Geschmack des Hüttenessens, der wohlverdienten Zigarre und vom Tiroler Roten ist nur in Ausnahmefällen und ganz am Rande die Rede, noch weniger von Sexualität und Liebe oder zumindest von den Bedürfnissen danach. Sie hat nur Platz in metaphorisierter Form (»jungfräuliche Höhen«) und in der Gestalt von Andeutungen (»die treu sorgende, stattlich gebaute Wirtstochter«).

Doch diese Verdrängung betrifft nicht allein die Geschichte des Alpinismus und der modernen Begeisterung für die Berge, sie gilt ganz allgemein für die Konstituierung kulturräumlicher Ordnungen, für die Begegnung mit Landschaften, mit Kulturlandschaften. Auch in der jüngeren Tourismusforschung der vergangenen beiden Jahrzehnte ist die Beziehung zwischen Mensch und Landschaft auf eine ästhetische Beziehung der Augen und der Bilder beschränkt worden. Dass dabei aber noch andere Sinne im Spiel sind, wird erst allmählich bewusst. Denn gerade für das menschliche Raumwissen, für Identitäts- und Alteritätsprozesse hat das Unartikulierte und Unartikulierbare seine Bedeutung: die Erfahrung der Körper produziert schließlich auch ein Wissen, nach dem sich – oft unbewusst, aber doch nachhaltig – Ordnung herstellen und in die touristische Praxis übersetzen lässt.

Groh, R.; Groh, D.: Zur Kulturgeschichte der Natur. 2 Bde. Frankfurt a.M. 1991/1996.

Halter, E. (Hg.): Heidi – Karrieren einer Figur. Zürich 2001.

Hellpach, W.: Geopsyche. Die Menschenseele unterm Einfluß von Wetter und Klima, Boden und Landschaft. Leipzig, 4. Aufl. 1935.

Hemme, D.; Tauschek, M.; Bendix, R. (Hg.): Prädikat Heritage. Wertschöpfungen aus kulturellen Ressourcen. Münster u.a. 2007.

Löfgren, O.: On Holiday. A History of Vacationing. Berkeley/Calif. 1999.

Raab, J.: Soziologie des Geruchs. Über die soziale Konstruktion olfaktorischer Wahrnehmung. Konstanz 2001.

Ritter, J.: Landschaft. Zur Funktion der Ästhetik in der modernen Gesellschaft (1963). Münster, 2. Aufl. 1978.

Spode, H.; Ziehe, I. (Hg.): Gebuchte Gefühle. Tourismus zwischen Verortung und Entgrenzung. München 2005.

Tschofen, B.: Berg – Kultur – Moderne. Volkskundliches aus den Alpen. Wien 1999.

Kulisse Berg

von Jürgen Winkler

Bild unten:
Ein Werbespot für eine Cafe Marke wird gedreht. Man wartet auf gutes Licht in den Dolomiten.
Bild gegenüberliegende Seite oben:
»Kirche« und Geschäft standen sich schon immer nah.
Bild gegenüberliegende Seite unten:
Wo Deutschland ganz oben ist.
Alle Bilder vom Autor.

Berge und Gebirge sind oft letzte Refugien der Stille, Ruhe und der Einsamkeit, Orte zum Ausspannen, Abschalten und Innehalten. Sie sind ein Gegenpol zu der Enge übervölkerter Ballungsräume, in denen Lärm und Hektik, Stress und vergiftete Luft die Menschen krank macht. Das Unterwegssein in einer Urlandschaft wie dem Hochgebirge, sich einmal zu lösen von Zeitdruck und Zwängen, ist eine Wohltat für Körper und Seele. Es macht den Kopf klarer und manche Probleme und Sorgen werden kleiner, oder sie erscheinen in einem anderen Licht. Der Schritt wird wieder zum Maß der Dinge, egal ob beim Wandern oder auf dem Weg zum Gipfel durch eine Wand, über einen luftigen Grat, oder mit Ski unter den Füßen. Beim Gehen und Steigen kehrt Ruhe ein, und die Hektik weicht dem Rhythmus. Wer dann mal rastet, der rostet nicht, im Gegenteil, der verweilt für eine Brotzeit, hält inne und findet Muße zum Schauen und zum Staunen – vielleicht über die ungewohnte Stille.

Es ist schon bedauerlich, dass Berge und Gebirge immer mehr zur Kulisse werden; dass sie immer häufiger jene Bedeutung verlieren, die sie einmal in den unterschiedlichen Kulturen der Menschheit besaßen. Auf allen Kontinenten haben die Menschen ein besonderes Verhältnis zu Bergen und Gebirgen, und fast überall gibt es heilige Berge. Manche sind Throne der Götter. Berge werden verehrt und geachtet, gelten oft als spirituelle Zentren der Kraft und Energie. Menschen pilgern zu ihnen, bringen Opfergaben, bitten um Heilung, bemühen sich und hoffen auf ein besseres Karma. Menschen gehen auf Berge, um zu beten – ihrem Gott näher zu sein, um Erleuchtung und Eingebung zu erfahren. Mohammed empfing auf dem Berg Hera die heiligen Suren des Korans, Moses auf dem Sinai die Gesetzestafeln. Auf einem Berg sprach Buddha zu seinen Schülern, und Christus hielt seine wichtigste Predigt auf einem Berg – die Bergpredigt.

Das Gebirge dient meistens nur noch als Kulisse, als Hintergrund unzähliger Veranstaltungen, und so vieler Wettkämpfe und Rennen wie nie zuvor. Die Berge sind Rummelplatz, Fun- und Freizeitpark geworden, gigantische Arenen für Gladiatoren, exzentrische Selbstdarsteller und deren Sponsoren, Manager und Vermarkter. Man arbeitet Gewinn orientiert – es muss sich rechnen. Im Vokabular alpiner Medien flitzen die Skirunner, Berglaufikonen und Toprunner über die Seiten, und der Shooting Star mit nationalem Topniveau zählt schon jetzt zur internationalen Weltklasse. Er hat in der letzten Saison einen neuen Strecken- und Speedrekord aufgestellt und alle Sprintwertungen gewonnen. Sein Manager erklärt, dass er seine Vorhaben in Zukunft mehr auf die höchsten Berge der Welt ausrichten wolle, um dort alte Rekorde zu toppen. Bei seinen Sponsoren findet er volle Unterstützung.

Geschmückt mit Zahlen und Logos hetzen, rennen und keuchen sie auf die Berge, auf kleine im Alpenvorland und große im Himalaya. Neben dem Gipfelkreuz flattert das Zielband im Wind. Egal, ob allein, zu zweit oder in der Masse, die Stoppuhr ist immer dabei. Einer rast vormittags, noch vor dem Mittagessen, durch die Nordwand des Eiger – die kennt fast jeder. Er unterbietet den Speedrekord des Österreichers um mehr als eine halbe Stunde. Ein anderer berichtet abends in der Talkshow von seiner Speedbegehung am Everest – den kennt jeder. Überzeugend schildert er von großen Gefahren, Leiden und Qualen und von den Toten neben der Spur. Der Moderator stellt kluge Fragen – wie er sich fühlt als neuer Weltmeister? Wir erfahren Persönliches über die seelische Verfassung des Heroen. Brot und Zirkusspiele – nichts Neues – alles schon mal dagewesen.

Bild oben:
Im Hochgebirge ist es gut zu wissen, wo man starten kann.
Bild Mitte:
Leitplanken gegen Fliehkraft von »heißen Öfen«.
Bild unten:
Wer ist der Schnellste, der Beste? Gedopt oder ungedopt – wir brauchen Sieger. Eine Freigabe von Doping würde Arbeitsplätze kosten.
Bild gegenüberliegende Seite oben:
Im Rausch der Geschwindigkeit.

*Bild oben:
Werbung macht alles möglich, auch wenn es Käse ist.
Bild unten:
Hinter dem Zaun beginnt eine fremde, kalte Welt.
Bild gegenüberliegende Seite oben:
Wo er gräbt und baggert, wächst kein Gras mehr.
Bild gegenüberliegende Seite unten:
Räder müssen rollen für das Bruttosozialprodukt.*

So jetten sie um den Globus von Event zu Event, von einem Cup zum nächsten. Sie wollen die Konkurrenz schlagen, als Sieger aufs Treppchen, auf die Titelseiten der Magazine. Der Wettbewerbsalpinismus steht zwar noch am Anfang einer großen Entwicklung; wäre es aber nicht reizvoll, das ganze Spektrum des Bergsteigens – angefangen bei Bouldermeisterschaften, Speedklettern, und Klettersteigrennen über Skitourenrennen bis zu Wettkämpfen an den Achttausendern (mit und ohne Sauerstoffmaske) ins olympische Programm zu nehmen!? Natürlich wäre es eine Bereicherung für die Menschheit. Berge und Gipfel, Gipfelstürmer, Rekordläufer und Speedalpinismus sind voll im Trend. Die Werbung hat längst den Stellenwert der spektakulären Landschaft in der Vertikalen erkannt, nutzt und vermarktet sie in hirnlosen Anzeigen und Kampagnen. Tourismusmanager suchen krampfhaft nach Ideen, Strategien und Angeboten, um einem verwöhnten Publikum immer neue Attraktionen zu bieten. Eine Gesellschaft, die abrupt vom Alltagsstress in den Freizeit- und Urlaubsstress flüchtet, will unterhalten werden. Berge und Natur sind nicht genug.

Natur- und Umweltschutz, unzählige Verbände, Gruppen und Initiativen kämpfen gegen die Naturzerstörung im Alpenraum. Leider gibt es kaum irgendwelche Zeichen oder Ansätze, die Hoffnung machen, einen gemeinsamen Konsens zu finden, wenigstens das noch verbliebene unverbaute Hochgebirge unter Naturschutz zu stellen. Im Jahr der Berge – es ist ja nicht lange her – wurde sehr gescheit in vielen Sprachen geredet und diskutiert zum Schutz der Berge. Ideen wurden verkündet, Plakate gedruckt, Merkblätter und schön bebilderte Broschüren verteilt. Was hat es gebracht? Es wird weiter gebaggert, gegraben, planiert und betoniert – ohne Stopp und Ende. Es ist höchste Zeit Schranken zu setzen der Mafia der Spekulanten, Macher und Konsortien, die ohne zwingende Not zerstören, die keine Rücksicht nehmen auf Natur und Menschen. Diese haben jedes Maß verloren, sind maßlos geworden. Sie sind getrieben vom Größenwahn, vom Gigantismus, einer krankhaften Ideologie vom unbegrenzten Wachstum. Das Gebirge wurde Kulisse ihrer Gier nach Einfluss, Macht und Geld.

Wie heißt es so schön im Buch der Bücher: »was hülfe es dem Menschen, wenn er die ganze Welt gewönne und nähme doch Schaden an seiner Seele«.

Alpine Luftschifffahrten in frühen Zukunftsromanen

Die Eishäupter der Ortlergruppe erschienen als flache Schneehügel

VON BERNHARD KATHAN

»Nun kommen wir zum Großglockner«, sagte Archimedes.

Die Herren lehnten stumm am Geländer; die schimmernde Pracht da unten wirkte so überwältigend auf sie, daß keiner ein Wort hervorbringen konnte. Sie näherten sich dem Gewände des Großglockners; mehr als dreihundert Meter über dem Gipfel des Riesen glitt der Aeronaut dahin.[1]

Rudolf Hawel, Im Reiche der Homunkuliden

Anlässlich der ersten Generalversammlung des Deutschen Alpenvereins am 26. Mai 1870 plädierte der Nationalökonom Max Haushofer in seinem Festvortrag dafür, die Natur des Hochgebirges nicht allein in seiner äußeren Erscheinung zu beschreiben, sondern diese hinsichtlich ihrer Geologie, Geographie, Botanik, Ökonomie und Kulturgeschichte wissenschaftlich zu durchforschen: »Man wird nicht mehr auf Steinen herumtreten, ohne zu wissen oder ohne wissen zu wollen, was das für Steine sind, wie sie dahingekommen sind im wechselvollen Laufe der Erdgeschichte.«[2]

Neben zahlreichen anderen Schriften verfasste Max Haushofer den Zukunftsroman *Planetenfeuer* (1899).[3] Darin findet sich die Beschreibung einer Fahrt mit der Zahnradbahn auf die Zugspitze. Für einen Zukunftsroman ist diese Beschreibung reichlich konventionell, mochte die Bahn auch erst in den Jahren 1928-30 erbaut worden sein: »Eine Viertelstunde später saß die kleine Gesellschaft in einem Wagen der Zahnradbahn, deren kleine Lokomotive mit ihrem stählernen Gebiß sich am Nordgehänge des Wettersteingebirges emporarbeitete. Tiefer und tiefer sahen die Reisenden die grüne Thalebene und das Silberband der Loisach unter sich versinken.«[4] Die Beschreibung der Gebirgslandschaft entspricht den Wahrnehmungsgewohnheiten der Zeit. Auf der Terrasse der Bergstation stehend werden »schweigend die Namen der zahllosen Eis- und Felsgestalten studiert«, schweift der Blick weit ins Flachland hinaus, hin zu den »weißen Häusermassen« von München und zum fernen Böhmerwald.

In vielen um 1900 erschienenen Zukunftsromanen sind Luftschiffe oder allerlei seltsame Fluggeräte von Bedeutung. Bei Haushofer fehlt das Luftschiff. Das ist um so erstaunlicher, als er in seinem Roman neben »elektrischen Flugbahnen« das »Flugrad« und die »Luftschraube« als Fortbewegungsmittel erwähnt. Mit der Einführung der »drahtlosen Telegraphie« sind die Telegraphenmasten überflüssig geworden. Mit stärkeren Drähten bespannt dienen die ehemaligen Leitungen nun zur Fortbewegung mit dem Flugrad, einer Art hängendem Fahrrad. Die »Luftschraube« erinnert an die vielen grotesk anmutenden Flugapparate um 1900, deren Erfinder glaubten, es sei möglich, sich mit Hilfe eines durch Pedale angetriebenen Propellers in die Luft zu erheben.

Im Gegensatz zu solchen Luftschrauben wirken die wenige Jahre zuvor von Theo-

[1] Rudolf Hawel, *Im Reiche der Homunkuliden*, Wien 1948 (1910), S. 259-260.
[2] Max Haushofer, »Ueber Alpenreisen«; in: *Zeitschrift des Deutschen Alpenvereins*, Bd. II, Jg. 1870/71, München 1871, S. 13.
[3] Max Haushofer, *Planetenfeuer*, Stuttgart 1899.
[4] Max Haushofer, *Planetenfeuer*, Stuttgart 1899, S. 72.

»Lenkbares Luftschiff von Tissandier, durch Elektrizität betrieben.« Abb. aus: C. Falkenhorst, Luftfahrten, Stuttgart, Berlin, Leipzig 1891.

dor Hertzka in seinem Roman *Entrückt in die Zukunft* (1895) beschriebenen Aëroptere geradezu modern. Man legt sich einen kleinen Apparat ähnlich wie ein Kleidungsstück an, dessen samtartiges Gewebe entsprechend den Vorstellungen heutiger Nanotechnik »aus Miriaden mikroskopisch kleiner Schräubchen und Flügelchen« besteht, die ihre Tätigkeit beginnen, hat man nur einige kräftige Armbewegungen gemacht.[5] Das Fliegen mit diesen Aëropteren zählt zu den beliebtesten Sportarten, und würde man wie der Chronist in Hertzkas Utopie in dieser aufwachen, man könnte an schönen Sommerabenden zahllose Jugendliche sehen, die am Himmel die kühnsten Flugkunststücke wagen. Aus dem Text geht leider nicht hervor, ob sich Jugendliche mit solchen Aëropteren von Felskanten in die Tiefe stürzen, um dann wieder sicher zum Ausgangspunkt zurückzukehren, auch nicht, ob sie dazu verwendet werden, Felsschluchten zu erkunden oder Gebirgslandschaften von oben zu betrachten. Womöglich dachte Hertzka, im Gebirge sei die Luft schon so dünn, dass die Aëroptere nicht mehr funktionierten oder die Fliegenden ein Sauerstoffgerät zur Verfügung haben müssten. Hertzka erwähnt eine Alpenüberquerung in einem Luftschiff, allerdings ohne den Anblick der Alpen (als Naturpark dienen sie der Sommerfrische) aus dem Luftschiff genauer zu beschreiben.

In Rudolf Hawels Zukunftsroman *Im Reiche der Homunkuliden* (1910) wacht ein Wissenschaftler mit seinem Diener nach zweitausendjährigem Schlaf in einer hochentwickelten Gesellschaft von Homunkuliden auf. Die beiden Zeitreisenden unternehmen in einem Luftschiff eine Alpenüberquerung. Sie überfliegen die Tauern, den Großglockner und das Drautal und gelangen nach wenigen Stunden nach Venedig. Die Lagunen sind längst verlandet, Venedig liegt wie andere ehemalige Küstenstädte weit im Landesinneren. Flüsse wie der Po sind zwischen riesige Steindämme gebettet und laufen schnurgerade dem Meer zu. Die ehemaligen Karstgebiete sind kultiviert. Das riesige Luftschiff, an dessen beiden Enden Propeller nach Art der Schiffsschrauben angebracht sind, ist etwa siebzig Meter lang, zwanzig Meter breit und vierzig Meter hoch, also ein ziemlich unförmiges Gebilde, vermag sich in die Luft zu erheben dank eines die Erdanziehung reflektierenden

[5] Theodor Hertzka, *Entrückt in die Zukunft. Sozialpolitischer Roman*, Berlin 1895, S. 28.

Drahtgeflechts aus »mattschimmernden silbergrauen Metallfäden.« Diese Vorstellung war damals ebenso wenig originell wie die Vorstellung, die zum Antrieb der Propeller nötige Energie mittels »Funkentelegraphie« von der Erde zum Luftschiff zu schicken.

Wie in anderen Erzählungen über Ballon- und Luftschifffahrten sind auch hier unterschiedliche Körpererfahrungen in großer Höhe von Bedeutung: »Wenn wir über zweitausendfünfhundert Meter emporsteigen, ist die Luft schon so dünn, daß das Atmen erschwert wird. Dann begeben wir uns in den Salon. Die Türen werden geschlossen, die Maschinen des Aeronauten mit den Luftpumpen in Verbindung gesetzt, durch Schließung der Türen die Räumlichkeiten in eine pneumatische Kammer verwandelt und wir atmen Luft von einem Atmosphärendruck viertausend Meter über dem Meere!«[6] Wird eine luftdicht geschlossene Türe in großer Höhe plötzlich geöffnet, dann drohen die Passagiere ins Freie gewirbelt zu werden wie sie bei allzu raschem Druckabfall auch beginnen, aus Mund und Nase zu bluten. Dazu fügen sich Kopfschmerzen, das Bedürfnis nach kalten Getränken, eine trockene Zunge, Brechreiz, Schmerzen in Knien und Beinen. Die beiden Reisenden leiden also an der Caissonkrankheit, bezeichnet nach den Senkkästen, die ab 1870 bei der Errichtung von Brückenpfeilern zunehmend anstelle der damals verwendeten Taucherglocken eingesetzt wurden. All dies findet sich mehr oder weniger genau in zahlreichen literarischen Bearbeitungen beschrieben. Selbst Jean Paul kommt in *Des Luftschiffers Giannozzos Seebuch* nicht umhin zu erwähnen, dass Horace Bénédict de Saussure über Schläfrigkeit in großen Höhen geklagt habe.[7] Hawel kannte wohl wie andere Romanautoren C. Falkenhorsts *Luftfahrten* (1891), ein Sachbuch über Ballonflüge, erschienen in der *Bibliothek denkwürdiger Forschungsreisen*. Falkenhorst schreibt darin, der »interessanteste Beobachtungsstoff« biete der Luftschiffer selbst, um sich dann ausführlich, auch etwa Bezug nehmend auf Versuche des französischen Physiologen Paul Bert, mit jenen Störungen zu beschäftigen, die in großer Höhe zu beobachten sind.

In diesem Zusammenhang ist vor allem Maurice Renards Roman *Die blaue Gefahr* (1910) zu nennen. In einer Art Raumschiff, welches in sehr großer Höhe über einer ländlichen Gegend Frankreichs schwebt, beschäftigen sich der Empathie unfähige, aber intelligente Lebewesen, mit Vivisektion. Die Versuchsobjekte werden von der Erde abgesaugt. Das Raumschiff ist wie seine Besatzung gläsern, eine Anspielung auf die in Unterdruckversuchen verwendeten Glasglocken. In einer ironischen Umkehr erwartet eines der Opfer während des Aufstiegs, ausgerüstet mit Barometer und Sauerstoffbeutel, vergeblich die in der Literatur beschriebenen Beschwerden, um dann wie andere gerade eben solchen Experimenten ausgesetzt zu werden. Die Versuche enden tödlich.

Das Fliegen in großer Höhe hat neben solchen Körpersensationen vor allem eine Neuorganisation des Sehsinnes zur Folge. Die Schriftstellerin Frances Trollope phantasiert 1838 während eines Aufenthaltes in Innsbruck beim Anblick der Nordkette – es ist August und es liegt noch Schnee – »mit einem gut lenkbaren Luftballon, wie ihn unsere Enkel sicher einmal haben werden, im Nu aus der glühenden Neustadt von Innsbruck nach jenen kühlen Schneefeldern emporzuschweben, welche, so unzugänglich sie auch erscheinen, glauben machen, man sei nur eine halbe Meile von ihnen entfernt.«[8] Trollope denkt sich den Ballon als Aufstiegshilfe, kaum aber daran, dass der Flug im Ballon auch eine andere Gebirgswahrnehmung zur Folge haben müsste. Dabei schreibt sie nur wenige Zeilen zuvor, dass die Architektur der Stadt das Gebirge ausschnitthaft rahme und so erst zur Geltung bringe.

Georg Christoph Lichtenberg dachte hinsichtlich der praktischen Anwendung »aërostatischer Maschinen« zwar auch an die Möglichkeit, mit Hilfe eines Ballons den

[6] Rudolf Hawel, *Im Reiche der Homunkuliden*, Wien 1948 (1910), S. 241.

[7] Jean Paul, *Des Luftschiffers Giannozzos Seebuch*, Frankfurt am Main 1987, S. 27.

[8] Frances Trollope, *Briefe aus der Kaiserstadt*; hrsg. u. bearb. von Rudolf Garstenauer nach d. zeitgenöss. Übers. von Johann Sporschil, Stuttgart: Steingrüben 1966. (Bibliothek klassischer Reiseberichte). S. 76f.

Mont Blanc wie andere »unersteigliche Klippen und Höhen« zu bezwingen oder gar in Not geratenen Bergsteigern mit an Ballonen befestigten Strickleitern zu Hilfe zu kommen. Wichtiger jedoch ist seine Vorstellung, dass sich dem Auge völlig neue Dinge erschließen müssten: »Dem Physiker nachdem er eine Gegend durchwandert, dieselbe nun auf einmahl mit dem Auge zu fassen. Die Bergketten zu übersehen, und in die Krater erloschner Vulcane hineinzuschauen wie in die Mondsflecken, und auf einmahl Aehnlichkeiten zu entdecken, die jetzt dem Blick des Witzigsten entwischen.«[9]

Aus dem Ballon, dem Luftschiff oder Flugzeug, ganz zu schweigen von einem Raumschiff, öffnet sich eine völlig neue Sicht, nicht vergleichbar mit dem Blick von einem hohen Turm auf eine Stadt, einem Berg in Alpentäler. Das Fluggerät ist eine Prothese des menschlichen Körpers, vor allem des Sehsinnes. Max Haushofer, der dafür plädierte, die Alpen systematisch zu untersuchen, wusste nicht um den völlig neuen Blick, den das Fliegen bereits kurze Zeit später auf das Gebirge ermöglichen sollte. Das von ihm beschriebene Flugrad sah er einzig als sinnlosen und gefährlichen Zeitvertreib, und die »elektrische Flugbahn« verband er nicht mit einer Wahrnehmungserweiterung; im Gegenteil, er dachte an einen Wahrnehmungsverlust: »Die Bäume und Häuser sieht man von dem Wagen aus vor lauter Geschwindigkeit gar nicht; Menschen noch viel weniger. Was man deutlich unterscheidet, sind nur ganze Bergzüge, größere Ortschaften, Flüsse und Seen. Und auch da kann man nicht sehr viel unterscheiden. Die Welt, über die man hinfliegt, kommt einem vor wie ein graugrünes Meer mit einigen silbernen und rötlichen Flecken darinnen.«[10] Dies erinnert an Beschreibungen früher Eisenbahnfahrten. Victor Hugo beklagte, blicke man aus dem Abteil eines fahrenden Zuges, dann seien die Blumen am Feldrain keine Blumen mehr, sondern Farbflecken, die Getreidefelder würden zu langen gelben Strähnen, die Kleefelder wirkten wie lange grüne Zöpfe.[11]

An Luftschiffen mangelt es auch nicht in Kurd Laßwitz' *Auf zwei Planeten* (1897), dem wohl wichtigsten deutschen Zukunftsroman seiner Zeit. »Martier«, also Bewohner des Marses, in ihren sozialen Errungenschaften wie technologisch den Menschen weit überlegen, errichten ein Protektorat über die Erde. Der Roman spielt zum Teil in den Südtiroler Alpen. Laßwitz dachte, dass mit zunehmender Höhe die Gebirgslandschaft flacher erscheinen müsse: »Der Horizont erweiterte sich schnell, schon lagen die Bergriesen der Alpen tief unten, die Eishäupter der Ortlergruppe erschienen als flache Schneehügel, im Norden und Süden tauchten die Ebenen auf und verschwammen mit der Luft des Himmels.«[12] Verständlicherweise hängt die Wahrnehmung der Gebirgslandschaft entscheidend vom Abstand ab, also davon, ob ein Luftschiff an einer Felswand emporsteigt, eine Bergspitze überfliegt oder sich in sehr großer Höhe über die alpine Landschaft bewegt. Steigt das Luftschiff an einer Felswand empor, dann mag es den Eindruck machen, als sänken die Felswände hinab, als würden sich die Felswände bewegen und nicht das Gefährt. Übrigens hat Laßwitz eine Luftyacht in landesüblicher Möblierung ausgestattet, mit einem »weichen Polsterstuhl am Fenster, umgeben von naturfarbenen Zirbelholzmöbeln, in einer Ecke das Kruzifix und darunter ein Blumenstrauß.«[13]

Im Fliegen erfährt der panoramatische Blick eine neue Gewichtung. Verdankte sich dieser bis dahin einem exakten Standpunkt und einer Abfolge benennbarer Bergspitzen im alpinen Rund, so wirkt die von oben betrachtete Landschaft nun seltsam flach. Wiesen und Berge schwinden dahin, dann und wann das »Häusermeer« einer großen Stadt: »Der Professor war zum Fenster getreten. Ergriffen sah er in die unendliche Weite hinaus. Ihm war zu Mute, als ginge ihm hier der Begriff ›Ewigkeit und Unendlichkeit‹ in seiner ganzen furchtbaren Größe auf. Nirgends haftete der Blick, alles war leere unendliche Ferne. Nur tief, abgrundtief wogten unter dem Schiffe die grauen Nebel-

[9] Georg Christoph Lichtenberg, »Vermischte Nachrichten über die aërostatischen Maschinen« (1804); in: Karl Riha (Hg.), *Reisen im Luftmeer. Ein Lesebuch zur Geschichte der Ballonfahrt von 1783 (und früher) bis zur Gegenwart*, München / Wien: Carl Hanser Verlag 1983, S. 59f.

[10] Max Haushofer, *Planetenfeuer*, Stuttgart 1899, S. 63.

[11] Vgl. Wolfgang Schivelbusch, *Die Geschichte der Eisenbahnreise. Zur Industrialisierung von Raum und Zeit im 19. Jahrhundert*, Frankfurt am Main 1989, S. 54.

[12] Kurd Laßwitz, *Auf zwei Planeten*, Donauwörth 1949 (1897), S. 296f.

[13] Kurd Laßwitz, *Auf zwei Planeten*, Donauwörth 1949 (1897), S. 291.

»Die Beds sahen ihm erstaunt nach.« Illustration von Walter Zeeden zu Kurd Laßwitz' Auf zwei Planeten, Donauwörth 1949 (1897).

massen, dann und wann das Aufleuchten eines Blitzes und nach einer Weile leise murmelnder Donner, wie aus weiter, weiter Ferne erklingend.«[14]

An die Stelle des konkret erfahrbaren Raumes tritt der geographische Raum, in dem jeder einzelne Ort oder Punkt in überschaubarer Beziehung zum Ganzen erlebt wird. Während sich das Sehfeld öffnet, verlieren die Einzelheiten an Bedeutung. In diesem panoramatischen Blick geht – wie Dolf Sternberger bemerkte – jede Tiefendimension verloren. Der Reisende »sieht die Gegenstände, Landschaften usw. durch die Apparatur hindurch, mit der er sich durch die Welt bewegt. Diese Apparatur, d.h. die Bewegung, die sie herstellt, geht ein in den Blick, der folglich nur noch mobil sehen kann.«[15] Die Entgrenzung des Blicks geht Hand in Hand mit einer Begrenzung dessen, was sich an Details wahrnehmen lässt. Lichtenberg, zu dessen Lebzeiten Ballone nur geringe Höhen erreichten, konnte sich beides noch in wechselseitiger Verschränkung denken, also das Durchwandern einer Gegend wie deren Betrachtung aus der Aufsicht.

Nicht zufällig tritt in den frühen Zukunftsromanen an die Stelle der Landschaftsbeschreibung eine Abfolge benennbarer Punkte: Bergspitzen, Flüsse, Täler oder Städte. Der Alpenüberflug in Hawels Roman erinnert an die Szenenabfolge in einem Theater, nur haben wir es statt einer Handlung mit einer wechselnden Topographie zu tun. Der Luftreisende erfährt eine Abfolge unterschiedlicher körperbezogener Sinneseindrücke, etwa Feuchtigkeit und Kälte, die alpine Landschaft wird dagegen wie ein aus großer Distanz betrachtetes, letztlich inszeniertes wirkendes Naturschauspiel dargestellt: »Als sie auf Verdeck kamen, bot sich ihnen ein gewaltiger Anblick dar. Unter ihnen lag all die unsagbare Pracht der Hochalpen ausgebreitet, grüne Matten, aus den Tälern leuchteten die roten Ziegeldächer einsamer Dörfer herauf, himmelragend die Zinken und Schroffen der Tauernkette. Ein riesiges Eisfeld tauchte vor ihren Blicken auf.«[16]

Verwandte Bilder bemüht auch Arthur Achleitner in seinem Roman *Die Luftschiffer* (1903): »Die Pracht der Erde, die unendliche Schönheit der Schöpfung, sie enthüllt sich nur dem Aeronauten, der staunend bewundert, im Schauen selig genießt. Hilger fühlt sich wie verwandelt durch den Anblick solch traumhafter Schönheit, die märchenhaft sich darbietet als zauberisch Gewebe von Wiesen und Fluren, Feldern und Wasser, ein lieblich traulich Gefüge von Häusern, krippenähnlich, von Menschen durchwimmelt, klein wie Ameisen. Und alles so rein, farbenduftig, verklärt. Überwältigend! Eine Art Sinnesrausch, ein übermächtig wirkendes Glücksgefühl erfüllt des Menschen jubelnde Seele, ein lähmendes Entzücken. Über der Erde!«[17]

Die Beschreibung des alpinen Geländes bleibt selbst dann auffallend ungenau, legen sich Passagiere während des Fluges auf den Boden, um durch ein eingelassenes Glasfenster die unter ihnen vorbeiziehende Gebirgslandschaft zu betrachten und die Beobachtungen in einem Notizbuch zu protokollieren. Jetzt könnte man einwenden, dies habe damit zu tun, dass wohl keiner der genannten Autoren je eine Luftfahrt in einem Ballon unternahm, ganz zu schweigen von einer Alpenüberquerung in einem Ballon oder Luftschiff. Tatsächlich entspricht es der Neuorganisation des Sehsinnes durch die Technik. Um »Aehnlichkeiten zu entdecken« – wie Lichtenberg treffend bemerkt – genügt das menschliche Auge nur bedingt. Es bedarf eines dokumentarischen, letztlich fotografischen Verfahrens, es bedarf des Ausschnitts, also einer Reduktion der Vielfalt der Erscheinungen. Erst die Fotografie erlaubt einen exakt definierten Punkt, ein Innehalten der Bewegung, eine Fahrtunterbrechung, wird die Fahrt auch nicht unterbrochen.

Der Naturforscher Carl Georg Schillings erwähnt in einem seiner Afrikabücher eine Ballonfahrt, die er über Berlin unternahm. Liest man die folgenden zwei Sätze, dann könnte man genau so gut an eine Gebirgslandschaft denken: »Endlos dehnt sich die steinerne Wüste nach allen Seiten, und grenzenlos schweift der Blick in die sich in Dunst und Nebel verlierende Weite ... Ein steinernes ödes Meer, so weit das Auge reicht!«[18] Aus der »Vogelperspektive« wird alles zur Miniatur. Sind Menschen zu sehen, dann wirken sie winzig wie Insekten. So rückt das Sichtbare in die Nähe einer Traumerfahrung. Es ist eine Art gekippte Wirklichkeit. Der Ballonfahrer leidet unter der Vielfalt der Erscheinungen, »denn das Auge, gefesselt durch all das Geschaute, vermag kaum all die Einzelheiten zu fassen«. Dass Fluggeräte den Sehsinn neu organisieren sollten, machten die ersten Flugzeuge noch deutlicher. Hier fügte sich zur Distanz noch die Geschwindigkeit. Der Körper der frühen Flugzeugpiloten verschmolz geradezu mit dem technischen Gerät. Der flugerfahrene Henri Barbusse, auch er beschreibt in seinem Roman *Erhebung* (1930) die Menschen als Punkte oder Insekten, erlebt sich als Projektil, seinen Kopf während des Fluges als Granate: »Unter mir liegt die lebendige Landkarte ausgebreitet, mit Fleisch und Knochen, und handgreiflich erscheint jede Ziffer. [...] Jetzt aber schweben als einziges Gerüst zwischen der Welt und mir die Gesetze der Optik.«[19]

Das Fliegen eröffnet zum einen neue Sehfelder, zum anderen erweist sich die Wahrnehmung nur allzuschnell als trügerisch. Edgar Allan Poes Hans Pfaall, der weit unter sich auf dem Meer »ein kleines, schwarzes, etwas längliches Ding, dem Anschein nach von der Größe eines Dominosteines« sieht, erkennt erst mit Hilfe des Fernrohres ein britisches Linienschiff mit vierundneunzig Kanonen.[20] Nur durch das Fernrohr vermag er zu sehen, dass das Meer nicht spiegelglatt, sondern stürmisch bewegt ist. Auch Stifter spielt in seiner Erzählung *Der Condor* (1840) auf das Trügerische der Wahrnehmung an. Hier beobachtet ein junger Maler von seinem Zimmer aus mit einem Fernrohr eine Ballonfahrt am nächtlichen Himmel. Er vermag zwar »im Glase des Rohres« deutlich die schwarze Kugel zu sehen und darunter »klein wie ein Gedankenstrich am Himmel – das Schiffchen«, nicht aber die Stricke, mit denen dieses am Ballon hängt. Er muss sich also die Seile hinzudenken. Heutige Satellitenaufnahmen machen deutlich, dass die abgebildete Wirklichkeit einer theoriegebundenen Deutung bedarf, etwa geographische Kenntnisse voraussetzt. Geologen oder Ökologen vermögen aus solchen Aufnahmen vieles herauszulesen, was dem Laien zwangsläufig verschlossen bleiben muss. Und verständlicherweise neigen wir dazu, das Aus-

[14] Rudolf Hawel, *Im Reiche der Homunkuliden*, Wien 1948 (1910), S. 255f.

[15] Wolfgang Schivelbusch, *Die Geschichte der Eisenbahnreise. Zur Industrialisierung von Raum und Zeit im 19. Jahrhundert*, Frankfurt a. Main 1989, S. 61f.

[16] Rudolf Hawel, *Im Reiche der Homunkuliden*, Wien 1948 (1910), S. 259f.

[17] Arthur Achleitner, *Die Luftschiffer*, Berlin 1903, S. 45.

[18] Carl Georg Schillings, *Der Zauber des Elelescho*, Leipzig 1906, S. 133.

[19] Henri Barbusse, *Erhebung*, Berlin / Wien / Leipzig: Paul Zsolnay Verlag 1930, S. 32 u. 36.

[20] Edgar Allan Poe, »Das unvergleichliche Abenteuer eines gewissen Hans Pfaall« (1835); in: Erik Simon / Olaf R. Spittel (Hg.), *Der Traumfabrikant. Geschichten von erstaunlichen Erfindungen und phantastischen Abenteuern*, Berlin 1988, S. 333f.

Ballonfahrer, ausgerüstet mit einem technischen Auge.
Abb. aus: C. Falkenhorst, *Luftfahrten*, Stuttgart, Berlin, Leipzig 1891.

einanderklaffen zwischen erfahrbarem und geographischem Raum dadurch zu versöhnen, dass wir auf solchen Aufnahmen schnell nach Orten suchen, die uns bekannt sind.

Distanz, Geschwindigkeit und technisches Gerät haben den Blick auf die Alpen neu organisiert. Liest man heute diese Zukunftsromane, dann ist nicht zu übersehen, dass sich die damaligen Beschreibungen der alpinen Landschaften nicht zuletzt urbanen Projektionen verdanken. Im Gebirge ist eben »alles so rein, farbenduftig, verklärt.« Das Gebirge, oft genug auch die Arktis, wird dem städtischen Leben mit seiner Dynamik und all seinen Konflikten entgegengesetzt. In Arthur Achleitners Roman fliegen nicht nur zwei Männer im Ballon, auch eine Frau ist dabei, die von einem der beiden vergeblich umworben wird. Während des Ballonfluges löst sich ihre »Seelenkälte«. Nun ist sie hingerissen von seinem überlegenen technischen Können. Kaum sind sie im Hochgebirge gelandet, verloben sich die beiden. Während der im Ballon unternommenen Hochzeitsreise erweist sich die Frau als für die Luftfahrt zu schwach. Der Ballon gerät über einem Alpengletscher in einen Sturm. Die beiden werden durch den lebensgefährlichen Sprung ihres Begleiters aus der Gondel gerettet. Infolge der Aufregung wird die Frau verrückt und kommt in eine Nervenheilanstalt.[21] Die hier unübersehbare sexuelle Metaphorik findet sich auch in Adalbert Stifters Erzählung *Der Condor*. Die junge Wienerin Cornelia nimmt an einer Ballonfahrt zweier englischer Wissenschaftler teil, um die Emanzipationsfähigkeit des weiblichen Geschlechts zu beweisen. Während die beiden Wissenschaftler mit ihren Experimenten beschäftigt sind, schaut sie in die Tiefe und verliert das Bewusstsein: »auf ihren Lippen stand ein Tropfen Blut.« Das Experiment muss abgebrochen werden.

Die weibliche Empfindsamkeit steht hier im Gegensatz zum männlichen, technischen Können, der Ballon, technisches Gerät, im Gegensatz zur unberechenbaren Natur, zur alpinen Landschaft, die es zu meistern und zu bezwingen gilt. Während sich Cornelia den beiden Wissenschaftlern aufdrängt, wird die Frau in Achleitners Roman in gewisser Weise entführt / verführt. Auffallenderweise findet sich dieses Motiv auch bei Maurice Renard, bei Kurd Laßwitz und anderen.

Bereits lange früher sind Beispiele dokumentiert, in denen etwa Frauen fürchteten, von einem Ballon entführt zu werden.[22] Hier ist auch das von latenten Heimat- und Fremdenklischees strotzende Kinderbuch *Hatschi Bratschis Luftballon* (1904) von Franz Karl Ginzkey zu erwähnen. Der kleine Fritz wird von einem Zauberer aus dem Morgenland geraubt und macht dann eine abenteuerliche Reise in einem Ballon. Die Alpen bezeichnen dabei die Trennlinie zwischen dem Vertrauten und dem Fremden. Um die Wahrnehmung der Gebirgslandschaft geht es Ginzkey nicht. So lesen sich denn seine Verse auch wie eine Abfolge stereotyper Postkartenillustrationen. Auf »grünen Alpenrasen«, so fordert es das Reimen, können nur Kühe »grasen«. Zu klingenden Alpenglocken fügen sich singende Sennerinnen, und hat der Ballon die Almen hinter sich gelassen: »Nichts als Felsen, Eis und Schnee.«[23]

[21] Vgl. Roland Innerhofer, *Deutsche Science Fiction 1870-1914. Rekonstruktion und Analyse der Anfänge einer Gattung*, Wien/Köln/Weimar 1996, S.204.
[22] Siehe etwa J.A. Bergk / F.G. Baumgärtner (Hg.), *Museum des Wundervollen oder Magazin des Außerordentlichen in der Natur, der Kunst und im Menschenleben*, Bd. 3, Leipzig 1804, S. 268.
[23] Franz Karl Ginzkey, *Hatschi Bratschis Luftballon*, Wien: Forum Verlag 1968.

Zum Motiv der Entführung mit Hilfe eines Ballons fügt sich eine Art »Entführung« der Landschaft, eine Entführung mit Hilfe optischen Geräts. Nun ist es nicht einmal mehr nötig, dass man sich selbst in einem Luftschiff oder Flugzeug befindet. Laßwitz' Martier kennen eine Art Kino, in dem sich Landschaften, die Tausende von Kilometern entfernt sind, heranziehen lassen. An ein Kino lassen nicht nur die »bequemen Lehnstühle« und eine weiße Wand als Projektionsfläche denken. Es sind tatsächlich bewegte Bilder. Wird der Verschluss des »Suchers« geöffnet, dann bewegt er sich in geographischen Koordinaten, bedarf es einer Focussierung. Selbst in 8600 Kilometern Entfernung sind Objekte von einer Länge von etwa hundert Metern noch zu unterscheiden. Freilich lassen sich Großstädte wie Berlin aufgrund der Luftverschmutzung weniger genau sehen als das Gebirge mit seiner sauberen Luft: »Die Vorberge der Alpen erschienen im klaren Licht der Nachmittagssonne. Ein dunkler Bergsee erfüllte die Wand, dahinter erhoben sich die Spitzen der Bayrischen Alpen. Es war ein wunderbares Wandelpanorama, das sich jetzt entfaltete. Je höher die Gebirgswelt anstieg, um so klarer und reiner wurde die Luft und damit die Schärfe des Bildes. Man betrachtete das Gebirge aus einer Entfernung von neun Kilometern und unter einem Neigungswinkel von annähernd zwanzig Grad, also wie aus einer Höhe von dreitausend Metern, doch so, daß man unter dieser Neigung stets einen Umkreis von zehn Kilometern Durchmesser vor sich hatte, entsprechend einem Flächenraum von achtzig Quadratkilometern. All dies erschien im höchsten Grade plastisch, denn das Fernrohr wirkte durch seine Konstruktion wie ein Stereoskop. Der Einschnitt des Inntales erschien und verschwand, und nun leuchteten hell im vollen Sonnenlicht die Ferner der Ötztaler Alpen.«[24] Noch mehr als bei Luftfahrten gilt nun: Nicht der Betrachter, die Landschaft bewegt sich.

Am 8.1.1928 war in der Berliner Illustrierten Zeitung eine Zeichnung zu sehen, die einen in einem Bett liegenden Mann zeigt, der direkt übermittelte Bilder einer Gebirgslandschaft betrachtet. Zur Projektionsfläche fügt sich eine Landkarte, die mit Hilfe eines Mechanismus jeweils anzeigt, an welcher Stelle sich das Flugzeug gerade befindet, etwa über dem Aletschgletscher in der Schweiz.[25] Der Betrachter ist völlig passiv. Er muss sich nicht einmal aus seiner Wohnung bewegen, nicht einmal das Bett verlassen. Mobil ist die technische Apparatur, das Flugzeug mit der Kamera, die Apparatur, die jeweils den Ort der Aufnahme anzeigt.

[24] Kurd Laßwitz, *Auf zwei Planeten*, Donauwörth 1949 (1897), S. 93f.

[25] Vgl. Kurt Stadelmann / Rolf Wolfensberger, *Wunschwelten. Geschichten und Bilder zu Kommunikation und Technik*, Museum für Kommunikation Bern, Chronos Verlag Zürich 2000.

»Besichtigung der Welt vom Bett aus durch den Fernseher.«
Zeichnung von Theo Matejko, Berliner Illustrierte Zeitung, 8.1.1928.

Alpine Verheißungen aus dem Supermarkt

Bilder der Werbung als Abbild der gesellschaftlichen Bedeutung der Berge

VON BEAT GUGGER

Wochenende in der Grossstadt. Menschen schieben gefüllte Einkaufswagen durch die engen Regale eines Supermarktes. Einkaufslisten werden abgearbeitet. Für die meisten Kunden ist dieser Einkauf kein Vergnügen. »Shopping« steht, falls man den Wocheneinkauf gut und einigermassen fit überstanden hat, höchstens danach noch auf dem Programm und dann bummelt man sicher nicht im Supermarkt!

»Bodenreiniger« steht auf der Einkaufsliste. Wir biegen in den Gang der Putzutensilien. Eine grosse Anzahl von Plastikflaschen in grellen Farben, mit Kontrasten und grafisch gestalteten Lichtblitzen versucht, uns zu verführen: »Nimm mich!« Erst auf den zweiten Blick fällt die Kunststoffflasche mit dem grünlichen Inhalt auf. Unser Blick entdeckt das Wort »Bergfrühling« und sogleich blitzt für einen kurzen Moment eine sinnliche Erinnerung auf!

Auf einem spiegelglatten frisch-blauen Fliesenboden schwebt das Bild einer blütenreichen Almwiese. Alpine Bäume begrenzen das leicht abfallende Blumenmeer. Aus dem Wald erhebt sich mächtig eine schneebedeckte, fast symmetrische Gebirgspyramide. Nicht so markant wie das Matterhorn und nicht so breit und ausladend wie die Jungfrau. Es scheint, kein näher bestimmter Berg zu sein. Und trotzdem klingt hier etwas von dem nach, was uns Christoph Meiners, Professor der Weltweisheit, beim ersten Anblick der Jungfrau 1785 in romantisch überschwänglichem Ton beschreibt: *»Sobald ich meine Augen zum erstenmal recht aufmerksam auf die Jungfrau heftete [...] so war es, als wenn ich den ganzen Tag über noch nichts merkwürdiges gesehen hätte. [...] Wo man seine Augen auch hinwendet, drängt sich von allen Seiten her erschütternde Bilder und Spuren von Allmacht, Ewigkeit, und Unermesslichkeit auf. [...] Als wir die Jungfrau zuerst ansahen, war noch fast ihr ganzer Cörper, so weit er mit dem nur zum Theil sich erneuernden Schneemantel angethan ist, von der Abendsonne erleuchtet, die aber bald ihren goldenen Schmuck von dem blendend weissen Busen zurückzog, und nun allein ihr jungfräuliches Antlitz röthete, das niemals von einem anderen Bräutigam, als von den Strahlen der Sonne und von Sturmwinden [...] geküsst worden ist.«*[1]

Auf der Verpackung von unserem Putzmittel glitzert neben dem schneeweissen Gipfel ein heller Lichtblitz auf. Ist dies ein (versteckter) Hinweis auf den mit Reinheit und Klarheit verbundenen Bergkristall? Die weit herunterreichenden schneebedeckten Bergflanken lassen vermuten, dass der letzte Schnee noch nicht lange zurückliegt: eben ein Bergfrühling.

Ein rechts von der Wiese platzierter, auf die Blüten reduzierter, kleiner Strauss von Wiesenblumen verstärkt den Eindruck einer im Sonnenlicht duftenden Alpwiese, Erinnerungen an »Heidi« von Johanna Spyri (1827-1901): *»Nun ging es lustig die Alp hinan. Der Wind hatte in der Nacht das letzte Wölkchen weggeblasen; dunkelblau schaute der Himmel von allen Seiten hernieder und mitten darauf stand die leuchtende Sonne und schimmerte auf die grüne Alp, und alle die blauen und gelben Blümchen darauf machten ihre Kelche auf und schauten ihr fröhlich entgegen. Heidi sprang hierhin und dorthin und jauchzte vor Freude [...].«*[2]

[1] MEINERS, 1785: S. 15 ff

[2] Spyri, 1883: S. 33

Immer noch befinden wir uns im Supermarkt. Rundherum ein Gedränge und Lärm, doch das Bild der sonnigen Alpwiese hat uns gepackt. Eine andere Welt eröffnet sich uns: Sonne, Freiheit, erholsame Luft und würzige Düfte – und ich kann alles kaufen, hier und jetzt. Was für eine Verheißung: »Der Duft des Bergfrühlings sorgt für eine lang anhaltende Frische, auch nach dem Putzen!« steht auf der Rückseite des Putzmittels.

Schon dieser erste Eindruck aus dem Supermarkt zeigt uns, wie vielschichtig Bergdarstellungen in der Werbung sein können. Wir machen uns nun auf eine kleine »Bergreise« durch die Konsumwelt. Dabei begegnen wir den unterschiedlichsten Bild- und Bedeutungswelten von Bergbildern. Es ist ein nahezu grenzenloses Unterfangen, wollte man sich einen genauen Überblick über die aktuellen, geschweige denn über die in den letzten hundert Jahren entstandenen Reklame- und Werbebilder verschaffen. Wir haben uns deshalb auf Produkte, die in Bayern gekauft wurden[3] und Anzeigen aus deutschen Magazinen[4] konzentriert und versuchen, die Bild- und Textinformationen eingehender zu betrachten und zu ergründen. Welche Bedeutungen werden mit dem Bild der Berge in der Werbung verbunden und für welche Inhalte und Symbole stehen Berge in der heutigen Gesellschaft?

In einem ersten Teil schauen wir uns Verpackungen von Gütern des Alltags aus dem alpinen Raum an. Das Bild der Berge verweist auf die Herkunft und steht in vielen Fällen für Qualität.

In einem zweiten Teil werfen wir einen Blick auf Inserate in Zeitschriften. Die Herkunft der Produkte spielt hier keine Rolle. Bild und Text bedienen sich der Metaphorik des Bergsteigens und der extremen topografischen Herausforderungen des Berges.

»Der Duft des Bergfrühlings sorgt für eine lang anhaltende Frische auch nach dem Putzen«

Die guten Werte der Berge

Werbung als »Kunst des Lockens und Verführens« kennt nur das eine Ziel, nämlich den Kunden im Supermarkt unmittelbar anzusprechen und ihn zum Zugreifen zu motivieren. Dazu bewegt sich der Hauptteil der Kommunikation im Bereich bekannter Bilder, gängiger Klischees und bereits gehörter oder gelesener, starker Aussagen. Nur so kann die Botschaft schnell und direkt verstanden werden. Werbung muss sich an den gesellschaftlichen Realitäten orientieren. So kann sie von allen – vor allem vom jeweils definierten Zielpublikum – leicht verstanden werden. »Werbung als optimierte Strategie der Zeichengebung ist deshalb darauf ausgerichtet, die Erwartungshorizonte der Individuen nur insoweit anzusprechen, wie sie übereinstimmen«[5].

Werbung lebt einerseits vom Aufgreifen aktueller Trends. Von besonderer Bedeutung für unser Thema ist jedoch der Rückgriff auf eine lange Reihe von historischen und kunsthistorischen tradierten Bildtopoi und Geschichten: Bilder aus dem kulturellen Gedächtnis einer mittlerweile über zweihundertjährigen Tradition. Zu beobachten wird sein, wofür die Berge in der heutigen Gesellschaft stehen.

[3] Ausgangspunkt bildet eine kleine Sammlung von Waren, die im Rahmen der Ausstellung »Mit der Nase in die Berge – Alpine Duftgeschichte(n)« im Frühjahr 2004 in Bayern erworben und nun in die Sammlung des Alpinen Museums des Deutschen Alpenvereins, München, übernommen worden sind.
[4] Inserate aus deutschen Zeitschriften wie der Spiegel, Stern, Cash vom Frühjahr 2007
[5] Brock, 1996: S. 15

Die Erfindung der Bilder von den Bergen

Die heutige Wahrnehmung der alpinen Landschaft ist das Ergebnis eines längeren Lernprozesses. Mit der Entdeckung der als »erhaben« empfundenen Berge durch Dichter und Philosophen und mit den ersten Reisen um 1800, setzt in der Schweiz bereits Ende des 18. Jahrhunderts die kommerzielle Nutzung der alpinen Bildwelt ein. Alles, was um 1800 in den Bergen gesucht und gefunden wird, nämlich Ursprünglichkeit, Natürlichkeit und die Idee der Freiheit, wird im Laufe der Zeit fest mit dem Bild der alpinen Landschaft verbunden. Die Gemälde und Grafikblätter jener Zeit, die von den Reisenden als »Erinnerungsstücke« mit nach Hause genommen wurden, waren sowohl Erinnerung an das Erlebte als auch Sinnbild der mit den Alpen verbundenen Ideale. Die Künstler dieser ersten Souvenirs prägten mit ihren Bildausschnitten und -kompositionen die Sichtweise der Menschen auf die Berge nachhaltig. Daraus entwickelte sich ein Bilderkanon mit Motiven wie Bächen, Wasserfällen, Alphütten, Tannen und Wäldern, die nach bestimmten Gesetzmässigkeiten wie Versatzstücke um die weissen Gipfel der Schneeberge gruppiert wurden. »Das ästhetische Produkt Alpen diente als Projektionsfläche der ersehnten Harmonie mit der Natur. Somit sind nicht Natur und Alpen selbst, vielmehr die mit ihnen verbundenen stereotypen Vorstellungen und ihre Aneignung ausschlaggebend«[6].

Das Bild der Berge wird in die Welt hinaus getragen

Seit der zweiten Hälfte des 19. Jahrhunderts wird die »Vermarktung der Gebirge« aktiv betrieben. Die Werbung der alpinen Touristenorte nutzt die bereits bekannten Motive und macht sich durch neue Reproduktions- und Kommunikationsmittel einem breiteren Publikum bekannt. Auf grossformatigen Plakaten appellieren die Hotels und Bergbahnen an die Sehnsucht der Städter nach Erholung in einer natürlichen, gesunden Berglandschaft. Alle Elemente alpiner Bildmotive, wie der Blick in die Weite über blühende Alpwiesen, felsige Gipfel, Gletscher und Schneeberge werden aktiviert, um das Fernweh nach der Bergwelt immer wieder neu zu beleben.

Als sich Ende des 19. Jahrhunderts die Post bereit erklärt, offene Postkarten mit einem Bild auf der einen Seite zu befördern, kommt ein weiteres wichtiges Medium zur Verbreitung und Popularisierung alpiner Bildwelten dazu. Mit der Postkarte werden alpine Bildklischees gezielt festgehalten und in die Welt hinausgetragen, was wiederum die touristischen Reiseziele prägt.

Die Verpackung erzählt vom Inhalt

Bereits Ende des 19. Jahrhunderts gab es erste »Markenartikel« des täglichen Bedarfs, welche mit farbigen Verpackungen für den Inhalt warben. Im traditionellen Geschäft stand zwischen dem Kunden, dem Verkäufer und den angebotenen Waren der Ladentisch. Die meisten Produkte wurden direkt aus den grossen Verpackungen nach Bedarf abgemessen und erst dann für den Verkauf verpackt. So konnte die Qualität der Ware im Gespräch zwischen Verkäufer und Käufer direkt überprüft werden. Das Verkaufsgespräch war die damalige Form der Anpreisung und lieferte zugleich die nötigen Informationen über die angebotene Ware. Die Industrialisierung mit immer grösseren Fabriken brachte es mit sich, dass konservierte Lebensmittel, bereits abgepackt für den überregionalen Markt, produziert wurden. Die Produkte konnten nun von den Kunden nicht mehr geprüft werden. Immer mehr übernahmen Bild und Text auf der Verpackung diese Aufgabe. Die Waren und ihre Verpackung mussten sozusagen für sich selber sprechen. Es entstand ein neues Aktionsfeld, das im Detailhandel immer wichtiger wurde, nämlich die Reklame. Mit grossem Aufwand werden bis heute Untersuchungen durchgeführt und Marketingstrategien entwickelt, wie Warenverpackungen zu gestalten sind, damit sie der Aufmerksamkeit der Konsumenten nicht entgehen und sich vom Konkurrenzprodukt abheben. Bereits vor 1900 wurden

[6] Berger, 2006: S. 159

Bilder von Bergen, die aus der Tourismuswerbung vertraut waren, für die Verpackung von Waren verwendet.

Mit den in den fünfziger Jahren zunehmend industriell hergestellten Gütern und dem gleichzeitigen Wunsch nach mehr Konsum konnten die herkömmlichen Verkaufskanäle nicht mehr mithalten. So kam aus Amerika die Idee des Supermarktes, die den Detailhandel in Europa nachhaltig veränderte.

Aus den Bergen

Bergdarstellungen auf Konsumgütern verweisen in den allermeisten Fällen auf die Herkunft der Produkte. Es gibt aber auch die grosse Anzahl von Waren, die Bergbilder und -namen für ihre Produkte verwenden, obwohl der Herstellungsort keinen direkten Bezug zu den Bergen hat. Das Beispiel des »Frühstück Müsli« der Firma »Gletscherkrone« aus dem norddeutschen Lüneburg verwendet einen alpinen Namen und das Logo einer Bergsilhouette – und verweist damit lediglich auf die schweizerische Herkunft des Müslis.

Produkte aus dem Alpenraum bürgen bei den Konsumenten für gute Qualität. Der Bezug in Wort und Bild zu den Bergen wird zum Versprechen für Natürlichkeit, Frische und Gesundheit der Produkte und suggeriert eine naturnahe, traditionelle Herstellung. Das Bild der Berge wird zu einem Gütesiegel der Produkte.

Stellvertretend für die grosse Anzahl von Waren mit Bergmotiven, wollen wir hier eine Auswahl von vier Produktegruppen betrachten.

Kühe gibt es in den Bergen

Die Herkunft von Milch und der daraus erzeugten Waren wird in Mitteleuropa traditionell mit Kühen aus den Bergen in Verbindung gebracht. Den ersten Touristen, die nach 1800 die Berge der Schweiz und Bayerns bestiegen, wurde auf den Alphütten von Sennen Milch – natürlich gegen Bezahlung – angeboten. Die Kraft und Gesundheit der Alpenbewohner, so die Meinung der Reisenden, kommt zu einem guten Teil von der herrlichen Bergluft und dem täglichen Genuss von Milch und Käse. Bis heute bedient sich die Werbung dieser Klischees wirksam. Zwei Beispiele zeigen exemplarisch, wie grafische Elemente in Verbindung mit kurzen Texten die traditionellen Topoi der natürlichen Ressourcen und deren Nutzung verbinden:

Die Glasflasche mit »Bergbauern-Vollmilch« zeigt auf der Vorderseite einen bärtigen Mann mit »Tiroler Hut«. Der Text auf der Rückseite bestätigt die traditionelle Herstellung der Milch: »Wir Bergbauern haben unsere Grundsätze [...] Wir lassen unsere Kühe den ganzen Sommer über auf Allgäuer Bergwiesen mit schmackhaften Gräsern und kräftigen Kräutern grasen und füttern im Winter auch das würzige Heu«.

Die königsblaue Einwegverpackung von Weihenstephan hingegen beschränkt sich auf der Vorderseite auf den Namenszug »Frische Alpenmilch«. Der Text auf der Rückseite weist auf die Herstellung und die Qualität des Produktes hin: »Klare Luft, wunderbare Natur und herrliche Frische kennzeichnen die Region der Alpen und des Alpenvorlandes, aus der wir täglich frisch unsere gute Milch bekommen«. Es sind dies Elemente von Formulierungen, wie wir sie aus Reisebeschreibungen seit dem 18. Jahrhundert kennen!

Klares Wasser aus den Bergen

Auch wenn die vielen Produktionsstätten und Quellen von Mineralwasser meist im Vorgebirge liegen, ist es doch auffallend, wie oft Bildmotive aus dem Hochgebirge auf deren Etiketten und in der Werbung eine zentrale Rolle spielen. Das Logo der »Adelholzer Alpenquelle« zeigt zum Beispiel ein scharf gezacktes, asymmetrisches, in einen einzelnen Gipfel mündendes Bergmassiv. Die Etikette schliesst unten mit dem Panorama einer verschneiten, leicht bewaldeten Berglandschaft ab. Die dominierenden Farben Blau und Weiss stehen für die kühle Frische des Produktes. Im Frühjahr 2007 wirbt »Adelholz« auf überdimensionalen Plakat-

Milch von »schmackhaften Gräsern und kräftigen Kräutern«

Mineralwasser: »Die reine Kraft der Alpen«

wänden mitten in der Trostlosigkeit der Münchner U-Bahngänge mit dem Blick auf eine weisse, alpine Hochgebirgslandschaft aus Fels, Eis und Schnee unter einem weiten, blauen Himmel. Hier in den höchsten Höhen, fern ab von jeglicher Zivilisation, kann die Welt – und damit auch die Qualität des Produktes – nur »rein« sein. Der kurze Slogan »Die reine Kraft der Alpen« verweist prägnant darauf hin. Gleichzeitig weckt das Bild eine Sehnsucht nach der Weite und grenzenlosen Freiheit der Berge – und wenn ich im Moment auch dort nicht sein kann, so enthält immerhin das Mineralwasser, das ich kaufen kann, ein Stück dieser gesundenden, urtümlichen Kraft.

Milchschokolade, vorne rechts ein rumänisches Produkt.

Ein exotisches Produkt aus den Bergen

Schokolade wurde in Europa als exotisches Luxusprodukt noch bis ins frühe 19. Jahrhundert ausschliesslich in den vornehmen Gesellschaftsschichten konsumiert. In der zweiten Hälfte des 19. Jahrhunderts begannen kleine Westschweizer Familienunternehmen für einen lokalen Markt Schokolade zu produzieren. Der Durchbruch kam gegen Ende des 19. Jahrhunderts in der Schweiz mit der Erfindung der Milchschokolade, der Verbindung des exotischen Rohstoffes mit dem einheimischen Produkt. Die gute konjunkturelle Lage und die Exporte ins übrige Europa und nach Amerika führten dazu, dass im französischen Teil der Schweiz aus einigen kleinen Konfiserien innerhalb kürzester Zeit bedeutende Fabrikbetriebe wuchsen.

Doch die Konkurrenz war gross: Auch ausserhalb der Schweiz entstanden Betriebe, die Milchschokolade in ebenso guter Qualität herstellten. Die Schweizer Schokoladenindustrie verstand sich aber durchzusetzen: Seit 1900 wird in der Werbung konsequent in Bild und Text das ursprünglich exotische Produkt »Schokolade« in den Umkreis von Milch und Käse gestellt. Damit wird dem Konsumenten suggeriert, ein Produkt aus den Bergen zu kaufen und daher – imagemässig – ein »typisch schweizerisches« Lebensmittel zu geniessen. Dass das Bild der Berge zu einem Qualitätszeichen für Schokolade geworden ist, zeigt auch das Beispiel einer rumänischen »Alpenmilchschokolade«.

Am konsequentesten ist eine werbewirksame Verbindung zu den Bergen in der 1908 kreierten Marke »Toblerone« nachvollziehbar. Auch wenn die dreieckige Form der Schokolade in den »Reklame«-Bildern erst in den 1920er Jahren mit dem Matterhorn in Beziehung gebracht worden ist, hat die Firma Tobler es verstanden, die Toblerone zum Inbegriff der Schweizer Schokolade zu machen[7]. Mit der einzigartig gestalteten Form und einer seit vielen Jahren abwechslungsreichen Werbung, ist sie heute ein Muss in jedem Dutyfree-Laden der Welt und damit selber zum Werbeträger für die Schweiz und ihre Berge geworden!

Toblerone: Die Schokolade und der Berg.

Die »gute Bergluft«

Der Topos der »gesunden würzigen Alpenluft« gehört seit über zweihundert Jahren zum Klischee der Berge. Bereits Jean-Jacques Rousseau (1712-1778) beschreibt 1761 in seinem viel beachteten Briefroman »Julie ou la nouvelle Héloïse« die Wirkung der Luft in den Bergen: »*Hier in der reinen Luft, die ich atmete, war es, wo ich die wahre Ursache der Veränderung meiner Stimmung und die Rückkehr jenes innern Friedens fand, den ich*

[7] GERBER et al., 2001: S. 142 ff

solange verloren hatte. Es ist in der Tat ein allgemeiner Eindruck, den jedermann empfängt […], dass man auf hohen Bergen, wo die Luft reiner und dünner ist, leichter atmet, sich leichter bewegt und sich heiteren Geistes fühlt. […] Es scheint, als liesse man, wenn man sich über die Region der Menschen erhebt, alle niedern und irdischen Gefühle dort zurück und als nehme die Seele von ihrer ursprünglichen Reinheit wieder etwas an, je näher man den ätherischen Regionen kommt.«[8]

Zu den ersten Produkten, die den Duft der Berge exportierten, gehörte das Latschenkieferöl. Seit jeher ist dessen heilsame Wirkung bekannt. 1856 beginnt der Reichenhaller Apotheker Matthias Mack Latschenkieferöl erstmals in grossem Stil für den Export herzustellen[9].

Der durchschlagende und lang anhaltende Erfolg des Latschenkieferndduftes als »gute Alpenluft« erlebt in den 1960/70er Jahren in Form einer Vielzahl synthetisch hergestellter Raumsprays und Schaumbäder seinen kommerziellen Höhe- und ideologischen Wendepunkt: Produkte aus den Bergen haben »natürlich« zu sein![10].

Die Herausforderungen der Berge

Die kommerzielle Nutzung von Bergbildern entdecken wir auch beim Durchblättern von Nachrichten- und Wirtschaftsmagazinen. Eine kleine dunkle Figur – ein gut ausgerüsteter Bergsteiger mit entsprechender Kleidung und Schuhwerk, in der linken Hand einen Eispickel haltend – steht am Rande eines Berggrates und schaut auf ein Panorama von schneebedeckten Gipfeln. In den kalten Farben Weiss und Blau scheint man die dünne, klare Bergluft förmlich zu spüren. Wie auf Bildern des Malers Caspar David Friedrich (1774-1840) wendet uns der Alpinist den Rücken zu. Wir betrachten mit ihm versunken die Bergwelt. Das Tal, der Alltag, liegt unter einer Nebeldecke. Der Blick schweift zu den Gipfeln am Horizont. Auch wenn der Anlageberater »Standard & Poor's« wohl nur wenig mit Alpinismus zu tun hat, spricht das Bild für die Herausforderungen, denen sich diese Sportler stellen: Nach einem gefahrvollen, anstrengenden Aufstieg folgt der Lohn, der Erfolg der Gipfelbezwingung.

Wer riskiert, hat Erfolg

Bergbild-Inserate und Anzeigen für Produkte und Dienstleistungen ohne direkten Bezug zu den Bergen zeigen uns deutlich auf, wofür die Berge in der modernen Gesellschaft stehen. »Hier geht es dem Werbefachmann nicht um den Berg, sondern um das zu verkaufende Produkt, und er stützt sich dabei auf die Selbstverständlichkeit alpiner Bilder, die ohne die Hilfe der Sprache unmittelbar von jedem verstanden werden«[11]. Auffallend oft werden in dieser Werbung Bilder mit Bergsteigern auf Gipfeln und dem Blick in die Ferne verwendet. Auch wenn im Text selber kaum ein direkter Bezug zum Berg- und Gipfelbild genommen wird, trifft man in der Beschreibung der Leistungen des werbenden Unternehmens recht häufig auf Aussagen und Wörter wie »die Höchsten«, »stetig aufwärts«, »Top«, »Risiko und Erfolg«… – alles Begriffe aus der Welt der Finanzen und des Managements, welche im Bergsteigen visualisiert werden können. Der virtuelle Kampf um Erfolg mit Geld, Macht und Einfluss wird dem konkret nachvollziehbaren Kampf des Alpinisten um den Gipfel gleichgesetzt. Nur wer bereit ist, sich wie ein Extrembergsteiger mit Ausdauer, technischem Können und vielen Entbehrungen einzusetzen, wird schliesslich vom Erfolg gekrönt. Berichte, wie zum Beispiel die Schilderung der Erstbesteigung des Nanga Parbat durch Hermann Buhl (1953) bilden den Hintergrund, vor dem die Werber ihre Botschaften konstruieren: *»Gegen fünf Uhr morgens geht die Sonne auf. Buhl ist gut über den Grat gekommen und steht unterhalb des Steilanstiegs zum Silbersattel […]. Die Höhe von 7450 Metern macht ihm jetzt doch zu schaffen. […]. Die nun folgenden 400 Höhenmeter bis zum Vorgipfel ziehen sich 2½ Kilometer hin. Buhl überfällt die »Gletschermüdigkeit«. Er macht immer öfters Pausen […]. – Ab jetzt betritt Buhl vollständiges Neuland. […]. Vom Gip-*

Raumspray: Bergduft aus der Dose

[8] Jean-Jacques Rousseau, Julie ou la nouvelle Héloïse, 1761. Zitiert nach: Wyder, 2003: S. 108 (übersetzt von Theodor Hell 1922)

[9] Lang 2007

[10] Im Rahmen der Ausstellung »Alpendüfte« im Forum der Schweizer Geschichte in Schwyz (2003) und im Alpinen Museum des Deutschen Alpenvereins in München (2005) wurde der Versuch unternommen, Aspekte zur Geschichte der Bedeutung der Düfte und der »guten Luft« in den Bergen zusammenzutragen. Siehe dazu auch Gugger, Kaiser, 2005

[11] Bozonnet, 1996: S. 45

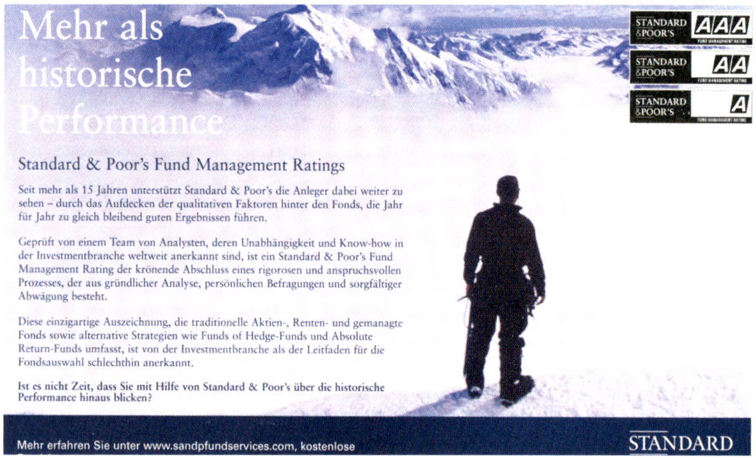

Dienstleistungen: Ziel erreicht!
Aus: Cash, April 2007

fel trennen ihn noch 313 Höhenmeter und ein Kilometer Luftlinie. Was er alles sieht, ist alles andere als leicht. [...]. Doch er quält sich unerbittlich voran [...] und um sieben Uhr Abends kriecht Buhl auf allen Vieren, ein Wrack von einem Menschen, die letzten fünfzig Meter zum Gipfel. Er ist seit siebzehn Stunden unterwegs. [Und Buhl berichtet selber über die Ankunft auf dem Gipfel:] Hier stehe ich nun, seit Erdenbestehen der erste Mensch, auf diesem Fleck, am Ziel meiner Wünsche! [...]«[12].

Auch wenn in den Bildern der erhabenen Bergwelt in der Werbung kaum etwas von diesem unerbittlichen Kampf am Rande der Zivilisation in höchsten Höhen und über dem Abgrund zu sehen ist, sind es doch diese Schilderungen, die im kollektiven Gedächtnis mitschwingen. Die Berge als Ort der mutigen Eroberer und der erfolgreiche Bergsteiger als strahlender Sieger ganz oben am Ziel seiner Träume auf dem Gipfel.

[12] Aus der Beschreibung der Erstbesteigung des Nanga Parbat durch Hermann Buhl. Zitiert aus: MÄRTIN, 2002: S. 224-227

[13] Yves HOSTETTLER hat 1990 in seinem Buch eine erstaunliche Sammlung von weltweiten Produkten mit dem Matterhorn als Werbeträger vorgestellt.

[14] vergleiche BERGER, 2006: S. 161

Wege in die grenzenlose Freiheit

Die Autowerbung der in den letzten Jahren immer beliebter gewordenen Offroaders bedient sich eines anderen Aspekts der Berge. Hier ist es die extreme technische Herausforderung der Topografie, die diese zu einer interessanten Bühne für visuelle Werbebotschaften macht. Die Werbung für den »Jeep Grand Cherokee« ist da nur ein Beispiel von vielen. In einer kargen, felsigen Berglandschaft, knapp an der Baumgrenze, steht der kraftvolle, schwarz glänzende Wagen quer im Bild. Die Vorderräder auf dem Felsen, die Hinterräder in der Alpwiese. Und wenn sich der Betrachter fragt, wie so ein mächtiges Auto in diese Umgebung kommen kann, liefert uns der Text umgehend die Erklärung: »Kennt nur eine Grenze: die Physik«. Die Berliner Autonummer und die sauber glänzende Karosserie deuten an, dass der Wagen den Weg mühelos bis in die Zonen der ungebundenen Freiheit jenseits der Baumgrenze bewältigt hat.

Technik, die unter diesen extremen Bedingungen bestehen kann, schafft es auch an allen anderen Orten der Welt. In der Werbung des VW Touareg steht das Fahrzeug am Rande eines Felsvorsprungs. Locker steht der Fahrer da und betrachtet die zerklüftete Landschaft. Der Slogan, »Gebaut für die Extreme«, suggeriert die Bewältigung aller Hindernisse. Ungebunden und unabhängig von jeglichen Strassen und Zwängen, können mit einem solchen Wagen die Schranken der Zivilisation gesprengt werden.

Ein starkes Bild

Markante Berge – meist mit einem unverwechselbaren visuellen Charakter – eignen sich bestens als Werbebotschafter. Eindrückliche Gipfel, wie zum Beispiel das Matterhorn, werden weit über den Kreis der Region und über nahe liegende Projekte

Auto: »Kennt nur eine Grenze...«.
Aus: Der Spiegel 11/2007

hinaus in der Werbung verwendet[13]. Silhouetten können zu einem modernen graphischen Zeichen werden, welches einem traditionellen Produkt zu einem zeitgemässen Erscheinungsbild verhilft[14].

Auf Warenpackungen und in der Werbung bilden Berge den symbolbeladenen Hintergrund, in dessen Kontext das entsprechende Produkt gesehen werden soll. Im Zusammenhang mit Lebens- und Genussmitteln werden Naturnähe und Gesundheit angesprochen. Stichworte wie Herausforderung und Leistungserfolg bringen wir in Verbindung mit Dienstleistungen und die Begriffe Freiheit, Abenteuer und höchste Leistung werben für Fahrzeuge und andere technische Geräte. Gleiche oder ähnliche Worte haben in der Wahrnehmung und Eroberung der Berge in den letzten zweihundert Jahren immer wieder eine Rolle gespielt. Werbung bedient sich der überlieferten Bilder und ihrer im Laufe der Zeit entwickelten Bedeutungen, die beim Zielpublikum tief verankert sind.

Zum Schluss...

Welche Richtung die Werbung in Zukunft nehmen könnte, zeigt eine Pressemeldung vom April 2007. Das Osttiroler Bergsteigerdorf Prägraten und die Wiener Fleischfabrik Wiesbauer – sie stellt die in Österreich bekannte Bergsteigerwurst »Wiesbauerspitze« her – haben vereinbart, den markanten, über dem Dorf stehenden 2768 m hohen Mullwitzkogel, ein Gipfel der Venedigergruppe, in »Wiesbauerspitze« umzubenennen. Die Gemeinde verspricht sich, über die Werbekampagne der Wurstfabrik die Bekanntheit ihres Dorfes in Österreich zu erhöhen. Bisher ist die Rechung der beiden aufgegangen. Nationale und internationale Medien berichteten über die »Verwurstung« des Tiroler Berges. Ob der zuweilen belächelnde bis sarkastische Unterton in der Berichterstattung die beabsichtigte Werbewirkung haben wird, ist fraglich. Der österreichische Alpenverein jedenfalls weigert sich, den neuen Namen des Werbe-Berges in seinen Karten aufzunehmen.

Die Bedeutung, wofür die Berge stehen, wird hier auf den Kopf gestellt. Bisher nutzte die Werbung die Werte und Symbolik der Berge, um sie auf das Produkt zu übertragen und nicht umgekehrt. Ob sich solche Strategien durchsetzen, ist fraglich, denn Werbung ist ein feines Gespinst. Die Gefühle und Emotionen, die beim Endverbraucher zum Klingen gebracht werden, müssen genau überlegt sein. Ein Tabubruch kann kurzzeitig Aufmerksamkeit schaffen, ob er jedoch nachhaltig wirkt, ist fraglich. Entscheiden wird letztlich der Konsument, der im Supermarkt vor dem Regal steht. Er wird sich wohl eher für ein Produkt mit einem positiven Image entscheiden.

Allgäuer Milch: Der Berg wird zum grafischen Zeichen

Literaturangaben:

Karl C. Berger, 2006: Die Bergsilhouette als Symbol alpiner Landschaft. Eine volkskundliche Skizze. In: Reto Furter et al. (Red.) Histoire des Alpes / Storia dell Alpi / Alpine Kulturen 2006 / 11. Zürich.

Hans-Georg Böcher, 2002: »Der Berg ruft«. In: Hans Gercke, 2002: Der Berg. Heidelberger Kunstverein. Heidelberg.

Jean-Paul Bozonnet, 1996: Die Alpen aus der Perspektive der Werbung. In: Christoph Wildenburger, Nina Oswald (Red.), 1996: Mythos Alpen. CIPRA Jahreskonferenz 1996. Schaan / Wien

Bazan Brock, 1996: Werbung und gesellschaftliche Kommunikation. In: Susanne Bäumler (Hrsg.), 1996: Die Kunst zu Werben. Das Jahrhundert der Reklame. Münchner Stadtmuseum. Köln

Gunhild Fuhrmann, 1997: Bilder von Bergen. Eine Untersuchung zur gegenwärtigen kulturellen Bedeutung von Bergen am Beispiel der Alpen. Magisterarbeit Humboldt-Universität zu Berlin

Marc Gerber, Roman Rossfeld, Susanne Siegenthaler, 2001: »Blechpest« und »Schokoladehelgen«. Zur Werbegeschichte von Chocolat Tobler. In: Yvonne Leimgruber, Patrick Feuz, Roman Rossfeld, Andreas Tobler (Hrsg.): Chocolat Tobler. Zur Geschichte der Schokolade und einer Berner Fabrik. Bern

Beat Gugger, Friederike Kaiser, 2005: Mit der Nase in die Berge. Alpine Duftgeschichte(n). Dokumentation zur Sonderausstellung im Alpinen Museum des deutschen Alpenvereins. München

Yves Hostettler, 1990: Matterhorn. Gipfel der Werbung. Genf

Johannes Lang, 2007: Wellness »made in« Bad Reichenhall. 150 Jahre nutzung der Latschenkiefer als Heilmittel. In: Heimatblätter (Beilage des Reichenhaller Tagblattes), Nr. 7/2007. Bad Reichenhall

Ralf-Peter Märtin, 2002: Nanga Parbat. Wahrheit und Wahn des Alpinismus. Berlin

Christoph Meiners, 1785: Briefe über die Schweiz. Professor der Weltweisheit auf der Universität Göttingen Zweiter Teil / Band 2. Berlin

Johanna Spyri, 1883: Heidis Lehr- und Wanderjahre. Eine Geschichte für Kinder und solche, die Kinder lieb haben. Zürich

Margrit Wyder, 2003: Kräuter, Kröpfe, Höhenkuren. Die Alpen in der Medizin – Die Medizin in den Alpen. Medizinhistorisches Museum. Zürich

Die Arena sind die Berge

So schnell wie möglich nach oben. Wie Skitourenathleten die Berge erleben

VON THORSTEN SCHÜLLER

Das Tal von Berchtesgaden liegt noch im Schatten. Nur die Ostflanken von Watzmann und Hocheck glühen bereits in der frühen Februarsonne. Doch die 85 Skibergsteiger, die an der Talstation der Jennerbahn ihr Material sortieren, haben für das Naturschauspiel keinen Blick. Sie bereiten sich auf den »Jennerstier« vor, ein Skitourenrennen über sechs Kilometer Länge und 1200 Höhenmeter.

Martin Echtler arbeitet ruhig und routiniert. Der 38jährige zieht seine wärmende Überhose aus, schlüpft in seine Scarpa F1-Schuhe, schnallt seine 800 Gramm leichten Rennski auf den Rucksack und geht dann die paar Schritte zur Materialkontrolle. Der drahtige Peitinger ist einer der stärksten deutschen Skibergsteiger in der Saison 2006/2007, einem Winter, der keiner ist. Das Mitglied im Skitourennationalteam des Deutschen Alpenvereins hat schon den Tiroler Skitourencup auf das Seefelder Joch, die Mountain Attack in Saalbach und den Dornbirner Guntenlauf gewonnen.

An der Talstation der Jennerbahn: Martin Echtler bereitet sich auf den »Jennerstier« vor. Alle Fotos vom Autor

Ein paar Meter entfernt isst Stefanie Koch, mit 26 Jahren eine der jüngsten im DAV Nationalkader, noch einen Energieriegel, nimmt einige Schlucke von ihrem isotonischen Getränk und schnallt dann ebenfalls ihren Rucksack auf den Rücken. Musik schallt in den Berchtesgadener Himmel, Zuschauer schießen Fotos, Kamerateams zoomen die Gesichter der Sportler heran, die sich in einem dichten Pulk hinter einem schmalen Absperrband aufstellen. Plötzlich wird es ruhig. Spannung liegt in der Luft, der Rennleiter beginnt zu zählen: Fünf, vier, drei, zwei, eins, Start! Es ist punkt zehn Uhr, als die Athleten wie ein Rudel losgelassener Hunde Richtung Jennergipfel stürmen.

Skitourenrennen haben ihren festen Platz im alpinen Sportmix gefunden. 100, 200, manchmal 600 Skibergsteiger laufen, rennen, schwingen um Medaillen. Fans stehen in dichten Pulks am Rande der Routen und feuern die Teilnehmer an. So wie bei der Mountain Attack in Saalbach, dem größten Skitourenspektakel Österreichs. »Ein riesen Event«, begeistert sich Echtler. Ein reines Pistenrennen, bergauf und bergab, bis in die Nacht hinein. »Das wird super vermarktet.« Hunderte Sportler nehmen teil, das Fernsehen zeichnet die Veranstaltung auf, eine Videoleinwand überträgt den Lauf der Athleten, im Ortszentrum wird Schnee für den Zieleinlauf aufgeschüttet.

Noch mehr Aufwand wird bei den großen Wettbewerben jenseits der deutschen und österreichischen Grenzen betrieben. Die Mezzalama in Italien, die Patrouille des Glaciers von Zermatt nach Verbier und die Pierra Menta in Frankreich mit ihren 10.000 Höhenmetern sind Highlights für Bergsteiger wie Zuschauer. Stefanie Koch schwärmt vor allem von der Patrouille. Bis zu 3700 Teams nehmen an dem Mammutrennen teil. Vor Beginn der Marathontour ist Zermatt überflutet von Skibergsteigern. Und beim Start um ein Uhr früh stehen die Leute auf den Balkonen und rufen den Athleten zu, die durch die Gassen rennen. »Der Wahnsinn!«, sagt Koch. Auch die Organi-

sation durch die Schweizer Armee beeindruckt sie: »Sogar die Gletscher sind ausgeleuchtet. An den Fellwechseln sind Zelte aufgestellt. Über einem fliegen Helikopter.« Ein immenser organisatorischer Aufwand im ernsten alpinen Gelände.

Doch was hat diese Art von Hochgebirgsrennen noch mit Bergsteigen zu tun? Dient der Berg hier nur noch als Sportgerät, als schöne Kulisse für eindrucksvolle Hintergrundbilder?

»Nein, nein«, wehrt Echtler ab. Er sieht sein Tun differenziert, wenn er die Berge zwischen Bandenwerbung, Streckenposten und Kameraleuten hinaufsprintet, oben innerhalb von 30 Sekunden die Felle abreißt, die Bindung verankert, die Schuhe festschnallt, und dann wieder ohne Halt gen Tal jagt. Zwar gesteht er ein, dass der Berg einerseits zur Arena umfunktioniert werde. So wie in Saalbach: »Das Rennen hat im Grunde nicht viel mit Bergsteigen zu tun.« Andererseits stellen vor allem die großen Wettbewerbe alpine Herausforderungen. Die, bei denen er nicht mehrmals hintereinander glatt gewalzte Pisten hinaufsprinten muss. Wo es durch abgelegenes, ernstes Gelände geht. Wo trotz aller Organisation Echtlers Sinne für Taktik, Wegfindung und Schneebeschaffenheit gefordert sind. Wo immer noch der Berg die Herausforderung ist: Gehen am Seil. Tragepassagen auf den Frontalzacken der Steigeisen. Abfahrten im schweren Schnee. Alles wie im richtigen Skitourenleben. Nur schneller. Echtler: »Vor allem bei den Weltcup-Teamläufen ist nicht nur Keulerei gefragt. Da kommt es auch auf Technik und Können an. Da ist der Berg immer noch das Wichtigste.« Und fügt leise hinzu: »Wenn es den Berg nicht gäbe, gäbe es auch diesen Sport nicht.«

Wenn es Echtler nur um den Leistungssport ginge, könnte er auch Langlaufmarathon betreiben. Im Kreis auf der Aschenbahn herumlaufen. Oder mit dem Rennrad seine Runden ziehen. Doch das wäre ihm zu langweilig. Ihm geht es um das Erlebnis, die Abwechslung, die Berge an sich. Deshalb macht er Skitourenrennen. Skibergsteigen, wie die Athleten sagen. »Meine Arena sind die Berge«, verrät Echtler.

Kameraleute filmen den Start.

Martin Echtler im Zielsprint.

Stefan Winter ist Leiter des DAV-Nationalteams. Auch er verwahrt sich gegen die These, bei Skitourenrennen diene der Berg nur noch als Kulisse und Gerät: »Das kann ich ausschließen. Die Athleten sind alle begeisterte Bergsteiger. Die brauchen die Nähe zur Natur.«

Doch während der Rennen bleibt den Sportlern nur wenig Zeit und Raum für Naturbetrachtungen. Koch interessieren dann nur die nächsten fünf Meter. Die junge durchtrainierte Frau hat dann den Tunnelblick. Die Landschaft und die anfeuernden Rufe nimmt sie nur noch entfernt wahr. Dennoch genießt sie die Auseinandersetzung mit sich und dem Berg, mit seiner Höhe, seiner Steilheit und seinen Wetterschwankungen. Wenn auch noch Tragepassagen über einen Grat oder Pulverschneeabfahrten dazu kommen, ist ihr Glück fast perfekt. Koch: »Des is einfach schee.«

200 Höhenmeter über dem Startplatz ist das Feld bereits in die Länge gezogen. Echtler hat sich deutlich an die Spitze gesetzt. Er hat seinen Schritt gefunden, der raumgreifend und doch locker ist. Währenddessen hat Koch unter den Damen die zweite Position eingenommen, hinter Barbara Gruber aus Lofer.

Auch sie hat ihren Rhythmus gefunden. Der Motor, wie sie es nennt, läuft. Sie kennt es auch anders, hat schon so manchen Kampf mit ihrem Körper ausgetragen: »Wenn die Füße brennen und die Beine schwer werden, weiß man: Jetzt wars a bisserl z'gach. Dann ist es schnell aus.«

Doch sie kann sich quälen. Nur dabei sein reicht ihr nicht. Sie will mit der Spitzengruppe mithalten. »Wenn ich ständig hinterher laufen würde, könnte ich mich nicht so sehr für den Sport begeistern.«

Es ist ihr Wille, ihr Optimismus und ihre Lebensfreude, was sie vorantreibt: »Da muasst jetzt aufi«, sagt die energiegeladene Frau und lacht. Mit diesem Elan stürzt sie sich auch ins Training. Dreimal in der Woche rennt sie abends im Schein ihrer Stirnlampe die Pisten ihrer Heimat hinauf: Auf den Jenner, den Untersberg oder die Berge bei Lofer. Nur ihr Lebensgefährte, Stefan Klinger, ebenfalls ein Skitourenathlet im Nationalkader, begleitet sie. 1200 Höhenmeter bergauf, Fellwechsel, schnell wieder runter, und dann gleich noch mal hoch. Alles im Dunkeln. »Drei Stunden kommen da schon zusammen«, sagt Koch. Auch am Samstag und Sonntag trainiert sie – wenn sie nicht auf Rennen ist. Manchmal stellt sie sich bei all dem Auf und Ab allerdings die Sinnfrage: »Hin und wieder ist es schon zum Verzagen. Da fragt man sich, was man da eigentlich macht. Während die anderen auf der Couch liegen und in den Fernseher reinstarren, quäle ich mich nachts die Pisten hoch.«

Echtler hat es besser. Der Betriebselektriker kann nachmittags trainieren, nach der Arbeit, im Hellen. Sieben- bis achtmal pro Woche. Er sucht die Abwechslung im Training. Er könnte nicht, wie andere, mehrmals hintereinander eine Piste hinaufstürmen, Höhenmeter abfräsen. Da geht der 1,65 Meter große Peitinger lieber »a bisserl zackiger« durchs Gelände. Manchmal läuft er auch in der Ebene oder schwingt sich aufs Mountainbike. Im Dezember 2006, als gerade die ersten Schneeflocken gefallen waren, stand er bereits mit Skiern auf dem Hörnle bei Oberammergau, während andere noch mit Trekkingschuhen hinauf wanderten. »Guad, da Berg war mehr a gfrorner Acker mit a bisserl Schnee drauf«, gesteht Echtler. Doch das Hörnle, sein Hausberg, musste zum Saisonauftakt einfach sein.

Längere Gipfelpausen stehen nicht auf Echtlers Trainingsplan. Nur manchmal, wenn nachmittags die letzten Sonnenstrahlen die Gipfel streifen, gönnt er sich einen kurzen Rundblick. Doch meistens ist er nach zehn Minuten wieder im Tal, 1000 Höhenmeter tiefer. Abends, wenn seine Freundin nach Hause kommt, ist er längst geduscht.

Echtler rennt fast immer. Er kann kaum noch anders. Selbst wenn er mit dem Puls eines normalen Skitourengehers unterwegs ist, geht er immer noch doppelt so schnell wie dieser. Er denkt, dass ihn manche als Depp bezeichnen, weil er ständig die Berge rauf- und runterstürmt. Er nimmt's gelassen.

Schon als Jugendlicher drückte er aufs Tempo. Erst im Langlauf, später beim Berglauf. Über Platz vier bei den deutschen Meisterschaften 1998 am Nebelhorn ist er noch heute stolz. »Ein echter Knaller.« 2005 hat er zum zweiten Mal den Zugspitzlauf gewonnen. Von Ehrwald über die Ehrwalder Alm und das Gatterl auf den Gipfel in zwei Stunden und fünf Minuten.

Doch nach zehn Jahren wiederholte sich Vieles. »Wenn man viermal den Hochfellnlauf mitgemacht hat, brennt man mental aus«, sagt Echtler mit bayerisch-schwäbischem Einschlag.

Daraufhin war er jahrelang mit dem Gleitschirm unterwegs. Ebenfalls wettkampfmäßig. Bis er abstürzte. Erst einmal, dann noch mal. Er hatte Glück. Sein Rückgrat blieb heil. Doch sein Kopf sagte: Mach Schluss! Trotzdem glimmt noch heute ein kleines Flieger-Feuer in ihm. »Der Gedanke, 500 Meter über dem Hausberg dahin zu schweben, hat schon was.«

Die Zwischenzeitmessung am Jenner hat Echtler souverän für sich entschieden: 21 Minuten. Nun stürmt er über den oberen Teil der Pisten. Ein steiler Hang, ein Flachstück, dann die letzten 80 Höhenmeter bis zum Gipfel. Er hat immer noch diesen leichten, weit ausholenden Schritt. Als ob der 58-Kilo-Mann über den Schnee fliegt. Er schaut sich um. Der nächste Skitourengeher ist gut 100 Meter hinter ihm. Das Hohe Brett im Hintergrund sieht großmütig zu.

Seit vier Jahren betreibt Echtler jetzt diesen Sport. Er gehört zur Spitzengruppe im Skitourenalpinismus, doch er macht daraus keine große Sache. Er ist ein zurückhaltender Mensch, stellt sich ungern in den Vordergrund. Dabei sind ihm Leistung und Platzierung durchaus wichtig. Bei der Deut-

Stefanie Koch im Zielsprint.

Fünf Orte – fünf Konzepte

VON STEPHANIE GEIGER

Berge allein ziehen heute schon lange nicht mehr genug Urlauber an, um die Tourismusmaschinerie am Laufen zu halten. Wer als Destination touristisch überleben will, der muss sich etwas einfallen lassen. Berge sind da oft nur mehr ein Nebenprodukt, die aber gerne ohne Rücksicht vermarktet werden.

St. Moritz:
Fäden, Strippen, Netzwerke

Hanspeter Danuser mag St. Moritz und die St. Moritzer mögen Hanspeter Danuser. Danuser ist Direktor des Kur- und Verkehrsvereins von St. Moritz. Anfang 2007 gab es die Überlegung, Danuser würde seinen Arbeitgeber wechseln und fortan für das Engadin werben. Doch der Vorstand des Kur- und Verkehrsvereins St. Moritz beschloss in seiner Sitzung Ende März 2007 ohne Gegenstimme, dass Hanspeter Danuser Kurdirektor von St. Moritz bleiben solle. Danuser zog daraufhin seine Kandidatur für den Chefposten der neuen Tourismusorganisation Engadin St. Moritz zurück. Man könnte auch sagen: Hanspeter Danuser ist eine treue Seele und die St. Moritzer wissen, dass sie eben gerade nicht genau wissen, wer dann nachfolgt. Also lässt man alles beim Alten.

St. Moritz – Polo.
Foto: Kur- und Verkehrsverein St. Moritz

Als Direktor des Kur- und Verkehrsvereins von St. Moritz ist Danuser der heimliche Herr des edlen Skiorts. Die Halbwertszeit seiner Kollegen liegt bei rund 30 Monaten. Danuser hat es schon auf 30 Jahre gebracht. Denn immerhin seit 1978 ist er in St. Moritz, nachdem er vorher Produktleiter bei Nescafé und später Direktions-Assistent und Exportleiter bei CWS-International war. Böse Zungen verknappen das abwertend darauf, Danuser habe Kaffee und Papierhandtücher verkauft.

Der Gemeindepräsident führt derweil ein Schattendasein. Den gibt es in St. Moritz zwar auch, sein Problem ist nur, dass ihn außer den Einheimischen niemand kennt. Denn verkörpert wird St. Moritz von Hanspeter Danuser. »Ich bin wie ein roter Hund«, sagt Danuser. Deshalb interessiert sich die Schweiz auch für Danusers Liebesleben, das die Tageszeitung »Blick« detailliert dokumentiert.

Danuser gehört zum Jetset der Schweiz. Er macht keinen Hehl daraus, regelmäßig zur Kosmetikerin zu gehen, geistert durch Gazetten und Talkshows, wettert gegen Zweitwohnungen und fordert einen Vermietungszwang, ist der betrogene Ehemann und der Paradeschweizer mit dem Alphorn unterm Arm. Sein Alphorn nimmt Danuser auf jede Reise mit, die ihn ins Ausland führt. Da ist es ganz egal, dass er es zu Hause, in den Alphorn-Urlanden, nur im Keller des Kur- und Verkehrsvereins spielen darf. »Ju Es Pi«, sagt Danuser, USP, das ist Marke-

St. Moritz – Snowboard.
Foto: Kur- und Verkehrsverein St. Moritz

ting-Fachsprache und heißt »Unique Selling Proposition«: Das Alphorn verkauft die Schweiz einzigartig. Es gehört einfach zum Land, so wie Danuser zu St. Moritz gehört.

Sein Alphorn ist auch mit dabei, wenn Hanspeter Danuser zum Beispiel bei der Weltausstellung im japanischen Aishi am 1. August, dem Schweizer Nationalfeiertag, auf Werbetour für St. Moritz geht. Mit den »St. Moritzer Königstigern«, so heißt sein Alphornensemble, tourt Danuser durch Asien. Im Gepäck Jodler, Walzer, Polka, Märsche. Das Alphorn steckt in dem etwas zu groß geratenen schwarzen Golfbag, das er in der Hand hält. Im Schweizer Pavillon geben sie an diesem Tag auch die japanische Nationalhymne: Alphorn-Taschen aufgemacht, die zwei Teile zusammengesteckt, Mundstück am schmalen Ende aufgestülpt. In einem angedeuteten Halbkreis stehen sie da, der Kurdirektor, die beiden Polizeichefs, der Bauunternehmer und der Hotelier. Schwarze Hose, weißes Hemd, und ein schwarzer breitkrempiger Hut. Mit den Händen umfassen sie das Alphorn am oberen Ende. Tief Luft holen. Und blasen. »Kimi gayowa« singt ein Tenor. Die Gäste sind begeistert. Mission erfüllt.

Daheim in St. Moritz ist Hanspeter Danuser Chef von 22 Mitarbeitern. Sein liebster Platz ist das Büro, es verströmt den Charme eines Arztsprechzimmers aus den siebziger Jahren. Ein dunkler Schreibtisch teilt den Raum. Dahinter sitzt Danuser auf schwarzem Leder. Hinter ihm baut sich der Muottas Muragl auf, einer der Hausberge von St. Moritz. Links und rechts vom Fenster hängen alte Stiche von Ort und Umgebung. Auf den Computer verzichtet Danuser. Die Lohnabrechnungen liegen bereit. Sie wird Danuser am nächsten Tag jedem Mitarbeiter persönlich geben.

An die Tür zu diesem Büro klopfen die Reichen und Mächtigen. Sagt Danuser. Und nennt sie »Powerpeople«, »Elite der Welt«, die sich in St. Moritz, dem »Top of the World«, trifft. Danuser hat diesen Slogan im Jahr 1987 eingeführt – hochnäsig wie St.

Moritz. Welche Powerpeople gerade da sind, weiß Danuser nicht. Irgendwann besuchen sie ihn aber alle einmal, sagt er. Namen nennt Danuser nur von denen, die sich ohnehin zu ihren Häusern und Wohnungen in St. Moritz bekennen. Burda und Sachs zum Beispiel. Und sonst noch? »Powerpeople eben.« Wissendes Schweigen. Mit den Powerpeople geht er zur Uli, »die beste Wirtin von St. Moritz«, und »spielt geistig Pingpong«. So redet Danuser. Der Kurdirektor bringt die zusammen, die miteinander Geschäfte machen wollen.

Wenn bei den Pferderennen auf dem zugefrorenen See die Pelzmäntel, Parfumschwaden und übergroßen Sonnenbrillen der Superreichen zur Schau gestellt werden, zieht der Kurdirektor zwischen Tribüne und VIP-Dorf seine Kreise. Auf seinem Sakko prunkt das Logo von St. Moritz, am Revers ein Sonnen-Pin, an der rechten Hand der Siegelring mit der Sonne. Der 58-jährige sonnt sich im Glanz von St. Moritz, schüttelt Hände, bringt Leute zusammen, fädelt Geschäfte ein. »Mit mir wurden schon hunderte von Millionen verdient.« Euro, Franken oder Dollar, das ist in diesem Fall einerlei.

»Ich bin ein ziemlicher Langweiler«, sagt Danuser und geht um Mitternacht nach Hause. Kurz vor sechs Uhr klingelt der Wecker. Um sieben Uhr bläst er im Keller des Kurvereins eine halbe Stunde sein Alphorn. Für ihn sei das wie Yoga. Dann beginnt die Arbeit. Das Geschäft brummt in St. Moritz. Während andernorts die Gästezahlen zurückgehen, freut man sich in St. Moritz über kräftige Zuwächse. Danuser ist zufrieden. Die Freude legt sein Gesicht in Falten. »Man muss sich nur etwas einfallen lassen«, sagt Danuser. In St. Moritz dürfte das nicht zu schwer sein.

St. Antönien: Gemeinsame Sache mit Davos?

Auch Ernst Flütsch hat Ideen. Nur kommen sie nicht bei jedem gut an. Das erzählen jedenfalls die sieben Stammtischbrüder, die am Vormittag im Gasthof »Gemsli« im kleinen St. Antönien Weltpolitik machen: Auf dem Tisch das Bier, an den Wänden Geweihe von Gämsen, Hirschen und Rehen, aus dem Lautsprecher Volksmusik.

Ernst Flütsch, Koch, Wirt des Gasthof Sulzfluh, ehemals Gemeindepräsident, ist seit mehr als 20 Jahren Präsident von St. Antönien Tourismus. 350 Einwohner und 500 Gästebetten zählt die Walsersiedlung im Prättigau. Sie leben von der Landwirtschaft und vom Tourismus. Jeder vierte von ihnen heißt Flütsch.

Eine Bank gibt es in St. Antönien, ein Postamt und zwei kleine Supermärkte. Ein Mal pro Woche kommt ein Arzt die elf Kilometer lange kurvige Bergstraße nach St. Antönien hinauf zur Sprechstunde. Hinter St. Antönien ist die Schweiz zu Ende. Und Österreich fängt an. Nichts los hier. Seit zehn Jahren liegt der Ort »Hinter dem Mond links«. Der Slogan ist ehrlich. Ernst Flütsch hat ihn sich ausgedacht. Und auf die Prospekte gedruckt. »Ein bisschen Selbstironie schadet nicht«, sagt er. Nicht jeder sieht das so. »Du solltest Dich schämen«, wurde ihm auf der Straße hinterher gerufen. Hätte ein Auswärtiger den Spruch erfunden, den hätten sie aus St. Antönien gejagt.

Flütsch will wieder Gäste nach St. Antönien bringen. 10.000 Übernachtungen gibt es im Winter. Im Sommer hatte eines der Hotels erst gar nicht geöffnet. Flütsch will seiner Heimat Leben einhauchen. Wie damals, vor mehr als hundert Jahren. 1875 wurde das Berghaus Sulzfluh eröffnet. Später kam das Hotel Madrisa hinzu. St. Antönien war touristisch so bedeutend wie St. Moritz, Klosters oder Davos. Dann haben sie den Anschluss verpasst. Im Sulzfluh gibt es noch heute kein elektrisches Licht. Der 1300 Meter lange Schlepplift lockt keinen. Die Loipe gibt es nicht mehr. Nur Skitourengeher, Wanderer und Kletterer kommen noch.

St. Antönien, das ist der Ort, an dem man vorbeifährt. Nach Davos und Klosters. In Davos hat Flütsch auf Plakaten und in Anzeigen für St. Antönien geworben. »Sie erfahren uns in 30 Minuten«, war da zu lesen. Flütsch wünscht sich, mehr mit Davos zusammenzuarbeiten, und liegt damit ganz auf Linie des Bündner Regierungsrats Hansjörg Trachsel. Der will die 87 bündner Kurvereine zu sechs touristischen Marken zusammenfassen. Um zu sparen und die Destinationen besser vermarkten zu können.

Ernst Flütsch aus dem kleinen St. Antönien setzt auf Nischen. Er will das anbieten, was der Gast in der rauen Bergwelt nicht erwartet. »Wellness«, sagt Flütsch. Das Zauberwort gegen ausbleibende Touristen, allüberall. Großmächtig investieren kann Flütsch nicht. Investoren verlaufen sich nicht dort hinauf. Flütsch zeigt auf seinen »Hot-Pot«: ein Kessel, etwa einen Meter hoch mit einem Durchmesser von etwas mehr als anderthalb Metern, rundum ein Bänklein. Darunter macht Flütsch ein Feuer. Das erhitzt die 1300 Liter Wasser im Kessel, ein Heublumenextrakt sorgt für Duft. Ein Kompressor bringt das Ganze dann zum Sprudeln. Jeder zweite Gast im Gasthof Sulzfluh springt in den Freiluft-Whirlpool. Für sie gibt es den »Hot-Pot« mit unverbautem Bergblick.

St. Antönien.
Foto: Geiger

Arosa: Gay-Sport in Familienatmosphäre

In Arosa wird alles gemacht, was Zukunft versprechen könnte. Der Alpenclub Micky Maus für Familien, Oldtimerrennen für Gutsituierte, ein Humor-Festival für die Lustigen. Die touristische Zukunft von Arosa liegt in den Händen eines Zürchers. In der Bündner Bergwelt so etwas wie ein Schimpfwort. Von hier ein Stück und von dort ein Stück. Das ist sein Konzept. Schwarzenbach, geboren 1966, will von allem etwas abhaben. Von den Reichen und den Backpackern, den Familien und den Schwulen. Gay-Sport in Familienatmosphäre.

Schwarzenbach war früher Key-Account-Manager, jetzt stellt er sich den Marketingzwängen des Tourismus. Sein Job: Verkaufen. Das Produkt: Arosa.

Vor hundert Jahren waren es Schwindsüchtige, die dem Ort einen Namen machten. Die gesunde Bergluft heilte sie von ihrem Gebrechen. Doch auf diese Klientel kann Arosa heute nicht mehr bauen. Das weiß man ganz hinten im Schanfigg-Tal. Zum Tourismus gibt es in Arosa keine Alternative. Deshalb lassen sie Schwarzenbach gewähren. Schwarzenbach ist ihre einzige Hoffnung. »Wir hatten keine andere Wahl«, war der lapidare Kommentar, als die Bürger für ein von Schwarzenbach favorisiertes Hotelprojekt im Naturschutzgebiet stimmten. In Arosa weiß man: Heute fahren die Gäste lieber dorthin, wo es warm und billig ist. Kanaren, Mallorca, Türkei. All-inclusive.

Das kann er auch, dachte sich Schwarzenbach. Er drehte einen Werbespot an einem Nudisten-Strand auf Gran Canaria. Ein Skandal, der es bis in die Hauptnachrichten schaffte. Schwarzenbach im Fernsehen. Selbstdarstellung geglückt. Job-Angebote flatterten auf den Schreibtisch. Auch in Arosa soll es jetzt all-inclusive geben, lautete die Botschaft.

Schwarzenbach springt von seinem Stuhl auf. Schwarzes Kord-Sakko, kariertes Hemd, Gel in den Haaren. Die rechte Hand in der Hosentasche. Er sitze nicht gern, immer Action, immer in Bewegung. Schwarzenbach holt sich von seinem Schreibtisch ein Blatt Papier. Der grüne Kugelschreiber mit der Kurverein-Gravur liegt bereit. Schwarzenbach rechnet vor: Seine All-inclusive-Idee würde alle anderen Ideen toppen. Das Resultat: 15 Prozent mehr bei den Übernachtungen. Wer im Sommer in Arosa schläft, darf kostenlos mit den Bergbahnen fahren oder mit dem Tretboot. Die Bahn habe den Umsatz im Bergrestaurant vervierfacht. Der Tretbootverleiher sei ganz glücklich. Sein Eisumsatz habe sich versiebzehnfacht.

Die neueste Idee: Schwarzenbach verpackt den Klimawandel in eine Marketingstrategie. Zum ersten Mal hat Arosa in der Wintersaison 2006/2007 »klimaneutrale Winterferien« angeboten. Pauschalaufenthalte in Arosa, bei denen die Gäste ihren urlaubsbedingten Ausstoß an Kohlendioxid ausgleichen lassen. Der berechnet sich wie folgt: Die Länge der Anreise und das benutzte Verkehrsmittel gehen genauso ein in die CO_2-Bilanz wie die Kategorie des Hotels und Aktivitäten während des Aufenthalts. Eine vorgegebenen Tabelle liefert die entsprechenden CO_2-Werte. Wer mit dem Auto nach Arosa fährt, hat einen höheren CO_2-Ausstoß als der Bahnfahrer, in einer einfachen Pension nutzt man weniger Energie als im Luxushotel mit Schwimmbad, Winterwanderer verhalten sich klimaneutraler als Skifahrer, die die Bergbahnen nutzen.

Hätte das ganze nicht auch ein wirtschaftliches Ziel, wäre es keine Idee von Schwarzenbach. Umfragen haben ergeben, dass ein großer Teil der Gäste einen umweltbewussten Urlaub machen möchte. »Ganz oben auf der Beliebtheitsskala neben der Erholung steht auch der Wunsch nach einer intakten Umwelt. Denn hier findet der Urlauber die Entspannung, die im Alltag oft nicht möglich ist«, heißt es in der eigens für Arosa angefertigten Studie. Weil aber die Gäste trotz umweltschädlicher CO_2-Emmissionen nach Arosa reisen sollen, beruhigt der Ferienort schlechte Umweltgewissen seiner Gäste durch Zertifikate, deren Menge sich nach der CO_2-Emission berechnet. Sie werden von Arosa Tourismus bezahlt, ohne die Kosten auf den Preis des Pauschalangebots aufzuschlagen. Statt eines Willkommenscocktails bietet Arosa seinen Gästen ein Extra für das Klimagewissen. Wie das aber zu den Expansionsplänen bei den Pisten passt, die man mit denen von Lenzerheide zu einem Super-Skigebiet ausbauen will, das muss niemand verstehen.

Arosa – Humorfestival.
Foto: Geiger

Was sich der Zürcher Schwarzenbach aber überlegt, gefällt nicht jedem Eingeborenen. Drohbriefe flattern ins Haus. Das Auto wird beklebt. »Ich bestimme, wann ich gehe«, sagt Schwarzenbach selbstbewusst. Seit 2000 ist er Tourismusdirektor in Arosa. Wenn es ihm zu viel wird, dann fährt der Urlaubsmanager mit seiner Familie in die Ferien. Natürlich nicht in die Berge. Irgendwohin, wo es »total heiß ist«. Ägypten, zum Beispiel. Im Wohnmobil liegen vorsichtshalber schon einmal Pyjama und Zahnbürste bereit. Für die Flucht aus dem Urlaubsparadies Arosa.

Ischgl: Selbstdarsteller gesucht

Natur haben sie in Ischgl so viel, dass sie sie schon fast über haben. Zumindest scheint es so, wenn der Geschäftsführer des Tourismusverbands Ischgl-Paznaun sein Bild von Ischgl zeichnet. »Natur und Berge sind in Ischgl sekundär. Da befinden wir uns in Opposition zu allen anderen Destinationen«, sagt Andreas Steibl. Das 1360 Einwohner zählende Bergdorf mit den 11.000 Gästebetten stehe für moderne Lifte, Schneegarantie, 230 Pistenkilometer, Après-Ski, Nachtgestaltung wie in der Großstadt sowie ein Gastronomie- und Shoppingerlebnis. Steibl geht es um Inszenierung und Party bis zum Abwinken.

Und dennoch will Steibl auf die grandiose Landschaft nicht verzichten. Schließlich seien Berge das USP des Alpentourismus schlechthin. »Wir müssen die Schönheit der Natur ungewöhnlich und attraktiv in optimales Licht rücken.« Natürlich geht auch das in Ischgl nicht ohne großen Aufwand. Warum nicht die Berge so lassen, wie sie sind? In Ischgl will man auch die inszenieren. Echt soll hier nichts sein. Pure Natur, das ist den Ischglern zu wenig. Architektonische Inszenierung heißt hier das Schlagwort. Elefanten, Giraffen oder Leguane wollen sie in den Felsformationen sehen und mit besonderer Beleuchtung herausarbeiten. »Wenn eine schöne Frau nicht auf dem front desk, sondern in der Ecke steht, dann ist die Aufmerksamkeit auch nicht so groß«, sagt Steibl. Oder wie wäre es mit einer verglasten Brücke von einem zum anderen Gipfel? Und damit einem nicht übel wird von der ganzen Natur sollen Windfächer künstliche Klänge erzeugen.

Andreas Steibl, 1966 in Wien geboren und aufgewachsen, lange blonde Haare, die er gern zu einem Zopf zusammen bindet, ist seit 2003 Geschäftsführer des Tourismusverbandes Ischgl. Vorher war er drei Jahre lang in Neustift im Stubai-Tal, denen er kurzerhand den »Ski Club Micky Maus« verpasste. »Wiener sind ja an sich in Tirol nicht gern gesehen. Ich kann aber nichts wirklich Negatives sagen«, sagt Steibl. Er mag Tirol, wenn auch die Berge für ihn etwas gewöhnungsbedürftig waren. »Das hat man in Wien nicht.« – Aha. – Immerhin das Nachtleben sei in Ischgl genauso gut wie in Wien. In der Nacht wird das Bergdorf zur Stadt. »Ischgl ist die größte Inszenierungsbühne mit dem abwechslungsreichsten Rahmenprogramm.« Das kostet natürlich. Aber für den Preis solle man in Ischgl auch etwas geboten bekommen. Darauf legt Steibl Wert.

Nicht auf die Extremreichen wie St. Moritz, oder die jungen Wilden wie Sölden, sondern auf die Gutverdiener ab Mitte Zwanzig hat es Ischgl abgesehen. Solche, die mit dem, was sie haben, auch gerne ein bisschen protzen. Zur Fernsehwerbung der Bank – mein Boot, mein Haus, mein Auto – würde Steibl gerne noch ein viertes Foto hinzufügen: »Mein Urlaub«. Und den verbringt man natürlich in Ischgl. Man zeigt gern, was man hat. Selbstdarsteller gesucht; Typen, ein bisschen so, wie der Tourismuschef selbst, die Halligalli ohne Ende suchen. Mallorca-Ballermann in den Alpen, auch wenn man sich in Ischgl lieber mit dem etwas gehobeneren Ibiza vergleicht. »Die Leute kommen nicht nur hierher, weil sie ein perfektes Skigebiet und ein ungewöhnliches Rahmenprogramm vorfinden«, sagt Steibl, selbst passionierter Skifahrer, der nach eigenen Angaben »für einen Wiener sehr gut« fährt.

Ischgl – SchickiMicki.
Foto: Tourismusverband Paznaun-Ischgl

Steibl will das Skigebiet erweitern und damit alles noch einmal toppen. Zusätzliche 80 Pistenkilometer soll das Vorhaben am Piz Val Grond bringen. Auch wenn in Tirol keine neuen Liftanlagen mehr gebaut werden dürfen, ist Steibl zuversichtlich, dass ihm dieser Coup gelingen wird. »Nach einer genauen Überprüfung sollte das Gebiet erweitert werden«, sagt Steibl. Fragt sich nur, weshalb er noch eine Prüfung braucht, wenn das Ergebnis eh schon feststeht. »Natur und Berge sind sekundär«, hat Steibl gesagt. Nur logisch scheint da die Idee im Sommer die Gäste auf der 2320 Meter hoch gelegenen Idalp mit Schnee zu bespaßen. »Mit spektakulärer Dramaturgie ist alles möglich«, sagt Steibl. Im Winter tummelten sich dort auf der Bühne schon Elton John, Peter Gabriel, Lionel Richie oder Tina Turner. Die ist auch in der Telefon-Warteschleife des Tourismusverbands zu hören: »You're simply the best, better than all the rest, better than anyone, anyone I've ever met!«. Von Bescheidenheit hält man in Ischgl nicht viel.

Und wenn es den Wiener nun nicht nach Ischgl verschlagen hätte? Dann würde er irgendwo anders den Tourismusverbandschef geben. Er müsse sich lediglich mit der Philosophie identifizieren können. Das falle ihm in Ischgl nicht schwer. »Die ist maßgeschneidert wie ein Anzug.« Der ist übrigens von Hugo Boss und gehört Steibl selbst. Anders als der Cayenne, Verbrauch fast 70 Liter bei Vollgas, vor der Tür. Der wurde ihm von Porsche zur Verfügung gestellt. Ein Ergebnis aus der Kooperation mit Premiummarken. Chiemsee, der Hersteller von hipper Sportbekleidung, gehört genauso dazu, wie der Autovermieter Hertz, die Handschuhmarke Reusch, Asunto, ein Hersteller von Sportuhren, und ab 2008 die Hotelkette Mariott. Die Zusammenarbeit ist vor allem wegen der gleichen Zielgruppen attraktiv. Und: »Sie schont das Budget, ist effektiv und effizient«, sagt Steibl. Das heißt konkret: »Bei Porsche sind wir an den Point of Sales, den Heiligen Hallen, mit einem Katalogdispender präsent.«

Garmisch-Partenkirchen: Sommer im Winter

Der Rosenkavalier und die Alpensinfonie von Richard Strauss laufen in der Warteschleife der Telefonanlage. »Eigentlich würde zu Garmisch-Partenkirchen ja auch Blasmusik passen«, sagt Peter Nagel fast entschuldigend. Man habe sich dann aber doch für den bekannten Komponisten, der viele Jahre in Garmisch-Partenkirchen lebte, entschieden. Nagel ist gemeinsam mit Peter Ries Tourismuschef in Garmisch-Partenkirchen. Die Doppelspitze repräsentiert den Olympiaort von 1936 auch in seinen Ortsteilen. Nagl kommt aus Partenkirchen, Ries aus Garmisch. In Garmisch-Partenkirchen nimmt man den feinen Unterschied auch mehr als 70 Jahre nach der Zwangsvermählung ernst. Besonders deutlich wurde das im März 2007. Ein Bürgerentscheid sollte über die Zukunft eines alten Gebäudes entscheiden. Eine Bürgerinitiative von Garmischern bat die Partenkirchner um Schützenhilfe – mit dem Versprechen, beim nächsten Mal für die Belange der anderen einzutreten.

Wer den Ort mit dem Auto besucht, der hat hinter dem Tunnel die Qual der Wahl: rechts führt die Straße weiter nach Garmisch, links geht es nach Partenkirchen.

Derweil suchen auch die Tourismusverantwortlichen nach dem richtigen Weg. »Im Moment haben wir keine klare Positionierung«, sagt Peter Nagel. Immer noch sei man der Bauchladenmentalität von früher verhaftet. Doch immerhin hat man jetzt damit begonnen, dem Ort ein Leitbild zu verpassen, in dem auch die Einzelbedürfnisse von Hotellerie, Werbegemeinschaften, und Bergbahnen berücksichtigt werden sollen.

Aus dem Bauchladen soll ein klarer Fokus werden. Doch in diesem Fokus ist irgendwie auch wieder alles drin: Junge Familien will man an den Fuß der Alpspitze locken – in einem »gesunden Verhältnis« zu älteren Gästen. Von denen gibt es genug in Garmisch-Partenkirchen. Was viele gerne als Vorurteil und Klischee abtun, beweist der Spaziergang durch die Fußgängerzonen der Ortsteile: Nur mehr wenige Jahre und sie dürften leer sein, wenn nicht bald auch andere Gäste umworben werden. »Jahrelang haben wir die Nachwuchsarbeit vernachlässigt«, beschreibt Nagel das Problem.

Eines ist klar: So wie Ischgl will Garmisch-Partenkirchen nicht werden. Garmisch-Partenkirchen will das sein, wogegen sich Ischgl wehrt: ein Dorf. Trotz seiner rund

28.000 Einwohner legt Garmisch-Partenkirchen Wert auf den Titel »Marktgemeinde«. Nur von der Größe her sei Garmisch-Partenkirchen eine Stadt. Immer noch würde man hier Männer in Lederhosen und Frauen im Dirndl sehen, sagt Nagel. Lokale mit internationalem Anstrich wie die African Lounge bringen weltmännisches Flair nach Garmisch-Partenkirchen. Den Rest besorgen die Amerikaner, die seit dem Krieg hier stationiert sind, seit vielen Jahren Sultans und Scheichs aus der arabischen Welt und seit kurzem auch Russen, die alljährlich im Winter an den Fuß des Wettersteinmassivs kommen oder sich hier sogar häuslich niederlassen wie der russische Ölmilliardär Abramowitsch – bekanntlich der reichste Russe und Besitzer des englischen Fußballclubs Chelsea-London. Er hat sich an einem von Partenkirchens schönsten Hängen das so genannte Leitenschlössel gekauft.

In Garmisch-Partenkirchen wird jetzt alles auf vier Ziffern ausgerichtet: 2011. Die Zahl steht als Chiffre für die alpinen Skiweltmeisterschaften. Nach den olympischen Winterspielen 1936 und der alpinen Ski-WM 1978 rückt Garmisch-Partenkirchen wieder in den Blickpunkt der Ski-Welt. Alles soll bis 2011 so verbessert werden, dass Garmisch-Partenkirchen dann wieder Jahrzehnte von den Investitionen zehren kann. »Wir wollen die Qualität so aufbessern, dass sie optimal ist« sagt Nagel. Der 1978 gebaute Sessellift aufs Kreuzjoch, den Start der Kandahar-Abfahrt, soll erneuert, Skiwege verbessert und Pisten durch Untertunnelung für das Winterwandern tauglich gemacht werden.

Mit letzteren haben sie in Garmisch-Partenkirchen rechtzeitig für schlechte Winter vorgesorgt. »Wir bieten auch im Winter Sommertourismus«, sagt Nagel. Seit 2004 hat Garmisch-Partenkirchen auch Winterwandern im Angebot. Gerade im schneearmen Winter 2006/2007 hat sich diese Idee ausgezeichnet. Und irgendwann wolle Garmisch-Partenkirchen die Märkte auffangen, die den Wintertourismus verlieren, sagt Nagel und zitiert eine Studie der Internationalen Alpenschutzkommission CIPRA. Die hat herausgefunden, dass es in 50 Jahren nur noch ein Skigebiet in Bayern geben wird und das liege in Garmisch-Partenkirchen.

Garmisch-Partenkirchen verzichtet auf Technik und künstliche Natur und setzt auf das pure Bergerlebnis. Für den Sommer sind neue Klettersteige geplant, themenbezogene Genusswanderwege und ein verbessertes Wegenetz um den Ort – für all jene, die die Anstrengung scheuen.

Garmisch-Partenkirchen – Wanderparadies.
Foto: Markt Garmisch-Partenkirchen

Bergsport Heute

Hans Dietrich Engelhardt
Birgit Antes
Folkert Lenz
Gaby Funk
Dennis Cramer
Heinz Zak
Karin Steinbach Tarnutzer

Rupshu

Paradies für Bergsteiger – Überlebenskampf für Bewohner

VON HANS DIETRICH ENGELHARDT

Die Bilder 1 bis 5 stellen ein fortlaufendes Panorama über einen Winkel von ca. 240 Grad dar von Nordosten bis Nordwesten.

Alle Bilder – außer S. 93 unten – vom Autor.

Rupshu? Wo ist denn das? Noch nie davon gehört. So tönt es mir regelmäßig entgegen, wenn ich von meinen Berg- und Trekkingtouren dort erzähle. Hierzulande ist Rupshu in Bergsteigerkreisen nahezu unbekannt, wie auch das magere deutschsprachige Schrifttum zeigt. Einige mögen die Trekkingroute von Rumtse nach Korzók und zum Tso Moriri (Tso = See) kennen gelernt und genossen haben. Andere haben eine Jeepsafari nach Korzók unternommen. Aber die Berge drum herum? Zwar war Rupshu bis Mitte der neunziger Jahre für Touristen nicht zugänglich und auch für meine Lungser Kangri-Expedition 1997 erhielt ich die Genehmigung vom indischen Außenministerium wirklich erst auf den letzten Drücker zwei Tage vor dem Abflug. Aber: Warum hatte danach die Öffnung Rupshus so wenig Nachhall bei Bergsteigern? Gelegentlich, eher selten, findet man auf einem Gipfel einen Steinmann, der auf Vorgänger hinweist, oder im Steinmann einen Behälter, in dem ein Zettel mit Namen und Datum von früheren Ersteigern berichtet. Vermutlich fehlt den Bergen das Spektakuläre. Es gab keine alpinen Katastrophen. Es gibt keine Ehrfurcht gebietenden Wände und Grate. Die Höhe der Berge ist mit um die sechseinhalbtausend Meter – gemessen an den Sieben- und Achttausendern – auch nicht besonders beeindruckend Und dennoch: Die mit Seen durchsetzte weite, aride Hochgebirgslandschaft mit ihren Sechstausendern und der freundlichen nomadischen Bevölkerung im Grenzbereich menschlichen Lebens ist ein landschaftliches Juwel der Sonderklasse fern der alpinen Rummelplätze.

Bild 1: Lungser Kangri-Kamm. Von links nach rechts: Im linken Bilddrittel der Chalung 6441 m, links des weiten Sattels Lapgo 6491 m, rechts des Sattels Chhamser Kangri 6622 m.

Bild 2: Von links nach rechts: Lungser Kangri 6666 m, in Bildmitte das Plateau der südlichen Kabulu-Gruppe, dahinter ein Stück des Tso Moriri und am Horizont die Berge von Tibet und Spiti.

In diesem Beitrag gehe ich auf das Land und seine Menschen ein, in einem Folgebeitrag berichte ich dann über die Ersteigungsgeschichte und meine eigenen Unternehmungen.

Rupshu – erste Annäherungen

Seit ich im Zuge meiner Vorbereitungen auf meinen ersten Ladakh-Besuch 1975 das erste Mal auf Informationen über Rupshu stieß, hat mich dieses Hochland besonders fasziniert und nicht mehr los gelassen, obwohl Touristen damals und weiter bis 1994 keine Chance hatten, mit einer Besuchserlaubnis legal dorthin zu kommen.

Ganz unbekannt war Rupshu auch damals nicht. Es gab zwar noch keine Reiseführer über Ladakh und schon gar nicht über Rupshu. Aber es gab doch Literatur. So haben meine Frau und ich zur Vorbereitung unserer ersten Ladakhvisite 1975 die Schriften von Forschungsreisenden, Missionaren und anderen Reisenden von Strachey über Hermann von Schlaginweit, A. H. Francke, Stolitzka bis Sven Hedin und Marco Pallis sowie Dainellis Darstellung ihrer Reiserouten durchgestöbert, Cunninghams dicken Wälzer »Ladakh« gelesen und das eher dürftige Kartenmaterial studiert. Geradezu elektrisiert war ich von der Route von Spiti über den Parang-La (La=Pass) zum Tso Moriri. Den Tso Moriri und die umgebenden Berge hat Hermann von Schlaginweit im Juni 1856 in einem Aquarell festgehalten, dessen Farbkopie ich glücklicherweise von Dr. Stefan von Schlaginweit erhalten konnte. Dieses Aquarell hat mich immer wieder angeregt, meine Rupshupläne weiter zu verfolgen.

Wegen der angespannten bis kriegerischen Lage in den indisch-tibetisch-chinesischen Grenzregionen musste ich zwei Jahrzehnte warten, bis ich 1995 die Erlaubnis für meinen ersten Besuch von Rupshu erhielt – und dieser erste Besuch 1995 war noch nicht die Erfüllung unserer Träume. Der Tso Moriri und die ihn umgebenden Berge waren als End- und Höhepunkte eines Trekkings von Lamayuru nach Korzók auf der Route über Chiling – Markha-Tal – Lalung-La – Rumtse – Tso-Kar im Sommer 1995 gedacht. Das während des gesamten Trekkings ungewöhnlich wechselhafte Wetter war uns auch am Tso Moriri nicht wohl gesonnen. Nebelschwaden und gelegentlicher Nieselregen erzeugten ein wenig attraktives Einheitsgrau und machten aus den hohen Erwartungen an den Tso Moriri und die umgebenden Berge eine herbe Enttäuschung. Das Dorf Korzók und das gleichnamige – mittlerweile restaurierte – Kloster machten damals nicht nur einen armen, sondern vor allem einen bedrückenden und herunter gekommenen Eindruck. Es war unübersehbar, dass die ansässige, halbnomadische Bevölkerung hier an der Grenze menschlicher Existenzmöglichkeien um das Nötigste zum Überleben kämpfte.

Die erste Enttäuschung hat mich nicht abgehalten, erneut nach Rupshu zu fahren. Schließlich hat Schlaginweits Aquarell eine prachtvolle Landschaft in Aussicht gestellt. Bei meinen späteren 6 Besuchen haben sich die prachtvollen Farben von See und Bergen sowie die Atem beraubenden Ausblicke von den Gipfeln auf die endlos erscheinenden Ketten des Himalaya bis zum Nun-Kun und den ladakhischen Karakorum-Bergen tief in mein Bewusstsein eingegraben. Das Aquarell, es bleibt ein matter Abglanz, wie konnte es mich früher so faszinieren?

Bild 3: Der südöstliche Teil des Mentok-deng-Kammes. Am linken Bildrand Mentok I 6476 m und Mentok II 6408 m, in Bildmitte Sara Shuva 6289 m und rechts das offensichtlich namenlose Felshorn P. 6241 m.

Bild 4: Der mittlere Teil des Mentok-deng-Kammes mit durchwegs namenlosen Bergen mit einer Gipfelhöhe meist knapp über 6000 m. Im Hintergrund im Süden die Berge der Great Himalaya Range.

Bild 5: Vom linken Bildrand bis in Bildmitte der auslaufende Mentok-deng-Kamm; rechts in Bildmitte sind der Tso Kar und darüber der Kang Yassay 6400 m, der Prunkberg des Markha-Treks sowie die Berge von Nimaling zu sehen.

Geografische Lage

Mit Rupshu ist der südöstliche Teil Ladakhs gemeint, der von der Leh-Manali-Strasse im Westen, von der indisch-tibetisch-chinesischen Grenze im Osten und teilweise im Süden, vom Indus im Nordosten und von der innerindischen Grenze zum indischen Bundesstaat Himachal Pradesh im Süden begrenzt wird. In diesem Beitrag möchte ich mich auf die für Touristen zugänglichen Gebiete beschränken, gehe also auf das nach wie vor für Touristen gesperrte Hanle-Tal nicht ein.

Die Bilder 1 bis 5 zeigen Rupshu, mit Ausnahme der Gursak-Gruppe in einer Bilderfolge von Nordosten über Süden nach Nordwesten, also etwa einen Winkel von 240 Grad, aufgenommen am 05.09.03 vom Gipfel des Kabulu 6370 m. Vier Gebirgsgruppen, drei davon kammartig strukturiert, und die Seen prägen Rupshu und werden später genauer beschrieben. Im Osten ist der von Süden nach Norden verlaufende Lungser Kangri Kamm mit den höchsten Erhebungen lokalisiert. Daran schließt sich im Norden südlich des Indus der Gursak-Kamm an. Südlich des Gursak-Kammes befindet sich die Kabulu-Gruppe, bei der man einen Teil mit Kabulu und Rang-Bergen nördlich des Gyamsbarmatales und einen südlich davon mit dem Berg Peldo und der teilweise vergletscherten Hochfläche unterscheiden kann. Der Mentok-deng-Kamm, der sich von der Leh-Manali-Strasse bis zum Tso Moriri von Nordwesten nach Südosten erstreckt, begrenzt Rupshu nach Süden hin. Zwischen der Gursak-Gruppe und dem nordwestlichen Mentok-deng-Kamm liegt das weite Becken des Tso Kar und Tso Startsapuk, zwischen der Lungser-Kangri-Kette und dem südöstlichen Mentok-deng-Kamm liegt der Tso Moriri und nördlich des Sees lang gestreckte Hügel und Hochflächen mit dem Tsasang Tso.

Die Dörfer

Im Vergleich mit dem übrigen Ladakh weist Rupshu eine besonders ausgeprägte Höhenlage auf und zwar sowohl in Bezug auf die Berge als auch auf die Dörfer. Korzók, Puga, Thugje, Riyul, Nuruchan und die anderen Siedlungen am Tso Startsapuk liegen alle über der 4500 m Marke. In Korzók werden noch Berggerste und Erbsen angebau, ebenso in Sumdo. In Nuruchan ist ein Projekt im Gange, auf über 4600 m eine größere Fläche zwecks Anbau von Gerste zu bewässern und zu kultivieren. In der zweiten Augusthälfte 2004 und 2006 stand die Gerste sehr gut. In mit Mauern geschützten Flächen versucht man in günstigen Lagen immer wieder, im baumlosen Hochland Weiden anzupflanzen, z.B. in Korzók. Korzók besteht aus zwei Ortsteilen. Der eine besteht aus einfachen Häusern aus Lehm und Natursteinen und dem Kloster unmittelbar über dem Flussdelta der Korzók-Chu (Chu= Fluss) am Tso Moriri. In den vergangenen 5 Jahren hat sich dort eine lebhafte, teilweise touristisch veranlasste Bautätigkeit entfaltet. Gerade erst (2006) ist eine mehrere Kilometer lange Trinkwasserleitung fertig gestellt worden. Der zweite Ortsteil heißt Raboo und besteht aus ca. 20 Zelten. Man geht vom Kloster durch das von der Korzók-Chu durchflossene Tal nach Westen und erreicht die ersten Zelte von Raboo in ungefähr 45

Minuten. Raboo's Bewohner, darunter auch einige tibetische Flüchtlingsfamilien, pflegen weiterhin die nomadische Lebensweise und leben ganzjährig in ihren Zelten! Raboo liegt deutlich über 4600 m am Rande einer nahezu kreisrunden, von Bergen und Hügeln eingeschlossenen Hochweide, deren Bewässerung durch die vom Mentok-deng-Kamm abfließenden Bäche erfolgt. Raboo ist sicher eine der höchst gelegenen ganzjährig bewohnten Siedlungen dieser Erde. Ganzjährig bewohnte Dörfer mit ähnlicher Höhenlage gibt es meines Wissens nur noch unmittelbar jenseits der Grenze nach Tibet/ China am Oberlauf des Indus: Senge Tsangpo, ein strategisch wichtiger Kontenpunkt für Verkehr, Handel, Verwaltung und Militär an der Strasse nach Kashgar/ Sinkiang, ferner Napuk und Dongba und nördlich der Grenze Sikkim – Tibet das Dorf Tuna mit 4800 m !!!. Im Becken des Tso Kar liegen die Dörfer Thugje, Riyul, Nuruchan und zwei weitere mir namentlich nicht bekannte Dörfer am Tso Startsapuk (Quellwasser!).

Die Bewohner: Lebensweise und Lebensgrundlagen

Rupshu wird im wesentlichen von Halbnomaden bewohnt, die im Winter in Dörfern mit festen Häusern aus Lehm und/oder Natursteinen und im Sommer auf Hochweiden in Zelten leben.

In fast allen Dörfern ist Heizmaterial knapp. Zusätzlich zum getrockneten Yakdung sammeln die Dörfler holziges Strauchwerk.

Lebensgrundlage für die Bewohner Rupshus sind entscheidend Yaks, Schafe, Pashminaziegen, Pferde, Maultiere und Esel. Nur in wenigen Dörfern kann Gerste angebaut werden. Die Pashminaziegen ermöglichen mit ihrer berühmten Wolle (=Kashmirwolle) ein bescheidenes Geldeinkommen. Während die Dörfer im Umfeld von Tso Kar und Tso Startsapuk bisher nur geringe Vorteile von den wenigen durchziehenden Trekkern gewinnen, profitieren die Korzóki merklich von den Jeep-Safaris und erzielen durch Campinggebühren, Geschäfte, bescheidene Restaurants und Zimmervermietung zunehmend Geldeinnahmen; hier und in den anderen Orten werden Einnahmen auch durch Pferde, Maultiere und Esel als Transporttiere des Militärs und bei Trekkings sowie Expeditionen erzielt. Tragende Säule der Lebensführung ist jedoch nach wie vor die extensive Weidewirtschaft auf der Basis von Selbstversorgung.

Das traditionelle Verkehrsmittel ist das Pferd, mit dem die nomadischen Bewohner souverän umgehen.

Touristen werden auch in Rupshu häufig von Ladakhi aus dem Umfeld von Leh geführt und begleitet, weil dies viel einfacher zu organisieren ist. Ich habe mich sehr gefreut, im Sommer 2006 zwei einheimische Begleiter zu haben, von denen ich viel über ihre aktuellen Probleme erfahren konnte. Auf dem wunderschönen Nomadenteppich mit dem Swastikamotiv habe ich oft zum Essen gesessen.

Konsequente Entwicklungsarbeit

Schulen

In den vergangenen 30 Jahren wurde in Ladakh und auch in Rupshu viel Entwicklungsarbeit geleistet. Fast jedes auch noch so kleine Dorf hat eine Schule. Die vermutlich höchst gelegene Schule der Erde habe ich am Pologongka -La gesehen: Ein Lehrer unterrichtet dort im Sommer bei schönem Wetter im Freien, bei schlechtem in einem großen Zelt die 15-20 Kinder der Familien, die sich auf den Hochweiden um Schafe,

Bilder gegenüberliegende Seite (von oben nach unten):

Das Bild zeigt einen Ausschnitt aus dem Dorf Tiriphu (ca. 4200 m). Hier wachsen noch Weiden in größeren Verbänden ohne schützende Mauern.

Eine Frau aus Korzók ist mit ihrem mit Strauchwerk beladenen Esel nachhause zurückgekommen.

Das traditionelle Verkehrsmittel in Rupshu ist das Pferd: Ein Reiter.

Meine beiden aus Rupshu stammenden Begleiter Graldan Tsewang aus Thugje und Jigmet Tapka aus Raboo. Im Hintergrund die Hochweiden zwischen Tso Moriri und Tso Tsasang, um 5000 m.

Ein Nomadenteppich aus der Familie von Jigmet Tapka.

Die mutmaßlich höchst gelegene Schule der Erde: Ein Lehrer mit einigen seiner Schüler/innen auf den Hochweiden am Polongongka La, ca. 5000 m.
Aufnahme: Adolf Nithammer

Bild oben:
Korzók Gompa (Gompa= Kloster) mit Innenhof, Stupas und einer Mani Mauer im linken Bildteil.
Bild unten:
In Thugje. Alter Mann mit Gebetsmühle.

Yaks und Pashmina-Ziegen kümmern. In der Bevölkerung bis zu 30 Jahren gibt es infolge der seit Jahrzehnten währenden konsequenten Schulpolitik kaum noch Analphabeten.

Verkehr

Straßen und Brücken wurden und werden gebaut. Im Industal werden selbst kleine Dörfer durch aufwendige Stahlfertigbrücken erschlossen. Abgesehen von Zanskar gibt es in Ladakh nur noch wenige Dörfer, die man nicht durch eine Straße erreichen kann. Dies gilt auch für Rupshu. Nach Rupshu führen zwei Straßen. Einerseits kann man vom Indus über die Mahe-Brücke auf einer mittlerweile weitgehend asphaltierten Straße (!!) über Sumdo nach Korzók fahren. Andererseits kann man von Upshi aus den Taglang La (5350m) – angeblich nach dem Kardong La der zweit höchste mit Kraftfahrzeugen befahrbare Pass der Erde – überqueren, östlich von Debring von der Leh-Manali-Strasse abzweigen und in die Hochebene um den Tso Kar fahren, so dass die dort lokalisierten Dörfer verkehrstechnisch erschlossen werden. Die Strasse führt – zur Zeit werden Vorbereitungen zur Asphaltierung getroffen – weiter über den Pologongka La nach Sumdo.

Öffentliche Busse und Lastwagen erlauben, die Hauptstadt Leh schnell zu erreichen. Wie der große Busbahnhof in Leh und die überfüllten öffentliche Busse zeigen, machen die Dörfler regen Gebrauch von diesen Möglichkeiten: In diesem Jahr haben wir zwei Tage nach unserer Tour unseren Pferdebetreuer Gonchuk aus Nuruchan im Basar in Leh getroffen! Die von der Welt abgeschiedenen Bergdörfer, die ich noch Ende der 70er Jahre erleben durfte und für die ein Reißverschluss und Plastiktüten Sensationen waren, gibt es nicht mehr.

Buddhistische Kultur und Frömmigkeit

Zeugen tibetisch-buddhistischer Frömmigkeit prägen Landschaft und Dörfer in Rupshu und auch sonst in Ladakh von Mulbekh ostwärts. Wegen der dünnen Besiedlung gibt es in Rupshu nur wenige Gompas (=Klöster), meines Wissens vier. Das obige Bild zeigt Korzók Gompa mit dem Innenhof, einigen Stupas und einer Manimauer.

Stupas vergegenwärtigen in einer überaus komplexen Symbolik die buddhistische Sicht von Mensch, Gesellschaft und Kosmos und machen sie bildlich allgegenwärtig. Mani-Mauern, d.h. Mauern aus Votivsteinplatten mit eingemeißelten Gebeten und Mantras (= heilige Formeln) begegnen dem Wanderer unterwegs immer wieder und künden häufig die Nähe eines Dorfes an. Gebetsfahnen an und auf den Häusern, Klöstern, quer über Täler und an Pässen tragen Gebete und Mantras gen Himmel. Lhatos, d.h. kubische Steinmonumente – ein Überbleibsel aus der Megalithkultur – finden sich immer wieder am Wegesrand. Ladses, d.h. mit Gebetsfahnen und Tiergehörnen zur symbolischen Abwehr böser Geister versehene unregelmäßige Steinhaufen, in denen nach dem Glauben der Einheimischen die Berggeister wohnen, schützen die Passübergänge bis in Höhen von über 5800 m. Und wer diesen materiellen Symbolen und Zeugen der Frömmigkeit nicht traut, mag Männer und Frauen beobachten, die ihre Gebetsmühlen in Bewegung halten oder mag den begleitenden Pferdebetreuern lauschen, wie sie in nicht enden wollendem Singsang, ihre Mala (=eine dem Rosenkranz vergleichbare Kette aus Holzkugeln) in der Hand, ihr Gebet »Om mani padme hum« murmeln, um in einem höheren Daseinsbereich wiedergeboren zu werden oder – höchstes Ziel des Buddhisten – ganz aus dem Kreislauf der Wiedergeburten auszuscheiden und im Absoluten zu verlöschen.

Geradezu gespenstisch und völlig deplaziert wirkt in diesem gleichermaßen eindrucksvollen und stimmigen Ambiente in der endlosen Weite laute Discomusik aus den Zeltlagern einiger mondäner Jeepsafaris, die wie ein Spuk über Korzók, einen anderen Ort oder einen Zeltplatz hereinbricht.

Landflucht: Der Sog der Bezirkshauptstadt Leh

Die Bezirkshauptstadt Leh mit ihrem reichhaltigen Warenangebot und den angenehmeren Lebensbedingungen übt eine starke Anziehungskraft auf die Ladakhis aus den Bergdörfern aus, wie ich aus zahlreichen Gesprächen weiß. Viele Dörfer haben, zwar in begrenzter Menge und Stärke, elektrischen Strom, einige Familien dort auch Fernsehen. Unterhaltungselektronik, Handys, Solarzellen und andere Errungenschaften der technischen Zivilisation verbreiten sich immer mehr und erleichtern das tägliche Leben. Die in Leh längst vorherrschende Geldwirtschaft gewinnt auch in den Dörfern neben der traditionellen Selbstversorgungswirtschaft stetig an Bedeutung. Viele Menschen pendeln in der Touristensaison zwischen ihren Dörfern und den Arbeitsstellen in Leh wegen des touristisch bedingten Arbeitskräftebedarfs. Auch Gastarbeiter/innen kommen im Sommer nach Ladakh, Südinder zum hoch strapaziösen Straßenbau und Nepali und andere in die Gastronomie und zum Trekkingtourismus

In und um Leh konzentrieren sich auch Handel, Gewerbe, militärische Einrichtungen, Verwaltung, weiterführende Bildungseinrichtungen, Kliniken und zahlreiche touristische Einrichtungen wie Hotels, Gästehäuser, Cafes, Gasthäuser, Souvenirgeschäfte und -märkte usw.. Die Stadt hat sich seit 1975 – meinem ersten Besuch – flächenmäßig mindestens verfünffacht und dürfte in absehbarer Zeit mit Spituk und Choglamsar zusammenwachsen.

Leh übt mit dieser im Vergleich zu früher sehr verbesserten Infrastruktur, vor allem dem medizinischen Angebot – 2006 war eine neue Klinik im Bau – einen starken Sog auf die Dorfbewohner aus. Viele wünschen sich, in Leh oder Umgebung zu leben, um den oft extrem harten Lebensbedingungen besonders in den hoch gelegenen Dörfern zu entgehen. In Rupshu und in Karnak – letzteres liegt zwischen Ruphsu und Zanskar – haben die günstigen Lebensbedingungen in Leh zu einer dramatischen Landflucht geführt, wie mir meine von dort stammenden Begleiter Graldan Tsewang aus Thugje, Jigmet Tapka aus Korzók und Skarma Tashi aus Lungmoche (= ein Ort in Karnak) berichteten. Von ehemals 125 Familien leben zur Zeit noch 28 in Karnak. Die anderen sind nach Leh und Umgebung abgewandert, weil sie in den harten Wintern durch die verschneiten über 5000 m hohen Pässe fünf Monate vor allem von den medizinischen Hilfen abgeschnitten sind. Ausgiebige Schneefälle reduzieren zudem im-

Bilder (von oben nach unten):
Ein prächtiger Busch einer Eisenhutart am Thratsang La (5088 m).

Gelbes und lila Läusekraut auf der Weide an der Nuruchan Lungpa (ca. 4700 m). Im Hintergrund Lay Pang 5961 m.

mer wieder ihre Herden dramatisch, bringen damit Hungersnot und bedrohen die materielle Existenz. Gegen diese Landfluchtmotive haben selbst die Bleibeapelle des Dalai Lama und des Abtes von Hemis keine nennenswerte Wirkung.

Vegetation und Tiere

Sowohl die Höhenlage als auch die relativ geringen Niederschlagsmengen bewirken eine aride Hochgebirgslandschaft, in der die Höhenlage zwischen ca. 4700 und 5200 m hinsichtlich Niederschlägen und anderen Klimafaktoren relativ günstige Wachstumsbedingungen für die dennoch sehr karge Vegetation bietet, die auch nur extensive Weidewirtschaft mit Yaks, Schafen, Pashminaziegen, Pferden, Maultieren, Eseln zulässt. Anbau von Getreide und Erbsen ist wie auch sonst in Ladakh nur mit künstlicher Bewässerung möglich. Entlang der Bäche und bei oberflächennahem Wasser entwickeln sich jedoch regelmäßig eine dichte Grasnarbe und bis in über 5400 m Höhe hinauf üppige Blumenkolonien, deren präzise Namen ich leider auch aus einem Kompendium über Wildblumen im Himalaya überwiegend nicht ermitteln konnte. In günstigen Lagen findet man einzelne Pflanzen bis 5700 m. Als alte Bekannte trifft man auf trockenen Böden immer wieder eine kriechende lila Asternart, quasi Boden deckend sowie Steinbrecharten, sehr selten auch den in Tibet stellenweise häufigen blauen Mohn (Scheinmohn); eine Eisenhutart (aconitum) überrascht mit üppigen blauen Blütenbüschen bis zu 80 cm Höhe und Durchmesser. An dauerhaft feuchten Plätzen findet man selten lila Kugelprimeln (primula denticulata), gelbes und lila Läusekraut, eine lila Primelart sowie eine gelbe Korbblütlerart (eine Doronicumart??) .

Bilder (von oben nach unten):
Eine Steinbrechart am Ostufer des Tso Moriri.

Diese lila Blume ist ein häufiger Wegbegleiter in Ladakh.

Eine prächtige Wasser liebende, leuchtende Blütenpflanze im Hochlager am Chalung (ca. 5400 m).

Das insgesamt bescheidene Pflanzenwachstum bietet Pflanzenfressern wenig Nahrung. Wildreichtum kann man deshalb auch nicht erwarten. Unter den größeren Wildtieren imponieren besonders die scheuen Kiangs (=Wildesel) mit ihren überaus eleganten Bewegungen; man findet sie rudelweise an den Hängen des Tso Kar, aber auch im Umfeld von Korzók.

Von den kleineren Tieren sieht man immer wieder Hasen und an manchen Stellen massenweise Erdhörnchen und Geckos. In felsigen Hängen kann man gelegentlich Steinböcke – ich habe Rudel mit über 30 Tieren gesehen –, andere Antilopenarten sowie sehr selten Blauschafe erspähen. Die Adler haben die Lufthoheit; neben den allgegenwärtigen Spatzen trifft man oft auf Wiedehopfe, seltener auf diverse Laufvögelarten. An den sumpfigen Uferteilen der Seen brüten im Sommer seltene Wasservögel, z.B. Wildenten und schwarze Kraniche, denen am Nordende des Tso Moriri bei Peldo ein Naturschutzgebiet den nötigen Lebensraum erhält. Den unbestrittenen König der Wildnis: den Schneeleoparden habe ich nie gesehen, leider; einer hat einmal an der Niri Chu in Zanskar nachts mein Zelt umkreist und seine Spuren hinterlassen. Der eindeutige Beweis für die Existenz der Schneeleoparden sind die allenthalben anzutreffenden in Trockenbauweise gemauerten Fallen, die allerdings nicht mehr genutzt werden, weil der Staat mittlerweile Haustierverluste ersetzt.

Die Berge

Die bereits erwähnte besondere Höhenlage bezieht sich auch auf die Berge. Abgesehen von Nun/ Kun, der Pangongkette und den ladakhischen Karakorumbergen sind hier mit Lungser Kangri (=goldenes Licht) mit seiner Schnapszahlenhöhe von 6666 m und dem Chhamser Kangri (=Ort des Gebets) mit 6622 m sowie weiteren Bergen um und über 6400 m die höchsten Berge Ladakhs zu finden: Lapgo 6491 m, Chalung 6441 m, Mentok I + II 6476 m und 6408 m, Kabulu 3370 m, Gursak= Pologongka-Peak 6330 m. Die Höhenangaben von Harish Kapadia (Himalayan Journal 1996) für den Pologongka Peak mit 6632 m beziehen sich anscheinend auf die AMS-Karte und sind meiner Einschätzung nach nicht realistisch. Aus eigener Erfahrung – ich habe den Gursak 2003 mit Hans Zangl erstiegen – halte ich die Höhenangabe von 6330 m in der russischen Karte 1:100.000 aus den Jahren 1976 ff. für zutreffend. Alle Höhenangaben dieses Beitrags beziehen sich auf diese Karte.

Im Vergleich mit den überwiegend steilen Felsbergen in Zanskar herrschen in Rupshu weiche, runde Bergformen vor. Zwar zeigt der Mentok-deng-Kamm gerade auf der dem Tso Moriri zugewandten Seite durchaus steile Fels- und Eisformationen. Darüber hinaus sind steile Grate und Flanken aber eher die Ausnahme. Gletscher und Schneefelder bedecken primär die nördlichen Hänge und erreichen nur in wenigen Fällen größere Ausmaße wie wir sie sonst aus Hochgebirgen kennen. Im übrigen unterliegen auch die Gletscher in Ladakh dem weltweiten Abschmelzprozess. Nirgends, mit Ausnahme von Chhamser und Lungser Kangri, bedecken die Gletscher auch nur die gipfelnahen südlichen Hänge, wie dies noch die russische Karte 1:100.000 von 1976 ff. vermuten lässt. Ein besonders drastisches Beispiel stellt der vom Chhamser Kangri nach Westen abfließende Gletscher dar. 1997 fotografierte ich die Zunge und übergab dieses Bild Prof. Dr. Reinhold Lazar, der im Sommer 2006 auf den Chhamser Kangri stieg um dort Klimamessgeräte zu deponieren. Nach seiner Rückmeldung war die 1997 fotografierte, beachtliche Gletscherzunge zwischenzeitlich abgeschmolzen, innerhalb von neun Jahren!

Berggruppen in Rupshu

Im für Touristen zugänglichen Rupshu heben sich vier Berggruppen deutlich von einander ab, die ich hier der Einfachheit halber mangels übergreifender örtlicher Namen nach den jeweils höchsten Bergen benenne:

• Der *Lungser Kangri-Kamm*. Er erstreckt sich östlich des Tso Moriri vom Narbu-La im Süden in ziemlich genau nördlicher Richtung bis zum Indus. Hauptgipfel dieser Gruppe sind in der Reihenfolge von Süden nach Norden Lungser Knagri 6666 m, Chhamser Kangri 6622 m, Lapgo 6491 m, Chalung 6441 m.

• Die *Gursak-Kette*. Sie ist begrenzt im Norden durch den Indus, im Osten und Süden durch die Straße von der Mahe-Brücke über Sumdo zum Tso Kar, im Westen durch den Kimme-La und die zu ihm führenden Täler. In diesem Bergkamm sind unseres Wissens nur zwei Berge mit Namen benannt: Im Osten der Gursak auch Pologongka Peak genannt), mit 6330 m der höchste Gipfel des Kammes und im Westen der Thugje, 6125 m. Zwischen beiden befindet sich ein Kamm, in dem sich 5 Gipfel zwischen 6120 m und 6289 m deutlich von einander abheben. Auch östlich des Gursak befinden sich noch mindestens 4 Gipfel, die die 6000 m Marke überschreiten.

• Die *Kabulu-Gruppe*. Sie erstreckt sich südlich des Pologongka-La und wird im Westen durch den Horlem-La, im Süden durch Kazur-La und Yalang Nyau-La...sowie im Osten durch die Straße von Korzók nach Sumdo begrenzt. Höchster Gipfel dieser Gruppe ist der Kabulu 3370 m, ein prachtvoller Aussichtsberg. Nördlich des Kabulu befindet sich in Ost-West-Richtung ein Bergkamm, der von den Einheimischen Rang genannt wird, in dem sich 5 Gipfel nur wenig über die zwischen ihnen liegenden Sättel herausheben. Diese Gipfel bezeichne ich als Rang 1-5 von West nach Ost. Von diesem Kamm streichen nach Norden drei Sei-

Bilder (von oben nach unten):
Blauschafe in ihrem Element;

eine Wildente;

Kiangs am Rand der Ebene um den Tso Kar.

Die Gursak-Gruppe vom Südende des Tso Startsapuk: ein wahrhaft paradiesischer Platz mit seltenen Wasservögeln auf dem See und Wildeselrudeln auf den Hängen.
Die Berge: links der Thugje 6125 m, ganz rechts der Gursak 6330 m, dazwischen namenlose Berge zwischen 6120 m und 6289 m. Der Kamm ist ein Leckerbissen für Überschreitungsfans.

Ausblick auf die Ebene um den Tso Kar vom Thratsang La 5088 m. Die Berge: Ganz links die Rang-Berge, vom zweiten Bilddrittel nach rechts die mit Eispolstern geschmückten Berge des nordwestlichen Teils des Mentok-deng-Kammes, teils über, teils knapp unter der 6000-m-Marke.

tenkämme, von denen der westliche und der östliche jeweils einen Gipfel über 6000 m tragen. Südlich des Kabulu und jenseits des Gyamsbarma-Flusses befindet sich ein teilweise vergletschertes Hochplateau, aus dem sich drei mühsam, weil über steile Schutthalden zu erreichende Gipfel mit einer Höhe um 6100 m nur wenig herausheben, aber unvergleichliche Blicke auf den Tso Moriri und den gesamten Mentok-deng-Kamm bieten.

• Der *Mentok-deng-Kamm*. Mentok-deng bedeutet: wo die Blumen blühen. Mit Mentok-deng bezeichnen die Einheimischen die höchsten Erhebungen des westlich von Korzók befindlichen Kammes. Den höchsten Gipfel nennt die AMS-Karte Mata, die russische gibt eine Höhe von 6476 m an. Kapadia aber auch die Einheimischen sprechen bei diesen Bergen von Mentok I und II. Dieser Kamm steigt vom Südende des Tso Moriri ziemlich kontinuierlich zum höchsten Punkt (= 6476 m) an und verläuft dann leicht fallend über insgesamt ca. 60 km mit 16 teilweise profilierten Sechstausendern und 9 über 5900 m hohen Bergen, er sinkt an keiner Stelle unter 5800 m ab. Vom letzten Gipfel, dem Lari 6084 m fällt der Kamm in geringer Neigung zur Leh-Manali-Straße nahe Pang ab. Pang ist Rastplatz für Reisende auf der Leh – Manali-Route. Ich verwende hier den Namen Mentokdeng zur Bezeichnung des gesamten beschriebenen Kammes.

Die Seen

Tso Kar und Tso Startsapuk

Besonders größere Seen verleihen der Landschaft eine einzigartige Atmosphäre, werten Berge auf. Auch die Seen in Rupshu sind Juwele, jeder auf seine Weise. Die Ebene um Tso Kar und Tso Startsapuk zieht mich immer wieder neu in ihren Bann – fünfmal war ich dort. Vom Thratsang La hat man einen unvergleichlichen Blick auf diese weite Hochgebirgsmulde.

Der Tso Kar als abflussloser See fasziniert durch seine blendend weißen Salzkrusten an seinen Ufern, muss allerdings relativ viele Touristen erdulden, weil die Straße nach Nuruchan an seinem Ufer vorbeiführt und einen motorisierten Zugang ermöglicht. Auch Personen, die von der Leh-Manali-Strasse zum Tso Moriri wollen, fahren nahe am See vorbei und dann über den Pologongka La. Der Tso Startsapuk, ein relativ flacher Süßwassersee, der mit einem schmalen Verbindungsflüsschen in den Tso Kar mündet, beeindruckt durch zahlreiche Wasservögel. Die Straßenführung schleust Jeep-Safari-Touristen weit an ihm vorbei, die üblichen

Trekkingrouten lenken auch die meisten Trekker auf andere Wege. Nur die Wanderer, die dennoch an diesem See landen und zelten, genießen die unbeschreibliche Stille: ein paradiesisches Ambiente.

Hat man einen sonnigen Tag erwischt, so kann man am frühen Nachmittag ein Bad im dann ca. 20 Grad warmen, flachen Wasser riskieren, auch wenn am Morgen ein Eisrand am Ufer festzustellen war. Man kann sich kaum vorstellen, dass hier im Winter die tiefsten Temperaturen im buddhistischen Ladakh gemessen werden.

Der Tso Moriri

Mit einer Länge von 24,5 und einer Breite zwischen 5 und 8 km ist der Tso Moriri der Star unter diesen Seen. Um ihn herum sind auch die höchsten Berge Rupshus versammelt: auf der Ostseite Lungser Kangri, Chhamser Kangri und Lapgo, auf der Westseite der Mentok-deng-Kamm. Außerhalb des Dorfes Korzók gibt es keine Häuser rund um den See! Die breite Farbpalette der Fels-, Sand und Geröllhänge von Chhamser und Lungser Kangri nimmt zu verschiedenen Tageszeiten und Einfallswinkeln des Lichts unterschiedliche Nuancen an: ein grandioses Schauspiel. Zwischen 14.30 und 16.30 erzeugt der Einfallswinkel der Sonne eine besonders ausgeprägte Farbenpracht!

Abschied von Rupshu

Sieben Mal war ich in Rupshu. Immer war der Tso Moriri mit Korzók das letzte Etappenziel der Expedition, da ich von hier mit dem Jeep nach Leh zurückfahre. Für mich laufen hier die Erlebnisfäden in besonders augenfälliger Weise symbolisch zusammen: die Weite des Sees, die einsamen Berge und die sympathischen Menschen, die wissen woher sie kommen und wohin sie gehen. Diese Einheit von Landschaft und Kultur wird mir an zwei Plätzen, die ich zum Abschied immer wieder aufsuche, besonders deutlich. Zunächst gehe ich von Korzók nach Süden am Palast des Rimpotsche vorbei an den Tso Moriri, an ihm entlang zu einer kleinen Anhöhe, die ein exzellenter Aussichtspunkt über den See und die Berge darum herum ist.

Man kann nach Norden und Süden den ganzen See überblicken, hat eine wundervolle Sicht auf Korzók und die beherrschenden Berge Lungser Kangri und Chhamser Kangri auf der Ostseite des Sees. Diese Szenerie verlockt, zu verweilen, sich die vorausgegangenen Erlebnisse mit Menschen und Bergen zu vergegenwärtigen, die Seele baumeln zu lassen, einen stimmigen Ausklang zu finden. Und es ist ein zweiter Ort, an dem sich für mich meine Erlebnisse in Rupshu und die Eigenart dieses Landstrichs symbolisch bündeln. Einige Schritte über dem Kloster stehen drei zusammen gebaute kleine Stupas. Von hier aus überspannen lange Seile mit Gebetsfahnen in verschiedene Richtungen die Landschaft und künden zusammen mit den Stupas und den Bergnamen »Ort des Gebets« (Chhamser Kangri), »goldenes Licht« (Lungser Kangri) und »Platz der Betenden« (Lapgo) von der Einheit von Landschaft und Kultur, von Landschaft und Lebenswelt:

Hier ist Buddhas Land. In Gedanken höre ich unsere nomadischen Pferdebetreuer ihr Om mani padme hum murmeln....

Dorf und Kloster Korzók mit dem Peldo 6101 m.

Korzók, Chhamser Kangri und Lungser Kangri (rechts).

Der Sommer nördlich vom Polarkreis ist kurz aber prächtig. Auf subtile Weise arrangiert sich die Natur mit dem rauen Klima.

nige der im Originalstil erhaltenen Holzhäuser als Ferienunterkünfte genutzt – und das Freilichtmuseum mit Leben erfüllt. Den Übernachtungsplatz in einer einsamen, steinigen Bucht würden wir für kein Drei-Sterne-Hotel der Welt eintauschen. Lammfromm dümpelt die als menschenverschlingend berüchtigte Barentssee, Gruppen äsender Rentiere streichen an unserem vierrädrigen Wohnzimmer vorbei, und die Sonne geht sowieso nicht unter. Vom Mai bis zum 28. Juli scheint in diesen Breitengraden die Mitternachtssonne. Ein Grund mehr, die Rückfahrt gen Süden noch eine Weile hinauszuzögern.

Um etliche Grade nördlicher als Hamningberg an der Ostküste trotzt Berlevåg am westlichen Zipfel der Varanger Halbinsel dem rauen Klima wie dem Zeitenwandel. Der von knapp 1.000 Menschen bewohnte Außenposten auf 70° Nord ist zu abgelegen für einen flotten Abstecher und kein Reiseziel zum Renommieren. Berlevåg ist ungeschminkt und echt, fern aller touristischen Verbiegungen zwischen Wellness und Event, geprägt von einer elementaren Natur, in der Kompromisse nicht vorgesehen sind. Um den Stürmen der Barentssee zu widerstehen, wurde die Hafenmole zusätzlich mit tausenden von vierarmigen Betonklötzen – Tetrapoden – gesichert. In ihrem Schutz begegnen sich um 23 Uhr in der Sommernacht der nord- und südgehende Postdampfer vor der Mitternachtssonne. Ein exklusives Schauspiel, bewundert von einer Handvoll Zuschauer. Das Wasser ist Sommer wie Winter drei Grad kalt. Hier fängt die Arktis an, und ohne den Golfstrom gäbe es nur Permafrost und Schneewüste. Gegen eins landet auf dem kurzen Flugfeld die Propellermaschine und liefert die Tageszeitungen und Wichtigeres aus Oslo. Erst seit zwanzig Jahren ist Berlevåg auch mit dem Auto zu erreichen. Das nächste Krankenhaus ist 300 Kilometer entfernt in Kirkenes, die nächste Universität 14 Autostunden weit in Tromsø. Dass die Gemeinde weit über die Landesgrenzen hinaus bekannt wurde, verdankt sie ihrem Männergesangsverein, der sich jeden Montag um 19.30 Uhr zur Probe trifft. 1999 drehte der Regisseur Knut Erik Jensen einen Dokumentarfilm über den Fischerchor und das Leben der alten Männer mit den verwitterten Gesichtern und Stimmen. Der Film »heftig og begeistret« (engl. Titel »cool & crazy«) wurde ein Kassenschlager und mehrfach prämiert, die »Berlevåg Mannsangforening« schmetterte sich mit einem Seemannslied auf Platz eins der einheimischen Hitparade. Im ganz hohen Norden hatte das moderne Norwegen seine Volksseele wieder gefunden. Die Sänger gingen auf Tournee von Japan bis Amerika, 60.000 Rockfans applaudierten ihnen beim Festival im dänischen Roskilde. »Der Chor vom Ende der Welt« wurde als norwegisches Pendant des »Buena Vista Social Club« gerühmt.

Die Rezeption vom kleinen Campingplatz und dem »Pensjonat« gegenüber des Hafenbeckens ist zugleich das Tourismusbüro. Wir erkundigen uns nach Wandermöglichkeiten in der Umgebung und werden mit Prospekten und einer Landkartenkopie versorgt sowie ausführlich beraten – mit unverkennbar schweizerischem Tonfall. Wie dieses? »Ganz einfach«, erzählt der gebürtige Berner Dieter Salathé. Während einer mehrjährigen Weltreise mit dem Motorrad ist er vor vielen Jahren zusammen mit seiner Frau Daniela hier gewesen, wieder und wieder gekommen und schließlich geblieben. Länger als zunächst beabsichtigt bleiben auch wir – und dennoch zu kurz. Radeln allein auf weiter Flur zum ehemaligen Fischerdorf Store Molvig und steigen auf einen exponierten, »nur« 266 Meter hohen Zacken über der Küste. Rundum menschenleere Weiten: sanft gewelltes, baum- und strauchloses Land und graublau wogendes Eismeer. Impressionen, die sprachlos machen und bleibende Spuren in Herz und Geist hinterlassen.

Superlative

Über eine schmale Landbrücke führt die erst 1989 ausgebaute Straße von den Rentierweiden auf dem Bekkarfjell hinüber zur Nordkinn Halvøya. Nur wenige hundert Meter Land trennen an dieser Stelle Eids- und Hopsfjord, machen die Beinahe-Insel zu einer Halbinsel – und sind letztendlich der entscheidende Faktor für deren geografische Sonderstellung. Trophäensammler finden hier allerhand Superlative: den nördlichsten Birkenwald, das nördlichste Museum und den nördlichsten Festlandsleuchtturm der Erde, die nördlichste Festlandsgemeinde Europas sowie einige Nördlichkeiten mehr. Buchstäblich am weitesten heraus ragt das Nordkinn mit dem nördlichsten Punkt des europäischen Festlandes auf 71°08'01". Das viel beschriebene Nordkap auf 71°10'21", zu dem die motorisierten Massen aus aller Herren Länder pilgern, befindet sich auf einer Insel … und ist nicht einmal deren nördlichste Klippe. Sogar diverse andere zu Europa zählende Inseln liegen weiter im Norden als die Mogelpackung Nordkap. Die Straße Nr. 888 – die in »normalen« Jahren an 238 Tagen vom Schnee geräumt werden muss – zieht geradeaus über das Fjell in den Horizont, rechts und links klare, leere Landschaft. Maximal 300 Meter hoch sind die kahlen Kuppen zwischen den unzähligen Seen. Doch gefühlsmäßig scheint dieses windgepeitschte, von eiligen Wolkenschatten gemusterte Stück Erde um tausende Meter höher zu sein. Am Abend steht unser mobiles Heim gegenüber von Slettnes fyr, dem – so steht es auf einer Info-Tafel – weltweit nördlichsten Festlandsleuchtturm. Wieder feiert die Natur eine Mittsommernacht, die viel zu schade ist zum Schlafen. Während aus den Tiefen der Barentssee die Flut heranrollt, schallt von Klippen und grünen Teppichen hunderttausendfaches Jubilieren, Werben und Gezeter. Wo der Sommer nur ein paar Wochen dauert, bleibt den Land- und Wasservögeln wenig Zeit für Balz, Paarung und Nachwuchs. Gegen Mitternacht, wenn die Sonne flach über den Horizont streicht, färbt sich das Meer dunkelrot. Um drei Uhr früh strahlt der Planet mit voller Kraft und steht hoch über »unserem« Leuchtturm.

Zum Genießen und Treibenlassen fehlt indes längst die innere Ruhe. Wir sind hergekommen mit einem Ziel, das zunehmend die Gedanken beherrscht und die Sicht einengt. Mit detektivischer Beharrlichkeit hatten wir daheim alle verfügbaren Informationen über den Weg zum Nordkinn zusammengetragen. Nicht viel war da zu finden, und das Wenige kulminiert im stets

Leuchtfeuer: Gegen drei Uhr in der »Nacht« steht die Sonne hoch über Slettnes fyr, dem nördlichsten Festlandsleuchtturm der Erde.

Steine, Seen und spärliches Grün. Der Weg zum nördlichsten Zipfel des europäischen Festlands führt durch eine unwirklich karge Landschaft, die im Licht der Mitternachtssonne Assoziationen weckt an die helle Seite des Mondes.

gleichen Fazit: lang, mühsam, Erfolg ungewiss. Wenn das kein Anreiz ist! Die kürzeste, insgesamt etwa 50 Kilometer lange Route beginnt beim Flughafen am Ortsrand von Mehamn. »Ein harter, steiniger Trip über mindestens zwei Tage, weglos und einsam!«, warnt Vidar Karlstad, vom Nordic Safari Camp und zeichnet den genauen Verlauf in unsere Landkarte, alles andere als eine gerade Linie. Aber Abkürzer würden garantiert länger dauern, erklärt der Gebietskenner – mehr Sümpfe und Bachquerungen, mehr Auf- und Abstiege. Vor einiger Zeit hat er auf einem Teil der Strecke Orientierungsstangen aufgestellt. Von jeder könne man – je nach Wetter – bis zur nächsten sehen. Ein Kompass sei trotzdem ein Muss, ein GPS-Gerät ideal und klare Sicht vorteilhaft. Wir packen lange und sorgfältig, nichts soll fehlen, nichts überflüssig sein. Zelt, Isomatten, Schlafsäcke, Kocher, Proviant, Regen-, Sonnen-, Mückenschutz – verdammt viel Zeug braucht der Mensch, um in die Wildnis zu gehen. Als wir endlich loskommen, ist es Mittag. Was kein Problem ist, denn die Sonne scheint ja derzeit rund um die Uhr. Problematisch schaut allerdings das Wetter aus. Schwülwarmer Wind schiebt graue Wolken von Westen heran. Gewitterstimmung! Doch kann es überhaupt gewittern in einer Gegend, in der nach meteorologischen Maßstäben eigentlich nie Sommer ist, weil der August als wärmster Monat des Jahres gewöhnlich mit einer Durchschnittstemperatur von 9,6 Grad unter den für einen Sommermonat erforderlichen 10 Grad liegt? Hinter dem Flugfeld verliert sich das schwach ausgeprägte Steiglein in üppigem Grün. Die nächste Markierungsstange anpeilend umgehen wir Sumpflöcher und balancieren über federnde Moospolster, aus allen Richtungen attackiert von wütenden Stechmücken. Sonderlich weit sind wir nicht gekommen, als sich nach einem heftigen Donnerschlag die Schleusen des Himmels öffnen. Zu plötzlich, um rechtzeitig die Regensachen aus dem Rucksack zu zerren. Inmitten der Sümpfe das Zelt aufbauen und abwarten macht keinen Sinn, tropfnass weitergehen ebenso. Wir kehren um, was sich im Nachhinein als richtige Entscheidung erweist.

Es folgen zwei Tage mit Dauerregen und Sturm, während denen wir Zeit haben, über eine bessere Taktik nachzudenken. Mittlerweile erscheint uns die längere Route wesentlich günstiger. Sie beginnt 250 Meter höher im Fjell, an der Straße nach Kjøllefjord, führt in direkter Linie nach Norden, mit geringeren Höhenunterschieden und hoffentlich ohne Sumpfpassagen. Grimmig entschlossen verlegen wir unser Quartier auf eine Schotterfläche neben der kaum befahrenen Straße – und warten. Tag und Nacht zerfließen in gleichmäßigem Grau, das Barometer macht Bocksprünge. Und dann geht es wieder ganz schnell. Am zweiten Abend reißen gegen 18 Uhr von Westen Löcher in die Wolkendecke, eisiger Wind fegt den Himmel blank. Jetzt oder nie, die Rucksäcke sind gepackt! Wie von der Kette gelassen stürmen wir los, wollen »in einem Rutsch« so weit wie möglich vorankommen. Beim Blick von der ersten Kuppe wird die Illusion von einem »glatten Durchmarsch« unverzüglich auf realistisches Niveau gedimmt. Ewig weit entfernt, dort wo die Erde mit dem Himmel zusammenstößt, ist die platte Landzunge zu erkennen, an deren Ende der Nordkinnzacken in die Barentssee ragt. Zwischen hier und dort wellt sich eine Steinwüste, in der sich Zeit und Raum neu definieren und zwei kleine Menschen zur Bedeutungslosigkeit schrumpfen. Stunde um Stunde balancieren wir hoch konzentriert über kantige, runde, wacklig aufeinander geschichtete oder fest im Boden steckende Steine, steigen auf und ab, umrunden Seen und Senken – und überprüfen regelmäßig mit dem GPS-Gerät den einzuhaltenden Nordkurs. Heute und morgen gehen ineinander über. Wir bewegen uns mechanisch, wie in einem Rausch. Gegen Mitternacht verlieren sich die Konturen vor der tief im Norden stehenden Sonne. Allmählich wäre ein Platz zum Schlafen recht. Doch jeder grüne Fleck, den wir hoffnungsvoll ansteuern, ist entweder zu steinig oder nass wie ein Schwamm. Als wir schließlich kurz vor vier Uhr auf einem Grasstreifen am Ufer des Sandfjordelva (Elv = Fluss) das Zelt aufbauen, steht die Sonne hoch am Himmel.

Es wird Mittag, bis wir aus dem Tiefschlaf erwachen und wieder aufbrechen. Das Zelt bleibt stehen, weit und breit gibt es keine Menschen. Nur einige Wenige begeben sich auf den beschwerlichen, insgesamt 60 Kilometer langen Weg – und jedem Einzelnen davon sollte bewusst sein, dass er in diesem sensiblen Ökosystem allenfalls als kurzfristiger, rücksichtsvoller Gast tolerierbar ist. Zwei Rentiere mustern aus sicherer Distanz die beiden ungeschickten Besucher, die ständig einem Gelege zu nahe kommen und von den großen Raubmöwen mit Kreischen und Sturzflügen attackiert werden. Kleinere Vögel versuchen, uns mit der Lockvogel-Nummer vom Nachwuchs fernzuhalten, simulieren eine Verletzung und humpeln jammernd am Boden. In windgeschützten Mulden hingegen werden wir freudig begrüßt von ausgehungerten Stechmücken. Zwischen groben Steinen ducken sich zarte Pflanzen, sogar ein paar Blüten recken die Köpfe. Das Leben am Limit ist erstaunlich vielfältig. Nach vier Stunden gegen den Wind stehen wir endlich dort, wo von drei Seiten das Meer rauscht.

Markierungszeichen sind rar in der Steinwüste um das Nordkinn. Da sind Kompass, GPS-Gerät und klare Sicht beruhigend und hilfreich, um nicht vom Nordkurs abzukommen.

Geradeaus sind es 2.100 Kilometer zum Nordpol, »daheim« ist laut GPS 2.750 Kilometer Luftlinie entfernt. Wir sind zu ausgelaugt für euphorische Ausbrüche, eher erleichtert. Über Monate hatte die fixe Idee, dieses Ende Europas zu erreichen, Planen und Denken dominiert, war Quell von Vorfreude und Zweifeln. Jetzt sind wir frei für neue Träume und können mit offenen Sinnen die Reise nach Süden antreten.

Über-Blick vom Gipfel des Slogen. Die schroffen Klötze der Sunnmørsalpen überragen um gut 1500 Meter den tiefblauen Hjørundfjord. Bergsteigen ist hier noch ein ursprüngliches Abenteuer.

Südkurs

Zwei Wochen, viele Kilometer, Bilder und Erlebnisse. Unser Bus schnurrt dahin wie eine gut geölte Nähmaschine. Karasjok, die Haupt'stadt' der norwegischen Samen, Ortsschilder, die bloß eine Straßenkreuzung mit Tankstelle und Supermarkt bezeichnen, die steinzeitlichen Felszeichnungen bei Alta, der spiegelglatte Lyngenfjord vor den Gletscherbergen der Lyngenalpen, Narvik im Dauerregen. Die Inselwelt der Vesterålen ist in feuchtes Grau gehüllt. Wer nach Norwegen reist, muss mit wechselhaftem Wetter rechnen. Unsere Glückssträhne hat ohnehin außergewöhnlich lange gehalten. Aber so kurz vor den Lofoten möchte man sich nicht wirklich mit einem fetten Skandinavientief abfinden. Nach zwei trübsinnigen Tagen im Nieselregen erwägen wir auf der Lofoteninsel Austvågøya die baldige Überfahrt zum Festland. Doch über Nacht kommt die Sonne zurück, brennt gegen vier Uhr früh von einem blank gefegten Himmel. Raus aus der Koje! Wer weiß, wie lang der Zauber anhält. Noch können wir nicht ahnen, dass wir mitten drin sind in einem norwegischen Jahrhundertsommer, dem besten seit Beginn der Wetteraufzeichnungen vor 105 Jahren. Als wollte der Polarkreis mit dem Äquator tauschen. Wanderungen, Fahrradtouren, Ausflüge zu karibisch weißen Sandstränden, die Tage auf den Lofoten übertreffen die kühnsten Erwartungen. Und die Abende enden selten vor Mitternacht. Die Norweger behaupten: »Im Sommer mögen vielleicht die Leute im Süden ins Bett gehen. Wir schlafen erst im Winter wieder aus.« Ein Lebensrhythmus, der allmählich auch die Gäste infiziert. Der Nachbar am Campingplatz hat jede Menge Fische gefangen und schenkt uns einen Teil der Beute. Aus Dankbarkeit helfen wir ihm bei der Dezimierung seines Weinvorrats. In einem Sommer wie diesem finden sich immer Gründe für gesellige Runden.

Zurück auf dem Festland halten wir uns abseits der viel befahrenen E 6, der klassischen Route der Nordkap-Aspiranten, und möglichst nahe an der Küste. Was gut zwanzig Fährpassagen über Fjorde mit sich bringt – und auch als temporärer Seefahrer schlägt sich unser Bus-Veteran souverän. Inzwischen ist es Mitte August, ein Hauch von Herbst liegt über den Hochebenen und Bergflanken. Mit jedem Kilometer südlicher vom Polarkreis wird es nachts früher und länger dunkel. Aus den putzigen Lämmern, die Ende Juni überall im Land um ihre Mütter wuselten, sind stämmige Jungschafe geworden.

Bei Hellesylt am Ausgang des berühmten Geirangerfjords biegen wir nach Nordwesten ab ins Norangsdalen. Eine Fremdenverkehrsbroschüre hat neugierig gemacht auf die Berge um den Hjørundfjord. Hinter dem Einschnitt des »engsten Tales

Norwegens« tauchen bald die ersten Vertreter der Sunnmørsalpen auf. Au weh, das sind Brocken! Während ein »nur« 1.500 Meter hoher Berg in den Alpen meist als Wandermugel gilt, sind diese schroffen Zapfen, die am Fjord – also auf Null – anfangen, echte 1.500 Meter hoch. Ein Höhenunterschied, der bei einer normalen alpinen Tagestour eher selten an einem Stück zu bewältigen ist. Dazu kommt, dass auf norwegische Gipfel üblicherweise keine breit angelegten, markierten oder gar gesicherten Steige führen. Bergsteigen ist hier noch ein ursprüngliches Abenteuer, wie es in den rundum durchorganisierten Alpen kaum mehr möglich ist. Womit wir wieder in einer Gegend gelandet wären, in der man einen kompletten Urlaub verbringen möchte. Wie die Nachbarn auf dem familiären Campingplatz in Urke, die seit mehreren Jahren hierher kommen und großzügig Insider-Wissen, Wein und frisch gefangene Fische mit uns teilen. Es folgen strahlend schöne Bergtage, die in der Erinnerung so manche grauen Werktage der Zukunft aufhellen werden. Der Aufstieg zum Saksa durch feuchtschwülen Nebel. Das überirdische Gefühl, über dem Nebelmeer in praller Sonne – und irgendwie über allem – zu stehen. Die kompromisslos steile Direttissima auf den Slogen, der um 400 Höhenmeter weiter aufragt als die Matterhorn-Nordwand. Daheim kennt keiner die prächtige Pyramide, hier ist sie eine unter vielen spektakulären Berggestalten. Nur schleppend vorwärts geht es während der Wanderung durch das idyllische Langseterdal. Millionen vollreifer Beeren locken vom holprigen Pfad. Rot und braun bemützte Pilze drängen sich geradezu auf. Ein farbenprächtiges Schlaraffenland, dem in wenigen Wochen schon der Winter das Licht abdrehen wird.

Sognefjord, Hardangerfjord, Setesdal, Lysefjord, Stavanger – »Norwegen Süd«, die letzte unserer Straßenkarten ist nun im Einsatz. Nachdem wir – vor »ewig« langer Zeit – am nördlichsten Festlandsleuchtturm Norwegens waren, halten wir es für angebracht, auch den südlichsten zu besuchen. Am Parkplatz vor Lindesnes fyr, unter einem Schild, das 2.518 Straßenkilometer zum Nordkap anzeigt, wird in einer vorgezogenen Siegerehrung »the very old car« abgelichtet und schwer gelobt. Der wackere Reisegefährte hat alle Spötter beschämt. Und als wir eine Woche später vor der Haustür am Tegernsee ankommen, hat er hin und zurück genau zehntausend und einen Kilometer abgenudelt. Wenn das kein gutes Omen für weitere gemeinsame Exkursionen ist.

Die wilden Gletscherberge der Lyngenalpen haben westalpines Format.

Am Ende einer langen Reise: Lindesnes fyr, der südlichste Leuchtturm des norwegischen Festlandes. Aus den Lämmern wurden inzwischen stämmige Jungschafe.

Weiße Flecken in Patagonien

Skiexpedition zum Volcan Lautaro

VON FOLKERT LENZ

Endlose Weite garantiert: Der Volcan Lautaro (ca. 3600 m) thront inmitten des Südlichen Patagonischen Inlandeises.

Alle Fotos: Folkert Lenz

Ganz unten. Tief im Bauch. Da spürt man sie als erstes: Die patagonischen Orkanböen. Eine winzige Luftdruckveränderung, für die der Mensch eigentlich gar kein Organ hat. Wenn es da drinnen aber ganz leise zwickt, bleiben nur noch ein oder zwei Sekunden Zeit. Dann scheint sich die Riesenschaufel eines gigantischen Radladers einfach auf das Zelt zu schieben. Der Sturm versucht, das Gestänge fast bis auf den Boden zu pressen. Die raureifverzierte Nylonbahn legt sich über Rucksäcke, Küchenutensilien und das Gesicht der Insassen. Wütend reißen die Böen noch ein paar Mal an den Befestigungen des Iglus. Dann erlahmen die Kräfte des Windes für wenige Momente.

Ruhig weiter atmen, heißt es dann. Und hoffen, dass die zerbrechliche Behausung noch ein bisschen durchhält. Man mag sich kaum rühren im Schlafsack. Hosen und Anorak bleiben in diesen Stunden am Körper. Für den Fall des Falles… Nicht auszudenken, wenn die Zeltleinen reißen. Sie sind schon jetzt gespannt wie Drahtseile – genau so wie die Nerven.

Ein kurzer Blick nach draußen: Es ist ein unwirtlicher Platz für ein Camp. Die Mittelmoräne des Marconigletschers ist übersät mit Geröll und Felsbrocken. Nasser Schnee legt sich Zentimeter für Zentimeter über Steine, Schlamm und gluckernde Rinnsale mit Schmelzwasser. Eigentlich wollten wir unser Lager 500 Meter höher auf dem Kontinentaleis aufstellen. Doch der Orkan, der sich auf den weiten Flächen des Südlichen Patagonischen Inlandeises austobt, hat uns einfach wieder ins Tal geweht. Damit schwindet auch die Hoffnung auf ein zügiges Weiterkommen zu unserem Expeditionsziel, dem Volcan Lautaro.

Vor fünf Tagen haben wir uns auf den Weg gemacht. Das Projekt: So etwas wie die Suche nach der Terra incognita, der unbekannten Erde. Die gibt es auf diesem Globus zwar längst nicht mehr, aber wir wollen sie trotzdem finden. Es ist einer der letzten weißen Flecken auf der Erdkugel, den wir ansteuern. Das Südliche Patagonische Inlandeis ist die größte Gletscherfläche außerhalb der Polargebiete. Sie liegt fast am unteren Zipfel Südamerikas. Die Grenze zwischen Chile und Argentinien läuft über diese Hochfläche. Auf Hunderten von Kilometern wohnt kaum ein Mensch in dieser Region zwischen den chilenischen Fjorden und der argentinischen Pampa. Mitten aus diesem Mega-Gletscher wächst ein Koloss heraus: das Lautaro-Massiv. Ein Berg, in Alpinistenkreisen praktisch unbekannt. Die Höhe wird meist mit 3.380 Metern angegeben. Dieser Wert stimmt nicht, werden wir später feststellen. Auf die Spitze des Volcan Lautaro haben bislang nur wenige Menschen einen Fuß gesetzt. An den technischen Schwierigkeiten liegt das kaum, eher an der Abgeschiedenheit. Wer dorthin will, der muss zäh sein. Ein tagelanger Anmarsch mit Ski ist nötig, Expeditionen sind völlig auf sich gestellt. Genau so haben wir es gewollt: Georg Schmitz, Karsten Hübener und Folkert Lenz vom Alpenverein aus Bremen. Dazu hat sich der Hamburger Jan Braukmeier gesellt. Ein Quartett von Norddeutschen auf dem Weg in die Einsamkeit.

Eine knappe Woche zuvor: Grün gefiederte Papageien im Schneeregen. Sie schwärmen kreischend durch den Südbuchenwald. Vor ein paar Stunden haben wir El Chalten verlassen, ein boomendes kleines Bergdorf am Rande der Pampa und Ausgangspunkt für Touren in den argentinischen Nationalpark Los Glaciares. Die Ansammlung der paar Dutzend Häuser ist eine der wenigen Siedlungen in der Nähe des Inlandeises. Den Marsch zur Piedra-del-Fraile-Hütte könnte man als lieblich bezeichnen. Spechte klopfen, ein aufgescheuchtes Stinktier richtet seinen buschigen Schwanz drohend auf und trollt sich dann ins Unterholz. Weißer Rauch quillt aus dem Schornstein des kleinen Holzhäuschens mit dem roten Blechdach. Piedra del Fraile ist der letzte Posten der Zivilisation. Hier findet sich auch das letzte weiche Grün unter den Bergschuhsohlen. Dahinter kommt das »echte« Patagonien: Ein ungemütlicher Landstrich. Karg, kalt, öde und menschenleer. Eine einzelne Blume im Gestrüpp blinkt feuerrot. Dann nur noch Geröll und Schutt, Fels und Eis – und Wind!

Schon die Ureinwohner Südamerikas haben von einem Vulkan irgendwo in den Weiten Patagoniens berichtet. Seefahrer, die in den Fjorden und Kanälen an der Südspitze des Kontinents unterwegs waren, sollen mehrfach Ascheregen erlebt haben. Es ist wohl auch kein Zufall, dass die Tehuelche die Felsspitze des Fitz Roy bis heute »Chalten« nennen: den »Berg, der raucht«. Doch der Fitz Roy ist bekanntlich ein Monolith aus Granit. Er und seine Nachbargipfel wie der Cerro Torre kommen als Ursache für die vulkanischen Phänomene nicht in Frage. Expeditionen, die sich 1933 und Ende der 50er Jahre in den abgelegenen Landstrich wagten, stießen zwar auf Bimsstein und Aschereste. Doch woher diese stammen könnten, blieb weiter ein Rätsel. Klar schien nur: Irgendwo auf dem Plateau des Hielo Continental, des Inlandeises, musste ein Vulkan stehen. Aber wo?

Erst die britische Himalaya-Bergsteigerlegende Eric Shipton kam dem Geheimnis auf die Spur. Im Südsommer 1959/60 brach er ins patagonische Eis auf. Auf Luftbildern hatte der abenteuerlustige Alpinist zuvor die mutmaßliche Ursache für die Gerüchte über einen versteckten Vulkan ausgemacht. Shipton überquerte den Südarm des San-Martin-Sees und stieg mit drei Begleitern den O'Higgins-Gletscher hinauf. Zu seiner Überraschung entdeckte er eine riesige Rauchsäule über den Bergen. Nach einer Woche weiteren Anmarsches über das Eis sah er den Felsgürtel des Cordón Pio XI, wie das Areal gelegentlich auch genannt wird.[1] »Die Nordflanke des höchsten Berges, des Cerro Lautaro, wies unterhalb des Gipfels einen dunklen Spalt auf, aus dem ständig Dampf

Erst die Arbeit: Lastentransport über Felsen und Moränen.

Dann das Vergnügen: Anstieg zum Inlandeis über die schuttbedeckte Zunge des Marconi-Gletschers.

Willkommene Fluchtburg: Refugio Gorra Blanca, ein Unterstand chilenischer Gletscherforscher.

[1] nach einem Bericht aus: Alpine Journal; 1960; S. 166-174.

Auf allen Vieren: Der Orkan am Gipfel macht das Stehen unmöglich.

entwich. Am nächsten Tag erlebte er den Aschenauswurf, wodurch ein großer Teil der umliegenden Gletscher schwarz eingefärbt wurde.«[2]

Steigeisen statt Ski: Materialwechsel am Fuße der Lautaro-Ostflanke.

Es dauerte aber noch ein paar Jahre, bis der erste Mensch den Gipfel des geheimnisvollen Vulkans betrat. Am 29.01.1964 erreichten der Argentinier Luciano Pera und der Slowene Pedro Skvarca die Spitze des Lautaro, nachdem sie mit Ski vom Marconipass aus gestartet waren. Ihr Anstieg führte über die Südflanke des Berges, hinab ging es über die Ostwand. »Eine märchenhafte Welt tut sich zu unseren Füßen auf. Unterhalb der Wolken aus Rauch und Dampf, die aus kleinen Schloten quellen, teilen sich die riesigen Eisströme, die in die chilenischen Fjorde zum Pazifischen Ozean hinab fließen«, berichtet Skvarca später.[3]

Erst im März 1973 bekommt der Gipfel erneut Besuch: Von den Briten Mike Coffey, Leo Dickinson und Eric Jones sowie dem Argentinier Ernesto O´Reilly. Die dritte Besteigung kann ein chilenisches Team für sich reklamieren. Die fünfköpfige Mannschaft erreicht den Volcan Lautaro über eine neue Route durch die Westwand im Februar 1986. Danach fällt das Massiv für mehr als ein Jahrzehnt in den Dornröschenschlaf. Seit dem Beginn dieses Jahrtausends aber ist das Interesse wieder geweckt. In nahezu jedem Jahr versuchen acht bis zehn Menschen, das Ziel zu erreichen, ist den Aufzeichnungen im Nationalparkbüro in El Chalten zu entnehmen. Die Erfolgsquote aber sei niedrig, erklären die Ranger auf Nachfrage schmunzelnd. Das Wetter…

Der Anmarsch zum Patagonischen Inlandeis ist auch in modernen Zeiten ein hartes Stück Arbeit. Von der Straße bis zur Hochfläche des Kontinentalgletschers sind es zwar nicht viel mehr als 20 Kilometer. Doch die Route führt über Geröllhänge und Schutt, manchmal durch dürres Heidegestrüpp oder über felsige Kletterstellen, später über blankes Eis, dreckige Moränenwälle und eine steile Firnflanke. Fast nie ist ein Pfad sichtbar während des Aufstiegs. Wer sollte ihn auch austreten? Zwischen 50 und 60 Kilogramm Gepäck pro Person müssen zum Gletscher transportiert werden. Nur für die ersten Stunden können wir uns ein wenig Erleichterung verschaffen und die riesigen Packsäcke auf Pferde verladen.

Ab der Piedra-del-Fraile-Hütte müssen die Lasten dann auf den eigenen Schultern weiter bewegt werden. Vier, fünf oder sechs Stunden läuft das Team in Richtung Gletscher. Dann werden die voll gestopften Rucksäcke oder Kraxen abgeladen. Vom Gepäckdepot geht es zügig zurück ins Camp. Am folgenden Tag wandern Zelte, Kocher, Schlafsäcke und Nahrungsmittel bis an die Spitze der Etappe zum nächsten Lager. Am Tag danach verfrachten wir das zurückgelassene Equipment nach vorn. Wie eine Raupe, die sich zusammenzieht oder streckt, bewegt sich unser kleines Grüppchen so durch die Landschaft. Ein mühsames Geschäft – vor allem, wenn die Lastschlitten auf dem Rücken transportiert werden müssen. Dann zerren die Windböen heimtückisch an den orangefarbenen Plastikschüsseln und rütteln den Träger ordentlich durch. Keine Helfer, keine Unterstützer gibt es für unsere Kleinexpedition. Jeder ist sein eigener Lastesel.

So ist die Freude groß, als wir den ersten Schnee erreichen: Endlich können wir Ski und Schlitten, die so genannten Pulkas, ein-

[2] Gino Buscaini/Silvia Metzeltin: Patagonien – Traumland für Bergsteiger und Reisende; S. 204-207; 1990; München; Bruckmann-Verlag.
[3] nach einem Bericht aus: La Montaña; 1965; S. 81.

setzen. Bald trennt uns nur noch ein vergletscherter Steilhang vom Marconipass, dem Zugang zum Inlandeis. Die Alpinistenseele freut sich: Endlich geht es mal richtig bergan. Vielleicht deswegen lässt die Vorsicht nach. Die Ski schieben sich über den leidlich gefrorenen Firn, der die Gletscherstufe bedeckt. Plötzlich: Der Letzte am blauen Bergseil ist verschwunden: Der erste Spaltensturz – doch ohne Blessuren.

Weiter oben am Hang packt uns der Orkan. Die Wolkenwalze, die seit Tagen über dem Pass hängt und immer wieder eine weiße, dünne Nebelzunge gen Talboden ausstreckt, hätte uns Warnung genug sein müssen. Als wir das schützende Lee verlassen und die Ebene des Inlandeises erreichen, kapitulieren wir. Die Böen sind so stark, dass wir selbst 30 Kilogramm schwere Lastsäcke mit Eisschrauben am Boden fixieren, als wir sie zurücklassen. Zu groß ist die Sorge, dass die Macht des Sturms sie gen Tal pustet. 400 Meter tiefer errichten wir auf der Mittelmoräne des Marconigletschers ein behelfsmäßiges Lager und durchleben eine zittrige Nacht.

Am übernächsten Morgen: Das Wetter ist kaum besser. Aber es hält uns nicht länger in den Schlafsäcken. Die Schneeschauer scheinen vorüber, es drängt uns Richtung Marconipass. Droben wird der Sturm zum Orkan. Was für eine Wucht! Meter für Meter Kampf am verschneiten Hang. Immer häufiger ein Stopp. Die Böen reißen Menschen um, wirbeln Schlitten oder gleich die ganze Seilschaft durcheinander. Am Nachmittag ist die Ebene des Hielo Continental erreicht. Doch das Inferno in der Kälte ist hier nur noch schlimmer. Was ausbleibt, ist die Stille zwischen den Orkanstößen. Ohne Ende heult der Wind – kein Innehalten, auch nicht für Sekunden. Eingepackt von Kopf bis Fuß, lösen wir das letzte Materialdepot auf und verladen die gesamte Ausrüstung in Schlitten und Rucksäcke, bevor wir losziehen. Die Kapuzen zugezogen, die Gesichter vermummt bis zur Nasenspitze: Wir wollen dem Frost keinen Quadratzentimeter nackte Haut präsentieren. Die Temperaturen liegen zwar nur wenige Grad unter dem Nullpunkt. Doch der Sturm würde in wenigen Minuten Erfrierungen hervorrufen. Die patagonische Eiswüste zeigt uns ihre kalte Schulter.

Ein weiteres Problem: Das Eis ist nur wenig von Schnee bedeckt. Der tagelange Sturm hat den Untergrund förmlich abgefräst. Wir können das Nachtlager nicht eingraben und von der Oberfläche »abtauchen«, um den Böen zu entgehen. Und wie sollen wir die Zelte fixieren? Guter Rat ist teuer. Das Inlandeis wollen wir nicht mehr verlassen. Aus Beschreibungen eines Journalistenkollegen weiß ich, dass wenig abseits unseres Weges die Refugio Gorra Blanca liegen muss. Wir versuchen, den Unterstand des chilenischen Institutes für Gletscherforschung zu finden. Schließlich erspähen wir den tonnenförmigen Bau auf einer Felsrippe: Ein Gestänge, durch LKW-Planen und meterbreite Blechstreifen zu einer schützenden Behausung veredelt. Ein Dosenöffner für die Riesenkonserve wäre hilfreich, denn das Ding besitzt keine Türen oder Luken. 90 Minuten dauern unsere hilflosen Einbruchversuche, bevor wir uns irgendwie durch die Blechhülle zwängen können. Im Inneren sind Ähnlichkeiten mit einer Müllhalde zu erkennen. Doch immerhin bleibt der Wind ausgesperrt. Das Hüttchen scheint Bergsteigern öfter als Fluchtpunkt zu dienen. Die Gemütlichkeit hält sich mangels Heizung in Grenzen: Bei minus vier Grad gehört die Daunenjacke zwingend zur Garderobe beim Abendessen.

Aussitzen? Von wegen! Das lausige Wetter hindert uns auch am nächsten Tag nicht, weiter Richtung Lautaro zu gehen. Hinein also in die Wolken! Über eine Woche sind wir unterwegs und haben unser Ziel noch nicht mit eigenen Augen gesehen. Dafür lernen wir nun das berüchtigte White Out kennen – diesen Zustand in Schnee und Nebel, in dem der Mensch nicht weiß, ob es bergauf oder bergab geht, ob er sich bewegt oder ob er steht. Bis in drei Meter Höhe treibt der Wind den Schnee vor sich her, den er aus den weißen Dünen herausgerissen hat. Dazwischen Wolkenfetzen. Die Sicht reicht bis-

Im Schatten der Monolithen: Cerro Torre und Fitz Roy grüßen über das Inlandeis.

Sicher ist sicher: Schneeschippen vor dem Sturm.

Mobiler Hausstand: 60 Kilogramm Gepäck pro Person müssen bewegt werden.

weilen kaum bis zum Ende der Seilschaft. Wir nehmen Kurs auf die südliche Ecke des Cordon Gaea, der letzten Bergkette vor dem Lautaro. So biegen wir ein in die endlos erscheinende Weite des Inlandeises. Allein Kompass und Satellitennavigationsgerät weisen uns in diesen Tagen den Weg durch den Coredor Hicken. Zwei schnurgerade Spuren hinterlassen wir mit unseren Ski, immer einem imaginären Pfad folgend. Schräg links vor uns muss irgendwo unser Ziel liegen. Doch rund um die Skispitzen ist selten mehr als ein großes, weißes Nichts. Der Lautaro: Vielleicht ist er ja doch nur ein Gespinst, ein Gerücht?

Die Reise über das Eis ist ein Lauf nach der Uhr. Sieben, acht oder neun Stunden am Tag geht es voran. Am Abend wird das Camp errichtet – wo, das ist fast egal. Denn auf der topfebenen Fläche macht es keinen Unterschied, ob das Lager einen Kilometer früher oder später entsteht. Dann das anstrengende Ritual: Ein sicherer Rastplatz muss her. Mit der großen Schaufel wird eine Lage festen Schnees abgestochen und in Würfel geschnitten, so dass wir daraus eine Mauer bauen können. Rund anderthalb Meter hoch ist der nötige Windschutz später. In der ovalen »Zeltgarage« verankern wir den Iglu und das Tunnelzelt. Das Mauerstapeln ist ein Knochenjob. Immer wieder treibt der pfeifende Wind Schneekristalle in Kragen und Ärmel. Anderthalb Stunden dauert es meist, bis wir uns ins Zeltinnere zurückziehen können.

Die Tage sind gleichförmig, aber nicht eintönig. Trotzdem: Abwechslung in der Landschaft gibt es kaum. Ein riesiges weißes Plateau erstreckt sich in alle Richtungen – egal, wohin der Blick wandert. In der Ferne sind bisweilen felsige Spitzen zu erkennen, die den kontinentalen Eisschild begrenzen. Das Südliche Patagonische Inlandeis ist etwa 360 Kilometer lang und zwischen 50 und 80 Kilometer breit. Mitten darauf: Wir vier winzigen Punkte. Es war der Wunsch nach Einsamkeit, der uns hierher gelockt hat. »Antarktis für Arme«, so scherzen wir manchmal, weil wir uns den Trip Richtung Südpol wohl nie werden leisten können. Die Unerforschtheit der Region war weiterer Reiz. Zur Vorbereitung dienten ein paar Fotos, historische Expeditionsberichte, alte Luftaufnahmen. Landkarten gibt es von dieser Ecke der Erde keine – und das, obwohl Chile und Argentinien heute im Maßstab 1: 25.000 kartografiert sind. Doch nicht einmal das Militär der beiden Länder hat sich die Mühe gemacht, die eisige Wüste genauer zu vermessen. Obwohl es reichlich Streit um den Grenzverlauf auf dem Hielo Continental gegeben hat. So ist das patagonische Inlandeis bis heute ein »weißer Fleck« im doppelten Sinne.

Endlich: Nach über einer Woche Anmarsch erreichen wir unser »Basislager«. Am Vortag war uns schon ein erster Blick auf das Lautaro-Massiv vergönnt gewesen. Es ist ein Gigant der über dem Eis thront. 15 Kilometer breit ist das Massiv – ein Berg vom Kaliber des Mont Blanc. Mit Tele-Objektiv und Fernglas studieren wir die möglichen Anstiege. Doch welche der beiden markanten Spitzen ist die höhere? Schließlich erklären wir die rechte Erhebung zum Gipfel und steuern sie an. Nur zwei Dinge bereiten uns noch Sorge: Eine riesige Querspalte versperrt offenbar den direkten Weg nach oben. Und ohnehin kommt ein schneller Start nicht in Frage. Der Gipfel hat sich eine flauschige, weiße Wolkenkappe aufgesetzt. Das linsenförmige Gebilde mahnt: Droben brüllt schon wieder der patagonische Orkan. Dort haben Menschen in diesen Stunden nichts verloren. Warten gehört zum Expeditionsalltag an diesem Zipfel der Welt.

Auf rund 1.750 Meter Höhe liegt unser Camp. Besonders hohe und starke Schneemauern machen den Platz zu einer kleinen Bastion. Wir richten uns darauf ein, den Lautaro hier mehrere Tage zu belagern. Doch das Wunder geschieht am dritten Morgen. Um kurz vor fünf ein überraschender Blick gen Gipfel: Am Himmel nicht ein Wölkchen, kein Lüftchen regt sich. Das ewige Sausen des Windes: Einfach verschwunden! Fahl und gelb geht die Sonne auf. Schnell haben wir die Ski untergeschnallt und sind im Dämmerlicht an den Hängen des Volcan Lautaro unterwegs. Zwölf Kilometer sollen es noch bis zum Gipfel sein – so sagt es das GPS-Gerät. Der hart gefrorene Firn knirscht unter den Steigfellen. Bei den ersten Gletscherspalten bleiben die Ski zurück. Eine spätere Abfahrt durch den Eisbruch wäre viel zu riskant. Auf Lawinenresten und Schutt von abgebrochenen Seracs können wir die vermeintlichen Barrieren überraschend einfach passieren. Dann die steile Eisflanke, die über die Ostwand gen Gipfel führt. Wir sichern ein paar kurze Seillängen, denn mit jedem Schritt in die Höhe wird der Wind nun wieder stärker. Tief beugen wir uns über die Eispickel, immer auf der Suche nach dem Gleichgewicht. Die Bärte sind voller Raureif. Der Orkan presst die Luft in die Lungen, das Zwerchfell schmerzt. Ausatmen wird fast unmöglich.

Dabei will und will der Berg kein Ende nehmen. Rätselraten: Wie weit geht es noch hinauf? Die offizielle Marke von 3.380 Metern ist längst überschritten, doch eine Kuppe auf dem Gipfelrücken reiht sich an die nächste. Über 3.600 Meter hoch ist die Spitze am Ende – so sagen es später alle Messgeräte. Ein messerscharfer Grat führt schließlich zum höchsten Punkt des Berges. Doch dieser Balanceakt bleibt aus. Zu groß ist die Gefahr, in eins der Couloirs hinabgeweht zu werden. Die letzten Meter: Krabbeln auf allen Vieren. Stille Freude dann im tosenden Sturm auf der Südwestspitze. Der Blick schweift über grün-blaue Fjordarme, die tief drunten auf der chilenischen Seite zum Pazifik hinausführen. Richtung Argentinien – so meint man – ist in der Ferne der Rand der staubigen Pampa zu erkennen. Zu unseren Füßen: Eis in jeder Richtung, über Dutzende von Kilometern. Selbst von hoch oben kann man die Ausmaße des Kontinentaleises nur erahnen.

Ein schneller Abstieg füllt den Nachmittag. Nach 13 Stunden kehren wir ins Basislager zurück – erschöpft, aber zufrieden. Der Lautaro hat sich wieder eine dunkle Wolkenmütze übergestülpt. Auf der Gletscherhochfläche ist es friedlich – noch. Nur ein bisschen Schnee rieselt aufs Zeltnylon. Am dunkelgelben Horizont wachsen die Granitnadeln von Fitz Roy und Cerro Torre in den Himmel: Scheinbar nah, doch Tagesreisen auf Ski entfernt. Eine knappe Woche dauert der Rückmarsch gen Zivilisation an den legendären Bergriesen vorbei. Hinter dem Paso del Viento – dem Pass des Windes – ein bisschen Grün unter den Schuhen. Später ein Schmetterling und surrende Bremsen über der Heide. Die ersten Gerüche seit Langem, der Wald riecht scharf und würzig! Hunger macht sich breit – auch auf die Begegnung mit Menschen.

Gewichtiger Abschluss: Fast drei Tage dauert der Rückweg in die Zivilisation.

Gaby Hupfauer

Berge – eine Leidenschaft fürs ganze Leben

VON GABY FUNK

Gaby Hupfauer ist seit früher Kindheit eine begeisterte Bergsteigerin. Sie teilt diese Leidenschaft mit ihrem Mann Sigi Hupfauer, der schon als junger Bergsteiger international bekannt wurde. Gaby wurde zur erfolgreichsten deutschen Höhenbergsteigerin – in einer Zeit, in der allein schon die Organisation einer Expedition ein zeitaufwändiges Abenteuer war.

Eigentlich hätte es ein Moment tiefsten Glücks für Gaby Hupfauer sein können, als sie an jenem 16. August 1986 um 17.30 Uhr mit ihrem Mann Sigi den Gipfel des Broad Peak (8047 m) im Karakorum erreichte. Es war schließlich ihr erster Achttausender. Sie hatten den Gipfel zudem in einer dreitägigen Blitzaktion ab dem Basislager auf dem Godwin-Austen-Gletscher mit nur zwei Hochlagern bestiegen, und sie durften stolz darauf sein, es trotz der schlechten Verhältnisse im alpinen Stil, ohne Hochträger und natürlich auch ohne künstlichen Sauerstoff geschafft zu haben. Die Gipfeletappe war mit über 1000 Höhenmeter und viel Schnee dementsprechend lang und anstrengend. »*Sigi hat mich damals sogar wegen meines Tempos gelobt*«, sagt sie und lacht. »*Die Glücksgefühle waren am Gipfel aber sehr gedämpft. Nach so einem anstrengenden Aufstieg ist man so erschöpft, dass man oben am Gipfel zunächst nur froh ist, nicht mehr weiter aufsteigen zu müssen. Und es war bereits später Nachmittag, dabei verlangt der schwierige Abstieg noch viel Energie und volle Konzentration. Ich kann mich aber noch gut an den Blick vom Mittelgipfel erinnern. Dort konnte ich zum ersten Mal die Krümmung des Horizonts sehen. Das war sehr beeindruckend*«, erzählt Gaby und fügt hinzu, dass die Situation damals insgesamt schwierig gewesen sei: Acht Tage lang hatte es zuvor geschneit und gestürmt, das kleine Expeditions-Team, bestehend aus Gaby und Sigi, ferner Karl Faßnacht, einem jungen Freund aus ihrer DAV-Sektion Neu-Ulm, sowie Michl Dacher, der insgesamt auf zehn Achttausendern stand und 1994 im Alter von nur 61 Jahren daheim verstarb, mussten untätig im Basislager sitzen und warten. Die Zeit lief ihnen davon…Hinzu kamen schlechte Nachrichten aus dem Basislager des K2, die die Stimmung stark drückten: Seit Tagen gab es keine Meldung mehr von mehreren Teams, die auf über 8000 Meter Höhe im Sturm festsaßen, darunter Kurt Diemberger, dessen Berggefährtin Julie Tullis sowie Willi Bauer. Kurz vor ihrem Aufbruch sollten sie erfahren, dass nur Diemberger und Bauer überlebt hatten. In diesem »schwarzen Sommer« starben insgesamt 13 Menschen am K2, darunter drei Frauen, nämlich Julie Tullis, die starke polnische Bergsteigerin Dobroslowa »Mrufka Wolf« sowie Liliane Barrard, die zusammen mit ihrem Mann Maurice Barrard bereits im Juni beim Abstieg ums Leben gekommen war. Ferner starb damals auch der italienische Spitzenbergsteiger Renato Casarotto am K2. *»Das war alles so schrecklich. Und dann waren auch die Verhältnisse schlecht – da denkt man schon darüber nach, ob man einen Gipfelversuch tatsächlich verantworten kann, wenn daheim eine Tochter ist, die auf ihre Eltern wartet«*, sagt Gaby. *»Das hat man immer im Hinterkopf, wenn man als Paar unterwegs ist. Da reizt man dann die Grenzen auch nie bis zum Äußersten aus«*, fügt Sigi hinzu. *»Ich wusste immer ganz genau, was ich Gaby zumuten kann.«*

Michl Dacher war am Gipfeltag vom australischen Lager aus gestartet, das 400 Höhenmeter über dem Hochlager seiner Expeditionskollegen lag, hatte den Gipfel vor den Hupfauers erreicht und war gleich wieder abgestiegen. Auf Karl stießen Gaby und Sigi beim Abstieg etwa 30 Minuten vor dem Gipfel. Faßnacht war zusammen mit Pat unterwegs, dem Leiter einer australischen Expedition, beide wollten noch zum Gipfel. Die Hupfauers vereinbarten mit Faßnacht, dass sie unten im Hochlager III (7400 m) der Australier auf ihn warten würden. *»Der Abstieg bei Sonnenuntergang und Vollmond war wunderschön, ein ganz spezielles Erlebnis, das ich zunächst auch richtig genießen konnte. Wir warteten dann oben im Lager der Australier, es wurde immer später, Karl und Pat kamen aber nicht. Um 6 Uhr morgens hatte es bei uns minus 25 Grad, gegen 11 Uhr sagte Sigi dann ›Da stimmt etwas nicht, ich muss hoch und nach Karl schauen. Du steigst ab und nimmst den höhenkranken Australier mit. Du kannst das!‹ Ich hatte Angst davor, das Wetter schlug um, der Abstieg war bei schlechter Sicht schwierig, und der Australier, ein junger Arzt und Triathlonchampion, war völlig fertig. Der Abstieg mit ihm war sehr anstrengend, kurz vor dem Lager war noch eine riesige Randkluft – mir blieb nichts übrig als ihn einfach drüber zu schubsen. Passieren konnte ihm da aber nichts«.* Während Gaby den höhenkranken Arzt hinab brachte zu seinen Freunden und dann weiter abstieg, stieg Sigi rund 600 Höhenmeter hoch zu Faßnacht, der schwer höhenkrank und kaum noch ansprechbar war. Pat war in etwas besserer Verfassung und konnte allein gehen. Sigi schaffte es in einer schier unglaublichen Rettungsaktion, seinen jungen, mit 1,90 Meter um einiges größeren und auch schwereren Expeditionsgefährten aus 8000 Meter Höhe allein hinabzuschleppen ins Hochlager, sein Höhenhirnödem zu behandeln und ihn während der stürmischen Nacht zu versorgen. Tags darauf begannen sie den unsäglich mühsamen Abstieg ins Basislager, in dem sie fünf Tage nach Erreichen des Gipfels eintrafen. Der Familienvater trug schwerste Erfrierungen davon, Hupfauer hatte ihm zweifellos das Leben gerettet – und das in einer Zeit, in der es hieß, dass auf über 7000 Meter Höhe keiner mehr in der Lage wäre, einem anderen Bergsteiger zu helfen! Daheim bekam Tochter Silke, damals 15 Jahre alt, nachts einen anonymen Anruf, dass ihre Eltern nicht zurückkommen würden. Silke sagte, das würde nicht stimmen und legte auf. *»Das war doch unglaublich – wie kann man denn so etwas nur tun!«*, sagt Gaby und ist heute noch empört darüber. *»Es gab damals ja noch kein Sa-*

Broad Peak, 1986.

Gespräch unter Frauen in Askole beim Anmarsch zum Basislager des Broad Peak.

Bild linke Seite: Gaby und Sigi im Basislager des Broad Peak (8047 m) im Karakorum, 1986.
Alle Fotos: Archiv Sigi Hupfauer

Gaby und Sigi im vorläufigen Hochlager 1 am Broad Peak.

tellitentelefon im Basislager. Wir konnten also mit Silke erst telefonieren, als wir wieder zurück waren in Islamabad. Zum Glück war Silke selbst sehr gerne in den Bergen unterwegs und eine sehr gute Kletterin. Sie wusste, was uns das Bergsteigen bedeutet und hatte großes Vertrauen in uns. Sie sagte auch immer zu mir, ich solle mitgehen, wenn ich sie fragte. Dennoch war es bestimmt nicht einfach für sie, wenn Sigi und ich wochenlang weg waren. Meine Mutter kümmerte sich zum Glück gerne um sie. Als wir 1988 am Makalu waren, verbrachte Silke die Ferien sogar bei Freunden in Zittau in der ehemaligen DDR.«

Gaby am Salbitschijen-Südgrad (V) hoch über dem Göschener Tal.

Die »Rabenmutter«

Gabys Leistungen in den Bergen fanden teils große Anerkennung und Bewunderung, stießen aber auch oft auf starke Ablehnung und Kritik: »*Für viele war ich eine Rabenmutter, weil ich mein Kind so lange allein ließ und dem Risiko aussetzte, dass wir womöglich beide nicht zurückkehren. Dass ich mitging, war natürlich schon egoistisch von mir, aber ich wollte nicht monatelang daheimsitzen, während Sigi unterwegs ist. Silke hatte viel mehr Verständnis für mich als andere. Ein weiteres Problem war für uns natürlich, dass Expeditionen sehr teuer sind. Wenn Sigi Trekkingtouren und Expeditionen für den DAV-Summit-Club führte und ich mit ging, mussten wir das Geld für meine Teilnahme aufbringen. Das war auch nicht so einfach, obwohl ich immer berufstätig war. Eine Freundin aus begütertem Haus sagte dann mal zu mir, sie könnte sich solche Fernreisen gar nicht leisten. Daraufhin sagte ich zu ihr, dass ich mir dafür keine teuren Designer-Kostüme kaufen würde oder edlen Schmuck. Und dass mir meine Reisen und Expeditionen viel wichtiger wären als solche Dinge.*«

Als Kind auf dem ersten Dreitausender

Der Broad Peak war Gabys erster Achttausender – die Erfüllung eines jahrzehntelangen Traums: »*Schon als Kind träumte ich von den hohen Bergen. Als Zehnjährige machte ich mit meinem Vater Bergtouren in den Zillertaler und Tannheimer Alpen und als Elfjährige war ich bei der Brenta-Durchquerung dabei. Mein Vater war einer der Tourenführer unserer Sektion, wenn ich also bei Sektionstouren mitgehen wollte, durfte ich nicht jammern oder die Durchführung der Tour gefährden. Als Zwölfjährige nahm er mich mit zum Großvenediger (3674 m). Dort bekam ich am Gipfel eine saftige Ohrfeige, weil er mich wegen meiner durchnässten Schuhe unten an der Scharte zurückgelassen hatte und dann völlig entsetzt da-*

rüber war, dass ich ihm und seiner Seilschaft klammheimlich allein zum Gipfel gefolgt war. Später las ich dann Bergbücher, wie ›Achttausend drüber und drunter‹, von Hermann Buhl, den ich natürlich sehr verehrte. Ich versuchte auch, mich abzuhärten für Biwaks, indem ich beispielsweise im Winter mit Schneebällen in der Hand zur Arbeit ging. Aber dass ich eines Tages tatsächlich so weit reisen und einige hohen Berge der Welt besteigen würde – das war für ein Arbeiterkind wie mich in der damaligen Zeit unvorstellbar«.

1962 nimmt sie als einziges Mädchen am ersten Kletterkurs ihrer Sektion teil. »*Ich durfte danach bei den Touren der Jungmannschaft öfters als Lückenbüßerin mit – wegen der günstigeren Gruppenbahnfahrkarte oder wenn es mit den Seilschaften nicht aufging. Ich kletterte damals zwar besser als manche der Jungs, Mitglied der Jungmannschaft durfte ich aber nicht werden, da Mädchen früher nicht aufgenommen wurden. Kletternde Mädchen und Frauen waren damals noch sehr selten.*« Im Jahr darauf führt Sigi, der Kletterstar der Jungmannschaft, eine Tour auf den Geiselstein in den Ammergauer Bergen, an der Gaby teilnimmt. Sie wundert sich, dass ausgerechnet so einer wie er ständig Blumen fotografiert. Hupfauer ist auch beeindruckt von ihr. Im Jahr darauf gönnt er sich mit seinem Freund nach Beendigung der Militärzeit eine Sommersaison Bergsteigen in den Alpen und fragt die hübsche, begeisterte Bergsteigerin, ob sie mit will in die Brenta. Gabys Eltern waren für die damalige Zeit sehr tolerant und kannten Sigi – die 16-jährige durfte mit. Nach der gemeinsamen Anfahrt im Fiat 500 wollen sich die Drei eigentlich nur den Einstieg an der berühmten Felsnadel der Guglia di Brenta anschauen, steigen aber um 16 Uhr dann doch spontan und leicht bekleidet in die Verschneidung ein. Es beginnt zu regnen, es wird dunkel, beim Abstieg müssen sie mit völlig durchnässter Kleidung biwakieren ...den Spaß am Klettern und an langen Touren verdirbt ihnen die kalte Nacht aber nicht. Im Gegenteil: Danach klettert das Trio die lange Nordkante des Crozzon di Brenta. Weitere lange Felstouren im IV und V. Grad folgen, im Alter von 16 Jahren gelingt Gaby bereits die Fleischbank-Ostwand im Wilden Kaiser. Später klettern Gaby und Sigi im Rätikon, im Karwendel, in den Dolomiten, in den Westalpen und in der Hohen Tatra. Hinzu kommen klassische Eistouren wie die Hochferner- und Ortler-Nordwand, die Nordwand der Cima di Rosso oder die Nordostwand des Piz Roseg. Im Winter sind sie auf Skitouren unterwegs.

Spaß am Ostpfeiler des Piz Palü (3905 m) im Oberengadin.

Die Rollen sind dabei von Anfang an klar verteilt: Sigi steigt vor, Gaby folgt als Seilzweite nach. »*Sigi war als Kletterer und Bergsteiger natürlich von Anfang an viel besser, schneller und erfahrener als ich. Die Frage, wer von uns beiden vorsteigt, die stellte sich überhaupt nicht. Das war damals noch ganz anders und hat erst durchs Sportklettern und die intensive Auseinandersetzung mit den Stilformen beim Bergsteigen und Klettern einen anderen Stellenwert erhalten. Beim Klettern langer, alpiner Routen muss man sehr schnell sein. Das ist ein wichtiger Sicherheitsfaktor. Stürze mussten damals auch unbedingt vermieden werden. Deswegen stieg immer der Beste einer Seilschaft vor. Ich war fürs Organisatorische zuständig – und bei den Expeditionen für den Papierkram. Improvisation ist auch eine Stärke von mir: Als uns am Cho Oyu der Sturm das komplette Hochlager II mit Schlafsäcken und warmer Daunen-*

bekleidung fortriss, hatte ich beispielsweise die Idee, die Träger zu bitten, uns die alten Ausrüstungsteile, die wir ihnen zuvor geschenkt hatten, für den Gipfelaufstieg nochmals zu leihen. So klappte es dann doch noch mit dem Gipfel.« Die Frage, ob sie denn nie Lust gehabt hätte, an einer der internationalen Frauenexpeditionen teilzunehmen, verneint sie: *»Ich war lieber mit Sigi unterwegs. Ich wusste, dass ich mich immer auf ihn verlassen kann. Außerdem ist es für ein Ehepaar wunderbar, wenn man solche tiefen Erlebnisse miteinander teilen kann. Das schmiedet zusammen, auch wenn dabei hin und wieder die Fetzen fliegen.«*

Pakistanische Träger helfen Gaby bei der Flussdurchquerung während des Anmarsches zum Gasherbrum II (8035 m).

Verliebt in den Kletterstar

Sigi, der aus einer Bauernfamilie stammt, gehörte schon früh zu den besten deutschen Bergsteigern und Kletterern seiner Generation, liebte schwierige Winterbegehungen, vor allem im Rätikon und in den nahen Allgäuer Alpen. Das kam ihm und seinen Gefährten 1964 sehr zugute: Er stieg damals mit drei Gefährten in die heute noch renommierte Philipp-Flamm-Führe an der Punta Tissi in der Civetta ein. Sie hatten zwei Drittel der Wand samt Schlüsselstelle hinter sich, als sie in einen schweren Wettersturz gerieten. Die Bergrettung rückte sofort aus, die Retter wollten sich von oben abseilen zu den vier Jungs, als diese ihnen bereits in der vereisten Ausstiegsschlucht unter Führung von Hupfauer entgegenkamen. Die Bergretter konnten es kaum fassen, dass diese jungen Burschen die extreme Tour bei winterlichen Verhältnissen so souverän gemeistert hatten. 1966 war Sigi bei der Wintererstbegehung der Direttissima in der Eiger-Nordwand dabei, bei der John Harlin vom britisch-amerikanischen Team durch Riss eines Fixseils ums Leben kam. Gewissenhaft wie immer hatte Hupfauer sich auf diese Erstbegehung vorbereitet: Neben dem harten Konditionstraining trainierte er auch extreme Biwaks, in dem er sich daheim in den kalten Winter-Nächten ins offene Fensterkreuz setzte und per Brustgurt fixierte.

Steiler Aufstieg zu Camp II am Gasherbrum II.

Nach den ersten Touren sind Gaby und Sigi oft gemeinsam in den Bergen unterwegs. Gaby macht ihre Ausbildung im Steuer- und Finanzwesen und arbeitet als Verwaltungsangestellte im Rathaus von Neu-Ulm, Sigi lernt Werkzeugmacher und arbeitet bei Ratiopharm. 1967 wird im November geheiratet, im Frühjahr danach nimmt Sigi eine Einladung von Expeditionsleiter Karl Herrligkoffer an für einen Besteigungsversuch des Nanga Parbat über die Rupalflanke. *»Ich war also allein auf der Hochzeitsreise«*, sagt Sigi und grinst. Monatelang war er weg, damals reiste man noch per Schiff um Südafrika, um nach Pakistan zu gelangen. Auf dem Gipfel des Nanga Parbat (8125 m) stand er 1988 bei seinem dritten Besteigungsversuch, diesmal über die Diamirflanke. Die gemeinsame »Hochzeitsreise« der beiden erfolgte 1987, also 20 Jahre nach der Hochzeit, im Anschluss an die erfolgreiche Expedition zum Gasherbrum: Sie gönnten sich einige schöne Tage im Hunza-Tal.

Am Col des Pumori beim ersten Gipfelversuch. Tags darauf erreichen Hupfauers den Gipfel.

Gaby lässt ihren Sigi in den ersten Jahren gerne ziehen, ist stolz auf ihn. Die beiden bauen ein Haus, haben Schulden, 1971 kommt Tochter Silke zur Welt. 1973 kann Sigi dem Angebot des Ulmer Bergsteigers Gerhard Schmatz nicht widerstehen, als bergsteigerischer Leiter einer privaten Kleinexpedition in den Himalaya zu reisen. Als erste Deutsche stehen er und Schmatz zusammen mit Sherpa Urkien Tshering auf dem Gipfel des Manaslu (8163 m). Es ist Sigis erster von insgesamt acht Achttausendern: Es folgen Gasherbrum I, Gasherbrum II, Nanga Parbat, Cho Oyu, Shisha Pangma, Broad Peak – und bereits 1978 steht er als 78. Mensch auf dem Gipfel des Mount Everest, den er auf Rat des Expeditionsarztes allerdings als einzigen seiner Achttausender mit Sauerstoff aus der Flasche bestieg: Der Arzt befürchtete damals schwere gesundheitliche Komplikationen, weil Sigi zuvor 26 Tage lang bei Sturm im Western Cwm auf einer Höhe von 6400 bis 8000 Meter ausgeharrt hatte, um die Zelte in den Hochlagern zu schützen. Hupfauer bewältigte den Gipfelanstieg ab dem Südsattel in nur fünfeinhalb Stunden. Erst 1980 absolviert er die Prüfung zum staatlich geprüften Berg- und Skiführer und arbeitet fortan verstärkt als Führer bei Trekkings und Expeditionen für die Berg- und Skischule des Deutschen Alpenvereins, wie der DAV-Summit-Club damals noch hieß. Der Firmenchef von Ratiopharm ist selbst ein begeisterter Bergsteiger und gewährt ihm immer unbezahlten Urlaub – ideale Voraussetzungen also für den Familienvater, dem der sehr reizvolle Beruf des Bergführers als Haupteinkommensquelle zu unsicher ist, um seine Familie zu versorgen. Im Laufe der Zeit besteigt Sigi außer den acht Achttausendern elf Siebentausender, 58 Sechstausender, 125 Fünftausender und leitete bis heute insgesamt 123 Expeditionen und Trekkingtouren.

Nie wieder bergsteigen

1989 wollte Sigi aber alles hinwerfen: Hupfauers hatten damals als Zweierseilschaft die Genehmigung bekommen für die Besteigung des anspruchsvollen Pumori (7145 m) im Khumbu Himal. Kurz bevor vier sympathische junge Spanier zur Besteigung aufbrachen, waren Gaby und Sigi bei ihnen im Basislager zum Kaffee eingeladen. Alle vier kamen wenig später oberhalb von Hochlager II durch eine Eislawine ums Leben. Sigi stieg mit dem ebenfalls im Basislager anwesenden Bergführerkollegen Sepp Holzer auf, sie pickelten die Toten aus dem Eis und brachten sie hinab. Sigi musste dann auch noch die Grabrede halten. Zuvor hatte er noch eine heftige Auseinandersetzung mit den Trägern und dem nepalesischen Begleitoffizier, da sie Fotos von den Toten gemacht hatten und an die Medien verkaufen wollten. Sigi nahm ihnen unter einem Vorwand die Kamera ab und zog den Film heraus. Es kam fast zu einer Schlägerei. »*Sigi setzte das alles sehr zu, er wollte das Bergsteigen ein für allemal aufgeben*«, erzählt Gaby.»*Erst als ich ihn dann fragte, ob er denn zukünftig an der Donau entlangwandern will, änderte sich das wieder. Wir brachen gleich auf und bestiegen den Pumori mit zwei Hochlagern im alpinen Stil. Nach dem Gipfel stiegen wir sofort ganz ab und verließen das Basislager. Sigi wollte nur schnell weg von dort*«

Beim Anmarsch zum Makalu-Basislager.

Fasziniert von eisigen Höhen

Die Faszination der Berge, die höher sind als die der Alpen, entdeckt Gaby erstmals 1975. Silke ist alt genug, bei der Oma bleiben zu können. Gaby begleitet im Januar eine Trekkinggruppe zum Aconcagua (6959 m), dem höchsten Berg des amerikanischen Kontinents, und erreicht zusammen mit Sigi den Gipfel: »*Es ging mir gut, ich hatte keine Kopfschmerzen, nur leichte Magenprobleme und fühlte mich insgesamt sehr wohl*«. Sie stellt aber auch wieder mal fest, dass Vorurteile gegenüber bergsteigenden Frauen mitreisen bis ans andere Ende der Welt: »*Ein junger Kerl, der mich im Basislager dort sah, sagte laut zu seinem Freund: ›Was, die Kleine will da auch rauf?‹ Der sah mich dann natürlich nur noch von weit hinten. Später war ich dann auch mal sauer über einen Expeditionskollegen, der Sigi überzeugen wollte, dass sie einen Besteigungsversuch ohne mich machen sollten, weil sie dann bessere Chancen auf den Gipfel hätten. Sigi wollte das aber nicht, und wir erreichten den Gipfel gemeinsam.*«

Im selben Jahr begleitet sie Sigi erstmals bei einer geführten Trekkingtour nach Nepal und besteigt dabei den Island Peak (6189 m) sowie fünf Fünftausender. Zutiefst begeistert kehrt sie zurück. »*Es sind nicht nur die Berge und das Bergsteigen in diesen fremden Ländern, die mich faszinieren, es sind die Begegnungen mit den Menschen aus einer anderen Kultur, ferner die Landschaft, die Tier- und Pflanzenwelt, die exotische Küche, die Düfte, die Weite, das Gefühl von Freiheit …da kommt vieles zusammen.*«

Im Jahr darauf ist sie mit Sigi im Rolwaling, wo ihr der Parchamo Peak (6273 m) und zwei Fünftausender gelingen, Ende desselben Jahres steht sie auf ihrem ersten Siebentausender, dem Trisul (7120 m) im Garhwal Himal. Und im Mai 1977 sind Gaby Hupfauer und Rita Allramseder die ersten deutschen Frauen auf dem Gipfel des Mount McKinley (6195 m) in Alaska, der aufgrund seiner exponierten geografischen Lage als einer der kältesten Berge der Welt gilt. Jahr für Jahr begleitet Gaby ihren Sigi als Teilnehmerin auf einer seiner geführten

Expeditionen oder Trekkingtouren, 1979 steht sie auf ihrem zweiten Siebentausender, dem Phuta Hiunchuli (7250 m) im Dhaulagiri-Himal, in den beiden Jahren danach auf drei weiteren Sechstausendern. Der August 1984 hat für sie als Höhenbergsteigerin schließlich eine Schlüsselfunktion: Innerhalb von nur sieben Tagen gelingt den beiden die Besteigung des Pik Korschenewskaja (7105 m) und des Pik Kommunismus (7495 m), wofür sie eine Sondergenehmigung von der sowjetischen Leitung des Basislagers erhalten. »*Es lief super, ich vertrug die Höhe sehr gut und hatte keine Kopfschmerzen. Und da der Rest der Gruppe nach dem ersten Siebentausender keine Energie mehr für den zweiten Gipfel hatte, gingen Sigi und ich eben allein.*« Im Jahr darauf besteigen Hupfauers zwar noch zwei Sechstausender im Hongu Himal, die beiden anspruchsvollen und sehr anstrengenden Siebentausender innerhalb von wenigen Tagen waren aber der letzte Test und ein deutlicher Hinweis auf Gabys enorme Leistungsfähigkeit, ihr Durchhaltevermögen, ihre hohe Motivation und ausgezeichnete Höhenverträglichkeit – der Traum vom Achttausender war realisierbar für sie. 1986 erreichte Gaby den Gipfel des Broad Peak, kaum zehn Monate später den Gasherbrum II (8035 m). Auch bei ihrem zweiten Achttausender sind die Verhältnisse schlecht: Es liegt so viel Schnee, dass selbst Expeditionsgefährte Michl Dacher im Hochlager auf 6300 Meter Höhe resigniert und frustriert absteigt. Hupfauers versuchen dennoch den Aufstieg zum Gipfel und wühlen sich in zehn Stunden hoch, zusammen mit einem netten jungen Schweizer, der tags darauf bei der Skiabfahrt tödlich verunglückt. Hupfauers hatten ihn vor den Eisplatten gewarnt. 1990 gelingt den Hupfauers die Besteigung des Cho Oyu (8201 m), Gabys dritter Achttausender, wobei Sigi diese Expedition des DAV-Summit-Club zusammen mit seinem Bergführerkollegen Günther Härter leitet, bis vor kurzem Geschäftsführer des DAV-Summit-Clubs. Härter erreicht zunächst mit fünf Teilnehmern den Gipfel, nach einem orkanartigen Unwetter führt Sigi eine Woche später 14 weitere Expeditionsmitglieder zum Gipfel, darunter Gaby und Gerhild Kurze als erste deutsche Frauen – das war damals eine Sensation. Bei einem Besteigungsversuch am Mount Everest und am Makalu hatte Gaby Pech mit dem Wetter und musste umkehren. Neben ihren drei Achttausendern stand sie noch auf fünf Siebentausendern, elf Sechstausendern und sehr vielen Fünftausendern. Zu ihren erfolgreichen Besteigungen gehören technisch schwierige Gipfel wie die Ama Dablam (6856 m), die sie wie den Pumori mit Sigi in Zweierseilschaft bestieg oder auch der Alpamayo (5947 m), der ihr zusammen mit dem Huascaran (6768 m) in jenem Sommer gelang, in dem sie dank Tochter Silke Oma wurde.

Küchendienst im Basislager des Makalu (8462 m).

Expeditionen damals und heute

Eine Expedition verlief damals ganz anders als heute. Sigi bezeichnete das Höhenbergsteigen früher einmal als »alpinen Zehnkampf« wegen der vielen »Disziplinen«, die man dabei beherrschen musste. Heute buchen fast alle Expeditionsteilnehmer bei einem Spezialveranstalter, der durch Zusammenarbeit mit einer lokalen Agentur alle bürokratischen Formalitäten mit den ausländischen Behörden abwickelt, die komplette Reise und Expedition organisiert und – abgesehen von der persönlichen Ausrüstung der Teilnehmer – alles zur Verfügung stellt, was benötigt wird an Ausrüstung und Komfort im Basislager. Vor Ort kümmert sich der Expeditionsleiter um

Am Gipfel des Pumori am 12.10.89. Im Hintergrund der Mt. Everest.

den Reiseablauf und die Logistik beim Auf- und Abstieg sowie beim Auf- und Abbau der Hochlager. Er organisiert und koordiniert den Lastentransport, der oft durch sehr leistungsstarke einheimische Hochträger erledigt wird, und das Absichern von heiklen Passagen mit Fixseilen. Ferner interpretiert er den aktuellen Wetterbericht, der täglich über Satellitentelefon direkt von europäischen Wetterexperten geliefert wird, informiert über Land und Leute und bezahlt die Trinkgelder. Der Expeditionsteilnehmer kauft dieses »Pauschal -Paket« beim Veranstalter und muss sich während des Unternehmens eigentlich nur um sich selbst, seine persönliche Ausrüstung und seine Psyche kümmern. »*In den 1980-iger Jahren war das bei unseren privaten Expeditionen noch ganz anders*«, berichtet Gaby: »*Zwei Jahre lang hatten wir beispielsweise auf die Genehmigung unseres Expeditionsantrags für den Broad Peak gewartet, und wir waren sehr glücklich, dass wir das Permit überhaupt bekamen. Der bürokratische Aufwand war bei jeder Expedition enorm, ich füllte unendlich viele Formulare auf meiner Schreibmaschine aus, tippte Verpflegungs-, Ausrüstungs- und Zoll-Listen jeweils mit zehn Durchschlägen. Es gab meist auch keine brauchbaren Karten, alle Infos musste man sich aus Büchern und Expeditionsberichten zusammensuchen. Wir schrieben auch unzählige ›Bettelbriefe‹ an Firmen, die wir um Unterstützung durch Sachspenden wie Lebensmittel, Medikamente oder Ausrüstung baten. Monatelang haben wir daheim Probe gegessen, um herauszufinden, wie knapp wir die mitzunehmenden Lebensmittel kalkulieren können. Die Transport- und Gepäckkosten waren der teuerste Posten einer Expedition. Also mussten wir in diesem Bereich sparen, wo es nur ging. Am Broad Peak benötigten wir zu viert beispielsweise 39 Träger bis zum Basislager. Dort blieb dann nur ein Koch bei uns, dem ich die Grundbegriffe des Kochens aber erst noch beibringen musste. Im Basislager saßen wir auf den Expeditionskisten anstatt auf Stühlen. Neben uns war eine K2-Expedition, die hatte 500 Träger angeheuert. Sigi flog schon eine Woche vor uns rüber, um die Formalitäten vor Ort zu regeln. Jede Expedition war damals ein unglaublich zeitaufwändiges Projekt.*«

Bei einer Klein-Expedition im alpinen Stil muss jeder alles können und kräftig mit anpacken. Hochträger hatten die Hupfauers nicht, das Spuren und der Lastentransport in die Hochlager wurde vom Team erledigt. Ausschaufeln einer Plattform, Zeltaufbau, stundenlanges Schneeschmelzen in den Hochlagerzelten auf engstem Raum und im Sturm – das gehört alles dazu. »*Bei den kommerziellen Expeditionen packt heute doch kaum noch einer mit an. Sicherte man früher am Cho Oyu etwa 15 Meter am Gelben Band mit Fixseil ab, so wird da heute alles verkabelt. Selbst das Gehgelände. Inzwischen überlassen die Bergführer den Sherpas sogar völlig das Absichern der Route – das sind alles Entwicklungen, die mir nicht gefallen*«, sagt Sigi.

»*Wir hatten früher natürlich auch keinen Wetterbericht und mussten die Entwicklung selbst beurteilen*«, fügt Gaby hinzu. »*Damals wusste man auch nicht so viel wie heute über Akklimatisation, Höhenkrankheiten und wie man sich in der Höhe richtig verhält. Das fand man erst im Laufe der Zeit heraus. Bei Sigis ersten Expeditionen wurde noch fast die gesamte*

Verpflegung vor Ort gekauft, und die Einheimischen waren nicht geschult hinsichtlich Hygiene beim Kochen. Da bekam die halbe Mannschaft bereits in den ersten Tagen des Anmarschs schweren Durchfall, manche der Männer hatten bei Ankunft im Basislager schon einige Kilogramm Gewicht verloren«. Oft hätten die einfachsten Dinge üble Folgen gehabt: »*Wer seine Unterwäsche in sandreichen Flüssen und Gletscherbächen wusch, hatte bald einen wunden, aufgescheuerten Hintern. Viele waren zu erledigt, um draußen Schnee zu holen und auf engstem Raum Teewasser zu kochen. So dehydrierten sie rasch, waren nicht mehr leistungsfähig und anfälliger für Erfrierungen und Höhenkrankheiten*«, erzählt Gaby und berichtet, dass Expeditionsteilnehmer manchmal auch zu unvorsichtig gewesen wären: »*Einige holten sich schon beim Anmarsch eine Erkältung – die bringt man in der Höhe dann nicht mehr weg. Andere zogen beim kurzen Verlassen des Zeltes die Überschuhe nicht an und bekamen in den feuchten Filz-Innenschuhen, die man damals hatte, Erfrierungen. Andere wechselten nachts ihre feuchten Socken nicht oder lagen mit den Füßen an der vereisten Zeltwand. Man muss in der Akklimatisationsphase vorsichtig sein, man darf sich körperlich nicht übernehmen, sollte sich aber selbst im erschöpften Zustand dazu zwingen, die erforderliche Arbeit zu erledigen. Das verlangt oft viel Disziplin, ist aber wichtig. Die Mitarbeit bringt einem dann ein Plus an Belastungsfähigkeit, wenn es mal eng wird.*« Die Frage, ob Gaby in all den Jahren zwischen Männern und Frauen beim Bergsteigen einen grundlegenden Unterschied festgestellt hätte, beantwortet sie mit einem klaren Ja: »*Ausnahmen gibt es immer, aber Frauen bleiben beim Bergsteigen normalerweise innerlich ruhiger. Sie müssen den Gipfel nicht um jeden Preis erreichen, sie sind nicht so verbissen und setzen sich dabei auch nicht so unter Leistungsdruck wie die Männer. Frauen muss es Spaß machen. Außerdem achten Frauen besser auf die Signale ihres Körpers als Männer, die sich so leicht in Gefahr bringen können.*«

Am 20. März 2007 feierte Gaby ihren 60. Geburtstag. Trotz Vorruhestand ist sie auch jetzt selten daheim anzutreffen. Oft ist sie mit Sigi oder Freunden unterwegs, sie treibt viel Sport, in den Schulferien fahren Sigi und Gaby mit ihrem inzwischen fast neunjährigen Enkel zum Klettern, sie führt aber auch Trekkingtouren für den DAV-Summit Club – weltweit. Sie ist eine hervorragende Trekkingführerin und man lacht viel, wenn man mit ihr unterwegs ist. Das liegt daran, dass dieses weibliche Energiebündel mit dem feschen Pagenschnitt und den blitzenden grünen Augen viel Sinn für Humor und Situationskomik hat, dass sie viele lustige Anekdoten erzählen kann und über die Begeisterungsfähigkeit der ewig Jungbleibenden verfügt. Abgesehen davon profitieren die Trekkingteilnehmer von ihrer jahrzehntelangen Erfahrung, ihrem Wissen und ihren speziellen Tipps aus der Praxis. Träume hat sie auch heute noch viele: Touren in den Alpen, Trekking in einigen Winkeln der Welt, die sie noch nicht kennt. Und irgendwann möchte sie mal für längere Zeit nach Nepal und dort ehrenamtlich in einer sozialen Einrichtung arbeiten. Klettern, Bergsteigen und auf Skitour gehen will sie so lange, wie der Körper das mitmacht. »*Das Schöne an den Bergen ist doch, dass man sie ein Leben lang genießen kann …und wenn es zuletzt vielleicht auch nur noch der Blick auf die Berge ist und das Schwelgen in seinen Erinnerungen!*«

Abstieg von der Carstensz-Pyramide (4884 m) in Irian Jaya, früher Neuguinea. Es ist der höchste Gipfel Ozeaniens und gehört zu den Seven Summits, den höchsten Punkten der sieben Kontinente.

Klassiker unter der Lupe

Heilbronner Weg, Ortler und Roggalkante im Licht des 21. Jahrhunderts

VON DENNIS CRAMER

Reizvoll: Mädelegabel und Trettachspitze von der Hochfläche der Schwarzen Milz.
Fotos: Colin, Florian und Dennis Cramer

Jetzt will ich es wissen, und zwar genau. Was? Ein alpiner Klassiker. Ich will endlich wissen, was mit diesem nebulösen Begriff gemeint ist. Mehr noch: Ich will wissen, ob die im Untertitel genannten Touren dieser Bezeichnung gerecht werden. Und inwiefern die Rede von »Klassikern« den Alpinismus beeinflusst hat – auch das will ich wissen.

Gibt man »alpine Klassiker« im Internet in eine bekannte Suchmaschine ein, so erhält man statt einer tauglichen Definition eine unübersichtliche Fülle von 319.000 Websites, in denen der Begriff auftaucht. Dabei wird der Begriff völlig unterschiedlich verwendet. Ein 15- oder 20mal aufgelegtes Bergbuch (Walter Pause »Von Hütte zu Hütte«) wird ebenso als alpiner Klassiker bezeichnet wie ein maßgebender Pionier des Alpinismus (Ludwig Purtscheller). Neben großzügigen, sparsam abgesicherten Klettertouren im Alpenraum (Pordoispitze NW-Wand) werden auch herausragende Alpengipfel selbst (Piz Palü) oder Rad- und Skitourenrennen (Pierra Menta Tivoli) so benannt. In der Sprache der Werbung werden sogar technische Produkte (wie der Rucksack Cerro Torre 55+15) zu alpinen Klassikern erklärt. Keine Frage: Wir haben es mit einem schillernden Terminus zu tun, der zu allem Überfluss auch noch inflationär gebraucht wird.

Es hilft nichts, ich muss zunächst einmal klären, was ein »Klassiker« im Allgemeinen ist. Also wächst auf meinem Schreibtisch ein Chaos aufgeschlagener Lexika, alles, was die kleine Heimbibliothek aus der Studienzeit zu bieten hat, und auf dem Bildschirm erscheinen die Startseiten von Nachschlagewerken im Internet. Ein verwirrendes Geflecht aus Definitionen und etymologischen Erklärungen entsteht vor meinen Augen, dann in meinem Kopf, um sich endlich doch zu einem halbwegs scharfen Bild zu ordnen, zu einer tauglichen Definition zusammenzufügen:

Lasse ich die altgriechischen und lateinischen Wurzeln des Begriffs einmal beiseite, so beginnt meine etymologische Spurensuche im 18. Jahrhundert im Land der Literatur, genauer: im noch jungen Reich der Literaturwissenschaft. Ursprünglich wurde ein Schriftsteller als »Klassiker« bezeichnet, dessen Wirken in die Epoche der Klassik fiel (z.B. Schiller). Klingt einleuchtend. Doch schon bald wurde der Begriff zu einem Qualitätsurteil erhoben, zu einer Art Auszeichnung, so dass auch maßgebende Autoren anderer literaturgeschichtlichen Epochen mit diesem Titel gewürdigt wurden. Heinrich Heine beispielsweise.

Nach den Erfahrungen mit falschen Führern breitete sich aber nach dem Zweiten

Weltkrieg eine allgemeine Skepsis gegenüber solchen maßgebenden Personen und Autoritäten aus, die nicht hinterfragt werden durften. In der Literaturwissenschaft wurde nun etwa von Wolfgang Kayser das »sprachliche Kunstwerk« propagiert, das auch unabhängig von dessen Schöpfer interpretiert werden könne. Interessant. So kam es allmählich zu einer semantischen Verschiebung des Begriffs »Klassiker« von den Schriftstellern hin zu deren Werken.

Was aber sind die Kriterien, die ein Buch erfüllen muss, um als »Klassiker« gelten zu dürfen? Dieses Werk musste bei seiner Entstehung zunächst eine gewisse historische Besonderheit oder Einmaligkeit aufweisen. Die Bedeutung des Buches musste sich zweitens aber auch über Jahrzehnte, besser noch über mehrere Generationen von Lesern hinweg, manifestieren. Bestseller können in Vergessenheit geraten, Klassiker hingegen sind unvergänglich. Ein »echter« Klassiker muss – drittens – etwas Mustergültiges vorweisen. Die formellen und inhaltlichen Merkmale des Werkes sollten idealtypisch für sein Genre sein oder dieses umgekehrt sogar prägen. »Der dritte Mann« von Graham Greene hat beispielsweise als ein erster typischer Vertreter des Genres die Kriminalliteratur und damit viele spätere Werke beeinflusst. Viertens hat der Begriff »Klassiker« unwillkürlich eine pragmatische Funktion. In der allseits bekannten rhetorischen Frage »Kennen Sie diesen Klassiker?« steckt immer zugleich auch die Empfehlung, wenn nicht gar der Appell, dieses Buch (gefälligst) zu lesen, falls noch nicht geschehen.

Wenn ich nun diese Erkenntnisse aus der Literaturwissenschaft 1:1 auf unsere alpinistischen Zusammenhänge übertrage, erhalte ich folgende Definition:

> Ein alpiner Klassiker ist eine Route am Berg, die in einem historisch bedeutungsvollen Akt erschlossen wurde, unabhängig vom Zeitgeist im kollektiven Gedächtnis blieb und aufgrund ihrer Musterhaftigkeit empfehlenswert ist.

Aus dieser Definition lassen sich vier Fragestellungen ableiten, mit deren Hilfe die Qualität vermeintlicher alpiner Klassiker geprüft werden kann:

1. Gibt es ein historisch bedeutsames Erstereignis bei der Erschließung der Route?
2. Lässt sich im Verlauf der Wirkungsgeschichte ein anhaltendes Interesse an der Route nachweisen?
3. Ist die Route idealtypisch für deren alpinistische Disziplin oder mustergültig im Hinblick auf ihre Linienführung?
4. Kann die Tour Gleichgesinnten heute noch empfohlen werden?

Genug der Theorie! Es wird Zeit, mit Beispielen zu arbeiten. Die drei ausgewählten Touren scheinen mir gerade wegen ihrer Verschiedenartigkeit für eine solche »Qualitätsprüfung« geeignet, repräsentieren sie doch ganz unterschiedliche Spielarten des klassischen Sommeralpinismus. Der Heilbronner Weg ist für viele Bergwanderer so etwas wie der »Inbegriff alpiner Höhenwege«. Der Ortler-Normalweg spricht als einer der ganz berühmten Eiswege der Ostalpen den Hochtourengeher an. Die Nordkante der Roggalspitze schließlich gilt in Kletterkreisen als prominenter »Genussklassiker« im Fels. Über diese drei Routen erlaube ich mir auch deshalb ein Urteil, weil ich sie in den letzten vier Jahren begangen habe.

Heilbronner Weg – ein lang ersehntes Gipfeltreffen

Sucht man in den Annalen nach dem zündenden Initialereignis in der Geschichte des Heilbronner Weges, so trifft man nicht etwa auf eine klettertechnische Leistung, sondern auf einen organisatorischen, verwaltungstechnischen Meilenstein der deutschen Alpenvereinsgeschichte. Die Sektion Kempten hatte nach dem Bau der Rappensee- und der Kemptener Hütte keine finanziellen Mittel mehr zur Verfügung, um auch noch den Verbindungsweg zwischen diesen beiden Stützpunkten zu schaffen. Auch die Sektion Mainz, die zunächst Interesse bekundet hatte, ließ die Finger von dem kostspieligen Unternehmen, als der erste Kostenvoranschlag sich auf 2500 – 4000 Goldmark belief. Am Ende waren es die Heilbronner, denen mit einer reichlich innovativen Idee die Realisierung des Projektes gelang: Es wurden Anteilscheine in Höhe von 20 Mark verkauft, so dass der Großteil der endgültigen Kosten von 8514 (!) Goldmark gedeckt werden konnte. Über 300 Meter Drahtseil wurden angebracht, der Weg wurde, wo immer möglich und notfalls mit Meißel und Dynamit, auf eine Breite von 60 Zentimeter ausgebaut. Den Arbeitern darf man durchaus großen Idealismus bescheinigen, verdienten sie doch lediglich 10 Mark pro Arbeitstag. Am 22. und 23. Juli 1899 war es dann endlich soweit: Es wird berichtet, dass 256 Liter Wein bei der feierlichen Eröffnung geflossen sein sollen. Wie viele der Teilnehmer an diesem Volksfest jenseits der 2000-Meter-Marke am nächsten Tag noch die Route begingen und in welchem Zustand die Betroffenen dies taten, darüber schweigen die historischen Quellen – und das ist gut so.

Traditionsreich: Der Felsdurchschlupf des Heilbronner Törles.

In den folgenden Jahrzehnten erfreute sich die Tour anhaltender Beliebtheit. Als hochalpines Aushängeschild des schon früh als Weltkurort gelobten Oberstdorfs überstand der Höhenweg die beiden Weltkriege. Mit der steigenden Mobilität der Menschen nahmen die Besucherzahlen in der Wirtschaftswunderzeit weiter zu. Der Höhepunkt dieser Erfolgsgeschichte wurde am 19./20.09.1970 erreicht, als sich 681 Übernachtungsgäste ins Hüttenbuch der Rappenseehütte eintrugen. Diesen Rekordbesuch hat der Lokalmatador Josef Immler dokumentiert. Auf einem seiner Fotos betrachte ich ein riskantes Überholmanöver auf einem abschüssigen Felsband, auf einem anderen erkenne ich zwar die berühmte Leiter, aber nicht deren Sprossen, denn diese sind durch zahllose Kniebundhosen und Holzfällerhemden verdeckt.

»Kühnster und schönster Felsensteig der Nördlichen Kalkalpen« – als Toni Hiebeler in seinem legendären Lexikon der Alpen im Jahre 1977 diese Definition verfasste, hatte der Heilbronner Weg bereits scharfe Konkurrenz aus den eigenen Reihen bekommen. Drei Jahre zuvor war nämlich der benachbarte Mindelheimer Klettersteig eröffnet worden, gleich auf der gegenüberliegenden Seite des Rappenalpentals, mit weit luftigeren Passagen und damals originellen Steigbügelleitern. Und so bekam unser Weg als Klettersteig, wie er ursprünglich gehandelt wurde, große Identitätsprobleme. Durch die Erbauung des Imster und des Arlberger Klettersteiges, beide sehr »sportlich« und ebenfalls nur wenige Kilometer Luftlinie entfernt, wurde der Heilbronner Weg Ende der 80er-Jahre endgültig zum »alten Eisen« der Eisenwege gestempelt. So werden die Rekordmarken der frühen Siebziger heute zwar nicht mehr erreicht, die nachhaltige Beliebtheit der Route ist dennoch verblüffend, werden doch immerhin etwa 15 000 Besucher im Jahr registriert.

Doch wozu weiter in Bibliotheken stöbern? Parallel zu dieser Chronik gibt es auch meine Privatgeschichte mit dem Heilbronner Weg. Vielleicht sind es oftmals gar nicht allgemeine Werturteile in Publikationen, die eine Tour zu einem Traumziel machen, sondern persönliche Empfehlungen anderer Alpinisten. Eine Tour muss dir versprochen werden! Es begann im Jahr 1981. Ich war gerade 10 Jahre alt, als der Klassiker der Allgemeinheit zu meinem persönlichen Mythos wurde. Ein bergbegeisterter Großonkel war bei meiner Großmutter zu Besuch. Wir scharten uns um einen rustikalen Vespertisch und der Onkel erzählte so lebendig und pathetisch vom Heilbronner Weg, dass man meinen könnte, er befände sich gar nicht im südlichsten Winkel Deutschlands, sondern in einem fernen Sehnsuchtsland, an einem sagenhaften Ende der Welt. Und die Tour war in den Schilderungen des Onkels auch keine Bergwanderung wie jede andere, sondern eine Expedition für Auserwählte, die schwindelerregende Höhen ebenso wenig fürchten wie plötzliche Wetterstürze. Mit Schneefall im August – bis unter das Niveau der Schutzhütten! Seit diesem denkwürdigen Abend stand der Heilbronner Weg auf meiner Wunschliste. Immer wieder plante ich mit Vater, Onkel und Bruder die Begehung. Doch Jahr für Jahr verstrich in den 80ern, ohne dass wir die Tour realisierten. In den 90ern stand ich auf den Trabanten des Weges, auf Biberkopf, Mädelegabel und Hochfrottspitze. Die Begehung des eigentlichen Weges, das große Gipfeltreffen, ließ aber bis zum September 2005 auf sich warten. Es wurde, wie ursprünglich geplant, eine Familientour.

Vieles hat sich geändert seit 1981. War der Grenzübertritt nach Österreich über die Route – laut der damaligen Ausgabe des Kleinen Führers von Heinz Groth – noch verboten, so starten wir gleich auf österreichischer Seite, ohne im Zeitalter der EU irgendwo einen Ausweis vorzeigen zu müssen. Die Kemptener Hütte präsentiert sich als moderner Gastronomiebetrieb, in dem die Bedienungen unsere Bestellungen via Mini-Computer aufnehmen. Die gelungene Aufteilung der Schlafräume verleiht der Hütte wieder ein wenig das Flair einer verborgenen, romantischen Berghütte, selbst wenn Hunderte von Besuchern hier ein Nachtlager suchen.

Wie stellen wir uns einen idealtypischen, mustergültigen Höhenweg vor? Der Wert eines Höhenweges wird sicher u.a. an seinen landschaftlichen Reizen gemessen werden, wobei auch das Erlebnis alpiner Flora und Fauna eine Rolle spielen dürfte. Da wir an der Kemptener Hütte starten, erreichen wir bereits nach einer Stunde die geologisch bunte Hochfläche der Schwarzen Milz. Ihre Grasmatten sind üppig bewachsen, auch wenn der Name es anders vermuten lässt. Der Weg schlängelt sich zwischen haushohen Findlingen hindurch. Wir trauen unseren Augen kaum, als wir oberhalb des Schwarzmilzseeleins plötzlich in eine Steinbockherde geraten, stolze Geweihe im Morgenlicht. Dass diese Tiere sich nicht stören lassen von uns Bergwanderern! Offensichtlich haben sich diese Alpenbewohner, die vor 150 Jahren kurz vor der totalen Ausrottung standen und vor 40 Jahren in den Bergen überm Kleinwalsertal »wiedereingebürgert« wurden, prächtig vermehrt und an die Menschen gewöhnt.

Aussichtsreich: Der Heilbronner Weg zwischen Bockkar- und Steinschartenkopf.

Für einen idealtypischen Höhenweg gilt auch: Abwechslung ist Trumpf! Wie vielerorts in den Allgäuer Alpen, wechseln auch hier liebliche Geländeformen rasch mit großartig ernsten alpinen Szenerien. Ich bin überrascht, dass der Schwarzmilzferner im Zeitalter des Gletschersterbens, im Vergleich zu meinem letzten Besuch 10 Jahre zuvor, kaum an Fläche verloren hat. Bei der Überschreitung springen wir allerdings über so manchen Schmelzwasserbach, der oberflächlich abfließt. Ich vermute, dass die Dicke des Eises stark zurückgegangen ist.

Höhenwegwanderer wünschen sich sicher auch einen homogenen, wenig anstrengenden Wegverlauf. Obwohl es kaum nennenswerte Zwischenabstiege gibt, kommen wir ganz schön ins Schwitzen, bis wir an der Bockkarscharte stehen, dort, wo die Sicherungen beginnen. Die zu bewältigenden Höhenmeter im Zu- und Abstieg sind selbst vom Tiroler Lechtal aus immens. Unser Allgäuklassiker ist eben keine Seilbahntour wie etwa der Freiungen-Höhenweg im Karwendel.

Heilbronner Weg, Allgäuer Alpen

historische Bedeutung
X X 0
anhaltendes Interesse
X X X
Mustergültigkeit
X X 0
empfehlenswerte Tour
X X 0

Fazit:
Ein angejahrter, dennoch unsterblicher, aussichtsreicher Höhenweg-Klassiker!

Darüber hinaus dürften wir von einem idealtypischen Höhenweg fotogene Wegpassagen erwarten. Die Wegebauer bemühten sich um originelle Stellen mit einer Dosis Nervenkitzel: Neben der berühmten 8-Meter-Leiter gilt es am Steinschartenkopf eine Brücke zu überschreiten, die wohl aus dem Jahr 2000 stammt, als die Sicherungen einer Generalüberholung unterzogen wurden. Die Überschreitung scheint mir jedoch eher eine Showeinlage zu sein, um wenigstens ein bisschen mit den moderneren Felssteigen mithalten zu können. Sind die wenigen schwierigeren Passagen wenigstens klettertechnisch anregend? Auch das mag bezweifelt werden, ist doch der brüchige Hauptdolomit das prägende Element. Nüchtern betrachtet ist dieser Abschnitt des Allgäuer Hauptkammes nichts weiter als eine öde Geröllwüste, die sich zum Himmel erhoben hat.

Was die Aussicht betrifft, so darf die »Traumroute der Allgäuer Alpen« jedoch getrost mustergültig genannt werden, läuft sie doch kilometerlang auf oder neben der Kammhöhe bis in Höhen über 2600 Meter. Neben atemberaubenden Tiefblicken nach Nordwesten, zum Waltenberger Haus und nach Einödsbach, begeistern die Kontraste: Während im Norden der Blick ins grüne Alpenvorland reicht und manchmal unter dem Dunst sogar der Bodensee auszumachen ist, reihen sich im Süden die zahllosen Gipfel der Lechtaler Alpen. Nicht nur der imposante Nahblick auf die schlanke Gestalt der Trettachspitze, auch die Fernsicht überzeugt, reicht sie doch bis zu den Gletschern des Ortlermassivs und der Glarner Alpen.

Bevor uns der Steig über eine unangenehme Rinne in die sanften Böden des Wieseleskar entlässt, gilt es noch die originelle Engstelle des Heilbronner Törles zu passieren. Die Wände des amüsanten Felsdurchschlupfs wurden durch Generationen von Bergwanderern glattpoliert – und der Mythos, hier wären schon etwas Beleibtere oder Personen mit voluminösem Rucksack stecken geblieben, hält sich hartnäckig. Die schwere schmiedeeiserne Hinweistafel, die heute noch die Stelle ziert, stammt wohl noch aus der heroischen Gründerzeit. Nicht nur die überdimensionierte Metalldicke des Schildes lässt darauf schließen, sondern auch das »h« im »T(h)örle« – denn diese Schreibweise taucht schon seit der vorletzten Rechtschreibreform im Jahr 1904 nicht mehr in den Wörterbüchern auf.

Noch ein Wort zum Publikum auf unserer Strecke: An der Socktalscharte, wo ein Notabstieg zum Waltenberger Haus abzweigt, begegnen wir einer völlig abgekämpften, unsicher steigenden Gruppe junger Männer, die jedoch mit den modernsten Klettersteigsets ausgestattet ist. Einer der vier keucht in Halbsätzen Fragen hervor, die so viel bedeuten sollen wie: Wie weit es denn noch sei bis zur Kemptener Hütte und ob noch weitere so schwierige Passagen zu erwarten seien. Die alte Moralkeule, unbedachte Touristen kämen schlecht ausgerüstet ins Hochgebirge, hat schon lange ihre Schlagkraft verloren. In einer Zeit, in der 600 Euro teure Expeditionsjacken als Modeaccessoires in Großstädten getragen werden, wägen sich viele jedoch allein durch ein hochwertiges Equipment bestens gerüstet. Eine gründliche Planung und das nötige Konditionstraining werden hingegen vernachlässigt. Galt eine Begehung des Heilbronner Weges früher noch als eine Art »Meisterprüfung für Bergwanderer«, so wird die hochalpine Route heute mehr denn je unterschätzt. Was ist erst, wenn einer der von meinem Großonkel beschworenen Wetterstürze eintritt? Die feine Neuschneeauflage auf den marmorglatten Felsbändern kann dann zur tödlichen Falle werden.

Abschließend steht die Frage im Raum: Ist der hohe Ruf des Heilbronner Wegs im 21. Jahrhundert noch gerechtfertigt? Zu meinem letzten Geburtstag habe ich eine Karte mit einem zweifelhaften Kompliment erhalten, das ich an den Allgäuer Höhenweg weitergeben möchte: »Aber nein, du bist doch nicht alt, du bist doch ein Klassiker.«

Das Lombardi-Biwak am Ortler-Normalweg.

Audienz bei König Ortler

Welche Ereignisse aus der über 200-jährigen Alpinismusgeschichte am Ortler sollte ich herausgreifen? Die Fülle ist so groß. Von der Erstbesteigung durch den Jäger Josef Pichler könnte ich berichten, die nichts anderes war als eine Art Auftragsarbeit für Erzherzog Johann. Schließlich sollte 1804, zwei Jahre nach der Besteigung des Großglockners auch endlich der höchste Berg im Königreich Österreich-Ungarn erobert werden (bevor irgendein Ausländer womöglich auf die Idee käme). Über die Weltabgeschiedenheit des Suldentals könnte ich schreiben und wie der Tourismuspionier Dr. Theodor Christomannos durch den Bau eines Hotels die Wiener Avantgarde gegen Ende des 19. Jahrhunderts an den Fuß des Ortlers lockte. Dass der Ortler zum höchsten Kriegsschauplatz im Ersten Weltkrieg wurde, wäre ein weiteres Kapitel, das die anhaltende Geschichtsträchtigkeit dieses Ortes demonstrieren könnte. Die schwindenden Gletscher geben noch heute so manche Fundstücke preis, stumme Zeugen dieser Zeit, alte Helme, Gasmasken. Nicht nur der Krieg, auch die berüchtigte, sanduhrförmige Nordwand forderte zahlreiche Todesopfer. Doch dies alles kann man genauer und besser im Heft 3/2004 des Mitteilungshefts »PANORAMA« nachlesen.

Doch in meiner Definition habe ich Klassiker bekanntlich als Routen bezeichnet – und so will ich den heutigen Normalweg genauer unter die Lupe nehmen. Die im Jahr 1864 durch die Bergführer Michel und Biner entdeckte Route über die Tabarettaspitze erfreute sich bald so großer Beliebtheit, dass mit der Payerhütte bereits 11 Jahre später die erste Hütte in den Alpen über der magischen 3000-Meter-Marke errichtet wurde. Der Namensgeber Julius Payer hatte sich in den Jahren 1865 – 1868 als Vermesser und Erschließer des Ortlermassivs einen Namen gemacht, später vor allem als Leiter einer kaiserlichen Nordpolarexpedition. Der Name Payer verhallte im Laufe der Jahrzehnte, unser »Ortler« jedoch blieb – nicht nur als beliebtes Suchwort in Kreuzworträtseln – in aller Munde.

Im Juli 2005 ruft König Ortler auch uns. Da ich jedoch wenig Respekt gegenüber solchen steinernen Herrschern zolle, wollen wir die Audienz bei ihm in ein kurzes Wochenende hineinpacken. Ein Fehler, wie sich herausstellen wird. In der endlosen Geröll- und Schrofenflanke oberhalb der Tabarettahütte begegnet uns beim Zustieg ein gereizter, absteigender Kollege. Wir grüßen freundlich, zu freundlich offenbar, denn er pafft zurück, uns werde das Lachen schon noch vergehen, dort oben. Da würden andere Schwierigkeiten auf uns warten, wir würden schon noch sehen. Etwa eine Stunde später, einige Schritte nördlich der Bärenkopfscharte, stehen wir auf einer erst vor einem Tag installierten Brücke. Sie riecht noch nach frisch geschlagenem Holz. Massive Tannendiele über morschem Fels. Ein Erdrutsch hatte den Weg zur Payerhütte vorübergehend unbegehbar gemacht. Ein Beispiel dafür, dass der Permafrostboden heutzutage in Höhenlagen auftaut, die über Jahrhunderte hinweg festen, da gefrorenen Fels boten. Diese Brücke wird nicht das letzte Zeichen des Klimawandels auf dieser Tour bleiben. Wir wandern nun auf der Kammhöhe der gleißenden Festung des Königs Ortler entgegen und stehen schließlich vor deren Pforte, der Payerhütte.

Altbekannt: Königsspitze, Monte Zebru und Ortler von der Düsseldorfer Hütte.

Die Fahnen vor der Hütte sind eingezogen, zu wild würden die Wappen des Ortlerschen Königreiches heute flattern, an diesem Wind und Wetter schutzlos ausgesetzten Ort. Es war schon ein kühnes Unternehmen, hier auf dem Nordgrat des Tabarettakamms, nah am Abgrund der brüchigen Ostwände und 1150 Meter über Sulden, eine Schutzhütte zu platzieren. Der ruhige Anblick der Hütte von außen täuscht. Innen platzt sie aus allen Nähten. Offiziell bietet die Hütte 80 Personen Schutz, fast doppelt so viele dürften an diesem Samstag hier oben sein. Gegessen wird in zwei Schichten.

Der gute alte Payer, würde sein Porträt an der Holzwand plötzlich lebendig werden, so wäre er entsetzt über die ohne jeden Anstand gekleideten Menschenmassen, aus der jeder Einzelne eine waghalsigere Heldengeschichte in Bergsteigerlatein zu berichten weiß. Eine Räuberhöhle habe man aus seinem Tempel gemacht. Bei seiner Flucht ins Freie würde er über viel zu kurze, ultraleichte Eispickel mit sägeartigen, gebogenen Hauen stolpern, er wäre geblendet von neongelb leuchtenden Goretex-Jäckchen. Und endlich draußen würde er selbst sein Ortlermassiv kaum wiedererkennen. Wo sind die Gletscherströme geblieben, die einst bis Sulden hinunterreichten, bis nach Trafoi, damals vor 140 Jahren? Und seine Karten – alle falsch! Jahrelang habe er das Gebiet vermessen, alle Gletscher habe er kartografiert. Sein Werk – umsonst! Ratlos würde Julius Payer sich an seinem kühn gestutzten Zwirbelbart zupfen: Schlimm sei das! Und auch ich höre den stummen Vorwurf, den Berg nicht verdient zu haben. Nicht an einem Wochenende, nicht ohne jahrelange Planung, so einfach im Vorübergehen.

Wir werden alsbald der Gaststube verwiesen und müssen ein letztes Notlager in einer Abstellkammer unterm Dach beziehen. Zusammen mit einer dreiköpfigen Berliner Männerclique versuchen wir in dem verwinkelten Raum Matratzen auszulegen. Die drei wollen sozusagen das komplette Alpenprogramm in einer Woche durchziehen: Montblanc, Ortler, Großglockner. Ich denke mir: Das sind nahezu fanatische Klassikfans. Nette Jungs zwar und konditionell gut aufgestellt, doch ihre Art auf Berge zu steigen, missfällt mir. Ich verzichte gerne auf stundenlange Autofahrten von Ziel zu Ziel, auf diese extremen Höhenunterschiede. Und kann man so eine Alpenregion wirklich kennen lernen? Einer von ihnen meint, diese Enge hier sei noch gar nichts. Sie hätten vor drei Tagen am Montblanc Recht getan, das Zelt mit hinaufzuschleppen, um dem Trubel in der Gouterhütte inmitten einer ganzen Stadt aus weiteren Zelten zu entkommen.

In den frühen Morgenstunden ist es, als habe der arglistige König Ortler nicht zur Audienz gebeten, sondern seine Untertanen zum Kriegsdienst einberufen. Es ist, als befänden wir uns noch immer in den Wirren und Grauen des Alpenkrieges. Während der Föhnsturm auf dem Exerzierplatz zum Appell bläst, rüsten sich angespannte, ängstliche Gemüter murrend in der dürftig beleuchtenden Waffenkammer (oder ist es doch nur der Schuhraum) mit Steigeisen und Eispickel aus. Unwillkürlich folgen auch wir dem klaren Marschbefehl und der Trägheit der Masse und reihen unsere Stirnlampenlichter ein in eine nicht enden wollende Fremdenlegion, die im Gleichschritt gipfelwärts marschiert. Schon nach 30 Minuten kehren manche fluchend zurück, da sie von den Felsschwierigkeiten an der Tabarettaspitze überrascht wurden. Sind es Überlebende eines Scharmützels oder gar Fahnenflüchtige, Deserteure, die es zu verurteilen gilt? Auch wir, die wir uns im Fels eigentlich mehr zuhause fühlen als im Eis, sind überrascht von dem anhaltend schwierigen Gelände. Immer wieder gilt es mit den klobigen Bergstiefeln IIer-Stellen zu meistern. Die etwa 80 Meter lange Sicherheitskette auf die Kuppe des Tschiefeckkopfs ist dabei vergleichsweise unproblematisch. Doch dann ist noch eine abwärts geschichtete Gratstelle zu überwinden, die ich als Stelle im 3. Grad einstufe. Eine Seilschaft hat hier eine dürftige, nicht unbedingt professionell angebrachte Reepschnur hinterlassen und wir nehmen sie gerne in Anspruch. Am Anseilpunkt treffen wir wieder auf die Berliner, die ebenfalls respektvoll von den letzten Metern sprechen. So etwas hätten sie am Montblanc nicht erlebt.

Endlich einmal Eis unter den Füßen. Ich lausche auf das Knirschen der Steigeisen, ein altvertrautes Geräusch. Der Hang, den wir unterhalb des Lombardi-Biwaks queren, präsentiert sich jedoch als mit Vorsicht zu genießendes Konglomerat aus Toteis und splittrigem Geröll. Weiter oben, überm Bärenloch, hat der abschmelzende Gletscher sogar einen glattpolierten, zugleich aber geröllübersäten Felsriegel freigelegt, den es mehr schlecht als recht zu bewältigen gilt. Ein Stau entsteht, rasch sind 20, 30 Minuten vorüber. Manche weichen rechts durch das Blankeis aus, aber keiner der Vorausteigenden gibt dabei eine gute Figur ab. Auch wir nicht. Danach sind die Hauptschwierigkeiten überwunden. Der steife Nordwestwind schleudert die mächtigen Wolken über den Berg, reißt immer wieder blaue Lücken auf. Das inzwischen wieder in Stand gesetzte Lombardi-Biwak bietet einem Zurückgelassenen Zuflucht. Er hat genug vom Berg, wartet in der blechernen Schachtel auf seine Freunde. Wir steigen noch einige Schritte atemlos dem Gipfel entgegen, genießen den Anblick der in die Nordwand abbrechenden Eiskaskaden, kapitulieren dann aber ebenso. Die fortgeschrittene Zeit, die mit jedem gewonnenen Höhenmeter stärker zu spürende mangelnde Akklimatisation, vor allem aber die fehlende Lust, mit all den anderen Söldnern dieselben Engstellen der Route noch einmal durchleiden zu müssen, sind Argumente genug für uns, um uns ebenfalls fortzuschleichen. Schließlich wird noch der große Elitetrupp derer, die in den frühen Morgenstunden den Hintergrat hinter sich gebracht haben, hinzukommen. Ein Eintrag von Stephan Märte im Internetforum basislager.ch vom 21.07.2006 schildert die Zustände im Folgejahr noch dramatischer: »Abstieg über den Normalweg verherrend. Die Querung zum Bärenloch ist extrem steinschlaggefährdet! Der ganze Hang ist instabil, wir sind nur mit viel Glück unverletzt aus der Sache rausgekommen. (...) Ich war vor 9 Jahren am Normalweg unterwegs, die Veränderungen haben mich sehr erstaunt. Manche Passagen erkennt man nicht wieder. Vom Lombardi-Biwak zum Bärenloch muss man ca. 15 Meter senkrecht abseilen – der Gletscher hat scheinbar entsprechend Masse verloren.«

Womit können wir uns die nachhaltige Beliebtheit solcher Hochtouren erklären, wo doch die Gefahren steigen, wie die Unfallstatistiken der letzten Jahre belegen? Warum zieht das Eis so viele Bergsteiger an, obwohl die landschaftlichen Reize arktischer Ambiente zunehmend durch graue Geröllwüsten ersetzt werden? Liegt in der Tatsache, dass das vermeintlich »ewige Eis« nach den Berechnungen vieler Glaziologen und Klimatologen in wenigen Jahrzehnten verschwunden sein wird, so etwas wie eine Wertsteigerung der Gletscherwelt? Das Rare ist wertvoll. Ist es Torschlusspanik? Wir wollen dem alternden Eismonarchen Ortler noch rasch einen Besuch abzustatten, solange er noch Glanz abwirft? Oder ist es gerade der Reiz an einer »sanften« Apokalypse? Dramatisch genug, um ein wenig zu erschaudern, und doch berechenbar und langsam genug, um nicht in Todesangst zu

Ortler-Normalweg von der Payerhütte

historische Bedeutung
X X X
Wirkungsgeschichte
X X X
Mustergültigkeit
X X 0
empfehlenswerte Tour
X 0 0

Fazit:
Ein äußerst geschichtsträchtiger Klassiker mit außergewöhnlichem Ambiente – allerdings derzeit kaum zumutbar und mit ungewisser Zukunft!

geraten? Und letztlich muss ich mich selbst fragen, warum ich hier gelandet und nicht drüben im ruhigen Reich der Düsseldorfer Hütte geblieben bin, wo wir als Eingewöhnungstour die Tschengler Hochwand erstiegen haben und mit dem Hohen Angelus und der Vertainspitze ebenso lohnende Ziele gewartet hätten.

Über die Geschichtsträchtigkeit des Ortler-Normalweges habe ich genug Worte verloren, ebenso über die Frage, ob man die Route heute noch guten Gewissens weiterempfehlen könne. Es bleibt also zu klären, ob die Tour eine mustergültige Eistour darstellt. Auch hier bin ich skeptisch. Der aussichtsreiche Plateaugletscher ist originell und für Ostalpenverhältnisse noch immer gewaltig, aber eine idealtypische Gletschertour ist das nicht. Der Bergsteiger bekommt die typischen Abschnitte eines Gletschers nicht vor Augen geführt, weder eine klassische Gletscherzunge, noch eine Seitenmoräne. Auch für die anschauliche Unterscheidung von Zehr- und Nährgebiet taugt der Obere Ortlerferner wenig.

Schon gibt es Bemühungen, den Weg der Erstbegeher aus Sicherheitsgründen zum Normalweg zu erklären. Früher wurde aber gerade dieser wegen seiner objektiven Gefahren gemieden. Und so könnte sich die Geschichte des Ortlers wieder wundersam schließen.

Genüsslich: Der feste Oberräthkalk an der Roggalspitze.

Roggalkante – Rendezvous mit der Schönheitskönigin

Die Ersteigungsgeschichte der Nordkante der 2672 Meter hohen Roggalspitze nimmt sich verglichen mit den zuvor besprochenen Touren geradezu bescheiden aus. Erst 1932, als etwa in den Dolomiten längst der sechste Grad frei geklettert wurde, begingen Max und Franz Harrer aus Lech die wesentlich leichtere Route. Toni Hiebeler spricht deshalb poetisch von einem »Dornröschen-Märchenwunder«.

Doch dann, einige Jahre nach dem Krieg, geschah etwas Merkwürdiges. Der Berg wurde quasi über Nacht berühmt, denn in einer frühen Ausgabe dieses Alpenvereinsjahrbuchs, nämlich 1951, bezeichnete der damals als Kletterpapst gehandelte Mathias Rebitsch die Nordkante als »schönste Kante der Alpen«. Rasch avancierte die Traumroute im Fels zu einer Tour, die man gemacht haben muss. 30 Seilschaften pro Wochenende sorgten dafür, dass die Ravensburger Hütte mehrfach erweitert werden musste. In der Zeitschrift »Alpinismus« (Ausgabe 7/1968) überschlagen sich die Lobeshymnen: »Der schönste Kletterberg im Lechquellengebirge, ein Riesenkristall, glattwandig und scharfkantig, ein gigantischer Obelisk aus Riffkalk. Ein gotischer Felsdom, dessen Pfeiler hellschimmernd zum Himmel streben- als zwingender Aufruf für jeden Gipfelstürmer. Eine Umfrage stellte seine weitberühmte Nordkante an den 2. Platz unter den 10 schönsten Kanten der Alpen!« Ich frage mich, welche Kante das Rennen gemacht hat. Die Piz Badile-Nordkante dürfte zu flach sein, die Rosakante im Alpstein zu kurz, die Herzogkante im Karwendel zu brüchig. Vielleicht die Delagokante in den Dolomiten? Fraglich ist in diesem Zusammenhang auch, wie der Begriff »Kante« von den ähnlichen Bezeichnungen Pfeiler und Grat abgegrenzt wird. (Dann könnte nämlich auch etwa der Walkerpfeiler am Grandes Jorasses zur Disposition stehen). Letztlich ist dies alles aber ohne große Bedeutung. Das eigentlich Interessante ist für mich die Art und Weise dieser erfolgreichen Inszenierung. Ein solches Ranking erinnert mich an die zahlreichen Casting-Shows im Privatfernsehen unseres Jahrhunderts. Heidi Klum entdeckt »Germanys next top model«. In solchen Sendungen wird nicht nur mit falschen Erwartungen und leichtfertigen Verhaltensweisen Spätpubertierender gespielt, lauter moderne Dornröschen, sondern auch ein fragwürdiges allgemeingültiges Schönheitsideal konstituiert.

Und Schönheitsideale wechseln. Selbst unsere Roggalkante konnte sich dem Zeitgeist nicht entziehen. Mit der Sportkletterbewegung in den 80er-Jahren wehte ein lauer Wind aus den USA herüber. Mittelschwere und längere Klettereien, die zudem schlecht abzusichern waren, kamen aus der Mode. Um diesem Trend nachzukommen, wurden die hüttennahen Spuller Platten erschlossen. Noch heute tummeln sich an diesem südseitigen Klettergarten oft mehr Kletterer als an unserem klassischen Ziel überm Talschluss. 20 Routen nebeneinander, herrliche Wasserrillenplatten, und wenn die Kraft nachlässt, lässt man sich eben herunter, am Wandfuß wartet der Kaffee in Thermoskannen und ein Schläfchen in der Mittagssonne. Action und Wellness sind in heutiger Zeit offensichtlich keine Widersprüche mehr.

Letzte Station in der Erschließungsgeschichte: 2003. Unmittelbar vor unserem Besuch wurde die Route mit neuen Haken ausgestattet. Die Stände sind bestens eingebohrt, bis auf einige Stellen muss der Alpinkletterer seine Zwischensicherungen aber noch selbst legen. Ich habe Respekt vor den Sanierern: Sie haben die Kante nicht zu einer Plaisirroute degradiert. Die Schönheitskönigin konnte ihren Stil bewahren, muss sich auch künftig nicht für billige Hochglanzmagazine hergeben.

Unser Rendezvous mit der graziösen Persönlichkeit habe ich in bester Erinnerung. Als sei Dornröschen noch immer nicht wachgeküsst und wir die Prinzen, die dazu berufen sind, erleben wir zwei Tage am Berg, ohne eine Menschenseele zu treffen. Diese Einsamkeit haben wir einigen glücklichen Umständen zu verdanken: Zum einen sind wir bereits im Mai unterwegs, so dass die Hütte noch verschlossen ist. Außerdem werden potentielle »Tagesgäste« durch die Sperrung des oberen Teils der Mautstraße zum Spuller See abgeschreckt oder aber durch die Gewitterwarnungen im Radio. Um dieser Gefahr zu entgehen, schlagen wir unsere Zelte nahe des Einstieges auf. Mit den ersten Sonnenstrahlen des Tages legen wir bereits die Gurte am Fuß der Kante an, völlig beeindruckt von dieser Himmelsleiter. Die oft gescholtene Abgeschmiertheit der Route empfinden wir als

Formvollendet: Die Roggalspitze mit ihrer auffallenden Nordkante.

Gerücht mit wenig Wahrheitsgehalt. Der kompakte Oberräthkalk ist von Natur aus so rau, dass die wenigen etwas speckigen Stellen nicht ins Gewicht fallen.

Wir genießen eine Tour mit Überraschungseffekten: Oft eröffnet sich erst im letzten Augenblick, von Griff zu Griff, eine Möglichkeit weiter zu kommen – sei es nun im Doppelriss, der ersten IVer-Stelle in der 3. Seillänge, oder im originellen Faustriss oberhalb der 1. Schulter. Und dann die Schlüsselstelle: Am bauchigen Überhang hangelnd verfluche ich die eigene Gravitationskraft und die des Rucksackes. Die senkrecht unter mir klaffende Nordschlucht scheint eine magnetische Anziehungskraft zu haben. Doch auch hier bietet sich der rettende Griff, bevor mich die Kräfte verlassen. Die Bewertung dieser Passage mit V- in den neuesten Topos ist durchaus gerechtfertigt – eine Bewertung, der einige nicht folgen wollen. Die »Roggal« sei ja gerade ein mustergültiger IVer, die Schwierigkeitsstufen dürften nicht verwässert werden, nur weil die Skala mit der Freikletterbewegung nach oben geöffnet wurde. Wie auch immer, es folgen die äußerst ausgesetzte Überschreitung der dritten Schulter und natürlich die fotogene Schlusskante, jener messerscharfe Abbruch der Plattentafeln der Westwand. Im Schlusskamin verkeilt sich schließlich mein Kletterschuh so unglücklich, dass ich ihn beinahe ausziehen muss. Ein kleiner, verzeihlicher Schrittfehler beim unvergesslichen Tanz mit der attraktiven Kante. Wir haben schon die schneegefüllte Südschlucht im Abstieg hinter uns gebracht, als uns das Unwetter doch noch einholt. Mit den Helmen schützen wir uns gegen die Hagelkörner.

Während später der Gaskocher vor den Zelten rauscht, eine bläuliche Flamme im Dämmerlicht, zeichnet sich die scharfe Kante gegen den Sternenhimmel ab, die Silhouette einer bezaubernden Berggestalt im Abendkleid. An ihren eleganten Linien können wir uns auch am nächsten Morgen nicht satt sehen. Stundenlang zieht sie uns in ihren Bann, als wir die benachbarte Obere Wildgrubenspitze ersteigen. Ein letztes Foto-Shooting mit unserem Model, das auf dem Laufsteg seine Runden dreht.

Noch etwas Begriffklauberei: Die Roggalkante wird z.B. auf der Internetseite www.bergsucht.de als »absoluter Genussklassiker« bezeichnet. Als wäre der Begriff »Klassiker« nicht bereits fragwürdig genug, taucht im Bereich des alpinen Kletterns auch immer wieder diese eigentümliche Wortkonstruktion auf. Unter Genusskletthereien werden offenbar Klettertouren in den mittleren Schwierigkeitsgraden verstanden, deren objektive Gefahren gering sind. Im Gegensatz dazu werden Felsrouten der Schwierigkeitsgrade 6 und mehr als Extremklassiker bezeichnet. Eine unsinnige Unterscheidung, wie ich meine, denn die meisten Aspiranten, die die Roggalkante angehen, dürften dasselbe Risiko eingehen wie diejenigen, die sich beispielsweise an die Schneck-Ostwand wagen. Letztlich ist die eigene Leistungsfähigkeit, sind die individuellen Angst- und Sturzgrenzen, dafür entscheidend, ob eine Kletterei noch als Genuss oder als extrem empfunden wird. Für mich jedenfalls war diese Klettertour eine echte Herausforderung, groß genug, um in einen Siegestaumel zu fallen und doch nicht zu groß, um in Alpträumen abzustürzen.

Roggalspitze-Nordkante, Lechquellengebirge

historische Bedeutung
X O O
Wirkungsgeschichte
X X O
Mustergültigkeit
X X X
empfehlenswerte Tour
X X X

Fazit:
Ideale, zu recht gerühmte Kletterei im besten Fels, einer markanten und kühnen Linie folgend.

Von Büchern, Bergen und Bergbüchern

Ich habe also Gutachter gespielt und mich dabei dem anfangs erarbeiteten Kriterienkatalog der Bewertung verpflichtet. Und dennoch äußert sich in mir ein Unbehagen. Es bleibt die nahezu philosophische Frage, die aufs Ganze zielt: Welchen Sinn hat es überhaupt von »alpinen Klassikern« zu reden?

Um dies beantworten zu können, möchte ich noch einmal zurückpendeln in die Welt der Literatur und deren Interpretation. Freilich blieb die literaturwissenschaftliche Forschung nicht dabei stehen, ein Buch losgelöst von anderen Einflussgrößen zu untersuchen. In den 70er-Jahren erschien das bahnbrechende Buch »Der Akt des Lesens« von Wolfgang Iser. Plötzlich stand weder der Autor, noch länger das Werk selbst im Mittelpunkt der Deutung, sondern kein geringerer als der jeweilige Leser selbst und seine Wahrnehmung. Ein Buch wird demnach erst im Kopf des Lesers zu dem, was es ist. Somit ist jeder Roman, jedes Drama, jeder literarische Text mehrdeutig, seine Qualität wird rein subjektiv bewertet. Der Begriff »Klassiker« war nun in vielen Expertenkreisen verpönt.

Im Alpinismus sehe ich große Parallelen: Es gibt auch so etwas wie den »Akt des Steigens«. Ist nicht das persönliche Erleben einer Route – unabhängig aller Vorschusslorbeeren – entscheidend darüber, ob eine Tour zu einem Erlebnis wird, das im Gedächtnis bleibt? Wie hätte meine Bewertung ausgesehen, wenn ich den Ortler bei gutem Firn an einem Wochentag erstiegen hätte und an der Roggalkante vom Steinschlag vorausgehender Seilschaften getroffen worden wäre? Ich frage mich weiter: Sind es nicht oft gerade die unbekannten Touren, möglicherweise selbst entdeckte Routen, die ich in meinem Bergsteigerleben als lohnend empfinde? Es ist also sicher ein Trugschluss, zu meinen, Klassiker könnten Erlebnisgaranten sein. Wenn »Klassiker« zu allein oder besonders lohnenden Zielen verklärt werden, lässt sich eine bedauerliche Engführung des Alpinismus feststellen. Es gibt keine Tour, »die man gemacht haben muss«! Alpine Klassiker werden zudem oft als Prestigeobjekt missbraucht. Literaturwissenschaftler lassen sich vor ihren Bücherregalen mit erlesenen Klassikern ablichten, Alpinisten zeigen ihre Dias von berühmten Bergen. »Was? Du warst auf dem Ortler? – Respekt!« Ein Teil des Glanzes der alpinen Klassiker fällt auf den Bergsteiger in der Heimat ab. Man wählt die Gipfel, die selbst »Flachlandtiroler« dem Namen nach kennen, um solche Lorbeeren zu sammeln, die auch fern der Berge akzeptiert werden.

Ich muss selbstkritisch gestehen, dass auch ich mich in den vergangenen Jahren stark von den magnetischen Kraftfeldern der vermeintlichen Klassiker beeinflussen ließ. Doch heute träume ich von einer Tour ohne Karte und Kompass, einem Steigen durch wegloses Gelände on sight, von namenlosen Gipfeln und Wänden, die allein durch ihre Präsenz zum Ziel werden. Ich möchte mich rückbesinnen auf die Zeit, in der mir die Bergwelt ein Abenteuerspielplatz war.

Ist also die Rede von alpinen Klassikern zu Beginn des 21. Jahrhunderts überhaupt noch gerechtfertigt? Die meisten Literaturwissenschaftler vertreten heute integrative Konzepte zur Interpretation von Literatur. Autor, Werk und Leser werden nicht mehr einzeln überhöht, sondern als Gefüge gesehen. Und so sollten auch Erschließer, Route und Begeher nicht isoliert betrachtet werden. Die Epoche der Heroisierung der Bergsteigerpioniere ist ebenso vorüber wie die Zeit der Romantisierung der Bergwelt oder ein übersteigerter Individualismus.

Ich möchte also bei aller Kritik den Begriff »alpine Klassiker« nicht über Bord werfen. Er macht durchaus Sinn, um das Bergsteigen kommunizierbar zu machen. Gemeinsame Kulturgüter sind auch in alpinistischen Zusammenhängen wichtig, um etwa die Vergleichbarkeit von Touren zu ermöglichen und Schwierigkeitsgrade benennen und angleichen zu können. Möglicherweise hat die Rede von »Klassikern« auch eine gemeinschaftsfördernde, sinnstiftende Funktion. Wie die Mythen der Urvölker als rituelles Erzählgut die Stammesgemeinschaft sicherten und festigten, stabilisiert heute die Rede von Klassikern die große Gemeinde der Alpinisten. Das klingt vielleicht pathetisch, ist aber durchaus von Bedeutung, wenn man bedenkt, wie sehr der Alpinismus im 21. Jahrhundert durch die Erfindung stets neuer Fun- und Fitnesssportarten verwässert wird.

Luftig:
In der 2. Seillänge der Roggalkante.

Es gehört meines Erachtens zum theoretischen Grundwissen eines Alpinisten, klassische Routen benennen und einordnen zu können. So gesehen leisten auch die beliebten Auswahlbücher einen wertvollen Beitrag zur Sicherung des Bergsteigens als Kulturgut. Derjenige, der sich umgekehrt bei seiner Tourenwahl ausschließlich von solchen Katalogen lohnender Touren beeinflussen lässt, muss sich allerdings den Vorwurf gefallen lassen, ihm fehle die Kreativität am Berg.

Und während ich diese letzten Gedanken in den Computer eingebe, schweift mein Blick hinüber zum Bücherregal mit meinen Lieblingsromanen. Klassiker wie Hermann Hesses »Siddhartha« stehen neben weniger bekannten Büchern, die ich besonders lieb gewonnen habe. Und dann sind da noch die 50 Bände im gleichen Design, ein Kanon großer Romane, ausgewählt von der Feuilletonredaktion der Süddeutschen Zeitung. Keine dieser Lektüren möchte ich in meinem Bücherregal missen.

Slackline – Highline

VON HEINZ ZAK

Heinz Zak, Guglia Edmondo de Amici, Dolomiten.
Foto: Gabriele Lugmayr/Archiv Heinz Zak

Bild rechte Seite: Heinz Zak, Brosinnadel, Elbsandstein.
Foto: Bettina Wobst /Archiv Heinz Zak

Slackline

Sommer 1979. Reinhard und ich sitzen auf der Spitze des Verlorenen Pfeils (Lost Arrow) im Yosemite Valley. Eine anspruchsvolle Kletterroute liegt hinter uns. Wir sind müde und durstig, und uns wird langsam kalt. Seit einer Stunde versucht unser Freund Robert, ein Seil zu uns herüber zu werfen, um eine Seilbrücke zu bauen und dann auf dieser »Tyrolean« – so der Ausdruck der Amerikaner dafür – diese spektakuläre Nadel zu verlassen. Robert wirft vergebens – das schwere Seil plumpst immer wieder in den Abgrund. Langsam aber sicher geht der Tag dem Ende zu. Nur 20 Meter trennen uns von Essen, trinken und warmer Kleidung. »Bind einen Stein ans Seil und wirf auf uns« war die letzte Idee, bei deren Aussprecher mir dann auch gleich mulmig wurde. Gesagt, getan. Zweimal verfehlte uns Robert haarscharf mit dem über faustgroßen Stein, beim dritten Mal schlug er knapp neben uns ein und wir hechteten auf das rettende Seil. Die Seilfahrt über die Schlucht war beklemmend. Hunderte von Metern Tiefblick ließen das Vertrauen in die Verankerungen in Frage stellen. Jahre später hörten wir das Gerücht, dass jemand diese Schlucht auf einem Seil balancierend überquert hätte... niemals! Ja, es hatte immer Seilkünstler gegeben im Camp 4 des Yosemite Valley. Auf Ketten und kurzen Seilstücken haben wir sie gesehen und ihr Talent bewundert. Aber es war hier genauso wie beim Klettern – wir wurden eher als Eindringlinge gesehen und der Erfahrungsaustausch, der uns brennend interessiert hätte, war gleich Null. Uns blieb nur das Staunen und das mühsame Selbstlernen, was mir sehr viel Spaß machte. Seit 1979 balancierte ich dann regelmäßig auf Ketten und kurzen, 5-6 Meter langen Seilen. 1985 sahen wir die Slackline Legende »Chongo« auf einem 20 Meter Nylonband durch die Luft schweben, aber das war so abartig abgefahren, dass wir nicht einmal einen Versuch unternahmen, das Wesen der lockeren (= Slack) Leine (Line) zu ergründen. Erst 10 Jahre später tauchten vermehrt Leinen im Camp 4 auf. Die Leinen am Rand des Camp 4 waren kürzer und fester gespannt, waren auf einmal Spielplatz für die Kletterer. Regelmäßig traf man sich, hatte Spaß miteinander, half sich gegenseitig mit wichtigen Tipps. Jeder versuchte, die Leine für sich zu entdecken. Nach den ersten Schritten probierte man eine Drehung, dann etwas anderes. Bis heute gibt es bei jeder Slackline Session Herausforderungen ohne Ende – das Spiel mit dem Gleichgewicht ist endlos!

Highline – die Königsdisziplin

Herbst 1999. Dean Potter sitzt auf dem Gipfel des Lost Arrow und zieht die Leine, die am anderen Ende bereits befestigt wurde, über die Schlucht. Stundenlang wird die Leine dann mit einem ausgeklügelten System gespannt und die Kraft besonders sorgfältig auf verschiedene Anker-

Dean Potter am Lost Arrow, Yosemite.
Foto: Heinz Zak

an der Abbruchkante des Ilmturmes in den Stubaier Alpen. Magisch zieht es meinen Blick in die Tiefe, in die totale Leere vor meinen Augen. Ich schaffe es einfach nicht, das 28 Meter entfernt liegende andere Ende der Highline als Ziel ins Auge zu fassen. Zu klein, zu ungewiss, zu weit weg erscheint mir das Ziel hier heroben. Die anderen Highlines, die ich seit Herbst 2002 im Karwendel gespannt hatte, scheinen keine wirkliche Hilfe für diese hohe und extrem ausgesetzte Leine zu sein. Als einzige Lösung bleibt mir, direkt auf das rote Band unter meinen Füßen zu schauen. Unweigerlich drängt sich dadurch auch dieser grauenhafte Blick in die Tiefe in mein Bewusstsein. Es gibt keine rationale Erklärung für die große Angst, die mich lähmt, die mir ein flaues Gefühl im Magen bereitet, die mich völlig kraftlos und antriebslos in mich zusammensinken lässt. Das kann wohl nicht sein! Ich versuche, zumindest an der

punkte verteilt. Dean rutscht über die gespannte Leine zurück – die Leine aufzubauen und am gleichen Tag noch zu begehen hält er für zu stressig. Tags darauf sitzt er auf dem Turm, macht Lockerungsübungen, setzt sich immer wieder an den Start der Highline, geht zurück, kommt wieder. Die Zeit scheint ewig zu dauern, bis er sich hinstellt und einen Fuß auf die Leine setzt.

Ein zwei Schritte – Sturz. Ausrasten. Ein zwei Schritte – Sturz. Luft holen, ausruhen. Einmal verfehlt Dean sogar die Leine und stürzt mit dem Körper am Fels entlang in die Sicherung – für mich ein grauenvoller Anblick, der mir ein sehr negatives, sehr von Angst bestimmtes Bild in mein Gehirn brennt.

Sommer 2003. Die wahrscheinlich erste Highline in den Alpen ist gespannt. Ich sitze

Kante des Abbruches zu stehen, einen Fuß auf die Leine zu setzen und mir vorzustellen, dass ich losgehe. Was ist das? Ich sehe plötzlich die Leine nur noch verschwommen und muss mich wieder hinsetzen (erst Monate später erfahre ich, dass sich meine Pupillen in diesem Angstzustand erweitert hatten und dass man durch erweiterte Pupillen nicht mehr scharf sehen kann...).

Einfach losgehen, alles loslassen, in die gestellte Aufgabe eintauchen – wieso funktioniert das, was ich beim Klettern gut kann, hier absolut gar nicht?! Vor-zurück, vor-zurück – es scheint unmöglich, das sichere Ufer zu verlassen. »Die Füße kennen den Weg« versuche ich mir immer wieder einzureden. Ja, auf dem Boden kann ich auf einer ebenso langen Leine problemlos hin- und hergehen, kann Drehungen machen, mit verschränk-

»Der Sinn des Lebens ist das Leben selbst, die Erfahrung das Äußerste zu versuchen, sich eifrig ausstrecken ohne Angst vor neuen und reichen Erfahrungen«

Eleanor Roosevelt

ten Händen gehen, auf der Leine entlangspringen und sogar blind darauf gehen! Obwohl ich immer müder werde wird mir klar, dass ich es versuchen muss. Ich weiß, dass ich nicht mehr zurück kann und spüre, dass ich bald auf diese Leine steigen werde. Aufzugeben wäre die größere Qual. Endlich ist der Schritt nach vorne leichter als der Schritt zurück. Wahnsinn, ich stehe mitten in den Bergen inmitten der Luft. Hastig versuche ich, noch einen Schritt weiter zu kommen, aber ehe ich es begreife, falle ich nach vorne und fange die Leine – die Eindrücke waren einfach zu überwältigend. Nach 20 Minuten Pause steige ich wieder hinaus und schaffe insgesamt drei Meter – und dann ist Schluss für diesen Tag!

Monate später sitze ich auf der Spitze des Lost Arrow. Diesmal sitzt Dean Potter am Felsmassiv und gibt mir gute Anweisungen. Wieder ist diese unbegreifliche, fast existenzbedrohende Angst da, der ich mich nicht erwehren kann. Wieder das flaue Gefühl, der verschwommene Blick. Am ersten Tag habe ich keine Chance. Nach einer Woche Schlechtwetter steht plötzlich nur noch ein einziger Tag für die Begehung zur Verfügung. Ja, es wäre schon schön, als erster Europäer über diesen Abgrund zu balancieren – aber der Preis scheint zu hoch zu hängen. Wieder sind Freunde mit hinauf zum Turm gegangen, wieder vertraue ich den Anweisungen von Dean. Die Nerven werden immer schlechter. Die Zeit rinnt davon und plötzlich haben wir nur noch eine Viertelstunde, bevor wir gehen müssen. »Mach es einfach, Heinz«, meint mein Freund. Ja, warum eigentlich nicht. Irgendwie ist die Angst weniger geworden, ich verspüre einen kleinen Funken von Aggression in mir. »Ja, ich gehe jetzt einfach rüber«, denke ich bei mir. Bei den ersten Schritten springt meine Nervosität auf die Leine – sie zittert plötzlich furchtbar und droht mich abzuwerfen. »Bleib ruhig Heinz. Vergiss nicht zu atmen«. Ja richtig – der

Heinz Zak am Losertörl, Totes Gebirge.
Foto: Lukas Rudolf /Archiv Heinz Zak

Atem. Die einzige Quelle der Ruhe in diesem Sturm der Gefühle. Also kraftvoll einatmen und ganz laut ausatmen. Ich schwebe durch die Luft, fast 1000 Meter über dem Talgrund des Yosemite Valley.

Das Verlangen die andere Seite zu erreichen ist verflogen, die Zeit steht still und ich spüre, dass keine Angst mehr in mir ist. Ich bin ganz im Augenblick, spüre den leisen, nach Schnee riechenden Wind, gehe sicher und bestimmt über die Leine. Erst kurz vor dem Ziel schießt mir dieses plötzlich in den Sinn: Ja, der Erfolg ist greifbar nahe – und schon erbebt mein Körper und ich brauche meine letzten körperlichen und geistigen Reserven. Mit einem Urschrei der Erleichterung erreiche ich den kleinen Felsabsatz! Der Freudentaumel nimmt an diesem Tag kein Ende!

Mittlerweile bin ich ca. 15 verschiedene Highlines gegangen – in den Dolomiten an den Vajolettürmen, auf die Guglia Edmonde de Amicis; andere in Nordtirol oder am Losertörl im Ausseerland. Mein Highline-Programm funktioniert jetzt viel besser. Das System ist wesentlich sicherer geworden und ich habe meinen Geist soweit unter Kontrolle gebracht, dass ich keine Angst mehr habe. Das Gehen über diese Leinen, sei es am Boden, über einem Bach oder See oder zwischen den Bergen, gibt mir eine tiefe Befriedigung. Die Anforderungen sind dem Klettern einer extrem anspruchsvollen Route sehr ähnlich. Es reizt mich, Körper und Geist in Einklang zu bringen und durch Wille, Konzentration und Körperbeherrschung neue Grenzen in mir zu entdecken.

»Slackline« heißt nichts anderes als »lockere Leine«. Die Idee kommt aus den USA – dort wurde bereits Ende der 70er Jahre das Balancieren auf Ketten und Seilen als Gleichgewichtstraining für das Klettern betrieben.

Am Mountain-Equipment-Slackline-Treffen in Scharnitz. Foto: Heinz Zak

Tipps für Anfänger:
Wer das Seilbalancieren anfangen möchte, beginnt am besten mit einer drei bis fünf Meter langen Leine, die in Kniehöhe so gut gespannt ist, dass sie ca. 20 cm in der Mitte nachgibt, wenn sich jemand darauf stellt.

Aufstehen: Je nach Länge der Leine gibt es immer einen bestimmten »Sweet-Spot«, also den Punkt, wo man am leichtesten auf der Leine stehen kann. Bei einer fünf Meter langen Leine ist der Punkt ca. bei 1½ Meter, auf einer 10-Meter-Leine bei ca. zwei Meter, auf einer 30-Meter-Leine ca. bei drei Meter. An diesem Punkt sollt ihr aufstehen, und zwar nicht mit Kraft drücken, sondern schnell mit dem Körper nach oben Schwung holen und den zweiten Fuß auch gleich auf die Leine stellen. Sehr wahrscheinlich werdet ihr dann gleich wieder die Balance verlieren und heruntersteigen, aber dieses ständige Absteigen ist ein wichtiges Training, um im entscheidenden Fall auch unkontrolliertes Abgehen bei gefährlichen Leinen reflexartig zu beherrschen.

Das große Zittern: Denkt nicht daran, auf der Leine sofort zu gehen. Je nach Gewicht kommt vorerst das Zittern des Fußes auf der Leine, und man begreift später gar nicht, warum der Fuß jemals so gezittert hat.

Den Fuß stabilisieren: Der Fuß ist auf der Leine und zittert. Versucht, ihn mit dem freien Fuß seitlich zu stabilisieren. Lasst euch dabei von jemandem, der seitlich von euch steht, helfen.

Oben locker: Die meisten Anfänger stehen so auf der Leine, als ob sie einen Stock verschluckt hätten – absolut starr in Hüfte und Schultern. Also bewusst Bewegung in Arme und Hüfte bringen!

Erste Schritte: Erst mal kommt man gar nicht weiter. Auf einmal löst sich der Knoten und man ist zwei bis drei Schritte unterwegs.

Wenn Sie als Gruppenleiter eine Slackline spannen, bitte nicht höher als ein Meter (Spielzeugnorm)! Sollte sich ein Gruppenmitglied verletzen, könnten sonst ernstliche rechtliche Folgen entstehen.
Es ist besser ein Gurtband zu verwenden. Ein Schlauchband gibt zu sehr nach und damit ist die Verletzungsgefahr höher!
Beim Spannen der Leine zwischen zwei Bäumen unbedingt einen Baumschutz verwenden! Am besten kauft man sich ein Stück Kunstrasen beim Baumarkt und wickelt diesen um den Baumstamm.
Mit einer Ratsche läßt sich das Gurtband am leichtesten spannen!
Bitte als Verbindungsstücke immer Schäkel verwenden. Karabiner können bei den auftretenden Belastungen zerrissen werden. Besonders dann, wenn sie verrutschen und so an den langen Seiten belastet werden. (Ist uns schon öfters passiert!)
Bei einem Slackline-Set von Mountain-Equipment sind alle notwendigen Teile zum Aufbau einer Leine mit dabei (ausgenommen der Baumschutz) und das Set wurde von Experten geprüft!

Bild linke Seite: Heinz Zak am Teufelsturm, Elbsandstein.
Foto: Daniela Kahls /Archiv Heinz Zak

Von wegen Eisprinzessin

Erfolgreich in einer Männerdomäne: Ines Papert

VON KARIN STEINBACH TARNUTZER

Sibylle C. Hechtel war in den Siebzigerjahren eine der führenden Kletterinnen Amerikas, mit deutschen Wurzeln übrigens; sie bildete 1973 zusammen mit Beverly Johnson die erste Frauenseilschaft, die einen Bigwall am El Capitan kletterte. Als sie im Jahr 1974 einen Artikel für das »American Alpine Journal« über kletternde Frauen in Kalifornien schrieb, errschien er unter der Überschrift »Untitled«. Ihren eigentlichen Originaltitel – »Walls Without Balls« – hatte der Redakteur als den Herausgebern nicht zumutbar abgelehnt. Auch wenn die damalige Redaktion wenig Humor bewies, begann sich doch zu dieser Zeit mehr und mehr die Vorstellung durchzusetzen, dass auch Frauen bergsteigen und klettern können. Trotzdem gab es immer noch genügend Männer, die weiterhin den Mythos verbreiteten, bergsteigende Frauen seien vermännlicht oder zumindest sexuell frustriert.

Ines Papert mit ihrem Sohn Emanuel während einer Kletterreise in das für seine Risse bekannte amerikanische Klettergebiet Indian Creek. Foto: Archiv Ines Papert

Hundert Jahre früher hatten Bergsteigerinnen noch mit ganz anderen Problemen zu kämpfen, angefangen bei der Kleiderordnung, deren Vorschriften es ihnen verunmöglichten, ihrer Tätigkeit angemessene Kleidungsstücke anzuziehen – Hosen tragende Frauen waren den Männern nicht geheuer. Innerhalb der bürgerlichen Geschlechterordnung lösten bergsteigende Frauen Verunsicherung aus, weswegen beispielsweise der Schweizer Alpenclub 1907 beschloss, Frauen aus seinen Reihen auszuschließen. Folgerichtig organisierten sich die Schweizer Bergsteigerinnen selbst und gründeten 1918 den Schweizer Frauen-Alpenclub SFAC. Erst Ende der Siebziger-, Anfang der Achtzigerjahre fusionierten die jeweiligen SAC- und SFAC-Gruppierungen wieder zu gemeinsamen Sektionen.

Die Literatur über die Geschichte des Bergsteigens gesteht den Alpinistinnen wenig Platz zu. Doch sie wagten sich in die Berge, entgegen gängigen Rollenklischees und obwohl sie in den seltensten Fällen anerkannt wurden. Vielleicht gerade deshalb war ihnen das Bergsteigen ein Mittel zur Emanzipation, eine Möglichkeit, Herausforderungen anzunehmen, Bestätigung zu finden und mehr Selbstbewusstsein zu erlangen.

Gleichberechtigung am Berg

Um wie viel leichter haben es dagegen bergsteigende und kletternde Frauen von heute. Mag es auch geschlechtsspezifische Präferenzen bei den verschiedenen alpinen Disziplinen geben, grundsätzlich stellt niemand mehr in Frage, dass Frauen »es« genauso gut beherrschen. Die Niveaus von Männern und Frauen haben sich weitgehend angeglichen, egal ob es um ausdauerbetontes Höhenbergsteigen oder um Kraft und Beweglichkeit erforderndes Schwierigkeitsklettern geht. Am ehesten unterscheiden sich die Geschlechter wohl noch in der Art und Weise, wie sie Probleme angehen: Wo Männer mit roher Kraft agieren, setzen Frauen mehr Technik ein, ganz einfach weil ihnen die Kraft nicht zur Verfügung steht. Zum Glück ist es heute selbstverständlich, dass Frauen vorsteigen, dass Frauen mit ihresgleichen unterwegs sind, dass Frauen keinen männlichen Begleitschutz brauchen, der ihnen den Weg weist. Was nicht heißen soll, dass wir nicht gern gemeinsam mit Männern Touren unternehmen, in einer gleichberechtigten und partnerschaftlichen Atmosphäre.

Kombination von Fels und Eis: In einer Mixed-Route im Schwierigkeitsgrad M 10 in Norwegen. Foto: Klaus Fengler

Aber, Hand aufs Herz: Waren wir nicht auch stolz darauf, dass wir, als wir in den Achtzigerjahren als reine Frauenseilschaften kletterten, von männlichen Kollegen ungläubig bestaunt und anerkennend kommentiert wurden? In dieser Hinsicht aufzufallen ist im Zuge der alpinen Emanzipation schwierig geworden. Gerade das moderne Sportklettern ist eine Spielart, die Frauen entgegenkommt, und wer sich in den überall aus dem Boden schießenden Kletterhallen oder in Sportklettergebieten umschaut, wird erstaunt feststellen, wie hoch der Frauenanteil dort ist. Er nimmt allerdings in dem Grad ab, in dem die Routen alpiner werden, und auch an der Zahl der Bergführerinnen lässt sich der Fortschritt nur als sehr langsam ablesen. Während dem Schweizer Bergführerverband mittlerweile immerhin 24 Bergführerinnen angehören, sind es in Deutschland ganze sechs.

Frauen im Bergsport sind »normal« geworden. Wie ihre männlichen Kollegen sind sie nur dann etwas Besonderes, wenn sie durch außergewöhnliche Leistungen an die Öffentlichkeit treten. Die Amerikanerin Lynn Hill beispielsweise durch ihre erste freie Begehung der »Nose« am El Capitan, die Baskin Josune Bereziartu als weltweit erste Frau, die eine Route im Schwierigkeitsgrad 9a/9a+ klettern konnte, die Österreicherin Gerlinde Kaltenbrunner durch ihre schnellen und eleganten Achttausenderbesteigungen, die Deutsche Marietta Uhden durch ihre Erfolge in Kletterwettkämpfen und als erste Frau, die eine Route im Grad 8c erstbeging. Oder eben Ines Papert: Sie ist zwar auch eine hervorragende Felskletterin, aber berühmt geworden ist sie durch ihr Erfolge beim Eisklettern, in einer Szene, die üblicherweise von Männern dominiert wird.

Jahrelang war sie bei den Eiskletterwettbewerben auf den ersten Rängen zu finden, bevor sie ihre Wettkampfkarriere im Frühjahr 2006 mit einem erneuten Weltcup-Gesamtsieg abschloss. Der Wettkampferfolg, der sie rückblickend am meisten freut, war

2005 in Ouray der Sieg in der Gesamtwertung über Männer und Frauen – der Wettbewerb im amerikanischen Bundesstaat Colorado ist der einzige, bei dem es eine solche geschlechterübergreifende Gesamtwertung gibt. Sie war maßgeblich an der Weiterentwicklung des Mixed-Kletterns beteiligt, bei dem nicht nur wie an Wasserfällen im Eis, sondern genauso in Felspassagen mit Eisgeräten und Steigeisen geklettert wird. Der bisherige Höhepunkt in dieser Disziplin: Im Februar 2007 gelang ihr mit der »Law and Order« in den Diebsöfen am Wilden Kaiser die erste Damenbegehung einer Mixed-Route im Schwierigkeitsgrad M 13. Diese Erstbegehung von Markus Bendler, die auf 40 Meter Länge 30 Meter überhängt, gilt derzeit als die schwierigste Mixed-Route in Europa. Nach dem Ende ihrer Wettkampfphase hat sie sich vermehrt Erstbegehungen sowohl von Wasserfällen als auch im Mixed-Gelände zugewandt. Um noch unberührtes Eis zu finden, reist sie mittlerweile gern nach Kanada, Norwegen oder Island, in Gegenden, wo es noch einen wirklichen Winter gibt und gute Eisverhältnisse herrschen.

Weltcup-Auftakt 2006 in Valle di Daone: Oben Ines Papert ganz rechts, neben der Italienerin Anna Torretta, die schließlich Zweite wurde; unten in der stark überhängenden Finalroute.
Fotos: Klaus Fengler

Eine »eiskalte Leidenschaft«

Als »Eisprinzessin« tituliert zu werden, wie es die Medien manchmal tun, gefällt Ines gar nicht. Denn empfindlich darf man beim Eisklettern nicht sein – es ist kalt, es ist nass, und anstrengend ist es sowieso. Ohne gewissenhafte Vorbereitung und intensives Training kommt man nicht weit. An ihre erste Erfahrung im Wasserfallklettern im Gasteinertal hat sie eher schlechte Erinnerungen: Bei den damals herrschenden Minusgraden spürte sie ihre Finger und Zehen fast nicht mehr, beim Auftauen taten sie entsprechend weh, am Stand wurde sie vom Warten völlig steif, und dann fiel ihr auch noch ein Eisbrocken auf die Nase, die stark blutete, zum Glück aber nicht gebrochen war.

Von diesem ersten Rückschlag ließ sie sich jedoch nicht abschrecken. In Chamonix übte sie in Eiscouloirs und in den ersten Mixed-Routen, als um die Jahrtausendwende das Drytooling populär wurde. Im Fels war sie, die 1993 von Sachsen nach Berchtesgaden gezogen war und erst 1996 mit dem Klettern begonnen hatte, mittlerweile bereits ihre erste IX- geklettert und hatte sich technische Fähigkeiten angeeignet, die sie auch im Eis nützen konnte. Aus Neugier nahm sie im Februar 2000 an einem Eiskletterwettkampf in Saas-Fee teil – erstmals wurden diese Veranstaltungen damals auf internationaler Ebene ausgetragen – und wurde prompt Zweite. Wobei ihr, das gibt Ines unumwunden zu, bei den Wettkämpfen im Eis jeweils das überschaubare Teilnehmerfeld bei den Frauen zugute kam: Während bei den Männern oft weit über 100 Meldungen vorlagen, pendelte sich die Zahl der Eiskletterinnen meist bei höchstens 20 ein.

In den folgenden Jahren errang sie einen Sieg nach dem anderen und stand bei den Frauen unbestritten an der Spitze der noch jungen Eisklettererszene, und zwar auch, nachdem ihr Sohn Emanuel auf die Welt gekommen war. Es bedurfte zwar manchmal eines erheblichen Organisationsaufwands, ausreichend Zeit für das Training herauszuschlagen, doch sie wollte weder ihre Leidenschaft für das Eis noch die für den Fels aufgeben. Mehr noch: Die gelernte Physiotherapeutin dachte darüber nach, das Bergsteigen zu ihrem Beruf zu machen. Sie zog die Bergführerausbildung in Betracht, entschloss sich dann aber, nachdem sie Anfragen von Sponsoren bekam, zu Vorträgen eingeladen wurde und das Interesse der Medien an ihr immer größer wurde, zu einer Profi-Karriere. Damit ist sie in Deutschland eine der wenigen, die das Bergsteigen professionell betreiben, und wie jede andere berufstätige Frau steht sie tagtäglich vor der Herausforderung, ihre beruflichen Pflichten, die Kinderbetreuung und ihre eigenen Bedürfnisse zu vereinbaren.

2004 gelingt Ines Papert mit der Route »Letzte Ausfahrt Titlis« in der Zentralschweiz ihre erste Alpintour im unteren zehnten Schwierigkeitsgrad.
Foto: Archiv Ines Papert

Auf der Suche nach Selbstständigkeit

An ihre Anfänge als Kletterin erinnert sie sich nicht ohne Schmunzeln. Nach den ersten Übungsrouten im Klettergarten stand bald einmal die Direkte Westwand auf den Kleinen Watzmann auf dem Programm, deren Schlüsselstelle im fünften Schwierigkeitsgrad sie sehr beeindruckte. »Heute würde ich sagen, das ist ein kleines Dach, zugegebenermaßen recht luftig, aber an den großen Griffen ist man da schnell drüber. Doch damals kam es mir vor wie ein Riesendach, voll überhängend, wahnsinnig ausgesetzt, und ich musste mich ganz stark darauf konzentrieren, nicht nach unten zu schauen. Ich brauchte lange und auch etwas Seilzug von oben, bis ich mich über die Stelle gewuchtet hatte.« Als das geschafft war, kletterte sie schnell weiter, denn es sah nach Regen aus. Eilig hängte sie die Zwischensicherungen aus und setzte ihren Weg fort. Am Standplatz war ihr Kletterpartner allerdings gar nicht zufrieden: Sie hatte die Friends zurückgelassen, die er zur Absicherung in die Risse gelegt hatte. Ahnungslos wie sie war, hatte sie die Klemmgeräte als festen Bestandteil der Tour angesehen, wie die Haken eben auch …

Obwohl sie schnelle Fortschritte machte, war es zur eigenständigen Kletterin noch ein weiter Weg. »Sobald ich mit meinem Partner unterwegs war, begann ich, die Verantwortung an ihn abzugeben – weil er besser kletterte, mehr Erfahrung hatte und gerade in Berchtesgaden viele Routen sowieso schon kannte. Das passierte ganz automatisch und dürfte bei bergsteigenden Paaren die Regel sein. Und nicht nur bei denen: Ich denke schon, dass Frauen dazu tendieren, die Männer organisieren zu lassen, ihnen viel zu schnell die Verantwortung zu übergeben, sei es nun im Sport, in der Freizeit oder überhaupt im Zusammenleben. Es war eben auch sehr bequem, dass ich mich um nichts kümmern musste, weder um die Routenauswahl noch um die Zeitplanung oder die Zusammenstellung der benötigten Ausrüstung.

Dadurch, dass er den Einstieg suchte und vorauskletterte, beschäftigte ich mich so gut wie nie mit der Routenfindung und lernte so natürlich auch nicht, die topografischen Routenskizzen aus dem Kletterführer zu interpretieren. Als ich dann begann, mit anderen Leuten zu klettern, fiel es mir zunächst schwer, ein solches Topo in die Wand zu projizieren und den Routenverlauf herauszulesen. Überhaupt erst mal den Einstieg anhand der wenigen Informationen zu finden war schon eine Kunst. Ich hatte eben keine Übung darin, die vielen Details in einer Skizze zu deuten und sie zu nützen.«

Ein Schlüsselerlebnis für Ines war eine Einladung des British Mountaineering Council zu einem internationalen Frauen-Klettertreffen in Wales. Hier lernte sie das traditionelle Klettern kennen, bei dem die Routen mit Schlingen, Klemmkeilen und Friends selbst abgesichert werden, um im Fels keine Spuren zu hinterlassen. »In dieser Woche stieg ich häufiger vor und machte meine ersten Erfahrungen mit dem Selbstabsichern. Ich empfand es als sehr anregend, gemeinsam mit anderen Frauen zu klettern, ihnen auf die Finger zu schauen und von ihnen zu lernen. Neben Achttausender-Besteigerinnen und britischen Trad-Kletterinnen mit eiserner Moral kam ich mir allerdings ziemlich klein vor. Mit verschiedenen Seilpartnerinnen war ich in Verschneidungen und Rissen bis zum siebten Grad unterwegs, und weil ich im Umgang mit den Sicherungsmitteln noch nicht geübt war, gab es einige spannende Momente. Insgesamt war es eine sehr motivierende Woche für mich. Ich hatte mit interessanten Frauen aus aller Welt zu tun, die ihren Spaß miteinander hatten, egal, wie schwer sie kletterten. Ihre Selbstständigkeit beeindruckte mich sehr. Die ganze Zeit über herrschte eine freundschaftliche Stimmung. Ich fühlte mich nicht aufgrund meiner Leistung beurteilt, sondern als Mensch geschätzt, auch wenn ich noch nicht die Wahnsinnstouren ging. Entscheidend war glaube ich, dass es kein Konkurrenzdenken gab und ich mich nie unter Druck fühlte. Wenn ich an meine Grenzen kam, dann lag das an meinem eigenen Ehrgeiz, der mich diese Route auswählen ließ. Dann war ich aber auch selbst verantwortlich dafür.«

Mit Frauen zu klettern erlebte Ines als extreme Bereicherung. Wenn sie und ihre Kletterpartnerin eine für beide passende Tour auswählten und gemeinsam planten, war die Verantwortung auf beide verteilt, keine war die »Chefin«. Es wurde selbstverständlich im Überschlag geklettert. Oft war sie mit ihrer Freundin Elke unterwegs, die schon viel Erfahrung im alpinen Gelände hatte. So ergab sich zwischen den beiden eine ideale Arbeitsteilung: Während Ines in leichterem, brüchigem und schlecht abgesichertem Gelände unsicher war, konnte Elke dort ihre Stärken ausspielen. Wenn es alpin anspruchsvoll wurde, führte Elke, wenn es schwer und überhängend war, schickte sie Ines vor. Sie ergänzten sich zu einem idealen Team, und es machte ihnen eine diebische Freude, wenn es ihnen zwischendurch gelang, eine Männerseilschaft zu überholen. »Kletternde Frauen wurden in Berchtesgaden immer noch nicht als Selbstverständlichkeit angesehen, höchstens vielleicht als Seilzweite hinter ihren Partnern. Das entsprach der ebenfalls konservativen Rollenverteilung im ›richtigen Leben‹. Und der hatten Elke und ich den Kampf angesagt. ›Wer sich nicht wehrt, endet am Herd‹, das war zu der Zeit unser Lieblingsspruch.«

Beruf Kletterin – ein Gespräch mit Ines Papert

Ines, du hast im Winter 2000 am Eingangslehrgang für die deutsche Bergführerausbildung teilgenommen. Wie kam es dazu, dass du dich als Frau für diesen Berufsweg entschieden hast?

Ich hatte im Sommer davor eine berufliche Auszeit genommen und war sehr viel beim Bergsteigen und Klettern. Dann stand der Wiedereinstieg in der Reha-Klinik bevor – und ich merkte, dass mich eine berufliche Zukunft in der Physiotherapie nicht wirklich begeisterte. Während meiner Auszeit war mir immer bewusster geworden, wie sehr mir der geregelte Arbeitsrhythmus widerstrebte: an fünf Tagen die Woche acht Stunden arbeiten, und vor allem immer drinnen. In meinem Bekanntenkreis gab es mehrere Bergführer, und so begann ich, die Bergführerausbildung als Ausweg zu sehen. Als Bergführerin, so stellte ich mir das damals zumindest vor, hätte ich die Freiheit, viel unterwegs zu sein und während der Arbeitszeit das zu tun, was ich am liebsten tat. Und dann reizte mich natürlich noch, das als Frau zu machen – es gibt in Deutschland ja kaum Bergführerinnen.

Wie ist es dir in der Ausbildungswoche ergangen?

Ich war die einzige Frau unter fast dreißig Männern. Die Anforderungen waren hoch, aber wir hatten einen sehr kameradschaftlichen Umgang miteinander. Mir war bewusst, dass ich relativ wenig alpine Erfahrung mitbrachte. Damit ich eigenverantwortlich die Planung übernehmen muss und mehr Routine in der Routenfindung bekomme, bin ich im Sommer davor viel mit Frauen geklettert – gerade mit meinem erfahreneren Partner zusammen überließ ich das nämlich automatisch ihm. Ich sah die Eingangsprüfung auch als Test: Ich dachte mir, wenn ich die bestehe, dann mache ich weiter und trainiere auch ganz gezielt darauf.

Warum hast du die Ausbildung nicht fortgesetzt?

Das war zunächst nicht unbedingt eine freiwillige Entscheidung. Kurz vor Beginn der Ausbildung merkte ich, dass ich schwanger war. Den Eingangslehrgang Ski wollte ich auf keinen Fall absagen und nahm im vierten Schwangerschaftsmonat daran teil. Ich wollte es eben auch wirklich wissen – ob ich es schaffe, meine ich. Obwohl das Schulefahren nicht meine Stärke war, bestand ich die Prüfung. Dass ich den Sommertermin für das Fels- und Eisklettern nicht wahrnehmen können würde, war sowieso klar – da wäre ich dann im achten Monat gewesen. Aber ich ging davon aus, dass ich den im Jahr darauf nachholen würde. An dieser Vorstellung hielt ich lange Zeit fest; ich wollte für die Zeit nach der Geburt eine Perspektive haben. Denn ich befürchtete sowieso, dass mich die neue Aufgabe als Mutter davon abhalten würde, zum Klettern zu kommen. Außerdem machte ich mir auch noch Sorgen, ob ich nach der Schwangerschaft überhaupt noch so leistungsfähig wäre wie vorher – was sich zum Glück als völlig unbegründet erwies.

Abgeschlossen hast du die Ausbildung dann aber doch nicht?

Nach der Geburt Emanuels hat mich sozusagen die Entwicklung überholt. Ich gewann 2001 den Gesamt-Weltcup im Eisklettern, Sponsoren wollten mit mir zusammenarbeiten, die Medien interessierten sich für mich. Diese Arbeit machte mir Spaß, und ich konnte bald davon leben. Es bestand keine Notwendigkeit mehr, die Ausbildung abzuschließen, weil mein Lebensunterhalt anderweitig gesichert war.

Erschien dir das verlockender als die Tätigkeit als Bergführerin?

Damals war es vor allem naheliegend. Im Rückblick denke ich schon, dass meine jetzige Tätigkeit abwechslungsreicher ist, als wenn ich als Bergführerin arbeiten würde. Sie lässt mir die Freiheit, meine eigenen Projekte zu realisieren, die jeweils ein zeitintensives Training voraussetzen.

Es ist bestimmt nicht immer einfach, deinen »exotischen« Beruf und die Familienpflichten zu vereinbaren?

Ich lebe getrennt vom Vater meines Sohnes; er übernimmt ebenfalls einen festen Anteil an den Betreuungszeiten, was mir mehr Spielraum verschafft. Ohne sein Engagement wären meine alpinen Aktivitäten in dem Umfang gar nicht möglich. Von der Zeiteinteilung her habe ich es aber auch ein-

Ines Papert in der Finalroute des Eiskletter-Weltcups 2006 in der Tiefgarage von Saas-Fee.
Fotos: Klaus Fengler

Um gutes Eis zu finden, nimmt Ines Papert – hier in einem norwegischen Eisfall – weite Reisen in Kauf.
Foto: Klaus Fengler

facher als Bergführerinnen, die jeweils ganze Tage, Wochenenden oder sogar Wochen abwesend sind. Ich kann vormittags trainieren, während Emanuel in der Schule ist, die Logistik erledige ich spätabends, wenn er schon schläft. An meinen Projekten arbeite ich an den Tagen, an denen Emanuel bei seinem Vater ist. Aber natürlich habe ich, wie wahrscheinlich jede berufstätige Mutter, oft ein schlechtes Gewissen gegenüber meinem Kind, weil es vermeintlich zu kurz kommt und ich so viel unterwegs bin.

Wie schätzt du dein Berufsrisiko ein?

Ich denke, Profi-Kletterer und Bergführer haben ein vergleichbares Risiko und müssen lernen, damit umzugehen. Der Bergführer steht unter dem Druck, seinem Gast ein Erfolgserlebnis zu bieten, ich stehe unter dem Druck, meinen Sponsoren einen vermarktbaren Erfolg zu bieten. Beide müssen wir jeweils die Risiken abwägen – ob das Projekt unter den herrschenden Bedingungen gewagt werden kann oder wir vernünftigerweise darauf verzichten. Auch ich habe es angesichts dieses Drucks nicht immer geschafft, nein zu sagen – und habe, nur um das Filmteam nicht zu enttäuschen, einmal einen ziemlich hohen Abgang hingelegt, weil es einfach zu warm war und das Eis abriss.

In deinem Buch beschreibst du, dass du in deinem Umfeld immer mal wieder den Vorwurf heraushörst, es sei doch zu gefährlich, so einen Beruf auszuüben und gleichzeitig Mutter zu sein.

Natürlich versuche ich, das Risiko so gering wie möglich zu halten. Meine Verantwortung gegenüber Emanuel habe ich bei der Routenauswahl im Hinterkopf, vor allem bei der Frage nach den Absicherungsmöglichkeiten und den objektiven Gefahren. Mein Unfall in der Marmolada-Südwand im Sommer 2005, der auch für Emanuel ein großer Schock war, hat mich darin bestärkt, nur noch mit bester Vorbereitung und Taktik in Routen einzusteigen, in denen ich mit unkalkulierbaren Risiken konfrontiert bin. Free Solo zum Beispiel kommt für mich nicht in Frage. Manches lässt sich mit Kind einfach nicht realisieren. Expeditionen sind schon wegen des Zeitaufwands schwierig. Heuer im Frühjahr war ich zum ersten Mal im Himalaja, als ich zusammen mit der Schweizerin Anita Kolar versuchte, den Arwa Tower über die Franzosenroute zu besteigen – leider wegen der schlechten Wetterbedingungen ohne Erfolg. Im Sommer kam Emanuel in die Schule, und so nützte ich die letzte Gelegenheit, zeitlich so flexibel zu sein. Aber so gefährliche Berge wie den K2 würde ich, anders als Alison Hargreaves, grundsätzlich nicht angehen.

Das Bergsteigen ist also für dich ein Beruf wie jeder andere?

Schon nicht ganz. Aber warum werden eigentlich immer nur Mütter nach der Verantwortung gegenüber ihren Kindern gefragt? Viele Bergführer haben Kinder, da fragt keiner danach, ob sie ihren »gefährlichen« Beruf verantworten können. Andere Frauen ziehen morgens ein Kostüm an und fahren ins Büro. Ich ziehe eben meine Kletterklamotten an und gehe trainieren.

Steckt da nicht manchmal auch der Vorwurf des Egoismus dahinter?

Ich habe da die Ansicht, dass eine gewisse Portion Egoismus erlaubt und sogar notwendig ist. Ich glaube, dass nur eine glückliche Mutter eine gute Mutter sein kann, und deswegen brauche ich das Erfolgserlebnis in meinen eigenen Projekten

Kannst du dir vorstellen, die Ausbildung später einmal abzuschließen und doch noch als Bergführerin zu arbeiten?

Das wäre ein Möglichkeit. Mir ist sehr bewusst, dass die Zusammenarbeit mit meinen Sponsoren zeitlich begrenzt ist. Ich werde älter, meine Leistungsfähigkeit nimmt ab, irgendwann bin ich als Werbeträgerin nicht mehr so interessant. Dann wäre die Tätigkeit als Bergführerin eine gute Alternative. In die Ausbildung müsste ich natürlich noch mal neu einsteigen. Es geht ja nicht nur allein um das klettertechnische Können, das mir wohl weniger Probleme bereiten würde. Aber Orientierung, Beurteilung der Lawinenlage und der Wetterentwicklung, Didaktik, Gruppendynamik, Führungstechnik ... Am liebsten würde ich dann Kurse im Eisklettern geben. Teilweise mache ich so etwas ja schon für meine Sponsoren. Auch frauenspezifische Kurse würde ich gern anbieten.

Es gibt sicher viele Frauen, die sich gern eine Bergführerin nehmen würden.

Auf jeden Fall. Ich bin auch einfach gern mit Frauen unterwegs. Aber auch mit Kindern würde ich gern arbeiten. Ich habe als Physiotherapeutin Erfahrungen im therapeutischen Klettern gemacht – eine spielerische Bewegungsform, die sich vor allem dazu eignet, muskuläre Dysbalancen auszugleichen. Kinder sind dafür besonders zugänglich. Diese Therapieform auszubauen und zu praktizieren würde mich interessieren, auch weil ich dabei meine beiden beruflichen Hintergründe verbinden könnte.

Vom Bergsteigen zu leben und eine Familie zu haben ist also kein Widerspruch für dich?

Ganz und gar nicht. Es ist eine Frage der Organisation und des unterstützenden Netzes. Natürlich laufe ich dabei Gefahr, als »Rabenmutter« angesehen zu werden, die sich zu wenig Zeit für ihr Kind nimmt und ihren beruflichen Erfolg über das Kindswohl stellt. In einem eher ländlichen Umfeld wie dem Berchtesgadener Land passiert das schneller als in der Stadt. Den Vorwurf, ich würde mein Kind im Stich lassen, wenn es anderweitig versorgt ist, finde ich nicht gerechtfertigt. Andere Länder sind da sehr viel weiter als Deutschland und stellen die nötigen Einrichtungen zur Verfügung, um Müttern eine berufliche Karriere zu ermöglichen. Die Killerphrase von der Rabenmutter sollte Frauen nicht davon abhalten, ihren eigenen Weg zu gehen und sich diesen zu organisieren.

Siegerehrung in Saas-Fee: Nach den Austragungen in Valle di Daone, Spicak/Tschechien und Saas-Fee gewinnt Ines Papert 2006 auch in Busteni/Rumänien sowie im norwegischen Hemsedal und schließt ihre Wettkampfkarriere mit einem erneuten Weltcup-Gesamtsieg ab.
Foto: Klaus Fengler

Biografie einer Ausnahmekönnerin

Ines Papert, 1974 geboren und im sächsischen Bad Düben aufgewachsen, entdeckte mit ihrem Umzug nach Berchtesgaden ihre Leidenschaft für die Berge. Sie ist vierfache Eiskletter-Weltmeisterin sowie mehrfache Weltcup-Gesamtsiegerin und kletterte 2003 mit der »Mission Impossible« als erste Frau den 11. Mixed-Grad. 2007 war sie wiederum die Erste, die eine M-13-Route klettern konnte. Im Fels gelang ihr und ihrem Partner die erste Rotpunktbegehung der »Symphonie de Liberté« in der Eiger-Nordwand (8a) in einem Tag. Als erste Frau kletterte sie rotpunkt die »Letzte Ausfahrt Titlis« am Titlis-Ostpfeiler (8a+) sowie die »Camillotto Pellesier« in der Nordwand der Grossen Zinne (8b). Außerdem konnte sie mit der »Muchachito Bombo Infierno« im spanischen El Chorro zusammen mit Stephan Siegrist eine Route im Grad 7c+ erstbegehen. Ines Paperts alpinistischer Werdegang sowie ihre Strategien, Klettern, Kind und Küche unter einen Hut zu bringen, lassen sich ausführlich in ihrer Biografie nachlesen: Ines Papert und Karin Steinbach: »Im Eis. Wie ich auf steilen Routen meinen Weg fand«, Malik Verlag, München, 2. Aufl. 2006, 19,90 Euro.

Kultur und Wissenschaft

Stefan Spath

Christoph Höbenreich

Iris Kürschner

Peter Donatsch

In den Schatzkammern der Alpen

VON STEFAN SPATH

Die glänzenden Geschäfte sind zwar längst vorbei, Gold und Edelsteine sind in den Hohen Tauern aber immer noch zu finden – Als Laie benötigt man vor allem eins: Geduld.

Schauplatz des Geschehens ist das »Goldgräberdorf Heiligenblut« in Kärnten. Hier strömt der Kleine Fleißbach von den Hängen des Goldzeche-Reviers herab, wo einst Knappen unter großen Strapazen nach Berggold gruben.
Foto: Stefan Spath

Goldflitter, -plättchen und -körner: Über eine solche Ausbeute wäre jeder Goldwäscher zufrieden
Foto: Archiv Granegger

Zuerst schaufelt man die Pfanne halb voll Sand und Wasser, lässt die Mischung etwas absetzen und beginnt dann unter rhythmischem Schwenken zu schütten und zu schauen. Ein Mal, zehn Mal, hundert Mal. Goldwaschen hat mehr von einer meditativen Tätigkeit als von einem Adrenalinkick. Diese erste Lektion verinnerlicht man bald, wenn man sich im Kärntner Heiligenblut unter die Goldsucher mischt, die in Gummistiefeln am Ufer des Kleinen Fleißbachs stehen. Reibt man sich den Schweiß von der Stirn, wandert der Blick unwillkürlich nach oben. Hinauf zur Goldzeche, so heißt das Revier an den Flanken von Goldzechkopf und Sonnblick, wo einst erfolgreich nach Gold gegraben wurde. Und heute? Der Blick wandert zurück in die Goldpfanne – weiter Fehlanzeige. Dafür winkt ein paar Meter weiter ein Knirps aufgeregt seinen Vater heran. Und tatsächlich: Ihm leuchtet etwas vom Grund der Pfanne entgegen! Goldwaschen ist faszinierend – und ungerecht zugleich: Die zweite Lektion.

Noch immer ist das Edelmetall, das die Hohen Tauern einst zu einer Schatzkammer Europas machte, in den von den Tauern herabströmenden Bächen Salzburgs und Kärntens zu finden. In Spurenelementen zwar, aber passionierte Goldsucher und Tourismusstrategen haben aus der Not eine Tugend gemacht und vermarkten Goldwaschen als einzigartiges Abenteuer. Reich werden kann niemand mehr, aber als originelles Andenken stehen die Goldplättchen, -flitter und -körnchen, die in Phiolen wandern und stolz herumgezeigt werden, hoch im Kurs.

Vom Tiroler Zillertal bis weit hinüber nach Kärnten gab es einst Bergbau auf Gold (und Silber, die in der Natur fast immer gemeinsam vorkommen). Die reichsten Vorkommen verzeichneten die Hohen Tauern, genauer gesagt ein wenige Kilometer breiter Streifen zu beiden Seiten des Alpenhauptkamms vom Glocknermassiv bis zum Gasteinertal. Hier konzentrierte sich das Edelmetall in den sogenannten Tauerngoldgängen, die vor 20 bis 15 Millionen Jahren durch komplizierte geologische Prozesse im Übergangsbereich zwischen dem Zentralgneis der Tauern und der Schieferhülle entstanden. Als die vier klassischen Reviere galten die Goldzeche (Fleißtal), der Rauriser Goldberg, der Radhausberg sowie das Vorkommen Siglitz-Bockhart-Erzwies (beide Gasteiner Tal). Auch im Lungau wurde geschürft. Da das Tauerngold sehr unregelmäßig auftrat, der Edelmetallgehalt schwankte und in großen Höhen – mancherorts an der 3.000 Meter-Marke – geschürft werden musste, war seine Gewinnung stets eine ökonomische Gratwanderung.

Auf der Alpennordseite bilden das Rauriser Tal und das Gasteiner Tal in Salzburg »Eldorados« der Goldwäscher von heute. Weiter südlich hat sich Heiligenblut in Kärnten als moderne Schatzkammer etabliert. Unter fachkundiger Anleitung und versehen mit Pfanne und Gummistiefeln kann man an ausgewiesenen Goldwaschplätzen am Bachrand sitzen, schaufeln, schwenken und schütten. Ein Vergnügen, das viel günstiger kommt als so manch andere Urlaubsbeschäftigung. Besonders Kinder, so möchte man meinen, fühlen sich davon angezogen. Irrtum. Die Erwachsenen stehen ihnen an Feuereifer und Sitzfleisch kaum nach.

»Man braucht nicht viel. Nur ein bissl Sachkenntnis, eine Schüssel und etwas Glück«, sagt Nikanor Granegger, der bei Rauris den Goldwaschplatz auf der Heimalm betreibt, einen von dreien in der goldträchtigen Region. »Man schwenkt die Schüssel ganz geringfügig. Gold bleibt wie befestigt am Schüsselboden haften, während der Rest darüber hinweg gleitet«, erklärt der Goldwäscher einen Grundsatz für die richtige Technik. Das Edelmetall setzt sich wegen der großen Schwere (spez. Gewicht 19,3 g/cm^3) viel leichter am Boden ab als der Rest des Pfanneninhalts. Das gilt auch im Großen: Stellen wie Flussbiegungen, wo die Strömung zwar noch wirkt, aber Gold wegen seiner Schwere liegen bleibt, verheißen Funde, Strecken, auf denen der Bach dagegen ungehindert fließt, Frustration.

Auf seinem Waschplatz an der Mittelstation der Hochalm-Seilbahn bringt Granegger den Anfängern das Einmaleins des Goldwaschens bei. »Wir drücken keinem die Pfanne in die Hand und sagen: Viel Glück. Wir zeigen ihnen, wie die Pfanne richtig gehandhabt wird. Wenn es Schwierigkeiten gibt, dann eben noch mal«. Schon um keine schlechte Nachrede zu haben, sei man daran interessiert, dass die Goldsucher auch fündig werden. Schlaumeier, die fragen, wann denn die Goldpartikel in den Bach »gestreut« worden seien, bremst er gerne mit der Frage aus, wer ihrer Ansicht nach denn das Salz ins Meer gestreut habe. Schon allein die Tatsache, dass Rauris zwei Mal die Weltmeisterschaft im Goldwaschen ausgerichtet hat, ist Beweis genug, dass es sich um keinen Touristennepp handelt. Von der im Juni 2007 ausgerichteten Europameisterschaft erhoffen sich Granegger & Co. neue Impulse.

Wo das Abenteuer in einen historischen Kontext eingebettet ist, ist ein Besuch besonders zu empfehlen. In Altböckstein im Gasteiner Tal ist zum Beispiel eine Montansiedlung aus dem 18. Jahrhundert zu besichtigen. Auf noch spannendere Weise werden im Kleinen Fleißtal historische Zusammenhänge aufgezeigt. Nur wenige Meter vom Waschplatz entfernt lässt sich in einem im Stil des 16. Jahrhunderts rekons-

Goldwaschen ist ein generationenübergreifender Zeitvertreib, wie das Foto beweist. Anders ausgedrückt: Beim Goldwaschen kommen die Leut' zamm.
Foto: Stefan Spath

truierten »Goldgräberdorf« nachvollziehen, wie das Edelmetall einst dem Berg abgerungen und verarbeitet wurde. Ein wichtiger Unterschied wird gleich deutlich, wenn man das Gebäude-Ensemble auf 1800 Meter Seehöhe mit der Tätigkeit der jetzigen Goldsucher vergleicht: Während heutzutage ausschließlich Seifen- oder Waschgold gewonnen wird, das sich durch Auswaschung aus dem Gestein löste, in die Bäche gespült wurde und sich dort ablagerte, wurde in der Frühphase hauptsächlich Berggold gefördert.

Die Technik dazu hatte sich schon unter den Kelten und Römern entwickelt. Die Knappen schlugen Stollen an und trieben sie mit Schlegel, Eisen und Feuer mühsam voran. Die harten Gneismassen zermürbten sie, indem sie in den Gängen und Spalten Feuersbrünste entfachten. Sie verwendeten außerdem hölzerne Keile (meist aus Lärchenholz) und übergossen sie mit Wasser, um durch Spannung den Fels zu sprengen. Ihr Ziel waren die Goldquarzgänge. Zentimeter um Zentimeter wuchsen die Gangsysteme, bis sie nach Jahrzehnten tief in den Berg hineinreichten. Stollen in der Länge von 160 Kilometern durchzogen einst den Rauriser Goldberg. Der Vergleich mit Schweizer Käse liegt nahe.

Ein ertragreicher Stollen aus alter Zeit trug den Namen Britzius-Stollen. Der Anschlag erfolgte laut der Inschrift 1567, zur Hochblüte des Goldbergbaus in den Tauern. Hier ist der Stolleneingang im Goldgräberdorf nachgestellt.
Foto: Stefan Spath

Höllenritt ins Tal

War das goldhaltige Erz einmal ans Tageslicht geschleppt, stand das nächste Problem an: Wie sollte man es zu Tal schaffen? Wurden mancherorts Pferde und in besonders exponierten Lagen sogar Ziegenböcke als Lasttiere verwendet, kam im Winter eine andere Methode zum Einsatz: Der Sackzug. Dazu füllten die Knappen das Erz in Ledersäcke aus Schweinshaut oder Hundefell und banden sie zu einem Zug zusammen. Dann ging es in halsbrecherischer Fahrt in vorbereiteten Rinnen zu Tal. Während das Hundefell das Rutschvermögen des Konvois erhöhte, bremste die Schweinehaut die Last ab.

Das Kleine Fleißtal war einer der Orte, wo das Gestein verarbeitet wurde. Der Name »Alter Pocher« verrät schon lautmalerisch, wie das vonstatten ging. Zunächst wurde das Erz im Bruchhof mit Muskelkraft grob zerkleinert und vom tauben Gestein geschieden, kam dann in den Röststadel. Hier setzte Hitze dem Erz zu und befreite es vom Schwefel. Nächste Station war das Pochwerk, wo wasserkraftgetriebene »Stempel« das Erz weiter zerstampften. Schließlich kam ein chemisches Verfahren zum Einsatz. Mit Hilfe von Quecksilber wurde das Gold in der Amalgamationsanlage herausgefiltert und schließlich geschmolzen.

Dieser letzte Schritt erfolgte einst in Obervellach im Mölltal. Einige Kilometer flussaufwärts findet sich mit Großkirchheim ein weiteres früheres Zentrum der Goldverarbeitung in den südlichen Hohen Tauern. Die im 16. Jahrhundert von Bergbauunternehmern errichteten Repräsentativbauten Schlössl und Schloss Großkirchheim sind praktisch unverändert erhalten geblieben. Großunternehmer (Gewerke) wie die aus Gastein stammende, aber auch im Kärntner Mölltal verankerte Familie

Weitmoser zählten zu den wenigen, die vom Goldabbau tatsächlich profitierten. Und natürlich die Obrigkeit, die die Abbaurechte verlieh.

Großkirchheim im Oberen Mölltal (Kärnten) war bis zum 17. Jahrhundert ein wichtiges Zentrum des Goldbergbaus in den Hohen Tauern. Historische Gebäude wie das Schloss (im Hintergrund) und das Schlössl Großkirchheim sind eindrucksvolle Zeugen der »Goldenen Ära«.
Foto: NPHT/Kärnten/Granig

Am anderen Ende des sozialen Gefüges standen die Knappen. Über ihren Knochenjob im Stollen geben Werkzeuge und Ausrüstungsgegenstände wie Schienbeinschützer aus Rinde einen guten Eindruck. Den Gestank und den infernalischen Lärm bei der Erzaufbereitung, die eintönige Kost über Monate und die Lawinengefahr im Winter darf man sich dazu denken. Man erfährt auch, wie sich die Bergarbeiter und ihre Familien gegen Risiken wie Unfall, Erkrankung oder Tod absicherten. Dazu zahlten sie einen Teil ihres Lohns in die Bruderlade ein. Am Boden dieser Truhe war ein Hund abgebildet. War der mangels Münzen zu sehen, war man »auf den Hund« gekommen – eine Redewendung, die sich aus der frühen Form einer Bergarbeiter-Sozialversicherung entwickelt und bis heute erhalten hat.

Wie gewonnen so zerronnen

Immer wieder durchlebte der Goldbergbau in den Hohen Tauern Hochs und Tiefs. Jahrzehnte langen Flauten folgten wenige Jahre dauerndes Goldfieber. Von einem solchen berichtete bereits der griechische Autor Strabon, der an der Zeitenwende lebte. Er bezog sich dabei auf einen nicht erhalten gebliebenen Bericht seines Schriftsteller-Kollegen Polybios, wonach um 130 v. Chr. »nördlich von Aquileia in den Norischen Alpen der Boden so ergiebig an Gold war, dass man kaum zwei Fuß tief graben musste, um auf gediegenes Gold zu stoßen«. Wo die Nuggets tatsächlich gefunden wurden, lässt sich nicht mit letzter Gewissheit eruieren. »Es ist aber äußerst wahrscheinlich, dass es sich um Tauerngold handelte«, urteilt Fritz Gruber, Experte für die Geschichte des Goldbergbaus in den Hohen Tauern.

Nicht zuletzt liefern dazu Funde am Magdalensberg in Kärnten einen klaren Hinweis. In der antiken Siedlung entdeckten Archäologen 1993 zum einen in Marmorplatten eingelassene Gussformen für Goldbarren, zum anderen Kristalle, die eindeutig aus den Hohen Tauern stammen. Es sei kaum vorstellbar, dass die Prospektoren zwar über die Mineralien, aber nicht über die Goldvorkommen der Tauern Bescheid gewusst hätten, argumentiert Gruber.

Blüte im 16. Jahrhundert

Erst für das Mittelalter gesichert ist die Verwendung des Tauerngolds als Münzmetall. Nach einem ersten Hoch im 14. Jahrhundert erlebte der Goldbergbau vom späten 15. Jahrhundert an eine etwa hundertjährige Blütezeit. Frisches Kapital und tatkräftige Unternehmer wie die Familie Weitmoser bescherten Rauris und Gastein einen Aufschwung. Werner H. Paar, führender Goldexperte in Österreich und an der Universität Salzburg tätig, nennt mit spektakulären Freigold-Funden am Radhausberg einen weiteren Grund für den Aufschwung. Und Gruber führt die effiziente Anwen-

1993 fanden Archäologen am Magdalensberg (Kärnten) in Marmorblöcke gehauene Gussformen für Goldbarren – ein Beweis, dass schon zur Römerzeit Gold in der Provinz Noricum (höchstwahrscheinlich in den Hohen Tauern) gefördert und verarbeitet wurde. Ausgestellt sind die Gussformen im Museum am Magdalensberg.
Foto: Stefan Spath

dung von Technologien wie Nasspochwerken und Amalgamationsverfahren ins Treffen, die die Produktivität in dieser Ära deutlich steigerten.

Einen Rekord verzeichneten die Annalen im Jahr 1557, wie der Gold-Historiker anhand alter Akten eruiert hat. Damals wurden auf der Salzburger Seite der Hohen Tauern 830 kg Gold und 2723 kg Silber gewonnen. Auch südlich des Hauptkamms gab es in manchen Jahren einen kleinen Goldrausch. Dennoch: Insgesamt wurden in den Hohen Tauern nach Schätzungen Paars in zwei Jahrtausenden nur 60 bis 80 Tonnen Gold produziert – im internationalen Maßstab geringe Mengen. Heute beträgt die Jahresförderung weltweit an die 2.600 Tonnen.

Von Kolm-Saigurn im innersten Rauriser Tal (Salzburg) führte im 19. Jahrhundert ein »Aufzug« ins Erzgebiet hinauf. Auf Holzgleisen wurde das Erz ins Tal transportiert, nach oben wurden Verpflegung und Material befördert.
Fotos: Archiv Granegger

Niedergang

An der Wende zum 17. Jahrhundert verlor das Tauerngold rasch an Glanz. Geschichtsexperte Gruber nennt zwei Hauptgründe: Zum einen waren die erschlossenen Erzmittel ausgebeutet, zum anderen wurde die Förderung immer schwieriger, da sie immer weiter in die Tiefe ging und technisch kaum mehr beherrschbar war. Minen mussten z.B. wegen Wassereinbrüchen aufgegeben werden. Gruber zufolge sind andere Argumente, die immer wieder ins Treffen geführt werden, nicht stichhaltig. »Der Niedergang war ausdrücklich nicht bedingt durch den Vorstoß der Gletscher, das Gold aus Amerika und die Ausweisung der Protestanten. Das

sind drei Klischees, die nicht zutreffen«. Nach seinen Berechnungen war der Goldbergbau »schon vor Ende des 16. Jahrhunderts nicht mehr rentabel«.

Obwohl das Pochen der Hämmer verklang, die Stollen verfielen und die Knappen-Unterkünfte zusammenbrachen, gab es bis hinein ins 20. Jahrhundert immer wieder Versuche, dem Goldbergbau neues Leben einzuhauchen. Mangels Rentabilität waren diese Ansätze aber allesamt zum Scheitern verurteilt. 1945 stellte der letzte Bergbau seine Tätigkeit ein. Fluss- oder Seifengold, das in den Tauern eine lange Tradition hat und Bauern einen Nebenerwerb bescherte, bestand in kleinem Maßstab eine Zeitlang weiter. Dass der Tauern-Goldrausch nie einen derart mythischen Stellenwert erlangte wie die kollektive Hysterie, die an der Wende zum 20. Jahrhundert den Yukon erfasste, hat einfache Gründe. Die Mengen waren zu gering, die Förderung in großen Höhen zu schwierig und die Besitzrechte zu starr geregelt.

Relikte aus der »Goldenen Ära«

Wanderer stoßen auf ihren Wegen durch die Goldberggruppe und das Obere Mölltal immer wieder auf Relikte der »Goldenen Ära«. Von Kolm-Saigurn führt der Tauerngold-Erlebnisweg zu historischen Stätten des Goldbergbaus im Rauriser Tal. Zu sehen sind Ruinen von Knappen-Unterkünften und Überreste einer Aufzugsanlage aus dem 19. Jahrhundert, die einst Golderz ins Tal beförderte. In der Kleinen Fleiß bei Heiligenblut bilden die Grundmauern des alten Pochwerks einen Kontrast zu den rekonstruierten Anlagen im Goldgräberdorf. Vielerorts zeugen Schutt- und Schlackehalden von der Nähe einstiger Stollen. Und Ortsbezeichnungen, die auf einstigen Gold- oder Silberabbau hinweisen, gibt es zuhauf.

Lang verweht ist die Epoche, dennoch wäre es verfrüht, einen endgültigen Schlussstrich unter eines der faszinierendsten Kapitel in der Geschichte der Hohen Tauern zu ziehen. Gerade weil Gold als krisensichere Anlage wieder an Bedeutung gewonnen und sich der Preis in den vergangenen Jahren mehr als verdoppelt hat, könnte das Edelmetall auch in den Tauern ein Comeback erleben. Im Jahr 2006 ging die Meldung durch die Zeitungen, dass ein australischer Konzern im salzburgischen Lungau Untersuchungen durchführen lasse. Wer weiß, vielleicht steht ja hier oder dort über kurz oder lang ein neuer »Goldrausch« bevor. Mit den Entbehrungen der frühen Goldgräber-Ära und mit Goldwäscher-Romantik haben die modernen Abbau- und Verhüttungsmethoden aber garantiert nichts mehr gemein.

Smaragde für jedermann im Habachtal

Doch nicht nur Gold birgt die Schatzkammer der Hohen Tauern. Mit Hammer, Meißel und Strahlstock – einem langen Eisenstab mit abgebogenem Ende – begeben sich jedes Jahr Hunderte Mineraliensammler quer durch die Tauern auf die Jagd nach seltenen Kristallen. Auch diese Tradition ist mindestens so alt wie die Goldgewinnung. Nicht ganz ungefährlich ist das Vergnügen und erfordert auch Sachkenntnis. Doch mancherorts, wie im Habachtal im Salzburger Oberpinzgau, können auch blutige Anfänger zu Schatzsuchern werden.

Sobald der Winter das Hochtal bei Bramberg aus seiner Umklammerung freigegeben hat, setzt sich eine kleine Karawane in Gang. Der Wanderweg den Habach entlang ist schon allein spektakulär genug. Zuerst folgt man dem tosenden Bach durch eine Schlucht, dann verbreitert sich das Tal und macht sonnenüberfluteten Almen Platz. Wasserfälle stürzen über Felswände, die sich senkrecht über blühende Wiesen erheben. Die Sonne lässt die letzten Schneefelder gleißen. Am Talschluss thronen mächtige Gletscher und ragen kahle, schwarze Spitzen in den Himmel empor. Doch das Panorama ist für manche Wanderer nur von geringer Bedeutung. Sie hat das »Grüne Feuer« gepackt. Ihr Ziel ist ein optisch wenig anziehender Schuttkegel im hinteren Habachtal. Hier liegt die einzige Stelle Europas, wo Smaragde gefunden werden.

Smaragdfarben präsentiert sich der Habach an einem Wehr.
Foto: Stefan Spath

Das grüne Leuchten

Sobald sie den Schuttkegel erreicht haben, packen sie Smaragdsieb und Kelle, mitunter auch einen Hammer aus und vergessen die Welt um sich. Da legen Erwachsene und Kinder Wehre an, kratzen neue Rinnen aus, wühlen mit den bloßen Händen im Schlamm und schaufeln selbstvergessen Ladung um Ladung in ihre Siebe, um sie unter Wasser genau zu betrachten. Alles wegen eines magischen Augenblicks: »Das Leuchten ist unverkennbar. Du erkennst es sofort, wenn es am Grund des Siebes heraussticht«, beschreibt ein Smaragdsucher das Glücksgefühl.

Nicht immer war die Smaragdsuche im Habachtal so ergiebig und so leicht. Um genau zu sein, erst seit dem Sommer 2002. Damals lösten heftige Regenfälle eine riesige Mure aus. Tonnen von Schlamm und Steinen wälzten sich die Leckbachrinne hinab ins Tal, darunter auch Material, das seit langem zur Abraumhalde einer Smaragd-Mine gehörte. Nur wenige Meter vom Gasthof Alpenrose kam die »Smaragd-Mure« zum Stehen. Welch Geschenk für die Gemeinde Bramberg, als klar wurde, dass das Naturereignis eine »Schatzkammer« für jedermann geöffnet hatte! Die Geschichte machte die Runde, und sogar TV-Teams reisten an, um sich alte Geschichten von Glücksrittern und sagenhaften Funden erzählen zu lassen.

Schatzkammer Hohe Tauern: Weitere Informationen

Wissenschaftliches Standardwerk zum Goldbergbau in den Hohen Tauern ist das »Buch vom Tauerngold«.

Werner H. Paar, Wilhelm Günther, Fritz Gruber (Hg.), Das Buch vom Tauerngold. 2000 Jahre Goldbergbau, Pustet, Salzburg, 2006, 568 Seiten ISBN-10: 3-7025-0536-9; ISBN-13: 9783702505363

Übersichtlicher aufbereitet ist die Geschichte des Tauerngoldes auf der Webseite www.via-aurea.com. Hier findet man auch praktische Informationen (Goldwaschplätze etc.).

Was am Boden des Siebes zurückbleibt, verdient nähere Betrachtung.
Foto: Stefan Spath

Dorf auf der Weltkarte der Mineralien-Liebhaber

Wie Rauris oder Heiligenblut vermarktet auch Bramberg am Wildkogel seine einzigartige Touristenattraktion recht professionell. Für 2008 ist die Inbetriebnahme des Smaragd-Wanderweges geplant, der die Faszination des »Grünen Feuers« in allen Facetten beleuchtet. Kurse für angehende Smaragd-Sucher, Mineralienbörsen und die »Kristalltage«, an denen Sammler ihre schönsten Funde der abgelaufenen Saison präsentieren, haben die 4.000 Einwohner-Gemeinde fix auf der Weltkarte von Mineralien-Fans verankert. Die Infrastruktur ist perfekt auf das Abenteuer »Smaragdsuchen« zugeschnitten. Täler-Taxis befördern die weniger Gehfreudigen unter den »Stoanarrischen« bis hin zur Fundstelle. In den nahen Hütten und Gasthäusern erhalten sie Sieb und Kelle zur Verfügung gestellt.

Die Ausbeute: Ein Smaragdkörnchen, das sich auf der Handfläche beinahe verliert. Als nettes Souvenir taugt es allemal.
Foto: Stefan Spath

»Die Aussichten, Smaragde zu finden, stehen nach wie vor nicht schlecht«, sagt der professionelle Mineraliensucher Andreas Steiner fünf Jahre nach dem Naturereignis. Heute hilft der Mensch dem Phänomen allerdings etwas auf die Sprünge. Im Frühjahr rollt ein Bagger an, der den Muren-Kegel ordentlich umgräbt. Hier sind die Anfänger zugange und jene, die Smaragdsammeln nicht ganz so ernst nehmen. Erfahrung braucht man nicht, sondern nur Sitzfleisch, Geduld und Begeisterung. Wenn man sich von Suchteam zu Suchteam bewegt, beginnen schon bald die Geschichten zu sprudeln. Stolz präsentiert eine Frau ihren ersten Schatz des Tages: Ein grün schillerndes Smaragd-Körnchen, nur wenige Millimeter lang, das sich auf der Handfläche beinahe verliert.

Weil professionelles Gerät wie Schläuche oder Pumpen nicht verwendet werden darf, genießt jeder die selben Chancen. Jeder darf seine Funde mit nach Hause nehmen, zu bezahlen ist nichts. Wie beim Goldwaschen kann man mit dem Smaragdsammeln nicht reich werden. Die meisten der grünen Edelsteine sind so winzig und trüb, dass eine kommerzielle Verwertung unmöglich ist. Sie sind nicht schleifwürdig, wie es im Fachjargon heißt. Mit der stärksten Leuchtkraft hat die Natur die in Kolumbien gefundenen Smaragde bedacht. An ihr »Grünes Feuer« kommen die »Habachtaler« genauso wenig heran wie die Exemplare aus Brasilien, Südafrika oder dem Ural. Doch auch Habachtaler Smaragde können kommerziell wertvoll sein: Wenn sie in einer ungewöhnlichen Dichte daherkommen – sieben, zwölf oder mehr Smaragde in einem Gesteinsbrocken: Dann spricht man von einer Smaragdstufe.

Gute Aussichten beim Waschen

Beim Smaragd-Waschen mit Sieb und Kelle könnten Laien am ehesten fündig werden, meint Andreas Steiner. Jene »Muttergesteine« wie z.B. Biotitschiefer zu identifizieren, die Smaragde einschließen, schaffen dagegen nur Fachleute. Und sie besetzen auch ein anderes Terrain. Es liegt weit oberhalb des Talbodens, in den Geröllfeldern des »Sedl«, die man nach einem steilen Anstieg erreicht. In dem von Felsstürzen gespeisten Revier lassen sich noch interessante Funde machen, auch wenn es immer wieder abgegrast wurde. Über einen Steg, der nicht gewartet wird, gelangt man schließlich zur alten Smaragd-Mine mit Waschanlage auf etwa 2.200 Meter Höhe. Die Arbeit dort sei nicht ungefährlich, warnt Steiner. Immer wieder prasseln Gesteinsbrocken herab. Nur wenige Wochen im Jahr seien er und seine Helfer damit beschäftigt, die öffentlich nicht zugängliche Mine zu bearbeiten.

Die wenigen professionellen Mineraliensammler halten sich nicht nur bei Smaragden auf. Epidoten aus der berühmten Knappenwand im Untersulzbachtal, Hunderte Kilo schwere Rauchquarze, glasklare Bergkristalle, Sphene, Adulare und andere Mineralien in Hülle und Fülle haben die Steinsucher ausgegraben und aus alpinen Zerrklüften geborgen, oft in halsbrecherischen alpinen Manövern. Verantwortlich für den Mineralienreichtum im Oberpinzgau ist die geologische Besonderheit des »Tauernfensters«: Einer Formation, die vom Brenner (Tirol) bis zum Katschberg (Salzburg/Kärnten) reicht und in der tiefere Deckensysteme der Alpen freigelegt worden sind.

Die »Früchte« dieser geologischen Besonderheit sind schon lange bekannt. So reicht auch die Geschichte der Smaragd-Mine weit zurück. Bei Grabungen seien Stollen gefunden worden, die auf keinen Karten verzeichnet waren, erzählt Steiner. Urkundlich erwähnt wurde das Vorkommen erstmals im 18. Jahrhundert. Nicht ausgeschlossen scheint aber, dass bereits Kelten und Römer über das Smaragdvorkommen Bescheid wussten. Die Besitzrechte an der Mine wechselten recht häufig. Bis 1913 stand sie im Besitz einer britischen Bergbaugesellschaft, die Dutzende Knappen beschäftigte. In den 1960er Jahren erstand sie ein Anwalt aus München, für dessen Nachkommen Andreas Steiner die Mine jetzt betreut.

Der Gasthof Alpenrose bildet das Zentrum der Smaragdsucher. Schon seit Jahrzehnten beziehen hier jene Quartier, die ihren ganzen Urlaub in Hockstellung zubringen. In der Gaststube kann man sich von den Strapazen erholen, den ein oder anderen Stein erstehen oder den Erzählungen der »Stoanarrischen« lauschen. Nicht immer sind dabei Fakt und Fiktion genau zu trennen.

Eine verbürgte Geschichte erzählt jedenfalls Andreas Steiner. Sie handelt von seinem Vater Alois, der Tonnen um Tonnen Gestein in Schubkarren aus der Smaragdmine gefördert und durch die Waschanlage geschleust hatte, ohne etwas Nennenswertes zu finden. Dann kam jemand auf die Idee, einen lästigen Gesteinsbrocken im Eingangsbereich, über den jeder schon zigmal gestolpert war, aufzuklopfen und wegzuschaffen. Mehr hatte es nicht gebraucht: Der unscheinbare Brocken enthüllte eine Smaragdstufe mit einer Vielzahl von Edelsteinen, kleinen zwar nur, aber in dieser Konzentration eine Seltenheit. Der Fund wurde als »Habachtaler Madonna« bekannt, da ihre Form an ein Madonnenbild erinnert.

Detailansicht der Habachtaler Madonna – die Form verlieh der Smaragdstufe ihren Namen.
Foto: Stefan Spath

Museum Bramberg als Schatzkammer

Die Familie Steiner ist bereits in der dritten Generation im Mineraliengeschäft tätig. In ihren Verkaufsräumen finden sich in Gold eingefasste Smaragde neben schönen Smaragdstufen und Epidoten, die mitunter Streichelfellen ähneln. Für jede Geldbörse lässt sich hier ein passendes Mitbringsel finden. Einige ihrer schönsten Funde haben Steiner & Co jedoch dem Museum Bramberg als Leihgaben zur Verfügung gestellt. In dem uralten Bauernhaus befindet sich wohl eine der prachtvollsten Schatzkammern der Hohen Tauern.

In Glaskästen glitzern und funkeln Hunderte Edelsteine und Mineralien, darunter Prachtstücke wie die »Habachtaler Madonna« und eine vor wenigen Jahren geborgene Riesenstufe mit 130 Kilogramm Gewicht und mehr als 90 Smaragden. Oft haben die Sammlungen das Interesse finanzkräftiger Liebhaber erweckt, umsonst. Denn viele Steinsucher halten es wie Andreas Steiner, der auf die Frage, warum denn die Madonna nicht verkauft worden sei, antwortet: »Jeder soll die Gelegenheit haben, diese schönen Stücke auch zu betrachten«.

Goldwaschplätze:

Goldwaschen kann man in der Regel von Mai/Juni bis September/Oktober.

www.goldgraeberdorf-heiligenblut.at/
– Goldwaschplatz und historisches Goldgräberdorf bei Heiligenblut/Kärnten
www.goldwaschen.at
– Goldwaschplatz auf der Heimalm bei Rauris
www.rausrisertal.at
– Informationen zu zwei weiteren Goldwaschplätzen in Rauris
www.boeckstein.at/montanmuseum.htm
– Goldwaschen in Böckstein – Gasteiner Tal

Expedition Franz Josef Land

In der Spur der Entdecker nach Norden

VON CHRISTOPH HÖBENREICH

Die Arktis ist ein Mythos. Franz Josef Land eine abweisende, aber faszinierende Welt. Eine Welt, in der Raum und Zeit dem Leben neue Maßstäbe geben.

Abbildung links: Julius Payer, Kommandant zu Lande. Abbildung rechts: Karl Weyprecht, Kommandant der Admiral Tegetthoff. Quelle: Archiv Haller

Im Sommer 1872 wagte sich die österreichisch-ungarische Nordpolarexpedition mit ihrem Ziel, das Eismeer nach Nordosten hin zu erkunden, weit über die Grenzen der bekannten Welt hinaus – ohne dabei die Gewissheit zu haben, je wieder zurückkehren zu können. Ende August 1873 trieben die beiden k.u.k. Offiziere Karl Weyprecht und Julius Payer bereits über ein Jahr lang mit ihrem im Packeis festsitzenden Expeditionsschiff *Admiral Tegetthoff* in der Barentssee, wo sie die Schrecken des Eises und der Finsternis überstanden. Durch eine glückliche Laune der Natur entdeckten sie eine der Weltöffentlichkeit noch unbekannte Inselgruppe: Franz Josef Land. Julius Payers Willenskraft, nach einer zweiten Überwinterung den Archipel auf drei Schlittenreisen im Frühjahr 1874 zu durchqueren, zu besteigen und zu erforschen, ist noch heute ebenso unfassbar wie der Überlebenskampf, durch den sich die Mannschaft nach 812 Tagen wieder nach Europa retten konnte.

Im Sommer 1993 und im Polarwinter 1994 war ich im Zuge zweier ORF-Filmexpeditionen mehrere Monate auf Franz Josef Land – und tief beeindruckt. Ich wollte aber noch ein Mal zurückkehren und erleben, was es heißt, wirklich nur mit Zelt, Ski und Pulkaschlitten durch diese Eiswildnis zu ziehen. Eine Expedition in der Spur der Entdecker nach Norden war mein Ziel: Auf Payers historischer Route quer durch den Archipel!

Der zündende Gedanke setzte sich bald als – Payer hätte vermutlich gesagt »unverscheuchbarer« – Traum in meinem Kopf fest. Er sollte mich nicht mehr loslassen …

Sondergenehmigung

1997 verschwand Franz Josef Land für ausländische Landexpeditionen aber leider wieder hinter einem eisigen Vorhang aus Einreiseverboten und Geheimniskrämerei. Ich wollte meinen Traum dennoch realisieren. Mühsam knüpfte ich ein Netzwerk, um die bürokratischen, logistischen und finanziellen Hürden einer Skiexpedition zu bewältigen. Über Jahre gab es unzählige Korrespondenzen, nicht zuletzt mit Bundespräsident Heinz Fischer, der sogar den Ehrenschutz für die Expedition übernahm, und mit einem ebenfalls zugeneigten Präsidenten Wladimir Putin. Im Frühjahr 2005 erhielt ich dann für die »Payer-Weyprecht-Gedächtnisexpedition« von den russischen Militärbehörden tatsächlich eine Sondereinreisegenehmigung! Vielleicht brachte dabei meine Idee, zum Jubiläum 50 Jahre Neutralitäts-Staatsvertrag, das Expeditionsteam paritätisch aus zwei Österreichern und zwei Russen zusammenzustellen, den ausschlaggebenden Sympathie-Vorschuss in Wien und Moskau ein: Gemeinsam mit dem Umweltfachmann Robert Mühlthaler (Innsbruck), dem Polarexperten Viktor Bojarski (St. Petersburg) und dem Eisbärforscher Nikita Ovsianikov (Moskau) sollte sich der große Traum erfüllen.

Am 29. April ist es endlich so weit. Nach einem fünfstündigen Flug von Moskau setzt unsere Antonov sanft wie eine Schneeflocke auf der Schneepiste der geheimnisumwitterten Polarstation Nagurskoe auf Alexandra Land auf. Ich kann es kaum erwarten auszusteigen. Als die Heckklappen endlich geöffnet werden, nimmt mir ein eisiger Windstoß fast den Atem. Ganz bewusst setze ich meinen Fuß in den Schnee – und atme auf: »Franz Josef Land!«

Ein brummender Militärlastwagen steht schon bereit, um unser Gepäck zur Station zu transportieren. Einige Soldaten beobachten uns zuerst etwas skeptisch. Nicht ganz unverständlich, kommen wir als Aus-

Unsere vierbeinige Alarmanlage Nanuk durchstöbert die Umgebung nach Eisbären.
Alle Farbfotos vom Autor

länder doch in die nördlichste Grenzschutzbasis Russlands. Beim Packen der Pulkas taucht ein Problem auf: Nikitas Samojede Nanuk und der speziell angefertigte Eisbären-Warnzaun, der mit Stolperdraht und Explosionskörpern knallend und blitzend auf Berührung reagiert, sind nicht kompatibel. Nanuk könnte bei einer Eisbärenattacke blindlings in den Zaun hineinstürmen. Dem Rat Nikitas folgend entscheide ich mich als Expeditionsleiter gegen die Technik und für die Natur und lasse den Zaun auf Nagurskoe zurück. Ich bestehe aber zur Sicherheit auf unsere beiden zwölf Millimeter Pumpguns. Zum Glück, wie wir schon bald erleben sollten. In ihren Läufen steckt eine dreifach gestaffelte Botschaft für zudringliche Bären: Zuerst Signalmunition und Gummigeschosse, erst dann die fatale Ladung aus Metall.

Zwei schwere MI-8 Hubschrauber fliegen uns an den Ausgangspunkt der Skiexpedition, 230 Kilometer von Nagurskoe entfernt. Bei einer Zwischenlandung am Fuße des Kap Tirol montieren wir an einem Basaltblock auf 80°50'36,5" n. B. und 58°56'49,2" ö. L. eine schwere Bronzetafel in Erinnerung an die beiden Tiroler Bergsteiger der historischen Expedition, Johann Haller und Alexander Klotz. Dann setzen uns die Transporthubschrauber an der Südspitze der Insel Wilczek aus, genau dort, wo Franz Josef Land am 1. November 1873 zum ersten Mal betreten wurde.

In Payers Buch ist das Grab des Maschinisten Otto Krisch authentisch dokumentiert.

Aussetzen – ausgesetzt sein. Das hat heute nicht mehr dieselbe Bedeutungshärte wie für Julius Payer und Karl Weyprecht. Denn wir können uns auf Satellitennavigation, Kugelkompass, Satellitentelefon und moderne Expeditionsausrüstung stützen. Eine Weile noch schaue ich den abfliegenden Brummern nach, bis sie verstummen. Myriaden glitzernder Schneekristalle, die beim Start hoch aufgewirbelt wurden, laden zum Träumen ein. Ich fühle mich wie im Paradies und lege mich erst einmal in Ruhe auf den harten Schnee, schließe die Augen und atme bewusst ein paar kräftige Züge dieser reinen, kalten Polarluft ein. Es ist, als hörte ich meinen eigenen Pulsschlag. Unglaublich! Ich habe es tatsächlich geschafft. Endlich wieder hier zu sein, wo ich mich so viele Jahre hingeträumt habe. Mitten in dieser blendend weißen, menschenleeren Wildnis und ganz auf uns allein gestellt. Ich fühle mich unbeschwert, weit weg und frei.

Das Grab im Eis

Am Rande der Steilklippe entdecken wir ein einsames, verwittertes Holzkreuz. 131 Jahre lang hat es Winterstürmen und Eisbärenpranken standgehalten. Es ist das Grabkreuz des Schiffsmaschinisten Otto Krisch, der 1874 im Alter von 29 Jahren durch Skorbut geschwächt an Tuberkulose starb. Ich stelle mir vor, wie es damals gewesen sein mag und vergegenwärtige mir die Szenerie mit einem Zitat aus Payers Bericht: »Hier, zwischen Basaltsäulen, nahm eine Kluft seine irdische Hülle auf, überragt von einem einfachen Holzkreuze – eine traurige Stätte der ewigen Ruhe inmitten aller Symbole des Todes und der Abgeschiedenheit, fern von allen Menschen. So stirbt man am Nordpol, allein und wie ein Irrlicht erlöschend.« Ich wage es kaum, das Kreuz zu berühren, kann aber dann doch nicht widerstehen, ziehe meine Fleecehandschuhe aus und ertaste behutsam die Strukturen des Holzes. Es ist ein bewegender Moment, denn ich habe im wahrsten Sinne des Wortes Kontakt mit der Vergangenheit. Mein Blick streift über die tief verschneiten Basaltklippen der Insel Wilczek hinaus auf die aufgetürmten Eispressungen des gefrorenen Meeres, wo die *Tegetthoff* im Eis festgesteckt haben muss. Nicht weit von unserem Standort entfernt verbrachte die Besatzung vom Eis gefesselt ihren zweiten Polarwinter.

Jeder von uns zieht einen ca. 90 Kilogramm schwer beladenen Pulka. Wir schleppen unser Material und für unseren »Sir« Nanuk gefrorenes Rentierfleisch mit. Dieser stöbert leichtfüßig und gänzlich unbeschwert über die zugefrorenen Sunde und Inseln. Ein seltenes Privileg für einen Polarhund. Die erste Stunde bringt dann gleich die Ernüchterung. Wir kommen über die Insel Wilczek in einer geschlagenen Stunde nur einen einzigen Kilometer voran. Trotz des Trainings mit den Autoreifen ist das Pulkaziehen viel anstrengender als erwartet. Nicht nur, weil bergauf der beladene Pulka noch schwerer ist, sondern besonders weil seine Kufen auf dem eiskalten Schnee sehr schlecht gleiten. Fix und fertig lassen wir uns auf die Pulkas nieder und schlagen dann wortlos unser erstes von insgesamt siebzehn Lagern auf.

Die Schneeoberfläche ist wie ein erstarrtes Meer aus windmodellierten Schnee- und Eiswellen, die das Vorwärtskommen erschweren. So richtig lästig wird es, wenn die Pulkas die sturmgefrästen Sastrugis hinab gleiten und immer wieder umkippen oder uns gar in die Fersen rumpeln. Das ist auch nicht ungefährlich. Denn ein unkontrollierter Sturz oder eine Verletzung durch einen Aufprall des schweren Schlittens wäre das Aus der Expedition. Obwohl wir auch Presseisfelder überwinden und unsichere Eisflächen im Zick-Zack Kurs umgehen müssen, legen wir mit unseren klobigen Polarbergschuhen ca. 15 Kilometer Luftlinie in den sechs Stunden Marschzeit, die wir uns täglich vorgenommen haben, zurück.

Im Zelt liest Robert, seine wundgelaufenen Füße auf dem Schlafsack ausgestreckt, aus Payers Expeditionsbericht – um die Maßstäbe ein wenig zu Recht zu rücken. Dieser berichtete lakonisch von erfrorenen Händen und Füßen, die in schmerzhaften Prozeduren wieder lebendig gerieben werden mussten, erwähnte Schlafmangel, Erfrierungen und Schneeblindheit, sprach von feucht-klammer, schwerer Kleidung und Erschöpfungsschlaf unter der gemeinsamen schweren Decke, über sich die gefrorene Leinwand, von der Schneekristalle rieselten. Wir hingegen laufen in wasserdampfdurchlässiger Expeditionskleidung und schlafen in sturmfesten Kunststoffzelten. Es schüttelt mich dabei mehr als nur einmal, wenn ich an unsere historischen Vorläufer denke. Die Pioniere stießen damals in unbekanntes Land vor, wussten nicht, ob die Eisfläche hinter ihnen stabil genug bleiben würde für die sichere Rückkehr zur *Tegetthoff*. Wenn nicht, wäre das ihr Ende gewesen. Wir könnten im Ernstfall binnen weniger Tage einen Hubschrauber anfordern. Und ein solcher Zwischenfall sollte sich bereits in der zweiten Nacht ereignen.

Der Maschinist Otto Krisch verstarb 1874 an Tuberkulose.

Eisbärenbesuch

Wir haben uns gerade in die Schlafsäcke verkrochen, als draußen vor dem Zelt plötzlich ein kurz gestoßenes, heiseres Fauchen zu hören ist, das uns das Blut in den Adern gefrieren lässt. Ein Eisbär! Das Gewehr liegt schussbereit aber außer Griffweite in meinem Pulka vor dem Zelt, damit es nicht von der Kondensationsfeuchtigkeit im Zelt angegriffen wird. Eine fatale Vorsicht. Warum schlägt der Hund im Nachbarzelt der Russen nicht an? Wo sind bloß Trillerpfeife, Schreckschusspistole, Pfefferspray? Robert klatscht beherzt in die Hände und der Bär schwankt mit einem tiefen Grummeln tatsächlich ein paar Meter rückwärts. Die Pranken ziehen Knirschspuren in den verharschten Schnee. Dann endlich ist da Nanuks sich überschlagendes Hundegebell. Nikita stürzt aus dem etwas abseits aufgestellten Nachbarzelt fast nackt ins Freie. Aber der Bär, ein wuchtiges Männchen und ein laut unserem Eisbärexperten »highly motivated animal« schwenkt seinen markanten Dreiecksschädel in Richtung Nanuk, der keine fünf Meter vor ihm scharf bellend in Anschlag gegangen ist. Viktor zerrt mit fliegendem Puls seine Pumpgun aus dem Pulka. Die Signalmunition, die über den Eisbärschädel zischt, beeindruckt den König der Arktis wenig. Erneut rückt er gegen unser Zelt vor. Erst die Hartgummigeschosse nötigen ihn kurz in den Rückwärtsgang, was Nanuk zu einem furiosen Scheinangriff ermutigt. Voll mit Adrenalin greift sich Nikita eine schwarze Jacke und tanzt dem Bären trillernd, zappelnd und brüllend entgegen. Und tatsächlich schwenkt der Riese dann langsam ab.

Fassungslos und mit weichen Knien starren wir einander an. Nikita nennt den Zwischenfall wenig später einen von nur zwei aus der Gesamtzahl seiner zig hundert Begegnungen mit Eisbären, die übel hätten ausgehen können. Nanuk, der die Annäherung des Bären in der Apsis des Russen-Zeltes verschlafen hat, ist von nun an ein feinsensorisches Frühwarnsystem auf vier Beinen, ruht nächtens halbwach vor dem Zelt, umkreist uns aufmerksam auf dem Marsch und checkt in mehreren hundert Meter Umkreis jeden Eisrücken auf Bärenreinheit. Auch die Großkalibergewehre liegen seit dem Zwischenfall der zweiten Nacht immer in Griffweite. Sie bleiben aber unbenutzt. Denn alle anderen Eisbären, die sich uns in den kommenden Tagen neugierig bis angriffslustig nähern, reagieren wie gewünscht auf Nanuks fürsorgliche Ekstasen und Nikitas Abwehrtanz. Damit müssen wir auch Nikitas ethischen Imperativ nicht verletzen, der da lautet: »Wer sich vor Eisbären nur schützen kann, indem er sie tötet, hat in der Arktis nichts verloren!«

Die Spuren des Eisbärenangriffs.

Das Meereis ist mit knapp eineinhalb Meter Dicke so fest, dass sogar ein Flugzeug darauf landen könnte. Nur das Knacken des Packeises unter dem Zeltboden erinnert uns immer wieder daran, dass solider Erdboden erst einige hundert Meter tiefer im Meer liegt. Am Horizont ragen die Felstürme des Kap Tegetthoff empor und wir halten am nächsten Tag geradewegs darauf zu. Gerne würden wir das Kap besteigen, doch aufkommender Wind und einfallender Nebel machen uns einen Strich durch die Rechnung. Plötzlich bemerke ich, dass meine Finger gefühllos geworden sind. Um keine Erfrierung zu riskieren, wechsle ich sofort die dünnen Fingerlinge gegen warme Wollfäustlinge und schwinge meine Arme so schnell es geht im Kreis, damit das Blut wieder bis in die äußersten Fingerspitzen getrieben wird. Gleichzeitig denke ich daran, dass Payer bei zweistelligen Minusgraden, mit schwerem Gerät hantierte und mit klammen Fingern und Anflügen von Schneeblindheit zeichnete und kartierte.

Das Armkreisen hat gewirkt. Die Finger sind aufgetaut. Mit vermummten Gesichtern, die Pelzkapuzen tief über die Stirn gezogen, ziehen wir Kilometer für Kilometer weiter. Langsam verschwinden die Spitzen des Kap Tegetthoff hinter uns am Horizont. In der Luft schwebende Schneekristalle reflektieren das Sonnenlicht. In einem gewissen Winkel zur Sonne erstrahlt sogar ein Eisregenbogen. Es ist windstill bei -18° C. Wir durchqueren ein märchenhaftes Universum. Fabelhafte Wesen recken sich aus dem Eis, ein Pilz, ein Zwerg, eine Sphinx. Und ist das dort nicht der Bug der *Tegetthoff*? Der Phantasie der Natur scheint keine Grenze gesetzt zu sein. Wir passieren das mit Anraumeis bizarr verzierte Kap Frankfurt, den südwestlichen Eckpfeiler der Insel Hall, und biegen in den Austria Sund ein, den Payer hinaufgezogen war, eine neue Welt zu erschließen. Der Wind bläst sein monotones Lied und weht die Schneekristalle knapp über die Eisflächen dahin. »Schneedrift« nennen Meteorologen dieses Phänomen, das für mich die ganze Härte aber auch die endlose Weite und Schönheit der Arktis verkörpert. Ich liebe diese Welt. Treffender könnte das Musikstück nicht sein, das mich auf den letzten Minuten bis zum nächsten

Gestrandeter Eisberg im Winterschlaf.

Lagerplatz begleitet: »Another day in paradise« singt mir Phil Collins aus der Seele.

Einige Alke fliegen wie an einer Schnur gezogen zu einer riesigen eisfreien Stelle mitten im Austria Sund vor uns, die wir auf einem Satellitenbild vor der Abreise entdeckt haben. Selbst im härtesten Winter können Wasserstellen offen bleiben. Solche Polynjas bilden sich durch ablandigen Wind oder Meeresströmungen in Flachwasserbereichen und Engstellen zwischen den Inseln. Das -2° C »warme« Meerwasser dampft weithin sichtbar. Hinter einer düsteren Nebelwand verbirgt sich der See mit über zehn Kilometern Durchmesser. Wir halten einen Sicherheitsabstand, um bloß nicht in gefährlich dünnes Eis oder schneeverwehtes Meerwasser zu laufen. Die Kälte wird auf einmal sehr unangenehm, denn nahe dem Wasser steigt die Luftfeuchtigkeit auf hundert Prozent. Die feuchte Kälte dringt durch Mark und Bein und gefriert sofort an unseren Bärten, Pelzen und Anoraks.

Weit im Norden erspähen wir ein imposantes Felsmassiv. Es ragt höher auf als alles, was wir bisher gesehen haben: Kap Tirol. Es erhielt von Julius Payer seinen Namen, weil die schroffen Felswände ihn sehr an die Tiroler Hochgebirgswelt erinnerten. Wir hoffen es in zwei Tagesreisen erreichen zu können, wenn Wetter und Eis mitspielen. Und ersteres spielt mit: Strahlender Sonnenschein, Windstille und angenehme -14° C. Aber das Eis bringt beinahe eine Katastrophe. Eine kleine Polynia versperrt uns den direkten Weg zum Kap. Wir müssen einen großen Umweg in Kauf nehmen und dabei über oft nur wenige Zentimeter dünnes Jungeis gehen. Pulkas und Skier verteilen das Gewicht so gut, dass wir nicht einbrechen. Im Gegensatz zum spröden, glasartigen Eis zugefrorener Bergseen ist das junge Meereis in gewissem Maße elastisch. Es wird beim Begehen richtiggehend in Schwingung gesetzt. Bedrohlich gluckst das Wasser aus kleinen Spalten und Löchern im Rhythmus unserer Schritte herauf. Kein sehr beruhigendes Gefühl. Gleichschritt und Gruppenversammlungen sind absolut tabu. Nanuk fühlt instinktiv die Gefahr und springt auf Viktors Pulka, um sich ziehen zu lassen.

Für ein Foto schnallt Robert seine Skier ab und besteigt einen gefrorenen Eisrücken. Die vor ihm liegende Eisfläche ist ebenmäßig weiß und ohne verräterische dunkle

Flecken, als plötzlich Risse wie Blitze durch das Eis zischen. Ohne Vorzeichen zerbricht die dünne Platte Eis unter ihm. Reflexartig wirft er noch die Kamera weit in den Schnee hinaus. Dann geht alles sehr schnell. Schuhe und Kleidung saugen sich mit dem kalten Nass voll. Er versinkt bis zur Brust im kalten Meerwasser. Schon drückt das eiskalte Wasser seinen Brustkorb zusammen. Instinktiv stemmt er beide Hände auf den Eisrand. Doch der Versuch, sich durch einen kräftigen Beinschlag weit genug auf die dünne Eiskante zu schnellen, scheitert. Der Eisrand bricht und zersplittert auch beim zweiten Versuch in kleine Stücke. Keiner von uns bemerkt den Vorfall. Denn wir sind alle bereits weiter gezogen – Robert beteuerte ja, gleich zu folgen – und sind ausgerechnet in diesem prekären Moment außer Rufweite. Mit Athletik und großem Glück gelingt es Robert schließlich, sich auf das Eis zu retten. Klatschnass kämpft er sich durch flotten Skilanglauf tapfer bis zu uns vor. Was, wenn er nur wenige Minuten länger im Eiswasser geschwommen wäre? Was, wenn der Schollenrand beim Ausstieg immer weiter gebrochen wäre? Was, wenn ein eisiger Nordwind aufgezogen wäre? Jeder ist sich bewusst, wie viel Glück Robert in seinem Unglück letztlich hatte und an diesem sonnigen Tag nur um Haaresbreite seinem eisigen Grab entkommen ist …

Gipfelfreude am Kap Tirol auf fast 81° nördlicher Breite.

Kap Tirol

Am 9. Mai erreichen wir das Kap Tirol. Es ist aber nicht einfach nur ein ins Meer ragender Felssporn der Insel Wiener Neustadt, sondern ein imposantes Gebirgsmassiv, dessen Flanken nach oben hin immer steiler werden und in senkrechten Basaltwänden enden. Die Felsbastion sieht aus wie eine nicht einzunehmende, mittelalterliche Festung. Alles ist vereist und verschneit. Am Strand einer kleinen Bucht unterhalb des mächtigen Kaps schlagen wir unser zehntes Nachtlager auf. Mit dem Benzinkocher heizen wir das Zelt ordentlich auf und trocknen Roberts nasse Kleider. Es ist absolut wolkenlos und windstill. Wir erleben das Kap Tirol ähnlich sonnenüberflutet wie unsere Vorgänger vor 131 Jahren. Schneekristalle funkeln über einer Traumkulisse. Ideale Verhältnisse für eine ausgedehnte Bergtour, die zu einer der schönsten meines Lebens werden sollte. Vom Gipfel des Kap Tirol genießen wir die Ausblicke auf den endlosen Austria-Sund im Osten und die phantastische Welt aus Gletschern, Bergen und Kaps im Westen. Mein Blick streift über die Inselplateaus, von denen Gletscher wie Honigmelasse ins Meer hinab fließen. Hier erhebt sich mit 614 Meter Höhe auch der höchste Gipfel Franz Josef Lands: Der Pik Parnass, einer der drei zentralen Tafelberge der Insel Wiener Neustadt.

Die Sonne steht schon tief im Norden. Ein eiskalter Nordwind vertreibt uns vom Plateau des Kap Tirol. Mit Steigeisen und Pickel steigen wir eine im obersten Teil ca. 60 Grad steile, verschneite Eisrinne ab. Wir setzen unsere Frontalzacken konzentriert Schritt für Schritt in das harte Eis. Da jeder von uns nur einen Steileispickel mitgenommen hat, dient die zweite Hand lediglich zur Balance am Eis. Die saugende Tiefe unter uns wirkt fast hypnotisierend. Volle Konzentration ist gefragt.

Nach der Rückkehr ins Lager brechen wir um 21:00 Uhr wieder Richtung Norden auf. Wir wechseln den Marsch- und Ruherhythmus und machen wie Julius Payer die Nacht zum Tag. Ab nun wollen wir in der

Nacht gehen und untertags lagern, da zu den »Nacht«-Stunden der Schnee in der Regel etwas härter ist und wir schneller voranzukommen hoffen. Der Winter zieht sich ja bereits allmählich aus Franz Josef Land zurück.

Das Wetter verschlechtert sich zusehends. »Schlecht« kann in der Arktis auch warm heißen. Und die Temperaturen steigen auf geradezu erschreckend schwüle +3° C! Da die Sonne die Zelte aufheizt, schlafen wir bei offenen Zelten auf den dicken und jetzt viel zu warmen Polarschlafsäcken. Der Schnee weicht auf. Im Norden hat sich eine tief liegende, helle Wolkenbank aufgebaut. Ihre Unterseite ist in unregelmäßigen Abständen dunkelgrau gescheckt: Der so genannte »Wasserhimmel« ist ein ernstes Warnzeichen, das offene Wasserstellen vor uns buchstäblich widerspiegelt. Diese Beobachtungen und die hohen Temperaturen sind nicht gerade beruhigend. Das Heimtückische am Festeis zwischen den Inseln ist zudem, dass es im Gegensatz zum polaren Packeis durch warme Meeresströmungen von unten her schmilzt, und diese Fallen auch für Eisexperten sehr schwer zu orten sind.

Zum Glück fallen die Temperaturen und steigt das Stimmungsbarometer bald wieder. Doch durch den Warmlufteinbruch hat sich die Eisdecke sehr verändert. Immer wieder brechen wir durch die Pulverschneeschicht in salzigen Schneematsch ein. Keiner von uns kann abschätzen, wie die Flachwasserbereiche zwischen den Inseln und Landkrümeln weiter im Norden zu begehen sind. Selbst unsere Meereisexperten Viktor und Nikita haben dazu völlig gegensätzliche Meinungen. Viktor vermutet, dass sich dort solides Küstenfesteis gebildet und verkeilt haben könnte. Nach Nikitas Theorie werden wir hingegen an den seichten Stellen durch die Düseneffekte der Meeresströmungen dünnes Eis oder Polynjas antreffen. Es bleibt uns gar nichts anderes übrig. Wir müssen uns einfach überraschen lassen und wieder einmal feststellen, dass beste Vorbereitungen, modernste Fernerkundungsinformationen und Eiserfahrung allein nicht ausreichen. Bisher hatten wir das notwendige Glück auf unserer Seite. Aber jeden Augenblick kann ein Labyrinth von Wasserspalten alle Pläne und uns selbst im eiskalten Wasser versinken lassen. Es ist sehr spannend, welche Dramaturgie und welche Reiseroute sich die Natur für uns ausgedacht hat. Je weiter wir nach Norden kommen, desto wilder werden die Wasserhimmel, jene untrüglichen Zeichen, dass der alljährliche Zerfall des Festeises von Franz Josef Land heuer bereits früh begonnen hat. Ob die Rudolf-Insel noch zu Fuß erreichbar oder bereits abgeschnitten ist?

Nanuk ist müde von der Eisbärenwache.

Vom Gipfel der Insel Torup halte ich Ausschau. Nahe der Insel ist das Eis noch sehr kompakt und eben. Doch nur wenige Kilometer weiter draußen ist stark aufgetürmtes Presseis zu sehen. Hier sind massive Eisschollen vom freien Polarmeer aus Nordwesten hereingetrieben und haben sich ineinander verkeilt. Zwischen diesen frisch aufgetürmten Eisbarrieren befinden sich dünne Eisschichten und Wasserstellen. Wir sind uns einig, dass ein Weitergehen mit den schweren Pulkas zu gefährlich ist. Und das Risiko, dass der Wind sich innerhalb weniger Stunden drehen und die komprimierten Eisschollen in Bewegung setzen kann, ist nicht wirklich einzuschätzen. Daher vereinbaren wir, dass nur Robert und ich nach einigen Stunden Schlaf noch einen schnellen Abstecher ohne Pulkas bis zur gegenüberliegenden Insel Hohenlohe wagen werden. Die Tatsache, dass wir uns, so abgeschieden, wie wir auf Franz Josef Land

Ordnung ist das halbe Leben – zumindest auf einer Polarexpedition.

ohnehin schon sind, nun auch noch trennen und nur zu zweit los ziehen, verursacht mir ziemliches Bauchkribbeln, spornt mich aber gleichzeitig auch enorm an. Julius Payer hätte das sicher auch gefallen.

Juwel der Arktis

Wir starten um 23:00 Uhr. Die Wasserstraße zur Insel Hohenlohe ist noch recht gut gefroren, doch immer wieder blubbert Wasser aus Löchern und Spalten herauf, wenn wir die Eisdecke belasten. Manchmal halten wir fast die Luft an und lauschen, ob wir nicht Neptun zu sehr reizen, wenn wir auf seinem Haupt herumtanzen. Im Zick-Zack-Kurs steuern wir auf die namenlose Landspitze der Insel Hohenlohe zu. Unser Ziel liegt jedoch am anderen Ufer der Insel. Payer wählte dort die Felspyramide des Kap Schrötter als Ausgangspunkt für seinen letzten Vorstoß mit einem Dreier-Team zur Rudolf-Insel. Zur Sicherheit habe ich die Koordinaten des Kap Schrötter in das GPS-Gerät eingespeichert. Eine vor Stunden noch unscheinbare Wolkenfront hat sich mit überraschend großer Geschwindigkeit genähert und bereits die Gletscherkuppen des Hohenlohe-Eisschildes verschlungen. Nun sinkt die Wolkenuntergrenze immer tiefer und es dauert nicht mehr lange, bis wir in totalem White Out und leichtem Schneetreiben stecken. Mit geduckten Köpfen ziehen wir Schritt um Schritt dahin. Unser Zeltlager drüben auf der Insel Torup kommt mir jetzt wie ein sicherer Ankerplatz vor, den wir besser bald wieder anlaufen sollten.

Der Kugelkompass zeigt beharrlich immer in dieselbe Richtung. Vertrauensvoll folge ich dem Magnetpfeil und nicht dem Instinkt. Auf einmal schießt mir wieder die Absurdität unserer Aktion durch den Kopf. Was machen wir hier bloß? Wir laufen bei Null Sicht fern von unserem sicheren Ausgangslager auf einer menschenleeren Insel mitten im Eismeer zu einem Ort, dessen Bedeutung sich nur aus einer schicksalhaften Fügung ergibt, vor ewig langer Zeit einmal ein paar armen Kerlen für ein paar Nächte Unterschlupf gewährt zu haben. Bei so einem Wetter, nur zu zweit, ohne Zelt, Schlafsack oder Kocher auf diesem weiten, konturlosen Gletscher und auf einer anderen Insel – da können schon seltsame Gedanken aufkommen.

Auf einmal aber wird das Gehen leichter und die Skier beginnen wie von alleine auf der zarten Pulverschneeschicht zu gleiten. Wir haben die Gletscherkuppe überwunden und bereits unmerklich mit dem Abstieg begonnen. In dem White Out auf der flachen Eiskappe war nicht einmal erkennbar, ob wir noch bergauf oder bereits bergab gehen. In langen Gleitschritten tasten wir uns jetzt bis zur Küste vor. Es lichten sich die Nebel und wir gleiten aus der Wolkendecke mit Doppelstockschüben nach unten hinaus. Die Skispitzen zeigen genau auf das Felskap vor uns. Wir sind die ganze »Nacht« gelaufen und erreichen es am 19. Mai um ca. 05:00 Uhr.

Ich bin aufgeregt. Mit jedem Meter, den wir uns dem historischen Lagerplatz nähern, steigt meine Spannung. Ich habe die Erzählungen Payers, die ich jahrelang immer und immer wieder gelesen habe, vor meinem geistigen Auge, stelle mir vor, welche dramatischen Szenen sich hier abgespielt haben. Anhand Payers Beschreibung finde ich die einzige Stelle, an der im Schutz einer steilen Felswand das halbierte Zelt aufgestellt werden konnte. Unter einer senkrechten Basaltwand bot eine erhöhte Plattform einen Unterschlupf für Sussich, Lukinovich und Haller, gute Deckung gegen Eisbären und Aussicht bis zur gegenüberliegenden Rudolf-Insel. Unser Ausblick zur Rudolf-Insel bestätigt meine Befürchtung: Nur mehr eine schmale, zum Teil bereits aufgebrochene Eisbrücke verbindet die nördlichste Insel mit dem Rest des Archipels. Rundherum ist die Insel bereits praktisch eisfrei. Loses Treibeis oder offenes Wasser schließt an ihre Küste an. Dass die Rudolf-Insel auf dem Landweg heuer nicht mehr erreichbar und die letzte Etappe der Payer-Route mit Ski nicht mehr wiederholbar ist, ist zwar ein kleiner Wermutstropfen. Wir haben aber am Kap Schrötter den nördlichsten, noch halbwegs sicheren Punkt mit Ski erreicht.

Wir machen uns auf den Rückmarsch, tauchen in 150 m Höhe wieder in die Nebelsuppe der tief hängenden Stratusbewölkung ein und gleiten wie in Trance über die schier endlosen Flächen der Eiskappe. Unsere Spuren sind längst verweht, sodass ich erneut präzise navigieren muss. Ich konzentriere mich und lasse mich auch nicht lange von Gedanken an einen Bären ablenken, der uns im dichten Nebel folgen könnte. Als wir die Küste erreichen, müssen wir feststellen, dass durch den höheren Sonnenstand der Schnee in der Wasserstraße bereits ziemlich aufgeweicht ist. Wenn das Eis nicht mehr hält, stecken wir in einer Sackgasse.

Ab und zu klatschen die Skier ins Wasser, sinken aber durch unser Tempo nicht tief ein. Die letzten sieben Kilometer werden dann zur reinen Tortur. Durch die Reibung und die Wärme in den Polarbergschuhen brennen unsere Sohlen. Wir spüren, wie sich die Haut schichtweise abschiebt und Blasen bildet. Egal, wir müssen jetzt schnell den Rückweg zu unserem Zuhause auf der Insel Torup schaffen. Wir kämpfen um jeden Meter und um jeden Atemzug. Von weitem erkennen wir die beiden gelben Zelte und zwei Punkte, die sich sichtlich nervös an der Küste hin und her bewegen. Der ganze Rückmarsch dauert nur fünf Stunden, aber er kommt uns vor wie eine Ewigkeit. Nach insgesamt 14 Stunden und über 32 Kilometer Luftlinie über hocharktisches Terrain aus Meer- und Gletschereis, erreichen wir um 13:00 Uhr wieder unser Ausgangslager. Viktor und Nikita umarmen uns sichtlich erleichtert und reichen uns zwei erfrischende Tassen Fruchtsaft aus geschmolzenem Schnee. Und im Zelt wartet bereits ein dampfender Topf Pasta mit Olivenöl und Speck. Wir sind hundemüde, überglücklich und unendlich dankbar. Wir fühlen uns gut, aber keine Sekunde als Helden. Ein MI-8 Hubschrauber hat sich bereits von Spitzbergen aus auf den Weg nach Franz Josef Land gemacht, um uns am nächsten Tag abzuholen. Während Payer und seine Männer den langen und gefahrvollen Weg durch den Austria Sund nach Süden zur *Tegetthoff* vor sich hatten, steht uns ein komfortabler, dafür aber spektakulärer Rückflug zur Nagurskoe-Basis bevor.

Mit unseren Erfahrungen wuchsen Hochachtung vor den Leistungen der Entdecker und Bescheidenheit vor der unberührten Schönheit der arktischen Wildnis: Das winterliche Franz Josef Land strahlt mit seinen glitzernden Schneeflächen, seinem kristallblauem Eis und seiner glasklaren Luft eine besondere Reinheit und Stille aus. Es ist das Juwel der Arktis!

Mehr über die außergewöhnliche Skiexpedition und eine sommerliche Eisbrecherreise sowie eine ausführliche Chronik der Expeditionen nach Franz Josef Land im Bildband von Christoph Höbenreich **»Expedition Franz Josef Land – In der Spur der Entdecker nach Norden«** (Verlag Frederking & Thaler, 2007).

Lager mit improvisiertem Warnzaun im Austria-Sund.

Monviso – der sichtbare Berg

VON IRIS KÜRSCHNER

Monviso, Monte Viso, Mont Visible – Jedem Gipfel südlich des Gran Paradiso stiehlt er die Schau, überragt er doch um mehr als 500 Meter alle umliegenden Berge im Grenzkamm der italienischen Südalpen. Für die Piemontesen ist er der Berg schlechthin und so rücken sie allsommerlich seiner formvollendeten Pyramide auf den Leib. Dabei bleiben seine Hochtäler, die zu den ursprünglichsten der Alpen zählen, weiterhin einsames Terrain für den abenteuerlichen Bergwanderer.

Für Feinschmecker ist das Piemont längst ein Begriff, man denke an Trüffel und vollmundigen Wein, an hausgemachte Pasta und diese unermessliche Fülle kreativer Antipasti, an mittelalterliche Dörfer und Hügelwellen, gekrönt von Burgen und herrschaftlichen Weingütern. Doch in der zweitgrößten Region Italiens schlummern Schätze, die erst allmählich vom Tourismus entdeckt werden und deren Erkundung fast schon einer Pionierreise gleicht: die wilden Alpentäler zu Füßen des Monviso. Denn das Interesse der Italiener konzentriert sich im Grunde nur auf den Platzhirsch. Bei klarem Wetter ist sein markantes Profil bereits schon vom Walliser Alpenkamm aus sichtbar. Umso gewaltiger dann der Anblick aus der oberitalienischen Tiefebene, von der er an der Einmündung des Po-Tals nur etwa 30 Kilometer entfernt ist. Kein Wunder, dass bereits die Schulkinder nur ihn zeichnen, wenn sie einen Berg darstellen sollen. Kein Wunder, dass man den Monviso in grauer Vorzeit gar für den höchsten Spitz der Alpen gehalten hat. Kein Wunder, dass er der »sichtbare Berg« heißt. Mit 3841 Metern ist der Monviso der höchste Berg der Cottischen Alpen, die sich vom Susa-Tal bis zum Stura-Tal westlich von der Provinzhauptstadt Cuneo erstrecken. Sein Gipfelaufbau besteht aus Vulkangestein, das nur langsam verwittert und ihn in diese isoliert stehende Lage gebracht hat.

Seine formschöne Pyramide zieht auch Dieter und mich magisch an. Nur gibt es leider unglaublich viele Tage, an denen sich dieser Berg im Nichts auflöst. Der ärgerliche Dunst, den die Hitze der Poebene verursacht und an den Alpenbogen drückt, was oft schon in den frühen Morgenstunden für Wolkenbildung, spätestens aber in den Nachmittagsstunden für krachende Gewitter sorgt, bestimmt das Wetterbild eines gewöhnlichen Sommers. Mitunter lockern aber Nordwindlagen diese Situation auf und bescheren ungemein klare Tage, ein Signal für uns, die wir schon seit Tagen über den Satellitenkarten im Internet hängen, aufzubrechen. Die fröstelnden Temperaturen, die solche Nordwindlagen mit sich bringen, nehmen wir da gerne in Kauf. Also stecken auch Handschuhe, Schal und Daunenjacke im Gepäck. Und das im August! Der schnellste Weg, um an den Monviso heranzukommen, führt durch das Po-Tal hinauf zur Pian del Re, wo die Straße endet. Der Talschluss präsentiert sich uns in starken Farben. Atemberaubend, wie sich über dem Gebirgskessel die aus Pfeilern und Rippen modellierte Monviso-Nordostwand über 1500 Meter in den Himmel bäumt. Das Gebiet bis hinauf an den Fuß des Monviso ist als »Riserva Naturale Speziale« geschützt und beherbergt viele seltene Pflanzen, einige Endemiten gehen auf die letzte Eiszeit zurück. Eine besondere Bedeutung kommt dem Moorbiotop von Pian del Re zu, denn hier sprudelt die Po-Quelle, zu der alle Italiener pilgern, um ihre Hände wenigstens einmal in das heilige Wasser zu tauchen, dass sich vom kleinen Gebirgsbach zum längsten Fluss Italiens mausert. »Qui nasce il Po« (hier wird der Po geboren) ist in einen Felsblock gemeißelt und dort beginnt auch der Aufstieg, der uns an den idyllischen Seen Lago Fiorenza und Lago Chiaretto vorbei zum Rifugio Quintino Sella führt. Der wuchtige, mehrmals erweiterte Bau ist der Stützpunkt zu einer Monviso-Besteigung und zur Hauptsaison dementsprechend gut besucht. Die aussichtsreiche Lage unter den Ostabstürzen des Monviso macht die Hütte aber auch als alleiniges Tourenziel begehrt. Seit 32 Jahren wird sie von der Familie Tranchero aus Paesana bewirtschaftet. Alessandro, der Sohn, ist hier aufgewachsen und kann Romane über den Berg erzählen. »Re di Pietra«, der König aus Stein, wie man die stolze Pyramide des Monviso auch nennt, ist für die Piemonteser viel mehr als ein Berg. Er ist Symbol und Mythos, am 12. August 1863 wurde auf seinem Gipfel durch Quintino Sella, den 36-jährigen Geologen und Politiker, die Idee zur Gründung des italienischen Alpenvereins CAI geboren, und es gehört zum Prestige der italienischen Bergsteiger, wenigstens einmal im Leben ganz oben zu stehen. Doch der Normalweg ist lang und zäh und nur für Berggänger, die Kletterei im III. Grad beherrschen, geeignet. Immer wieder wird der Monviso von den Medien auch als Wandergipfel vorgestellt, ärgert sich Alessandro. Leichtsinnige Bergwanderer lockt das an, die sich mit Turnschuhen und nur mit T-Shirt und kurzer Hose bekleidet aufmachen und die Länge der Route dabei oft völlig unterschätzen.

Bild linke Seite: Gewaltig präsentiert sich der Monviso im Aufstieg zum Rifugio Quintino Sella.
Alle Bilder von der Autorin

Bild oben: An sonnigen Wochenenden im August herrscht mitunter Stau auf dem Normalweg zum Gipfel.
Bild unten: Wem es nicht so gut geht, der kann sich unterwegs im Bivacco Andreotti ausruhen. Das Biwak auf halber Strecke am Normalweg ist für Notfälle vorgesehen.

Wie ernst ihm die Lage ist, wird uns erst am nächsten Tag klar. In aller Herrgottsfrühe machen wir uns zum Passo delle Sagnette auf. Lichterketten tanzen durch die Nacht, sind uns bereits einen guten Vorsprung voraus. Doch wir wollen uns nicht hetzen lassen. Wir werden das Wetter beobachten. Brauen sich die Wolken wie üblich schon mittags zusammen, werden wir im Forciolline Biwak abwarten und erst anderntags zum Gipfel aufsteigen. Feuerrot färben sich die Felsen und noch im Klettersteig zum Pass machen wir eine Pause, um den Moment zu genießen, wie sich der rote Feuerballen aus dem Dunst der Poebene schält und die Berge sich bis zu den Seealpen in scharfen Konturen abzeichnen. Eine fröhliche Dreierseilschaft zieht vorbei. Ihnen werden wir noch oft begegnen. Der Passo delle Sagnette gibt den Blick auch nach Westen frei. Ein faszinierendes Seenplateau mit den Laghi Forciolline liegt zu unseren Füßen, auch die Biwakhütte ist zu erkennen. Dahinter türmen sich die Grenzgipfel, die das Val Varaita vom französischen Ubaye-Tal trennen. Durch Blockwerk arbeiten wir uns zum Gletscherplateau unter der Südfront hinauf. Von Gletscher kann fast schon keine Rede mehr sein, es ist eher ein Hüpfen über Moränenschutt, auf das ein mühsamer Aufstieg durch eine bröselige, erdige Steilflanke zum Bivacco Andreotti folgt. Die Dreierseilschaft, bestehend aus dem 70jährigen Vater und der Tochter mit Ehemann, haben wir längst überholt. Es ist bereits 11 Uhr und noch immer zeigt sich kein Wölkchen. Unsere Wettererfahrung sagt uns, die Nordwindlage wird uns den ganzen Tag prächtiges Wetter bescheren. Nach einer langen Pause, die Dreierseilschaft ist wieder vor uns, entscheiden wir uns weiterzusteigen. Gemütlich, wir haben ja Zeit. Die ersten Gruppen sind schon im Abstieg. Für uns ein ideales Timing, zwischendurch sind wir ganz allein. Völlig unüblich für den August, wo Staus vorprogrammiert sind. Doch wer antizyklisch unterwegs ist, vorausgesetzt natürlich das Wetter spielt mit, wird auch an einem Statussymbol von Berg seine Freude haben. Tatsächlich begegnen uns unterwegs immer wieder halbnackte Bergwanderer und wir fragen uns, wie sie sich behelfen werden, wenn das Wetter plötzlich umschlägt. Möglicherweise ist ihr Handy Versicherung genug. Auch die Dreierseilschaft, die wir längstens wieder überholt haben, hat schon deutliche Konditionsprobleme. Sie wollen noch heute zurück ins Tal, doch dafür sind sie einfach viel zu langsam. Am Gipfel bläst eisiger Wind, doch dank ihm haben wir eine gewaltige Weitsicht. Mit etwas Phantasie lässt sich im Dunst des Südens das Mittelmeer erahnen, im Norden reihen sich die Walliser Viertausender. Unterm schwindelnden Ostabbruch ist 900 Meter tiefer das Rifugio Quintino Sella als Punkt erkennbar. Wir helfen der Dreierseilschaft beim Abseilen, das geht schneller, ihr Seil ist zu kurz. Dennoch bleiben sie später weit hinter uns. Wir machen uns Sorgen. Im Abendlicht sind wir zurück am Bivacco Andreotti. Eine 6er Gruppe hat sich alle Betten gekrallt. Mit Akkordeon bewappnet singen sie okzitanische Lieder in die Atmosphäre. Wir lassen uns von der verrückten Stimmung eine Weile mitreißen. Im Grunde stellt das Biwak kein Feriendomizil, sondern ein Notlager dar. Was wird wohl unsere Dreierseilschaft tun? Es dämmert bereits, als wir an der Forciolline-Hütte ankommen. Etwas naiv zu glauben, während der Hochsaison sei sie leer. Doch die komfortable Selbstversorgerunterkunft lässt uns trotz Belegung noch genügend Platz. Einer Ahnung folgend, gehen wir der Dreierseilschaft mit Stirnlampen entgegen. Gottlob greifen wir die völlig Erschöpften dann auf. Erst jetzt verstehen wir die Sorgen von Alessandro.

Die Tendenz sieht so aus, dass sich die Alpinisten eher in der frühen Jahreszeit, also etwa im Juli, dem Berg widmen. Eine Zeit, in der sich der Monviso noch nicht ganz vom Winter erholt hat, was aufgrund von Vereisungen und Schneefeldern den Einsatz von Steigeisen notwendig macht. Die Bergwanderer hingegen wollen den Berg eher im Spätsommer erobern, in der

Bei klarer Sicht reicht der Blick vom Monviso vom Meer bis zum Monte Rosa.

Meinung, dann auf zusätzliches Ausrüstungsmaterial verzichten zu können. Viele dieser zweiten Gruppe sind dennoch überfordert.

Von der Forciolline-Hütte sind wir begeistert. In den Karten ist sie nicht eingezeichnet, da sie erst im Jahre 2005 aufgestellt wurde. Die ganze Vorderfront der Finnenhütte ist verglast und lässt uns mitten im Panorama frühstücken. In den vom Gletscher geschliffenen Fels der Höhenterrasse betten sich türkisblau leuchtende Seen. Wir lagern hier quasi auf der Route der Erstbesteiger, die nicht wie heute meist üblich vom Po-Tal, sondern vom oberen Varaita-Tal, den Berg in Angriff nahmen. Die Pioniere von damals hatten nicht soviel Komfort, sie mussten mit natürlichen Felsgrotten vorlieb nehmen, die sie in den Blockfeldern etwas oberhalb fanden. Wer gegen den Passo delle Sagnette steigt, trifft noch auf einen dieser historischen Biwakplätze: die Caverna Michel Croz. Der berühmte Bergführer aus Chamonix, der 1865 bei der Tragödie am Matterhorn ums Leben kam, bezwang am 30.8.1861 gemeinsam mit seinem Bruder und den Engländern William Mathews und William Jacomb als erster den Gipfel des Monviso. Sie eröffneten damit den Normalweg, dessen speckig abgegriffener Fels heute Bände von seiner Beliebtheit erzählt. Auf den anderen Routen, insgesamt 59 Kletterrouten, die den Fels überziehen, sind die Alpinisten unter sich. Es ist aber auch reizvoll, den Berg mit etwas Distanz zu betrachten, wo doch seine formschöne Pyramide die eigentliche Augenweide darstellt.

Vom Forciolline Biwak lässt sich beispielsweise die Punta Dante erkraxeln, die eine einmalige Aussichtswarte auf den Monviso darstellt. Der Einsamkeitsfaktor ist dabei garantiert, denn der Weg, zwar markiert, führt durch ermüdende Schutthalden und ist nur wenig bekannt. Südlich

Bild auf der nächsten Seite oben:
Biwak auf dem Monte Losetta.
Bild Mitte:
Die Küche des Rifugio Bagnour ist ein Gedicht.
Bild unten:
Castello im oberen Varaita-Tal.

der Punta Dante zeigt sich der Passo San Chiaffredo, Übergang in ein faszinierendes Hochtal, in dessen Gesteinswüste sich zahlreiche Seen betten. Dort zieht der »Giro del Viso« durch, der eine 3-tägige Umrundung über die angrenzenden Pässe des Monviso ermöglicht und eine Schau bietet, die derjenigen von ganz oben in nichts nachsteht. Die faszinierende Gestalt des Monviso lässt sich so aus den verschiedensten Blickwinkeln bewundern, mal von französischer, mal von italienischer Seite. Im Hochsommer ist der »Giro del Viso« beliebt, also suchen wir uns Alternativen, wählen vom Passo San Chiaffredo den Weg über die Punta Malta ins Vallone dei Duc, wo uns neben einer eindrücklichen Natur nur Maultiere und Pferde begegnen. Weiter talabwärts begeistern knorrige, uralte Nadelbäume. Wir dringen in einen herrlichen Arvenwald ein, in dem Tannenhäher uns mit ihrem Gezwitscher begleiten. Der Bosco dell'Alevé bedeckt auf einer Fläche von 817 Hektar die Ostseite des Varaita-Tals und gilt als größter Zirbelkieferwald der Alpen. Auf einer idyllischen Lichtung mit Moorsee stoßen wir auf das Rifugio Bagnour. Das ehemalige Forsthaus ist seit 2004 zu einer urgemütlichen Herberge umgebaut, in der es sich auch hervorragend speisen lässt. Livio und Dilio, die aufgeweckten Hüttenwirte, zaubern uns abends am flackernden Kamin ein Abendessen, von dem wir noch lange träumen. Lardo, ein in Kräutern eingelegter Speck, mit Honig beträufelt, mit Walnüssen bestreut, ist nur eine der vielen köstlichen Antipasti. Als Primi Piatti wird fast immer ein Pasta-Gericht serviert. Eigentlich ist man danach schon satt. Doch erst dann folgt das Hauptgericht. Zuguterletzt stellt uns Livio auch noch einen Teller mit hausgemachtem Kuchen vor die Nase.

Gespenstisch ziehen Nebelfetzen am nächsten Morgen durch die Lichtung, beschweren die Gräser und Blumen mit dicken Tautropfen. Der Lago Bagnour vor der Hütte ist ein Biotop der besonderen Art, denn in dem kleinen Moortümpel lebt auch eine nur hier vorkommende Garnelenart, das endemische Schalentier »Branchipus blanchardi«. Von Bagnour könnte man wieder zum »Giro del Viso« queren, der durch das Vallone di Vallanta an die Westseite des Monviso steigt. Doch wir entscheiden uns für einen kleinen Umweg, hinunter ins obere Val Varaita, durch das eine der wenigen Straßenverbindungen nach Frankreich führt. Das hat dem Tal auch einen touristischen Aufschwung gebracht, der sich jedoch sehr bescheiden ausnimmt und den hübschen Dörfern ihren archaischen Charakter keineswegs nimmt. Die Dörfer im oberen Varaita-Tal gehörten einst dem »Bund von Briancon« an, einem der Schweizer Eidgenossenschaft sehr ähnlichen Zusammenschluss. 10 Talschaften zwischen dem Varaita-Tal und Briancon hatten sich im 12. Jahrhundert in einer Art Bauernrepublik zusammengetan, dem Grundherrn die Rechte abgekauft und eine Selbstverwaltung aufgebaut. Die stattlichen Bauernhäuser zeugen von dem wirtschaftlichen Aufschwung, der vor allem mit dem regen Passverkehr einherging. Doch der Friede von Utrecht, bei dem die Grenzen neu festgelegt wurden, setzte 1713 der Autonomie ein Ende. Der »Bund von Briancon« zerfiel in Frankreich und Savoyen-Piemont. Militärstrategische Gründe haben die Grenze auf den Alpenhauptkamm verfrachtet. Ansonsten war der Gebirgskamm nie Grenze, sondern gehörte zu einem gemeinsamen Kulturraum. So spricht man heute noch auf beiden Seiten das Patois. Da der okzitanische Dialekt viele französische Wörter enthält, können die Bewohner des Varaita-Tals mehr oder weniger fließend Französisch, und wir sind eine Sorge los, denn, wir gestehen, wir können kein Italienisch.

Chianale ist das letzte Dorf im Varaita-Tal. Die verträumten Gassen laden zum Bummeln ein. Aus dem Talschluss steigen wir dann durch das Vallone di Soustra in einsames Alpgelände auf, bevölkert nur von den weißen, muskulösen Piemontesischen Kühen, die uns neugierig beäugen. Terrassen voll prächtiger Alpflora wechseln in raues Gelände. Der Aufstieg in den Passo della Losetta ist schweißtreibend, aber welch ein Ausblick! Hautnah steht man da an der Monviso Nordwestflanke mit dem markanten Felssockel des Viso di Vallanta. Ein Klacks, von der Passhöhe noch auf den Monte Losetta zu steigen. Tiefblick nördlich ins französische Queyras. In der Ferne sind die drei markanten Zähne der Aiguilles d'Arves zu erkennen. Gegen Süden Weitsicht über die Gipfelkämme des Maira-Tals zu den Seealpen. Ziemlich sicher, dass man im Abstieg zum Rifugio Vallanta auf Steinböcke stoßen wird. Ein paar wohlgenährte Exemplare kreuzen unseren Weg, haben auch nichts gegen ein Fotoshooting.

Gipfelchronik

Der Monviso nimmt in der Alpingeschichte Italiens eine Sonderstellung ein, denn am 12.August 1863 wurde durch Quintino Sella auf seinem Gipfel die Idee zum italienischen Alpenverein CAI geboren, der daraufhin im Oktober in Turin gegründet wurde. Auch zählt der Monviso zu den ersten Alpengipfeln, denen bereits zur Römerzeit ein Name gegeben wurde (Monte Vesulus). Nach den ersten Besteigungserfolgen der Engländer übernahm vor allem die Führerfamilie Perotti aus Cressolo das Monopol an Monviso-Eroberungen. Claudio und Quintino Perotti sollen beide jeweils 749 mal auf dem Gipfel gestanden haben. Aus Respekt wollte der Sohn den Vater nicht übertrumpfen.

1861: Im August versuchte Eduard Whymper, der spätere Matterhorn-Erstbesteiger, den Monviso von der französischen Seite her zu besteigen, und scheiterte. Die Erstbesteigung durch die Südwand (Normalweg) gelang schließlich am 30.8. den Engländern William Mathews und William Jacomb mit den Führern Jean-Baptiste und Michel Croz aus Chamonix.

1864: Alessandra Borelli und die erst 14 Jahre alte Cecilia Fillia bewältigten am 16.8. über den Normalweg als erste Frauen den Gipfel.

1879: Erste Begehung der Nordwestwand am 12.8. durch Paul Guillemin, André Salvador de Quatrefages, Giraud Lezin und Emile Pic.

1881: Erste Durchsteigung der Nordwand am 28.7. durch William August Breevoort Coolidge mit den Schweizer Führern Christian und Ulrich Almer. Das Coolidge Couloir gilt bis heute als eine der eindrücklichsten Eistouren der Südalpen.

1887: Erstbegehung der Ostwand am 14. und 15.8. durch Guido Rey und Antonio Castagneri.

1891: Der Viso de Vallante wird durch die Südostwand (Normalweg) erstmals am 7.9. durch Paolo Gastaldi, Vittorio Giordana mit den Führern Claudio und Giuseppe Perotti bestiegen.

1893: Erste Überschreitung vom Viso de Vallante zum Monviso über den Südwestgrat am 26.9. durch Francesco Antoniotti, Cesare Grosso mit den Führern Claudio und Giuseppe Perotti.

1898: Erstbegehung der Nordostwand am 28.7. durch Guido Rey, Claudio Perotti und Francesco Perotti.

1902: Erste Begehung des Ostgrats am 7.8. durch Adolphe und Hélène Kind, Ubaldo Valbusa und Alberto Weber. Der obere Teil wurde allerdings schon 1887 von Guido Rey und dem Führer Antonio Castagneri durchstiegen. Diese ziemlich schwierige Route (AD) in gutem Fels ist neben dem Normalweg die beliebteste Route am Monviso, überwiegend Kletterei im II. und III. Grad mit wenigen Stellen im IV. Grad.

Fazit: Bis 1998 sind über die verschiedenen Grate, Wände und Türme 59 klassische Kletterrouten eröffnet worden und jüngst kommen immer wieder neue Routen hinzu. Sehr aktiv ist Andrea Sorbino, der Hüttenwirt des Rifugio Giacoletti, der auch einen Klettergarten hinter seiner Hütte eingerichtet hat.

Bild links: Das Vallone dei Duc.
Bild rechte Seite: Der Monviso im ersten Morgenlicht.

Allgemeine Infos

Anreise: Von Deutschland entweder durch die Schweiz oder über Südtirol zur Autobahn Milano–Torino–Cuneo.

Infos: Conitours, Via Amedeo Avogadro 32, I-12100 Cuneo, Tel. +39/0171/698749, www.cuneohotel.info. Po-Tal: Ufficio Turistico, Via Umberto 39, I-12030 Crissolo, Tel. +39/0175/940131, proloco.crissolo@libero.it, www.vallipo.cn.it. Varaita-Tal: Ufficio Turistico, Piazza della Vittoria, I-12020 Sampeyre, Tel. +39/0175/977152, www.vallevaraita.cn.it.
Bergführerbüro Tel. +39/0175/945857.

Karten: IGC 1:50000 Blatt 6 Monviso oder 1:25000 Blatt 106; IGN Alpes sans Frontières, 1:25 000, Blatt 8 Monviso.Haut-Queyras.

Literatur: 3000er in den Westalpen, Richard Goedeke, Bruckmann Verlag. 2008 erscheint der Wanderführer Piemont Süd, der ausführlich das Monviso-Gebiet vorstellt, von Iris Kürschner, Bergverlag Rother. Nur auf italienisch: Kletterführer Monviso, Giulio Berutti, IGC Torino, allerdings veraltet. Das neuste und beste Werk gibt's auf französisch: Escalade pour tous en Queyras et Pays du Viso, Sylvain Pusnel/Guillaume Vallot, Herausgeber Guillaume Vallot, zu bestellen unter www.topoqueyras.com, 24 Euro.

Stützpunkte: Albergo Pian del Re, Tel. +39/0175/94967; Rifugio Giacoletti, 55 Betten, Winterraum (5 Pl.), bew. 15.6. bis 15.9., Tel. +39/0175/940104; Rifugio Quintino Sella, bew. 20.Juni bis Ende Sept., 94 Betten, Winterraum (25 Betten), Tel. +39/0175/94943; Rifugio Alpetto, bew. Juni bis 15. Okt, 30 Betten, 8 Notlager, Tel. +39/(0)340/534 26 22, www.rifugioalpetto.it; Rifugio Vallanta, bew. Mitte Juni bis Ende September, 75 Betten, Winterraum (33 Betten) mit Licht und Heizung, Tel. +39/0175/95 60 25; Réfuge du Mont Viso, bew. 16. Juni bis 16. September, 65 Betten, Winterraum (17 Betten), Tel. +33/(0)4/92 46 81 81.

Biwaks: Bivacco Andreotti, 3225 m, 6 Plätze; Bivacco Berardo, 2710 m, 9 Plätze; Bivacco Forciolline, 2807 m, 12 Plätze. Die stets geöffneten Notunterkünfte verfügen über Matratzen und Decken, sind aber ohne Ofen.

Livio Patrile, der mit Hervé Tranchero, dem Vater von Alessandro, einige Routen am Monviso eröffnet hat, ist schon seit dem Bestehen des Rifugio Vallanta der Hüttenwart. Der ungewöhnliche Bau, dessen Dreiecksform den Bergen der Umgebung abgeschaut wurde, hat sich einen Preis als originellste Hütte eingehandelt. So stellt beispielsweise die Seitenansicht der Hütte die Umrisse des Monte Caprera, einem Felsspitz rechts des Monviso dar. Auch die Innenarchitektur ist genial durchdacht. Die Vorratskammern in der Kühle des Kellers halten Obst und Gemüse lange frisch und die Schlafräume unterm Dach profitieren von der hochsteigenden Wärme der Gaststube. Eine Turbine am aufgestauten See sorgt für den nötigen Strom. Es gibt sogar warme Duschen, in den Bädern Fußwannen und dank Brotbackmaschinen täglich frisches Brot. Hut ab vor den Architekten der damaligen Zeit, also vor rund 20 Jahren, die ein wirklich zukunftsorientiertes Projekt vollbrachten. Denn in jenen Tagen bedeutete Hüttenkomfort schlichtweg ein Dach über dem Kopf. Weil alles ehrenamtlich und mit geschenktem Material vonstatten ging, dauerte der Aufbau der Hütte ganze 11 Jahre, bis sie 1998 endlich eingeweiht werden konnte.

Über den Passo di Vallanta zieht der »Giro del Viso« in französisches Terrain, streift den Talschluss der Guil (Queyras), der im Februar 2007 zum Naturreservat erklärt wurde, passiert dort die Refuge du Mont Viso, um schließlich über den Col de la Traversette die Runde um den Monviso in Pian del Re zu schließen.

Dabei passiert man am Col de la Traversette auch ein historisches Highlight, den »Buco di Viso«, den ersten Straßentunnel der Alpen, den der Markgraf von Saluzzo zwischen 1479 und 1483 bauen ließ, um den Handelstransport auf der »Via del Sale« zu erleichtern. Und es wird gar gemutmaßt, dass Hannibal mit seinen Elefanten über den Col de Traversette gezogen sein soll.

Gipfeltouren

1. Der Normalweg

Anforderungen: Alpintechnisch leichter (PD), jedoch zäher Aufstieg mit einer Klettersteigpassage zum Passo delle Sagnette, im Gipfelbereich Kletterei überwiegend II, Schlüsselstelle III. Route mit gelben Farbtupfern bestens markiert. Ausgesetzte Schneefelder machen je nach Verhältnissen Steigeisen notwendig. Helm und Seil (30 m) sind ratsam. Die Wettersituation muss gut ausgekundschaftet werden und es gehört natürlich auch ein bisschen Glück dazu, den Monviso unter optimalen Bedingungen genießen zu dürfen. Meist hängt der Berg schon mittags in Wolken.

Ausgangs-/Endpunkt: Pian del Re, 2020 m, am Ende der Straße und 9 km von Crissolo, dem letzten Dorf im Po-Tal.

Gehzeit: Pian del Re – Rifugio Quintino Sella 2½ Std.; Rifugio Quintino Sella – Bivacco Andreotti 2½ Std.; Bivacco Andreotti – Monviso 2½ Std.; Rückweg 6 Std.; gesamt 13½ Std.

Route: Von Pian del Re folgt man der rot-weiß-roten Markierung in südlicher Richtung, steigt an der Po-Quelle vorbei steil hinauf zum Lago Fiorenza (2113 m) und weiter zum Lago Chiaretto (2261 m), der rechts oberhalb im Halbrund umgangen wird. Unter einem Moränenwall entlang, dann auf diesen und durch Blockwerk zum Colle del Viso (2650 m), wo der Lago Grande di Viso und die links darüber liegende Hütte ins Blickfeld kommt.

Vom Rifugio Quintino Sella (2640 m) empfiehlt sich in jedem Fall ein sehr früher Aufbruch. Man steigt kurz zum See ab und nimmt rechts den Pfad, der südwestlich steil und im oberen Teil als Klettersteig in den Passo delle Sagnette (2991 m) zieht. Vom Pass gegen die Forciolline-Seen absteigen, bald aber rechtshaltend über Blockwerk nördlich in den Grund des Kares queren. Durch dieses gegen die wuchtige Südwand und auf den mit großem Steinmann markierten Moränenwall des Visogletschers. Über die gänzlich mit Blockwerk bedeckte Gletscherterrasse rechtshaltend an den Fuß der Felsen. Dort zunächst am Rand, dann scharf rechts in leichter Kletterei zum Bivacco Andreotti (3225 m). Kurz oberhalb muss man das kleine Gletscherfeld des Ghiacciaio Sella aufsteigen. Im Hochsommer liegt im oberen Teil oft kein Schnee mehr und man muss sich mühsam durch den losen Schutthang quälen, bis das Felsband erreicht ist, dem nach links gefolgt wird. Durch ein System von Rinnen, Kaminen und Felsstufen folgt man den gelben Markierungen. Achtung: nach der Schlüsselstelle »i Fornelli«, einer Felsstufe mit senkrechten Kaminen, sieht man rechts eines überhängenden Felskopfes eine gelbe Markierung am Grat, der man nicht folgen darf. Der richtige Weg führt gelb markiert nach links. So gelangt man bald an den Fuß der Felsnadel »Testa dell'Aquila«. Dort wird nach rechts ein steiles Couloir zum Grat gequert, um durch eine Rinne den Gipfel zu erreichen.

Variante: Faszinierend ist eine Verknüpfung der Normalroute mit den Laghi delle Forciolline und dem Varaita-Tal. An dem wildromantischen Seenplateau lohnt sich die Übernachtung im Forciolline Biwak. Vom Bivacco Andreotti dauert der Abstieg etwa 1 Std., vom Bivacco Forciolline dann entweder über das Bivacco Berardo (½ Std.) oder direkt durch ein steiles Couloir ins Vallone di Vallanta und nach Castello (2½ Std.) im Val Varaita (Busverbindung).

2. Ostgrat

Anforderungen: Sehr lange Kletterei (II/III, mit wenigen Stellen im IV. Grad) in bestem Granit, jedoch steinschlaggefährdet. 1100 Hm bis zum Gipfel. AD (assez difficile). Spärlich orange markiert. Einige Sicherungshaken.

Route: Vom Rif. Quintino Sella nördlich um den Lago Grande die Viso und zum Einstieg am Fuße des linken (S) der zwei Schneecouloirs, die sich durch die Ostwand ziehen. Aufstieg zum Grat und diesem folgend zur Grande Tour de Saint-Robert, etwa 200 m unter dem Gipfel. Der Felsturm kann links umgangen werden oder in vier Seillängen auf seinen Gipfel. Abstieg in eine Scharte, um zwei Gendarme herum und zum Normalweg.

3.Giro del Viso/Tour du Monviso

Charakter: Landschaftlich sehr reizvolle Umrundung des Monviso in 3 Tagen über steile Pässe, die Trittsicherheit und Kondition voraussetzen.

Ausgangs-/Endpunkt: Pian del Re im Po-Tal, es kann aber auch von Castello im Varaita-Tal oder aus dem französischen Queyras von l'Echalp gestartet werden.

Route: 1.Tag: Pian del Re – Rif. Quintino Sella 2½ Std.; 2.Tag: Rif. Quintino Sella – Passo S.Chiaffredo – Grange Gheit – Rif. Vallanta 6 Std.; 3.Tag: Rif. Vallanta – Passo di Vallanta – Ref. du Mont Viso – Col Traversette – Pian del Re 6 Std.

Parc Ela. Natur. Punkt.

VON PETER DONATSCH

»Der Park sind wir.«

Botschafter Luzius Wasescha, Präsident Trägerverein Parc Ela

Im Albulatal und im Surses, zwei Tälern in Mittelbünden (Schweiz), liegt ein Naturpark in den Geburtswehen. Besucher finden hier abgeschiedene Landschaften von atemberaubender Schönheit, eine (Transit-)Geschichte mit reicher Kultur und den entsprechenden Zeugnissen. Und eine schwierige, vom Spannungsfeld zwischen Abwanderung und touristischer Monokultur geprägte Neuzeit.

Das Tinzenhorn, ein stolzer Kalkgipfel zwischen Albulatal und Surses. Die fürsichtige Obrigkeit hatte die Besteigung des Berges mit Verbot belegt. Eine junge Filisurerin, die den Berg in mondheller Nacht erklommen hatte, wurde ›verdientermassen als Hexe durch Feuer vom Leben zum Tod gebracht‹. Welch gräuliche Freveltat! Frau hatte den Berg entweiht.

Wie dies Entweihen genau vor sich ging, konnte allerdings keiner der am Prozess Beteiligten sagen, denn es war keiner dabei gewesen. Die ersten Männer schafften das Tinzenhorn erst Jahrhunderte später. Sollte an der Geschichte nur ein kleines bisschen dran sein, wäre besagte Albulatalerin die erste Erstbesteigerin der Alpingeschichte gewesen. In unseren humaneren Zeiten kommen die Besteiger jungfräulicher Gipfel nicht mehr auf den Scheiterhaufen, sondern in die Zeitung.

Fragt sich nur in welche Rubrik... Beim Abstieg vom Tinzenhorn anlässlich der ersten Besteigung am 7. August 1866, rutschte der erfahrene Bergführer Peter Jenny auf einem mit Schnee bedeckten Eisfeld aus und wäre beinahe zu Tode gestürzt.

Die Eroberung des Unnützen – oder doch nicht?

Waren es die Bergbauern, welche jahrein, jahraus hier ausharrten, die unzugänglichen Wälder rodeten und die steilen Wiesen mähten und das Land zu ihrer Heimat machten – oder waren es die Besucher, die von aussen kamen, die Händler und Fuhrleute, die Kirchenmaler und Maurer, die Wegmacher und Heerführer, die Wanderer und die Eroberer der Senkrechten, welche die Geschichte der Alpen schrieben?

Die Stalltüre fliegt auf, Hufgeklapper hallt in den Raum. Drei – vier – acht – zehn Geissen wischen herein, springen auf den improvisierten Melkstand, reihen sich Seite an Seite aneinander. ›Plopp, plopp, plopp, plopp‹, die Saugnäpfe der Melkmaschine hängen an den Zitzen, die Milch pulst durch den Schlauch. »Zirkusreif!« entfährt es mir. Die Dompteuse lächelt.

»Seit ich denken kann, habe ich mir gewünscht, Bäuerin zu werden!«, erzählt Barbara Zenobi. Sie lebte in der Stadt Zürich und das Land war fern. Im Alter von zwölf Jahren verbrachte sie ihre Sommerferien zum ersten Mal auf einem Bauernhof. Dieser Sommer in Bergün bestimmte ihre Zukunft. Bäuerin wurde sie aber nicht, sie wurde Lehrerin. Mit dem Dienstaltersgeschenk aus zehn Jahren Lehramt finanzierte sie sich den ersten Sommer Ziegenhüten am Albulapass. 93 Ziegen weiden unter ihrer Aufsicht, zwischen Felsbrocken, Erlenstauden und Tümpeln, an Waldrändern und auf Lichtungen entlang der Passstrasse.

»Ich liebe es, mit Tieren zusammen zu sein. Einmal, als ich mit der Herde unterwegs war, gerieten wir in ein Gewitter und verstiegen uns in unwegsamem Gelände. Ich hatte keine Ahnung, wie wir ins Tal kommen würden und sagte zu der Leitgeiss: ›Ich weiss nicht mehr weiter. Jetzt musst du uns nach Hause führen‹. Das Tier schüttelte sich, senkte den Kopf und zog los. Schnurstracks durch das Gewitter und die Felsen hinab ins Tal.« Jetzt verstehe ich das Leuchten in den Augen der Frau, als sie sagt: »Ich

Eine spitze Nadel bröckeligen Gesteins ragt kühn in den Himmel über dem Albulatal. ›Crap Furo‹ ist rätoromanisch und bedeutet ›löchriger Stein‹.
Alle Bilder vom Autor

möchte diese Aufgabe noch einige Jahre ausüben. Schule geben geht immer noch, wenn ich älter bin.«

Die Ziegen sind gemolken. Die Hirtin scheucht die Tiere mit einem Ruf vom Melkstand. So schnell wie sie erschienen sind, verschwinden die Geissen zur Stalltüre hinaus. Barbara Zenobi füllt die Futterkrippe mit hartem Brot für die nächste Gruppe. Vom Haus her bellt der Hund. Ein Audi mit deutschem Kennzeichen hat angehalten; die Insassen möchten Ziegenkäse kaufen.

Die Abwanderung stoppen, aber wie?

Parc Ela, ein Naturpark-Projekt in Mittelbünden. Eine Region, die das Armenhaus Graubündens genannt wird. Die meisten kennen sie vom Durchfahren, allenfalls vom Schneekettenmontieren am Julierpass. Die Bevölkerung ist überaltert, die Jungen sind abgewandert, da es keine Arbeitsplätze gibt, Poststellen, Läden, Schulen und Hotels werden geschlossen.

Die Zeiten waren schön, damals als die Postkutschen in staubiger Fahrt über den Julierpass fuhren. Damals als das Reisen ein Abenteuer war und Gäste und Pferde immer wieder Rast und Verpflegung brauchten. Ein Schatten seiner selbst, mit bröckelnder Fassade, steht das ›Posthotel Löwen‹ an der Kurve in Mulegns. Eng windet sich die Strasse zwischen den abgasgrauen Häusern hindurch und erheischt die volle Aufmerksamkeit der Automobilisten. Keiner hält an. Dabei ist das 1825 erbaute, altehrwürdige Haus durchaus einen Besuch wert.

Donata Willi, die siebzigjährige Hotelbesitzerin, führt durch die Räume: Den breiten, mit Granitplatten belegten Treppenaufgang mit dem altertümlichen Läutesystem und fein versponnenen Jugendstilmalereien an Wänden und Decken. In das Fürstenzimmer mit dem Hauch vergangener Berühmtheiten wie Albert Schweitzer, Wilhelm Conrad Röntgen, Mary, Princess of Tech – die spätere Königin von England. Und in das Herzstück des Hauses, den Saal.

Die Tür schwingt auf und wir staunen in die Tiefe des Raumes, bewundern die schweren Rüschenvorhänge, gehen schwingend über den knarrenden Fussboden und stehen vor dem rie-

sigen Holzbuffet. Der Verkehr dringt nur noch als leises Rauschen von der nahen Strasse in den grossen Saal. Ballnacht; lange Röcke rauschen, Kronleuchter funkeln, die Kapelle spielt einen Walzer ...

Parc Ela – ein Projekt wird geboren

Naturparks sind etwas Neues in der Schweiz, der Weg zum Naturpark ist ein politischer Weg. Rund 100 Projekte machten sich landesweit auf diesen Weg, nachdem das Eidgenössische Parlament ein finanzielles Engagement für Naturparks beschlossen hatte. Der Parc Ela feierte als erster Park dieser Art in der Schweiz Eröffnung, allerdings ohne die dazu notwendige rechtliche Grundlage.

Darauf hatte die Region nicht warten mögen. 2001 fand die erste von zahlreichen Informationsveranstaltungen im Albulatal und im Surses statt. In der Folge engagierten sich zahlreiche Einheimische bei der Planung des Naturparks. Fünf Jahre später waren die Grenzen gezogen, Ziele und Massnahmen in Parkkonzept und -Charta festgeschrieben, die organisatorische und finanzielle Beteiligung der Gemeinden bestimmt, ein Trägerverein gegründet und ein Projektleiter eingestellt.

»Der Park sind wir!« Luzius Wasescha, Präsident des Trägervereins Parc Ela und im Hauptberuf Leiter des Bereichs Welthandel in der Eidgenössischen Direktion für Außenwirtschaft, sagt es als Definition, Aufforderung, Erklärung. Und ein bisschen als Beschwörung. Für ihn stehen die Menschen, die Einheimischen im Mittelpunkt, um sie dreht es sich, sie müssen sich drehen. »Der Naturpark ist ein Lebensraum, der unter Berücksichtigung von wirtschaftlichen, naturräumlichen und sozialen Komponenten gefördert wird. Ziel ist es, den hier lebenden Menschen eine Identität in einem grösseren Rahmen zu geben. Es geht nicht nur darum, dass Besucher den Park erleben, sondern auch den Einheimischen sollen die Augen geöffnet werden, damit sie sehen, welche Schönheit sie umgibt.« Als Präsident des Trägervereins Parc Ela hat der Weitgereiste sich seiner Heimat zugewandt.

Die Mysterien der Meister

In der Tiefe der Schlucht tost die Albula. Am Himmel jagt ein warmer Frühlingswind helle Wolken über die Berge. Auf den Wiesen von Prada, unterhalb von Alvaschein schmilzt der letzte Schnee des Winters in matschigen Flecken weg. Chorgesang ertönt. Helle Stimmen, Frauenstimmen. Orangenes Kerzenlicht flackert aus den kleinen Kirchenfenstern in die Abenddämmerung. Christophorus blickt mild und entrückt und sechs Meter gross von der Wand, auf dem Arm das Christuskind, das vorwitzig-schelmisch zwei Finger nach oben streckt. Die Nonnen des kleinen Monasterium Wapitines knien auf den Kirchenbänken und haben den Blick gesenkt. Die Knie schmerzend, inbrünstig ihr Gesang. Ein Holzgeflecht schirmt sie vor den Blicken der Dorfbewohner und Pilger ab, die im hinteren Teil der Kirche Platz genommen haben. Nur der Gesang mischt sich im Resonanzkörper, zu dem die St.Peters-Kirche wird, bei Laudes, Komplet oder Festtagsmesse.

Es ist die Zeit um das Jahr 1000 nach Christus. Karolingisch. Das im achten Jahrhundert gebaute Dominikanerinnen-Kloster ist eine Filiale des Klosters Cazis, das zum Besitz des Bistums Chur gehört.

Verbogene Eisenpfähle, verschwundene Zaunlatten, Geröll auf der Strasse: Ein Gang durchs Schaftobel ist abenteuerlich.

Die Kirche wurde etwas später auf den Fundamenten eines Heiligtums aus dem 6. Jahrhundert erbaut.

Eintretende werden verwirrt. Der schlichte Raum mit den drei raumhohen, halbrunden Anbauten an der Nordwand der Kirche wirkt orientalisch. Altäre aus der Gründerzeit des Klosters stehen in den drei Apsiden. Karolingische und gotische Malereien von hervorragender Bedeutung zieren die Wände, darunter der Christophorus aus der Zeit von 1400, gut erhaltene Bibelszenen, darunter die Gottesmutter mit Jesuskind und Joseph, der heilige St.Georg, eine Reihe von Aposteln vom Ende des 14. Jahrhunderts. Diese Malereien, deren Farben auf dem rauen Verputz die Jahrhunderte überdauert haben, verblüffen uns, da wir schnelle und schnell vergängliche Bilder gewohnt sind. Wer näher an die Bilder tritt und in die Gesichter sieht, staunt, ob des Ausdrucks, der Inhaltsschwere, welche diese einfachen Figuren in sich tragen.

St. Peter Mistail ist eine der ältesten Kirchen der Schweiz. Wer kam auf die Idee, an diesem abgelegenen Ort ein Kloster zu gründen. Gut, die Verkehrsachse verlief hier, aber weshalb gerade ein Frauenkloster? Warum wurde es nach wenigen hundert Jahren bereits wieder geschlossen? Wer hat die Nonnen vertrieben? Wer waren die Meister, die den Kirchenraum mit Farben und Figuren anfüllten und woher kamen sie? Wer hat sie geholt und wer hat sie bezahlt?

Wer Zeit hat und die Musse sich hinzusetzen und die Augen zu schliessen, und dabei das Glück hat, von keinem ständig-alles-genau-erklären-müssenden Zeitgenossen abgelenkt zu werden, der kann sich der Magie und der Kraft dieses Ortes hingeben, so wie sich schon Tausende hingegeben haben. In allen Lebenslagen, Gott anrufend, Gott verfluchend, immer wieder Gott besuchend. Da ist ganz schön etwas zusammen gekommen an Kraft.

Wie grün ist das Blattwerk der Bäume und Sträucher rundherum, wie frisch die Luft, wenn man danach ins Freie tritt! Das Ta-tac-ta-tac eines unterhalb vorbeifahrenden Zuges der Rhätischen Bahn auf dem Weg in die Liste der Unesco-Welterbe holt uns wieder in die Jetztzeit zurück. Die Reise auf den Spuren unbekannter Meister geht weiter.

Der Naturpark ist ein Lebensraum

Ein Naturpark umfasst einen bestehenden Lebensraum: Berge und Einöden genauso wie Alpweiden, Dörfer, Gewerbebetriebe, Skilifte und Stauseen. Abgelegene Regionen sollen eine Chance bekommen, Impulse für die Zukunft. Aus den Regionen werden Eigenleistungen von mindestens 20 Prozent des Budgets erwartet, damit die Bundesgelder fliessen. Bundesgelder werden nicht mehr nach dem Prinzip ›Giesskanne‹ ausgeschüttet, sondern es werden konkrete Projekte gefördert, die sich im Rahmen der Naturpark-Gesetzgebung bewegen.

Stellen Naturparks ein taugliches Mittel gegen die Sorgen und Nöte von Rand- und Bergregionen dar? Luzius Wasescha, als

Ganz ruhig halten, wenn du gesund werden willst! Victoria Spinas ist auf vielen Gebieten zu Hause. Am liebsten auf Alp Flix.

Unterhändler des Bundes in den WTO-Verhandlungen in Wirtschaftsfragen bewandert, ist überzeugt davon, dass Minderheiten und Randregionen auch in einer Welt der grossen Einheiten eine Chance haben. Er nennt ein Beispiel: Mondholz aus dem Albulatal. »Dieser Unternehmer wartet nicht pfeifenrauchend vor seiner Hütte bis Kundschaft kommt, sondern er besucht spezielle Kongresse, Messen auf der ganzen Welt und präsentiert seine Dienstleistungen und Produkte. Solche Leute haben keine Probleme mit der Globalisierung.«

Zunächst sind da allerdings Hoffnungen, Wünsche, Vorstellungen. Was kann der Park für die Menschen tun, was die Menschen für den Park?

Wenige Monate nach der Eröffnung des Parc Ela formulierten Gemeindepräsidenten aus dem Surses massive Ängste, der

Park könnte einem Ausbau des Skigebiets von Savognin im Weg stehen. Ihr Tenor: Wenn der Park die Entwicklung verhindere, die man für richtig halte, wolle man verzichten. Kaum geboren schon gestorben? Ob das Naturpark-Konzept die Aufgabe zu meistern vermag, hier Veränderungen herbeizuführen? Botschafter Luzius Wasescha will es auf jeden Fall versuchen: »Das Bewusstsein dazu fehlt noch. Solche Themen müssen aber öffentlich besprochen werden. Wir werden die notwendige Diskussionskultur in die Talschaften tragen. Die Auseinandersetzung, der Prozess des Miteinanders ist wichtig. Keine Institution kann die Eigeninitiative ersetzen.«

Der Neffe des berühmten Dichter-Jäger-Wilderer-Paters Alexander Lozza, Duri Loza, hat mindestens so viel zu erzählen wie sein berühmter Onkel.

Die Brücken von Wiesen

Wiesen schlief. In einer friedlichen Nacht im Oktober des Jahres 2005 klingelten fünfzehn bewaffnete und mit kugelsicheren Westen ausgerüstete Polizisten an der Tür eines Hauses in dem abgelegenen Bündner Dorf und drangen in die Wohnung ein. Sie führten eine Mutter mit fünf Kindern ab, fuhren sie zum Flughafen Zürich und setzten die sechs dort in ein Flugzeug nach Prystina im Kosovo.

In Wiesen, dem Wohnort der Familie Kolic, erhob sich Widerstand. Emotional und sachlich zugleich waren die Stellungnahmen, einig in einem: sie waren heftig. Die Dorfkinder weinten und forderten ihre Kameraden zurück, die Dorfgemeinschaft ihre Bekannten und Freunde, die Behörden ihre Gemeindemitglieder – die fünf Kolic-Kinder hatten wesentlich zum Überleben der Dorfschule beigetragen. Hunderte Einwohner besuchten die kurzfristig anberaumte Informationsveranstaltung. Ein anwesender Grossrat sagte, die Ausgewiesenen seien besser integriert gewesen, als mancher Schweizer. Und Gemeindepräsident Reto Dürst, ein ehemaliger Eishockeyspieler des HC Davos reiste in den Kosovo, um den Ausgewiesenen Trost zu spenden und Mut zu machen.

Die Familie Kolic, die Bevölkerung von Wiesen, die Zeitungsleserinnen, Fernsehzuschauer und Radiohörer – alle hatten sich in einem Alptraum gewähnt, als sie gewahr wurden, was geschah. Es war die Wirklichkeit.

Was war geschehen? Recht war geschehen. Vor dem Hintergrund der landesweiten Stimmung, hart gegen (illegale) Einwanderer vorzugehen, hatten die Bündner Behörden ihren Ausschaffungs-Entscheid gefällt. Im Geist der Ablehnung der erleichterten Einbürgerung für Ausländer der zweiten und dritten Generation, hinter dem auch die Frauen und Männer von Wiesen kurz zuvor an der Urne gestanden waren. Die Bündner Regierung hatte aufgrund geltender Gesetze gehandelt. Politik betrifft Menschen. Immer.

Wiesen ist ein Walserdorf. Die Walser waren Auswärtige, Fremdlinge, als sie hier einwanderten. Viele Familien haben im einst ihre Urheimat verlassen (müssen) und sich in anderen Regionen der Alpen von Savoyen bis ins Allgäu niedergelassen. Auch die Familie Kolic konnte sich in Wiesen niederlassen. Vereint. Der Brückenschlag gelang, Menschlichkeit siegte über das Gesetz. Diesmal, in Wiesen.

Die ›Fünfer-und-Weggli-Mentalität‹

Spricht man mit Menschen in der Region über das Projekt ›Naturpark‹, ist sehr viel von Geld, Wirtschaft, Arbeitsplätzen die Rede. Die Ferienwohnungsvermieterin möchte ihre Wohnungen besser auslasten, der Bauer sein Schaffleisch zu einem guten Preis verkaufen, der Bauunternehmer möchte bauen, die Bergbahnen erhoffen sich vom Naturpark bessere Frequenzen im Sommer. Vielen ist das Projekt ziemlich egal.

2007, das zweite Betriebsjahr des Parc Ela: Das eidgenössische Parklabel, und damit das Passwort für den Geldhahn aus Bern sind noch ausser Griffweite. Die Skeptiker, Kritiker und Nörgler gehen um. Die, die es schon immer besser gewusst haben, die, die es sowieso anders gemacht hätten und die, die vor der stets dräuenden Einmischung aus ›Bern‹ warnen und vor dem Verlust von Eigenständigkeit und Heimat. Welche Eigenständigkeit?

Stattdessen versuchen einige, was hierzulande als ›Fünfer-und-Weggli-Mentalität‹ bekannt ist. Man will beides: Das Naturpark-Label und die alpine Bettenburg. Ein 2000-Betten-Resort auf der grünen Wiese, 1900 Meter über Meer im Alptal Radons, soll die Massen beherbergen, die dereinst das ebenfalls zum Ausbau vorgesehene Skigebiet bevölkern (und den Naturpark, sollte er dereinst Realität werden), bewandern, bebiken, befahren, befliegen. Die Gemeinden Savognin und Riom-Parsonz und die Bergbahnen sehen das Heil im Ausbau. Wintersport sei das wichtigste wirtschaftliche Standbein wiederholen sie gebetsmühlenartig und erheben das Projekt zum Heilmittel gegen gleich mehrere Krankheiten: »Damit können wir dem Klimawandel ein Schnippchen schlagen,« gibt Edwin Thomann, der Gemeindepräsident von Riom-Parsonz der Zeitung zu Protokoll: »Die Gäste logieren mitten in einer fantastischen Winterstimmung und haben die Lifte gleich vor der Tür.«

Hier schlägt das Herz des Parc Ela: Auf dem Elapass mit dem Piz Ela (links), dem Blick über die Lajets hinweg zur Fuorcla da Tschitta und ins Err-Gebiet.

Parkpräsident Luzius Wasescha winkt sanft mit dem Zaunpfahl: »Mit einem offiziellen Label, das auf den Kriterien des Natur- und Heimatschutzgesetzes basiert, gehen wir gewisse Verpflichtungen ein. Gleichzeitig bietet es eine Qualitäts-Garantie: Von allen Naturpark-Projekten werden sich nur die besten durchsetzen können. Es ist unrealistisch zu glauben, man könne mit einer autonomen Lösung bestehen. Ohne Label gibt es kein Geld aus Bern – weder aus dem Umwelt-Budget noch aus dem regionalpolitischen Budget. Dann sind wir skurrile Eigenbrötler, die ihre Zukunft in die Hand nehmen.«

Der Bundesbeamte Wasescha weiss, wovon er spricht. Der Parc Ela ist nicht der einzige Naturpark-Kandidat und die entsprechenden Beiträge aus der Bundeskasse sind beschränkt. Wer an den Geldtopf kommen will, muss die Auflagen der Pärkeverordnung erfüllen. Und mit dem Savogniner Hotelresort-Projekt vor seinen Toren hat der Naturpark-Kandidat Parc Ela ein Problem in dieser Hinsicht. Ein solches Projekt unmittelbar an den Grenzen des Naturparks – und von Parkgemeinden getragen – wirkt unglaubwürdig.

Diese Argumente leuchten ein. Gleichzeitig haben die Befürworter ein Problem: Würde der Parc Ela die entsprechenden Auflagen erfüllen, so käme man in den Genuss von bis zu einer halben Million Franken jährlich. Zu wenig zum Leben und zuviel zum Sterben. Da braucht es Ideen, Risikobereitschaft und Mut zu Neuem. Und Zeit.

Pioniere

Aus den Worten von Friedrich Hennings aus dem Jahr 1903 klingt die Motivation des Pioniers, der sichere Stolz des Ingenieurs, der Eifer des Technokraten, der Welt ein grosses Werk beschert zu haben: »... da die Schmalspur sich allen Anforderungen des Verkehrs gewachsen zeigte, brach sich mit grösster Lebhaftigkeit im ganzen Lande die Überzeugung Bahn, dass man in Thusis nicht stehen bleiben dürfe, sondern dass nun die ganze Kraft des Kantons daran gesetzt werden müsse, Graubünden ein schmalspuriges Bahnnetz zu verschaffen, welches nach und nach allen Haupttälern die unentbehrlich gewordene Wohltat des Bahnverkehrs bringen sollte.«

Die Planer und Erbauer der Albulabahn schufen vor 100 Jahren ein technisches Werk, das Dichter besangen und Reisende bewunderten – bis heute. »Ich bin auf waghalsiger Alpenbahn durch wirbelndes Gewölk in himmelanglitzerndes Hochgebirge gelangt«, schrieb Theodor Däubler anfangs der Dreissiger. Ein Wunderwerk der Technik begeistert unser Gemüt. Wer hat sie ersonnen? Wer hat sie gebaut? Wie ist vor mehr als 100 Jahren zustande gekommen, worüber wir in Zeiten von Mondlandung und Mobilkommunikation noch immer staunen.

Der Holländer Jan Willem Holsboer hatte die erste Bündner Bahnstrecke von Landquart nach Davos angeregt, der Holländer Friedrich Hennings plante und leitete den Bau der Albulabahn. Die Vorbereitungen waren so präzis, dass der Bau nicht anders als gelingen konnte: Nur gerade 50 Millimeter in der Richtung und 48 Millimeter in der Höhe betrug die Abweichung von der Messung im Albulatunnel. Einen halben Zentimeter Abweichung bei einer Tunnellänge von beinahe 6 Kilometern!

Parc Ela: Zahlen und Daten

Status: Kandidat Regionaler Naturpark Schweiz
Region: Kanton Graubünden/Schweiz
Fläche: 600 km^2
Davon besiedelt: 4 km^2
Besondere und geschützte Lebensräume: 150 km^2
Höhenlage: 800 – 3400 m ü. M.
Einwohner: 6000
Sprachen und Kulturen: 3 (Rätoromanisch, Deutsch, Italienisch)
Trägerschaft: 21 Gemeinden von Albulatal und Surses, www.parc-ela.ch

Als erstes entstand ein Wanderweg. Mehrfach hatten die Planer die Linienführung zu Fuss abgeschritten, hatten Geländeneigung, Beschaffenheit des Untergrunds und die weitere Umgebung genau untersucht. Es war eine intensive Auseinandersetzung mit der Landschaft: Kein Bächlein, kein Rutschgebiet, keine noch so kleine Felsnase durfte ignoriert werden; man wollte für die Sicherheit der transportierten Menschen bauen – und für die Ewigkeit. Viele naturräumliche Gegebenheiten forderten grosse bauliche Massnahmen: Steinschlag-Verbauungen, Schutzmauern, Lawinen-Ablenkdämme, Brücken und Lehnenviadukte, Galerien und Tunnels. Dazu musste an nicht sichtbare Unwägbarkeiten gedacht werden: Steinschlag, Lawinen, Rüfen, umstürzende Bäume, das konnte vorkommen, auch ausserhalb der geschützten Bereiche ...

Während des Baus erzwangen Natur, technische Möglichkeiten oder die strenge Kostenkontrolle der Direktion immer wieder Änderungen und Anpassungen. Allem zum Trotz entstand in nur 5 Jahren ein Werk, das man heute nicht mehr bauen würde. Und nicht mehr bezahlen könnte: Die Albulabahn.

Anmut gepaart mit Nutzen – diese Kombination begeistert Besucher wie Betreiber der Bündner Bahn bis heute. Da ist das meistfotografierte Bauwerk der gesamten Rhätischen Bahn: Das Landwasserviadukt bei Filisur. In kühnem Schwung überquert die gebogene Brücke mit einer Spannweite von 6 mal 20 Metern den Bach. Anschliessend verschwindet die Bahn in einem Tunnel. 9200 Kubikmeter Mauerwerk wurden verbaut, die grösste Menge eines Einzelbauwerks der gesamten Albulabahn. Das Bauwerk ist vollständig gemauert, die Steine wurden unweit der Baustelle gewonnen. Für die 65 Meter hohen Pfeiler wurden keine äusseren Gerüste verwendet; in der Mitte der Pfeiler standen eiserne Türme, die mit fortschreitender Mauerung immer wieder erhöht wurden. Die Türme waren mit Eisenbrücken verbunden auf denen die Mauersteine herangeschafft wurden. Das Lehrgerüst für die Mauerung der Bögen wurde auf Eisenträger gelegt, die heute noch sichtbar sind. Das Landwasserviadukt wurde in nur zwei (verlängerten) Sommern gebaut. Wer die Arbeit der Bahnbauer erfassen will, der stehe unter diese Brücke und lasse die Eindrücke wirken. Mehr als 100 Jahre versah sie ihren Dienst, Wind und Wetter trotzend, immer schwerere Züge tragend und immer grössere Kräfte aufnehmend. Pflegeleicht ist sie, benötigte bisher kaum Unterhalt. Durch das Schotterbett eindringendes Wasser, gefrierend und wieder auftauend, erodierend, wird nun zum Problem. Eine Sanierung ist deshalb geplant: Eine Betonplatte unter dem Schotter soll verhindern, dass Wasser in das Mauerwerk einsickert.

Eine Ebene, ein Berg. Himmelstürmend steht der Piz Platta über den flachen Wiesen im oberen Val Faller. Walser bewohnten dieses Hochtal einst ganzjährig.

Menschen

In Alvaneu, am Sonnenhang über dem Albulatal treffe ich Roman Platz, einen jungen Kunstschmied. Wenn er das glühende Eisen ins Feuer hält und mit dem Herzstück seiner Werkstatt, dem Schmiedehammer, mal heftig, mal gefühlvoll bearbeitet, rinnt ihm der Schweiss von der Stirn. »Der Apparat ist hundert Jahre alt und wiegt gut elf Tonnen. Ich habe ihn aus einer Werkstatt in Chur, doch für ihn wäre ich auch nach Genf gereist,« sagt der schmale Mann. Fragt man ihn, wie er das macht, mit dem schweren Gerät, lächelt er: »Man muss mit dem Kopf arbeiten.« Hin und wieder sei er schon am Anschlag. Wenn er dann sein Werk begutachtet, mit kritischem Blick und leisem Stolz, leuchten seine Augen.

Wie kommt Roman Platz auf seine Ideen? Manchmal, sagt er, zeichne er Skizzen auf den Boden, manchmal beginne er gleich mit der Arbeit, pröble, verwerfe wieder. Künstler mag er sich selbst nicht nennen, er nennt sich Metallgestalter. Er fertigt für Kunden Grabkreuze, Gartentore, Fenstergitter, Kunst am Bau für Kraftwerksgesellschaften und Weinbauern und Infosäulen (für den Parc Ela) an.

Am liebsten sind ihm die freien Arbeiten. Ums Haus herum und in der kleinen Werkstatt in Alvaneu stehen seine Skulpturen und Plastiken. Die Ergebnisse seines Suchens und Verwirklichens sind dem Wetter ausgesetzt, drehen sich im Wind. Ihr Schöpfer sinniert gleichermassen in den Himmel und meint: »Meinen Windrädern könnte ich ewig zuschauen. Ich frage mich dabei: Wie kann ich einen menschlicher Körper in der Bewegung darstellen?«

Menschen gestalten Zukunft. Und die Natur?

Menschen gestalten Zukunft, Heimat, Leben, so wie der Bildhauer sein Werk gestaltet. Und der Naturpark als Experimentierfeld, als Labor, in dem neue Ideen ausprobiert werden können, Träume geboren, Visionen Wirklichkeit werden, und all das fallengelassen wird, was nicht funktioniert, oder nicht im Einklang mit Natur und Kultur steht. Das sagt sich leicht und ist doch ein grosses Ding. Luzius Wasescha ist zuversichtlich: »Veränderungen brauchen sehr viel Zeit.«

Zeit ist etwas Wunderbares für den, der sie hat.

"IN ATTEMPTING TO PASS THE CORNER I SLIPPED AND FELL."

Alpine Geschichte

Ingeborg Schmid-Mummert

Volker Schenk

Ingrid Runggaldier Moroder

Nicholas Mailänder

Martin Achrainer

»Wehe dem Bergsteiger der nicht in seinem Bette stirbt!«

Eine historische Spurensuche nach tödlichen Bergunfällen und ihrer Rezeption in der Öffentlichkeit

VON INGEBORG SCHMID-MUMMERT

»Der Urlaub in Tirol endete für eine deutsche Familie in einer Tragödie. Bei einer Bergtour stürzte die Tochter in den Tod.«
»Dieser Tourengeher hätte nicht sterben müssen, ist sich der Einsatzleiter der Bergrettung sicher.«

Solche oder ähnlich lautende Schlagzeilen sind uns geläufig. Bergunfälle interessieren. Tödliche Bergunfälle faszinieren. Irgendwie. Etwa in schneearmen Wintern. Oder in der medialen Saure-Gurken-Zeit. Und wenn es die anderen erwischt. Und darüber berichtet wird. Und geredet. Und analysiert: Weil eigentlich verunglücken eh immer die, die sich nicht auskennen. Oder die, die sich zu gut auskennen. Weil sie dann glauben, sich eh auszukennen. Manchmal halt. Aber es ist ja kein Wunder, wenn alles so breit getreten wird, heute, wo wir alle Internet und Fernsehen und so viel Radio und noch viel mehr Zeitungen haben. Früher war das sicher anders. Und außerdem sind da noch nicht so viele auf den Berg gegangen. Nur die, die sich ausgekannt haben. Oder so...

Triumph und Tragödie

Stammtische und moderne Redaktionsstuben verlassend, lade ich ein zu einem Ausflug in die Vergangenheit. Zum 14. Juli 1865 – Datum der theatralischen Erstbesteigung des Matterhorns: Nach zahllosen Ersteigungsversuchen, von denen er selbst sieben durchgeführt hat, steht der Engländer *Edward Whymper* als Mitglied einer siebenköpfigen Gruppe auf dem Gipfel. Der Gipfelsieg verwandelt sich im Abstieg zu einer Katastrophe, vier Menschen stürzen nach einem Seilriss in den Tod. Böse Anschuldigungen und gerichtliche Untersuchungen sind die Folge. Europaweit erscheinen

Kommentare zu diesem Unfall in Zeitungen. Britische Alpinhistoriker betrachten die Geschehnisse vom Juli 1865 gar als ein Desaster, welches das Bergsteigen um eine Generation zurückgeworfen habe. Für viele Alpinhistoriker markiert die Besteigung des Matterhorn das Ende des legendären »goldenen Zeitalters«, der alpinistischen Eroberung und Erforschung der höchsten Alpengipfel. Ab nun werde der »Weg zum Ziel« und der »Alpinismus zum Sport«. Nicht mehr das bloße Erreichen des Gipfels sei fortan das Ziel, sondern das Überwinden immer größerer Schwierigkeiten.

Whymper gelingt es, sich durch ein Ereignis, welches die Alpinisten anscheinend so geschockt habe, auszuzeichnen. Er sucht nach Verewigung seiner Person und Taten in seinem Werk *Scrambles amongst the Alps*. Das Buch erscheint in mehreren Auflagen, erstmals im Jahr 1871, sechs Jahre nach dem Unfall. Vor allem die das Matterhorn betreffenden Kapitel machen es berühmt. *Whymper* punktet als Überlebender. Es gibt keine lebensbedrohlichen Verletzungen, keinen spektakulär beschriebenen Todeskampf, keine in aufsehenerregenden Abbildungen zur Schau gestellten abgestorbenen Gliedmaßen, kein Zittern darum, von Suchmannschaften womöglich gar nicht aufgefunden zu werden. Er ist schlichtweg innerhalb der Seilschaft richtig positioniert. Zwischen dem vierten und dem fünften Mann reißt das Seil, die letzten drei überleben, abgesehen von Prellungen, unverletzt. Die durch den Tod von vier Menschen gekennzeichnete Matterhorn-Expedition, vor allem aber seine literarischen Ausführungen, bereiten Whymper offenbar einen fixen Platz in der Szene. Schließlich gehört er zwei Jahre dem *Alpine Club Commitee* an, im Anschluss an die Publikation der *Scrambles* wird er sogar dessen Vizepräsident. *Whymper* weiß seine Bergerlebnisse zu vermarkten. An verschiedenen Orten Englands hält er Lesungen und erzählt die Matterhorn-Geschichte immer und immer wieder neu. Augenscheinlich hat ihm die Schilderung der dramatischen Stunden am Matterhorn vielmehr als der Sieg über all jene, die gern die »Ersten« am Gipfel gewesen wären, zu Erfolg verholfen.

Natürlich waren die Todesstürze von *Hadow, Croz, Hudson* und *Douglas* nicht die ersten tödlichen Unfälle in der Geschichte des Bergsteigens. Aber sie wurden seinerzeit die bei weitem spektakulärsten. Unzählbare, mitunter überspitzte, Presseberichte trugen dazu bei, dass der Bergtod dieser Männer die Weltöffentlichkeit beschäftigte. Gleichermaßen, wie etwa unmittelbar nach dem Ende des »Corti-Dramas« am Eiger (1957) das Rauschen im Blätterwald der internationalen Presse begann. Oder die »Tragödie« am Freney-Zentralpfeiler (1961), der Tod von *Günter Messner* am Nanga Parbat (1970), die »Katastrophe« am Mount Everest (1996). Das Jahr 1865, die bewegende Entwicklung der Story, brachten den Unfall, und damit auch das Matterhorn und Zermatt in die Schlagzeilen. Auch gegenwärtig bewirbt die lokale Fremdenverkehrswirtschaft das Matterhorn als »Gipfel aller Gipfel für echte Bergsteiger«, gespielt wird mit dem schaurigen Gefühl der »echten Herausforderung«, nicht ohne an die tödlichen Ereignisse rund um die Erstbesteigung anzuknüpfen:

> *Noch heute brodelt die Gerüchteküche um dieses Drama, das das kleine Dorf Zermatt über Nacht weltbekannt machte. War es ein Unfall oder Mord?*
> [http://www.zermatt.ch/d/matterhorn; Abfrage: 05.05.2007]

Jahr für Jahr wird das gerissene Seil, zentraler Gegenstand der folgenschweren Ereignisse, von den Besuchern des Matterhorn Museums als Objekt mit besonderer Aura entdeckt.

In: Whymper, Edward: Scrambles amongst the Alps. With additional illustrations and material from the author`s unpublished diaries. Revised and edited by H. E. G. Tyndale. London (Murray) [6]1936. Darin: S. 185: *»We saw a toe – it seemed to belong to Moore – We saw Reynaud a flying body.«* (Chapter IX / On the first passage of the col de la Pilatte)

»Kein Seil hätte das Unglück verhindert«

Im Abstieg waren die Matterhorn-Erstbesteiger an drei Seile gebunden. Von *Croz* bis *Douglas* reichte das erste, von *Douglas* bis *Taugwalder Vater* das zweite und von *Taugwalder Vater* bis *Taugwalder Sohn* das dritte Seil. Kurz nach dem Unfall wurden Verdächtigungen laut, *Whymper* oder *Taugwal-*

In: Whymper, Edward: Scrambles amongst the Alps. With additional illustrations and material from the author's unpublished diaries. Revised and edited by H. E. G. Tyndale. London (Murray) [6]1936. Darin: S. 328: *The Manilla Rope.*[2] S. 323: *Rope broken on the Matterhorn* S. 331: *The second Rope.*

der Vater hätten das mittlere, das sich als das schwächste erwies, durchgeschnitten. In der Folge setzte das offizielle Wallis eine Untersuchungskommission ein. Das Gericht kam zum Schluss, dass aus den vorgelegten Tatsachen keine verbrecherische Handlung abgeleitet werden dürfe. Die Anschuldigungen verstummten nie ganz.

20 Jahre nach diesem tragischen Vorkommnis, das große Wellen vor allem in der englischen Presse geworfen hatte und ganze Abhandlungen über Sinn und Unsinn des Bergsteigens nach sich zog – ja, sogar gesetzliche Maßnahmen, welche das Bergsteigen verbieten sollten, wurden angedacht – erschüttert ein anderer tödlicher Absturz eines Kletterers die Öffentlichkeit und beschwört Diskussionen über den richtigen Einsatz von Seilen herauf:

Am Freitag, den 14. August 1885 berichten die Leipziger Nachrichten:

Portrait Zsigmondy. In: Zsigmondy, Emil: Die Gefahren der Alpen. Praktische Winke für Bergsteiger. Zweite, von Otto Zsigmondy besorgte Auflage. Leipzig (Baldamus) 1888, Umschlag-Innenseite.

Wie der Neuen Freien Presse aus Baden mitgetheilt wird, hat Frau Irma Zsigmondy, die Mutter des verunglückten Dr. Emil Zsigmondy, Dienstag von ihrem Sohne Otto folgendes Telegramm aus Bourg d'Oisans vom 10. d. erhalten: »Bei neuem Aufstiege an der Südseite des Pic de la Meye mit Prof. Schulz (aus Leipzig) und mir kletterte Emil 30 Meter über uns. Die Seilschlinge ist abgeglitten, wir hielten das Seil, es riß und Emil stürzte 700 (?) Meter tief auf den Gletscher. Die Leiche wurde mit Schwierigkeiten acht Stunden weit nach St. Christophe gebracht, wo ein würdiges Begräbniß stattfand. Briefe sind unterwegs. Otto«

Am 6. August brechen *Otto* und *Emil Zsigmondy* gemeinsam mit *Karl Schulz* frühmorgens vom Refuge Chatelleret bei La Berarde im Vallon des Etancons auf, um den Pic occidental der Meije auf einem neuen Weg zu besteigen. Bereits am 26. Juli hatten die Brüder *Zsigmondy*, gemeinsam mit *Ludwig Purtscheller*, die Ersteigung des Berges von La Grave aus durchgeführt. *Emil* hat die Südwand der Meije schon einer gewissenhaften Prüfung unterzogen und nach einem neuen Aufstieg gesucht. Über dem letzten Schneefeld treffen sie auf unerwartet große Schwierigkeiten. *Emil* versucht dennoch, die schwierige Stelle zu durchklettern. Er bindet ein Ende des 20 Meter langen Manilahanfseiles um sich und beginnt, die steilen Felsen empor zu klettern. Er überwindet eine problematische Stelle, klettert weiter aufwärts und verbraucht die 20 Meter Seil. Also knüpfen seine Begleiter ein 21 Meter langes, dünnes Seil aus reiner Seide an das Manilahanfseil. Um einen Absatz zu überwinden, von dem aus ein Fortkommen möglich scheint, nimmt der Vorauskletternde das um seinen Körper gebundene Seil, hängt eine Schlinge über sich an einen Felsvorsprung, fasst das Seil mit beiden Händen und lässt sich daran ein Stück herab. *Schulz* berichtet später von der Gefahr fallender Steine und einem plötzlich vernommenen unheimlichen Geräusch, gefolgt von dem leisen Ausruf »Oh!«.

In den *Mitteilungen des D.u.Ö.A.V.* schildert *Schulz* minutiös die letzten Minuten von *Emil Zsigmondy*. Wie dessen Körper auf dem Absatz über ihnen aufschlägt und sodann mit furchtbarer Wucht im Bogen über sie hinweg fällt, um neben ihnen nochmals aufzuschlagen. Mit großer Geistesgegenwart habe *Otto* sofort den noch am Boden liegenden Rest des seidenen Seils um seinen Arm geschlungen, er wiederum habe das Seil mit der rechten Hand gefasst. *Emils* Fall versetzt beiden einen starken Ruck, nach einem furchtbaren Schock erkennen die beiden, dass sie nur mehr etwa 5 Meter des seidenen Seils in den Händen halten – es ist gerissen. *Emils* bereits zerschmetterter Körper gleitet mit dem Manilahanfseil und dem längeren Teil des seidenen Seils unaufhaltsam weiter.

In einer anderen Besprechung des Unfalls in den *Mittheilungen* betont Karl Schulz, indem er auf den Seilriss Bezug nimmt:

Immerhin ist die Thatsache, dass das seidene und nicht das Seil aus Manilahanf beim Sturze riss, für die Beurtheilung der Verwendbarkeit der seidenen Seile bei Hochgebirgstouren von Bedeutung.

Er verweist damit auf einen von ihm selbst ausgearbeiteten Artikel, der kurz vor dem tödlichen Unfall von Emil Zsigmondy in der Mitgliederzeitschrift des Alpenvereins erscheint und die Verwendung seidener Seile bei Hochgebirgstouren zum Inhalt hat. Als Vorteile derselben sieht er, dass sie leicht und von großer Tragkraft sind und der Feuchtigkeit gut widerstehen. Ungünstig ist demnach für ihn, dass sie zu dünn in der Hand liegen, gegenüber der Reibung auf Fels und Eis weniger Widerstand bieten, viel teurer sind als Hanfseile und aufgrund ihrer Dünne bei Reisenden und Führern wenig moralisches Vertrauen auslösen. Zusammenfassend erlässt er eine Warnung vor der weiteren Anwendung der seidenen Seile bei schwierigen Hochtouren, »die über sehr steile Felspartien und über große Gletscher mit mächtigen Spalten führen«. Wie bei vielen anderen tödlichen Bergunfällen und deren Analyse in der Fachpresse, soll auch der lebensgefährliche Absturz von Zsigmondy zum Anlass genommen werden, sich für zukünftige Unternehmungen eine Lektion einzupauken: »die einzige Lehre ... ist: das Seil beim Ablassen nur über einen sicheren Vorsprung zu legen, von dem ein Abgleiten nicht gut möglich ist, überhaupt das Ablassen am so befestigten Seil nur dann vorzunehmen, wenn es durchaus nicht zu vermeiden ist.«

Die »Leipziger Nachrichten« nehmen die Tatsache, dass Zsigmondy nach dem Reißen seines Kletterseiles gestorben ist, zum Anlass, an dessen Betätigung als Autor eines Lehrbuches zu erinnern: »In seinem Buche hatte er ein eigenes Capitel den Gefahren wie den nöthigen Vorsichtsmaßregeln bei der Anwendung des Seiles gewidmet, das er als den wichtigsten Ausrüstungs-Gegenstand des Touristen bezeichnete.« Tatsächlich widmet Emil Zsigmondy in seinem Buch *Gefahren der Alpen. Praktische Winke für Bergsteiger* der Anwendung des Seiles ein eigenes Kapitel. In der im Jahr 1885 erstmals aufgelegten Publikation heißt es:

Beinahe möchte ich dem Seil unter allen Ausrüstungsgegenständen des Touristen die größte Wichtigkeit beimessen. Man kann vieles eher ohne Pickel, als ohne Seil unternehmen. Die erste Frage, die sich dabei ergibt, ist: welches Seil ist für den Touristen am besten? Diese Frage ist schon nach verschiedenen Richtungen erwogen und behandelt worden und im praktischen Leben eigentlich längst entschieden. Man verwendet jetzt allgemein Seile aus dem weißen, seidenglänzenden Manilahanfe an. Vorzüge derselben sind: sehr große Festigkeit und Dauerhaftigkeit, geringes Gewicht und nicht zu hoher Preis.

[...] Eine Zeit lang dachten wir, ein solches Seil sei beim gewöhnlichen Touristen-Gebrauchte unabreißbar, bis wir des Gegentheils belehrt wurden. Ich glaube nicht, dass es vorkommen kann, dass ein

THE MANILLA ROPE.[2]

ROPE BROKEN ON THE MATTERHORN.

THE SECOND ROPE.

solches Seil reißt, wenn ein Mitglied der Gesellschaft feststeht und die Anderen stürzen, wie dies sich wahrscheinlich bei der großen Matterhorn-Katastrophe 1865 ereignete; dazu ist es wohl zu fest.

Der Leipziger Redakteur weist auch noch darauf hin, dass der Verunglückte selbst mehrmals seine Gefährten mittels Seiles im Fall an Stellen aufgehalten habe, »wo der Sturz wahrscheinlich tödtlich geendet hätte.« Ein in der Presse veröffentlichtes, von Otto Zsigmondy an seine Mutter gerichtetes, Schreiben verrät, Emil hing an zwanzig Metern Manilahanf- und zehn Metern des Schulz`schen Seidenseiles. Professor Schulz beeilt sich daher, der Mutter des Verstorbenen mitzuteilen:

Emils`s Leben zu retten, war bei der furchtbaren Höhe des Falles, 30 Meter bis zu uns, durchaus nicht möglich; kein Seil, keine Menschenhand und kein menschliches Hilfsmittel konnten einen solchen furchtbaren Choc aushalten. Gebe Gott Ihnen die Kraft, das Entsetzliche zu ertragen, das wünscht auf Aeußerste betrübt und erschüttert

Ihr tiefergebener Schulz

[In: Neue Freie Presse, 15. August 1885]

Nicht nur im Alpenraum wird ausführlich über das Geschehen diskutiert, auch im englischen Alpine Journal wird dem Unfall von Emil Zsigmondy entsprechend Platz eingeräumt. Hier kommt man zum Schluss, kein Seil, das leicht genug sei für den Einsatz in den Alpen, egal ob aus Hanf oder Seide, hätte dem Gewicht eines menschlichen Körpers beim Sturz in dieser Fallhöhe standgehalten. Ähnlich dem Seilriss am Matterhorn beschwört aber auch dieser Missbilligung herauf. Eugen Guido Lammer etwa provoziert mit der Frage, ob nicht etwa Schulz durch den Gebrauch eines nicht mehr neuen Seiles die Möglichkeit einer Rettung hintan gehalten hätte. Ludwig Purtscheller und Otto Zsigmondy erwidern mit der Gegenerklärung, »dass auch durch Anwendung des besten Gletscher-Seiles die Katastrophe nicht hätte verhindert werden können; auch das stärkste Seil wäre gerissen.« Schließlich wird der Zentralausschuss des *Deutschen und Oesterreichischen Alpenvereins* bemüht, in diesem Streitfall Position zu beziehen. Diesbezüglich ergeht am 4. April 1888 an Ludwig Purtscheller in Salzburg folgende Nachricht:

Sehr geehrter Herr!

Der Central-Ausschuss hat in seiner Sitzung vom 3. d. M. beschlossen, von dem Streitfalle Lammer – Schulz in den Vereins-Publikationen keine Notiz zu nehmen und bedauert daher, die Aufnahme einer Erklärung in dieser Angelegenheit ablehnen zu müssen.

Hochachtungsvoll ergebenst, Dr. Zittel

Zsigmondy, Emil: Die Gefahren der Alpen. Praktische Winke für Bergsteiger. Zweite, von Otto Zsigmondy besorgte Auflage. Leipzig (Baldamus) 1888. Darin: S. 184: *Nr.1 zum Verknüpfen zweier Seilenden. Nr. 2 zum Anbinden am Seilende.* S. 185: *Nr. 3 zum Anbinden in der Mitte des Seiles (nach meiner Meinung schlecht). Nr. 4 der nach dem Alpine Journal verwerfliche Knoten, den wir gewöhnlich anwenden.* (VIII. Kapitel. Anwendung des Seiles.)

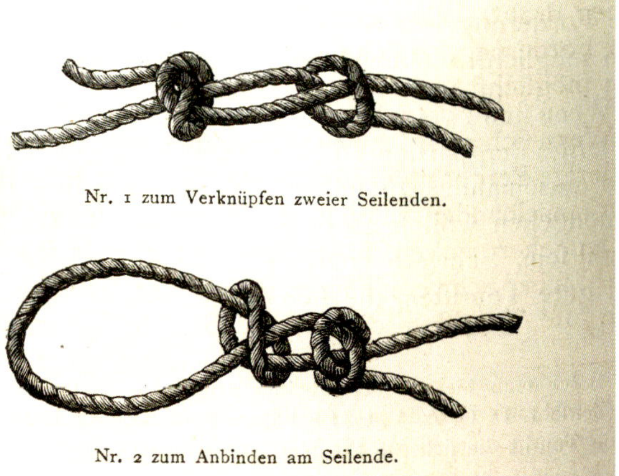

Nr. 1 zum Verknüpfen zweier Seilenden.

Nr. 2 zum Anbinden am Seilende.

Aus dem Unfall eine Lehre ziehen

Die *Neue Freie Presse* in Wien lanciert ihre Berichterstattung über den Unfall in den Dauphiné-Alpen, nicht ohne darauf hinzuweisen, dass die Nachricht in den Kreisen der österreichischen Touristen wohl entsprechende Aufmerksamkeit finde und finden sollte in einer Jahreszeit, in der wieder viele zu Hochtouren und Bergbesteigungen aufbrechen. Unfallberichterstattung und -analysen werden zur moralischen Instanz. Das tragische Ende eines jungen (Spitzen-) Alpinisten soll nachhaltigen Eindruck auf andere machen, ihnen Warnung sein. Tadelnden Anmerkungen zum konkreten Fall folgt ein beißender Absatz über die Nutzlosigkeit des Bergsteigens an sich:

Was ist durch diese mühevollen Bergbesteigungen für die Wissenschaft und die Forschung, für den Culturfortschritt oder die Humanität gewonnen worden? Was leisten die kühnen Alpinisten, welche einen drei- bis viertausend Meter hohen Bergriesen von einer bisher für unzugänglich gehaltenen Seite besteigen, z. B. für die Naturwissenschaft, für die geognostische Kenntniß des Gebirges, für die meteorologische Forschung? Wenig oder eigentlich – gar nichts; denn sie haben ja nicht einmal die Zeit und Gelegenheit zu derartigen Beobachtungen und Untersuchungen, während sie alle Kräfte des Geistes und Körpers nur zu dem Zwecke anspannen müssen, um sich vor Gefahren zu schützen und die physischen Schwierigkeiten zu bewältigen.

Umso bedauernswerter sei es gerade im vorliegenden Fall, dass »ein hoffnungsvolles junges Leben, ein reichgebildeter Geist, ein edler und männlicher Charakter als Einsatz in einem so ungleichen Wettkampf mit den Elementarkräften verloren gehen musste.« In einer anderen Nummer desselben Blattes wird beklagt, dass immer mehr, unterschiedlich qualifizierte, Alpinisten die Dauphiné-Alpen aufsuchen. Bezugnehmend auf den Verstorbenen wird ohne weiteren Kommentar vermerkt, er sei stets »ohne ortskundigen Führer« gereist und habe sich »ganz auf seinen Instinct« verlassen. Das Resümee lautet also: »Sparen thut man dabei allerdings bedeutend, ob es aber auch gut thut, das ist eine andere Frage.« Eine ausführliche Berichterstattung über den Unfall könne begangene Fehler offen legen und andere Bergsteiger vor einer möglichen Wiederholung warnen. Unter diesem Aspekt sei es auch zu verantworten, dass an und für sich vertrauliche Details an die Öffentlichkeit gebracht werden, so etwa der Brief des an der unglücklich verlaufenen Tour mitbeteiligten Otto Zsigmondy an die gemeinsame Mutter und die Zeilen des Karl Schulz, die ebenfalls an die betagte Dame adressiert waren. Vor allem die Veröffentlichung der sehr privaten Zeilen Ottos, die unmittelbar nach dem tödlichen Absturz seines Bruders entstehen, heizen die mediale Diskussion und Polemik weiter an. Darin zeigt sich Otto reumütig, bekennt beschämt ein, die Situation verschätzt und Gefahren womöglich verkannt zu haben. Als ein »gefundenes Fressen« für die sensationslüsterne Tagespresse erweist sich seine bußfertige Abrechnung mit den Bergen und dem Bergsteigen:

Mich drängt es mächtig fest aus diesen verhassten Bergen hin zu deinen [er wendet sich an seine Mutter] *Knien, um von dir Vergebung zu erflehen für ihn, den mir theuren Bruder und für mich. ... Die Berge, einst mein einziges Vergnügen, sind mir verhasst, und ich wollte, ich würde kein Wort mehr darüber vernehmen.*

Die Geschichte verbreitet sich ländergreifend in allen wichtigen Blättern. Sie enthält die richtigen Zutaten, um zahlreiche Leser in ihren Bann zu ziehen und in spannungsvolles Gruseln zu versetzen: Ein ausgewiesener Experte, der sich theoretisch eingehend mit den Gefahren in den Bergen auseinandersetzt, um dann augenscheinlich der Missachtung seiner eigenen Grundsätze zum Opfer zu fallen; Ein schuldbewusster Mitbeteiligter – noch dazu naher Verwandter – der durch eine schicksalhafte und folgenschwere Tragödie <u>bekehrt</u> wird, um von einem frivolen, nutzlosen und unheilbringenden Sport abzulassen. So zitiert etwa die Magdeburger Zeitung aus dem Brief des Sohnes an seine Mutter: »Ich hielt das Bergsteigen für eine edle, Gott wohlgefällige Zerstreuung, bin aber in grässlicher Weise vom Gegentheil überzeugt worden.«

Specielles über Anseilung.

Nr. 3.

Nr. 4.

Entsetzt nimmt Frau Zsigmondy in einem Brief an Karl Schulz zur Veröffentlichung dieser privaten Korrespondenz Stellung und beteuert, dem Journalisten nur Einsicht in das Schreiben gewährt zu haben und dabei selbst die angefügten losen Blätter mit den vertraulichen Details völlig übersehen zu haben. Sie erwarte sich jedenfalls, dass »das unwissende Publicum nicht einem bösen Verdacht Raum gibt.«

»Alle stürzen sich auf den Alpinismus«

Nicht etwa ein Tatsachenbericht, sondern ein, unmittelbar nach dem Unglück »in begreiflicher Erregung« verfasstes, streng vertrauliches, Schreiben sei als erste Nachricht durch die Zeitungen gegangen. Dies habe, so wird in den alpenvereinseigenen *Mittheilungen* beklagt, zu einer »schweren Verurtheilung nicht nur des Vorfalls, sondern des Bergsteigens überhaupt« geführt. Dieser und ähnlich gelagerte Fälle veranlassen die alpinen Vereinigungen, in ihren individuellen Publikationen Bergunfällen und deren Analysen eigene Rubriken zu widmen. Statistiken seien wichtig, um Vorkommnisse in ein anderes Licht zu rücken, ein Umdenken einzuleiten, Trends abzusehen, Ausbildungs- und andere Leistungsangebote abzustimmen. Die Pressevertreter, so der Grundtenor, seien meist ahnungslos. Es gelte also, in der fachlichen Auseinandersetzung Unfälle zu rekonstruieren und sich nicht von polemischen Stimmungen mitreißen zu lassen.

Die Gefahren der Alpen. Erfahrungen und Ratschläge von Emil Zsigmondy. Neu bearbeitet und ergänzt von W. Paulcke. Vierte Auflage. Innsbruck (A. Edlinger`s Verlag) 1908. Darin: S. 232: Abb. 38. *Abseilen mit Klettern am doppelgenommenen Seil. Seil wegen des Risses hinter dem Felskopf mit Papier unterlegt.*

Bezugnehmend auf Zsigmondy wird daran erinnert, dass mit ihm ein Kenner der Bergwelt, hervorragender Alpinist, Wissenschafter und leidenschaftlicher Arzt von dieser Welt gegangen seien. Sein früher Tod stelle demnach auch für die Wissenschaft einen beklagenswerten Verlust dar. Nur seine alpinistischen Fähigkeiten wären, ob des jungen Alters des Verstorbenen, einer breiteren Öffentlichkeit bekannt gewesen. Es gelte also, die Erinnerung an diesen Menschen weiterleben und sich nicht von ungerechten oder voreiligen Urteilen beirren zu lassen:

Von der humanen Regel, dass der Tod das Wirken eines Menschen versöhnend abschliesst, dass an einem frischen Grabe der Tadel verstummt und der Würdigung der Verdienste des Verstorbenen die erste Stelle gebührt, scheint eine Todesart eine Ausnahme machen zu sollen – der Tod des Bergsteigers auf einem Berge. Wen sie gestern als einen berühmten Hochgebirgsforscher verehrt, stempelt die öffentliche Meinung heute zu einem Wagehals.

Es sei angebracht, den toten Kameraden gegen eine ungerechte öffentliche Meinung und auch gegen überstürzte Schlussfolgerungen der Alpenfreunde und Bergsteiger in Schutz zu nehmen.

(Zu) hoch gesteckte Ziele

Nachrufe in Fachmagazinen erinnern zunächst an die alpinistischen Leistungen und Verdienste des Verstorbenen. Darin heben sie sich stark ab von den provokativen Berichten in der Tagespresse. Vielfach habe Zsigmondy Touren auf einem neuen Weg eingeschlagen, nur ganz selten hätte sich ein Misserfolg eingestellt. Auf unzähligen Wanderungen im Laufe von mehr als zehn Jahren habe er sich eine Kenntnis von den Alpen und ihrer Naturgewalten, sicheres Urteilsvermögen und eine praktische Leistungsfähigkeit erworben, welche ihn in ihrer Verbindung zu einem der hervorragendsten und einsichtigsten Alpenreisenden und Bergsteiger gemacht hätten. M. v. Kuffner beispielsweise hält klar fest: »Dass Emil Zsigmondy bei einer Besteigung seinen Tod fand, wird das Urtheil über seine Tüchtigkeit nicht ändern.« Herausragenden Menschen wie ihm sei es eigen, dass sie sich nicht damit begnügten, ausgetretene Pfade zu verfolgen, und so würden sie oft ihre Kraft im Erstreben eines zu hoch gesteckten Zieles allzu rasch ausgeben. Solche Menschen hätten aber nicht umsonst gelebt. – Nach glücklicher Rückkehr aus dem Gebirge freuten sich Vereinsgenossen und Öffentlichkeit

La Meije.
In: Oesterreichischer Alpenverein, Handschriftenarchiv, Bestand Karl Schulz.

über die Taten eines Bergsteigers. Wenn es einem nach langer Übung und Erfahrung gelänge, neue Wege in unbekannte Gebiete zu bahnen und die gemachten Fahrten auch noch anschaulich zu beschreiben, dann würden alle von einem berühmten Hochgebirgsforscher sprechen und ihn ihrer Bewegung an die Spitze stellen. Wenn aber einer »seine Lust zu kühnen Wegen und seine Liebe zu den Bergen mit dem theueren Gute seines eigenen Lebens« bezahlte, wende sich die öffentliche Meinung so schnell, wie dessen Leben in Tod wechsle. Besonders beklagt wird, dass Berufene und Unberufene sich gleichermaßen zu Wort melden und Warnungen erlassen. Die Magdeburgische Zeitung etwa verlautbart, das Schicksal Zsigmondys sei um so tragischer, als er selbst es sich zur Aufgabe gemacht habe, zur Verhütung der Unglücksfälle und Katastrophen, denen Touristen ausgesetzt sind, beizutragen. Seine Mutter habe ihn, den Autor eines Lehrbuchs zur Vermeidung von Bergunfällen, noch eindringlich gewarnt, er müsse sich vor Unfällen besonders in Acht nehmen:

Du musst Dich als Autor Deines ersten Werkes doppelter Vorsichtsmaßregeln befleißigen, denn es wäre doch allzu bitter, wenn grade Jener, der die Vorsichtsmaßregeln lehrt, unter der Außerachtlassung derselben leiden müsste; Du hättest zum Schaden noch den Spott!

In einem persönlichen Brief an Karl Schulz, der zwischenzeitlich unter Verdacht gerät, mitverantwortlich zu sein für den tragischen Ausgang der Bergtour, findet Frau Zsigmondy ganz andere Worte, indem sie bezweifelt, dass Leichtsinn oder »verwegene Tollheit« ihrem Sohn den plötzlichen Tod gebracht hätten, vielmehr sei dieser dem Schicksal zuzuschreiben. Schulz wiederum fühlt sich durch derartige Angriffe von Seiten der Redakteure darin bestärkt, dass die Publizisten mit ausgewiesenen Bergsteigern besonders hart ins Gericht gingen:

O! über die hässliche Buhlerin mit dem Glück – diese Stimme der Welt und der öffentlichen Meinung! Der Erfolg über Alles und das Unglück in den Staub gezogen! Wehe dem Bergsteiger, der nicht in seinem Bette stirbt!

Aber eigentlich haben sie dann doch Recht, die Schreiberlinge. Damit, dass es eh immer die erwischt, die sich nicht auskennen. Oder die anderen. Die ganz Guten, die zu Guten...

Quellennachweis:
Alpine Journal. Vol. XII (1884-1886).
Bestand »Karl Schulz«: Oesterreichischer Alpenverein (Innsbruck), Handschriftenarchiv.

Mittheilungen des Deutschen und Oesterreichischen Alpenvereins. Diverse Nummern (1885).
Oesterreichische Alpen-Zeitung. Nr. 173 (1885).

Whymper, Edward: Scrambles amongst the Alps. Verschiedene Auflagen.

Zsigmondy, Emil: Die Gefahren der Alpen. Praktische Winke für Bergsteiger. Verschiedene Auflagen.

Otto Ampferer der große Bergsteiger und Alpengeologe

VON VOLKER SCHENK

»Mir hat das Gebirge unendlich viel Glück und Freude bereitet..... Die Erforschung der Entstehung der Gebirge hat mir auch die liebste Arbeit meines wissenschaftlichen Lebens geboten.«

Otto Ampferer, 1930

Otto Ampferer

Abb. 1: *Otto Ampferer, ca. 40 Jahre alt.* Aus: Ampferer (1930).

Der Bergsteiger

Sechzig Jahre nach dem Tod des großen österreichischen Bergsteigers und weltberühmten Geologen Otto Ampferer (Abb. 1) lohnt es sich, wieder einmal seiner bergsteigerischen Leistungen und seines wissenschaftlichen Werkes zu gedenken.

Otto Ampferer (1875-1947) stammte aus Innsbruck und war schon seit seiner Jugend den Bergen, besonders aber den Gipfeln und Wänden des Karwendels vor seiner Haustür verfallen. Was er als Jugendlicher für seine heimischen Berge empfand, teilt er uns in einem Brief mit (ca. 1929): »Meine Jugendzeit verbrachte ich großenteils in einem schönen Garten am Südfuß des Karwendelgebirges. Das mächtig darüber aufragende Gebirge ergriff meine Phantasie und Wanderlust aufs tiefste. Zuerst mit meinen Eltern, von meinem zehnten Lebensjahr an allein durchstreifte ich die Bergwelt von Innsbruck, soweit sie mir zugänglich war. In meinem zwölften Jahr erstieg ich allein das Brandjoch über den Südgrat, mit einem Bruder meiner Mutter die Parseier Spitze, den Patteriol und das Fluchthorn. Damit war mir das Hochgebirge geöffnet, das zu betreten und zu erforschen eine brennende Sehnsucht meiner Jugend war und meines ganzen Lebens blieb....«.[1]

Nach eigenen Angaben hatte er bis 1930 über 3000 Exkursionen gemacht – die meisten während seiner geologischen Feldarbeit – und über 2000 Gipfel und Pässe erstiegen. Er schreibt weiter: »Die eigentliche Hochtouristik erfüllte davon nur die Jugendzeit«.[2]

Die Zeit kurz vor der Jahrhundertwende fällt noch in die Epoche der großen Wanderschließungen. Nun zu seinen alpinistischen Unternehmungen:

Schlägt man alpine Handbücher auf, so gilt Ampferers aufsehenerregende Erstbesteigung der Guglia di Brenta (2708 m), eines eindrucksvollen Felsturmes im Fulmini-Stock der Brenta, zusammen mit seinem Freund und Seilgefährten Karl Berger am 18. August 1899 als seine größte alpinistische Leistung.[3]

[1] Ampferer, O. (1930): Bergtage. Gewalt und Glück der Höhen. Große Bergsteiger.- Hrsg. v. H. Fischer, R. Rother, München.
[2] ebd.
[3] Csillag, E (1954): Buch der Erstbesteigungen.- Humboldt TB, Bd. 46, Frankfurt/M., Wien.

Naturaufnahme von A. von Radio-Radiis. Bruckmann repr., Schaeuffelens Pyr.-Korn-Pap.

Guglia di Brenta aus dem Massódi.

Abb. 2: *Guglia di Brenta (2708 m) aus dem Masodi.* Zschr. DÖAV 1906, Innsbruck

Der schlanke Felsobelisk galt lange Zeit als unersteigbar und seine Besteigung wurde seinerzeit als eine Pioniertat der Felskletterei gerühmt (Abb. 2).

Erst 50 Jahre später – im Jahre 1949 – wurde mit der ersten Winterbegehung durch Bruno Detassis das letzte Problem dieser »kühnsten Felsgestalt der Ostalpen« gelöst.

Diese Erstbegehung, zusammen mit Berger hat Ampferer im »Bergsteiger« beschrieben, »wohl eine der schönsten Erlebnis- und Landschaftsschilderungen«, wie die Schriftleitung seinerzeit notierte:[4]

Bereits im oberen Teil des Felsturms angelangt, stellte er fest:

»Abermals lag als einziger Ausweg ein Band vor uns, das jedoch von Schutt bedeckt und gemächlich breit war. Leere Weinflaschen (!) raubten hier die letzte Hoffnung auf eine erste Erkletterung und riefen dafür höhnisch unseren elenden Durst ins Bewußtsein.Wir nahmen alle in die Hände, doch keine war mit Regenwasser gefüllt, weil sie unter einem Überhange standen«.

Schließlich erreichten die beiden weiter oben, brüchige, lose Felsen, die »den Sockel der obersten Wand bildeten, (dann) eilten wir mit heftiger Spannung darüber empor... Am Fuße dieser (höchsten) Wand lehnte ein kleiner Steinmann, dem wir, neugierig genug die Karte Garbaris (Anm. des Verf.: Erstbegeher des Cimon della Pala, 1895) entnahmen und lasen, daß er hier zur Umkehr gezwungen war. Wer wird diese Karte erreichen? Dem wünsche ich mehr Glück!« Der Gipfel war also noch unbestiegen!

Diese Entdeckung mobilisierte nun die Kräfte der beiden Kletterer euphorisch: »Mit wenigen Schritten eilten wir nun aus dem steilen Abbruch auf das breite Feld des Gipfels.

Innig drückten wir uns die Hände, indem wir die Vertiefung und Durchdringung der Freundschaft als den besten Gewinn dieser Tat empfanden.« Die Erleichterung der beiden Kletterer muss sehr groß gewesen sein, das Ziel wohlbehalten erreicht zu haben, denn ein kurzer Absturz seines Seilgefährten verlief glimpflich!

Diese besonders herzliche Kameradschaftsbekundung gegenüber seinem Freund Berger sagt viel über die Liebenswürdigkeit von Ampferers Wesen aus.

R. Schietzold schrieb in seinem Erlebnisbericht »Die mir am Berg begegneten« ganz begeistert:[5]

»Hätte Ampferer nur diese traumhafte unwahrscheinliche Felssäule, die Guglia als Zeugen seines Tuns – und nur die Bezwingung der Guglia in Georg Winklers Tagebuch, im ›Empor‹, für Erich König geschrieben, die Musik der Worte, die er für den letzten Weg der Schlußwand hinauf fand –, er würde uns Bergsteigern deshalb allein unvergeßlich sein. Wer immer auch heute auf die Guglia geht, in der Erinnerung muß er Ampferers Worte lesen!

Er wird eine leuchtende Stunde behalten und – hoffentlich für sich – wird er gleiches empfinden«.

Heute muten uns diese Zeilen überschäumender Begeisterung vielleicht etwas zu überschwänglich an, doch erscheinen sie mir echt empfunden und heben sich noch dieser Tage wohltuend von den Äußerungen mancher moderner Autoren ab, die ihre »Selbstverwirklichung« und letzte Sinnsuche in der Bergwelt zu finden hoffen!

In seinem Nachruf auf Ampferer bezeichnete Raimund v. Klebelsberg diese Erstbegehung als ein »Fanal eines neuen Grades der alpinen Schwierigkeitsskala«, die damals neue Maßstäbe in der Extremkletterei gesetzt hat.[6]

Ampferer sagte einmal über seine Touren, daß er nie einen Führer hatte, der ihm über eine schwierige Passage hinweghalf, nie dessen geübten Blick zur Vorauserkundung unbekannter Routen erlebte und auch niemals dessen Bereitschaft, Lasten und Mühsale für sich und seine Bergkameraden in Anspruch nahm!

»So waren unsere Besteigungen unser Eigentum vom ersten bis zum letzten Schritt, mit allen Irrtümern und allen Erfindungen. Dieses Eigentum war auch vor Dieben sicher, denn es fragte niemand nach unseren Turen. Erst viel später haben wir Vorträge

[4] Ampferer, O. (1936): Aus den Erinnerungen an die Ersteigung der Guglia di Brenta.- Der Bergsteiger, H. 3, München.

[5] Schietzold,R. (1952): Die mir am Berg begegneten.- Jb. DAV, Bd.77, München.

[6] v. Klebelsberg, R. (1948): Otto Ampferer.- Berge und Heimat, Hrsg. Österr. Alpenverein, Feb. 1948, H. 2,3. Jahrg., Wien.

gehalten und auch Turenberichte geschrieben. Manches Feinste und Tiefverschlossene ist damit zugrunde gegangen. Ich denke aber nicht daran und freue mich der geretteten Schätze«.[7]

Seine Welt um 1900 war damals eine »rein persönlich geschaffene...Sie fand auch keine Anerkennung in unserer Umgebung«.

In Innsbruck, 1930 geradezu »von alpinem Leben förmlich überschäumt wie kaum eine zweite Stadt der Alpen, lebte dagegen damals nur eine Handvoll Bergsteiger, eine kleine Schar von Begeisterten, welche das Hochgebirge regelmäßig wie die Frommen ihre Kirche besuchen«.[8]

Sie waren eine kleine Schülergruppe, deren Bergwünsche sowohl zu Hause als auch in der Schule argwöhnisch und mit Abmahnungen verfolgt wurden. »So hüllten wir unsere Absichten in Schweigen und waren immer froh, aus der Stadt in die Berge fliehen zu können«.[9]

Von den unzähligen Fels – und Eistouren, die Ampferer während seines Lebens im gesamten Ostalpenraum zwischen der Rax und dem Bodensee unternommen hat, die ihn nicht zuletzt wegen seiner Jahrzehnte langen geologischen Tätigkeit als wohl den damals besten Kenner dieses Teils der Alpen ausweisen, möchte ich, bevor ich auf sein Werk als Alpengeologe eingehe, noch von seinen zahlreichen Erstbegehungen, die ihm wichtigsten erwähnen[10]:

- Östliche Marienbergspitze von Südosten, Miemingergruppe, gemeinsam mit W. Hammer und weiteren Gefährten am 14. Oktober 1897
- Sonnenspitze, Miemingergruppe, erste Überschreitung, gemeinsam mit W. Hammer am 14. August 1897
- Hinterer Drachenkopf, Miemingergruppe, gemeinsam mit Gefährten am 16. Juli 1898.
- Hochplattig, Nordostgrat, Miemingergruppe, gemeinsam mit W. Hammer? am 14. Juli 1897.
- Hochwand, Südwestgrat, Miemingergruppe, mit Gefährten am 25. Sept. 1897.
- Erste Überschreitung des Grates Jägerkarscharte – Hinterödkopf – Nördl. Jägerkarspitze, gemeinsam mit W. Hammer am 13 Juni 1888.
- Habicht, Nordostgrat, Stubaier Alpen, gemeinsam mit W. Hammer am 30. Juni 1901.

Otto Ampferer hat diese Erstbegehungen in lesenswerten, farbigen Erlebnisberichten überliefert, die ich hier nicht wiedergeben, sie dem Leser aber empfehlen möchte.

Weitere Erstbesteigungen sind im Nachruf von R. v. Klebelsberg angeführt.[11]

Die aktive Zeit seiner anspruchsvollen Unternehmungen war auf einen recht kurzen Zeitraum, etwa während seines Geologiestudiums in Innsbruck bis nach seiner Promotion 1899 beschränkt, und er galt damals als einer der besten Kletterer seiner Zeit.

Im Jahre 1901 ging er dann zur k.k. Geol. Reichsanstalt nach Wien, so dass er zwar künftig als kartierender Geologe ständig in den gesamten Ostalpen tätig war, jedoch extreme Klettertouren immer weniger unternehmen konnte. Über diesen Lebensabschnitt möchte ich im Folgenden berichten.

Der Alpengeologe

Otto Ampferer wurde später als Alpengeologe in Fachkreisen viel berühmter, als es der Kletterer um 1900 je werden konnte.

Die Arbeiten des Geologen Otto Ampferer lernte ich in den sechziger Jahren gut kennen, als ich mit geologischen Feldarbeiten für meine Diplomarbeit im südlichen Karwendel bei Pertisau am Achensee unterwegs war.[12] Das Karwendel war die wissenschaftliche Heimat des großen Geologen.

Im Zuge des Literaturstudiums stieß ich daher immer wieder auf Ampferers grundlegende Karwendelarbeiten[13], wobei mir seine exakten wissenschaftlichen Beobachtungen in mir unzugänglichen Wandabschnitten größten Respekt und Bewunderung abnötigten!

[7] Ampferer, O. (1930): Bergtage. Gewalt und Glück der Höhen. Große Bergsteiger.- Hrsg. v. H. Fischer, R. Rother, München.

[8] ebd.

[9] ebd.

[10] ebd.

[11] v. Klebelsberg, R. (1948): Otto Ampferer.- Berge und Heimat, Hrsg. Österr. Alpenverein, Feb. 1948, H. 2,3. Jahrg., Wien.

[12] Schenk, V. (1967): Die Faziesentwicklung der Reichenhaller Schichten und die Tektonik im Süden des Achensees, Tirol.- Geol. Rdsch., 56, H. 2, Enke, Stuttgart.

[13] Ampferer, O. (1942): Geologische Formenwelt und Baugeschichte des östlichen Karwendelgebirges. - Denkschr. Akad. Wiss. Wien, math.-naturw. Kl., 106, Wien.

Der Jugendliche hatte das Glück, dass sein Professor im Gymnasium, Johann Schuler mit ihm im gleichen Haus wohnte, und auf ihn einen besonders starken Einfluss ausübte. Doch lassen wir ihn hierüber selber erzählen:

»Obwohl er Professor für Lateinisch und Griechisch war, was mich nie interessierte, lebte er für sich allein den Naturwissenschaften. Von ihm habe ich schon als Kind viel Freude an der Naturforschung und insbesondere an der Geologie übernommen. Als er das große Relief von Tirol erbaute, das im Garten des Pädagogikums in Innsbruck steht, durfte ich ihn manches mal durch die Lieferung von geologisch geeigneten Bausteinen unterstützen«[14]

So ergab es sich zwangsläufig, dass Ampferer nach dem Schulabschluss an der Universität Innsbruck Mathematik und Physik und vor allem Geologie bei Prof. Blaas studierte.

Sein Studium schloss er im Sommer 1899 sehr erfolgreich mit einer gemeinsamen Dissertation mit seinem Freund Wilhelm Hammer über eine geologisch-tektonische Untersuchung des südlichen Karwendelgebirges ab.[15]

Die Arbeit wurde mit dem Preis der Universität Innsbruck gekrönt.

Im Jahre 1901 bis zu seiner Pensionierung 1938 stand Ampferer, zunächst als kartierender Geologe in der k.k. Geol. Reichsanstalt, dann früh als Chefgeologe und später in der Geol. Bundesanstalt in Wien als deren Direktor im Dienst.

Dabei hat er als Feldgeologe die Nördlichen Kalkalpen zwischen dem Rätikon und Berchtesgaden, dann die Ennstaler Alpen und das Gebiet vom Schneeberg – Rax – Schneealpe durchforscht und kartiert. »Wenige Menschen werden einen so großen Teil ihres Lebens mit der Erforschung und Ersteigung der Berge zugebracht haben wie ich«.[16]

Vier Jahrzehnte hat er so jährlich, meist fünf bis sechs Monate mit geologischen Untersuchungen in den Bergen verbracht! Es waren vor allem die Kalkalpen Tirols und Vorarlbergs von der Schweizer bis zur Salzburger Grenze, die er durchforscht hat, und deren geologischer Erschließer er schlechthin ist. Weiterhin arbeitete er im Gesäuse und teilweise auch in den Kalkalpen Niederösterreichs.

Zehn geologische Kartenblätter 1:75 000, dazu die geologische Bearbeitung der Alpenvereinskarten 1:25 000 der Lechtaler Alpen, des Wilden Kaisers und des Gesäuses umfassen seine immense Kartiertätigkeit, so dass er in den letzten Jahrzehnten der führende Ostalpengeologe war.[17]

Da die 75.000er Blätter, die ihm dann als Kartiergrundlage zur Verfügung standen noch kein Höhenlinienrelief, sondern nur Schummerungen besaßen, ist seine außergewöhnliche Kartierleistung noch höher einzuschätzen (mündl. Mitteilung Dr. H. Schwarzböck)!

Der Südtiroler Geologe R. v. Klebelsberg, der früher auch einmal Präsident des DÖAV gewesen ist, schrieb in seinem schon zitierten Nachruf auf Ampferer, dass seine Karten 1:25 000 zu den besten geologischen Hochgebirgskarten überhaupt zählen.[18]

Ampferer machte sich auch als praktischer Geologe einen Namen, denn seine außergewöhnlichen geologischen Detailkenntnisse waren besonders beim Bau von Wasserkraftanlagen gefragt, für die er als Gutachter tätig war, so u.a. auch für das Achenseewerk in den zwanziger Jahren.[19]

Durch seine profunde geologische Kenntnis der Ostalpen war Ampferer wie kein anderer berufen, über Theorie, Wesen und Ursachen der Gebirgsbildung nachzudenken.

Mittlerweile ein hervorragender Kenner der Nördlichen Kalkalpen, befasste er sich um 1900 mit der sog. »Deckentheorie«, die in den Westalpen durch Argand, Lugeon und Anderen entwickelt wurde und von seinem Vorgänger im Karwendel, dem Münchner Geologen A. Rothpletz auf die Ostalpen übertragen worden ist. Ampferer verfeinerte diese Hypothese und erkannte, dass die Nördlichen Kalkalpen aus in mehreren Bewegungsakten übereinander geschobenen Schubmassen aufgebaut und an schrägen Bruchflächen abgeschert sind.[20] Es

[14] Ampferer, O. (1930): Bergtage. Gewalt und Glück der Höhen. Große Bergsteiger.- Hrsg. v. H. Fischer, R. Rother, München.
[15] Ampferer, O. & Hammer, W. (1899): Geologische Beschreibung des südlichen Theiles des Karwendelgebirges. - Jb. k.k. Geol. R.-A., 48 Wien.
[16] ebd.
[17] Cornelius, H. P. (1948): Nachruf auf Otto Ampferer.- Österr. Alpenz., Hrsg. Österr. Alpenklub, 66. Jahrg., Mai/Juni 1948, Folge 1239, Wien.
[18] v. Klebelsberg, R. (1948): Otto Ampferer.- Berge und Heimat, Hrsg. Österr. Alpenverein, Feb. 1948, H. 2,3. Jahrg., Wien.
[19] Ampferer, O. (1928): Über die geologischen Verhältnisse des Achensees und die beim Bau des Achenseewerkes geschaffenen neuen Aufschlüsse.- Tiroler Wasserkraft-Werke, Innsbruck.

sind dies von unten nach oben vor allem, die Allgäu-, Lechtal-, und Inntaldecke, Bezeichnungen, die heute vielen geologisch interessierten Bergsteigern geläufig sind.

In einer bahnbrechenden, klassischen Abhandlung »Über das Bewegungsbild von Faltengebirgen« (1906) legte der damals gerade 30-jährige Ampferer den Grundstein zu seiner späteren, weltberühmten »Unterströmungstheorie«.[21] In dieser Arbeit erklärte er die Gebirgsbewegungen von Faltengebirgen als Ursache von subkrustalen Unterströmungen im tieferen plastischen Untergrund. Mit seiner Theorie gelang es erstmals, die Zerrung und Stauchung der Kruste nebeneinander als ein System von z.T. divergierenden und konvergierenden Strömungserscheinungen zu beschreiben.

Auch ließen sich hiermit erstmals alle tektonischen Vorgänge, wie z.B. Deckenüberschiebungen, Bruchsysteme, Falten u.s.w. deuten. »Dehnung und Stauchung der Kruste (ließen sich so) nebeneinander auf ein gemeinsames System teils divergierender, teils konvergierender Strömungsvorgänge des Erdinneren zurückführen.«[22]

Diese Deutungsweise der alpinen Tektonik stand seinerzeit im krassen Widerspruch zur damals weit verbreiteten »Kontraktionstheorie«, die u.a. der große Wiener Geologe Eduard Suess vertrat, und in der die tektonischen Bewegungen auf einen Schrumpfungsprozess der Kruste infolge Abkühlung der Erde zurückgeführt wurden.

»Er (Ampferer) konnte sich nämlich nicht vorstellen, daß das Ausmaß der alpinen Deckenüberschiebungen, eine Einengung auf einen so schmalen Streifen, wie damals üblich durch Kontraktion hinreichend erklärt werden könne. Er sah die ›Erdhaut‹ als Abbildung ihres lebendigen beweglichen Untergrundes«.[23]

Der entscheidende Schritt von der fixistischen bis hin zur mobilistischen Gebirgsbildungs-Hypothese war hiermit getan!

Die konsequente Verfolgung dieses Gedankens der subkrustalen Unterströmung durch Konvektionszellen führt ihn dann zu dem Begriff der »Verschluckungszone« von Krustenteilen in der Tiefe, der »für das weitere Verständnis des Alpenbaues manche Einblicke gewährt«[24] und der mit seiner

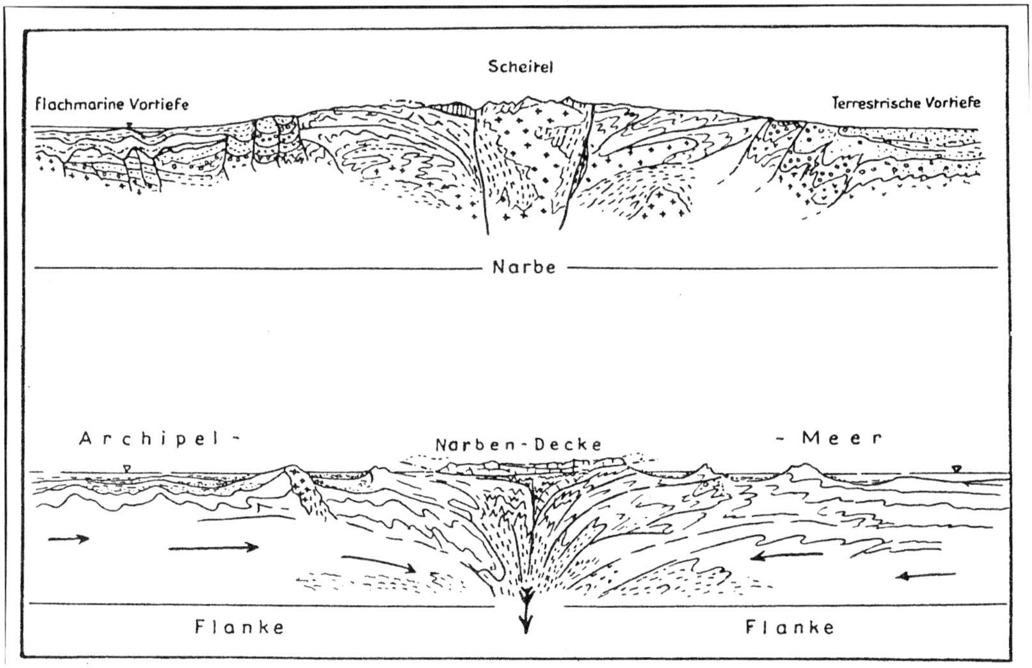

Abb. 3: Entstehung eines einfachen Orogens nach der Unterströmungstheorie von Otto Ampferer, weiter entwickelt durch E. Kraus (1951). Unteres Bild im Stadium der Tieforogenese, oberes Bild, Stadium der Hochorogenese.

[20] v. Klebelsberg, R. (1948): Otto Ampferer.- Berge und Heimat, Hrsg. Österr. Alpenverein, Feb. 1948, H. 2,3. Jahrg., Wien.

[21] Ampferer, O. (1906): Über das Bewegungsbild von Faltengebirgen.- Jb. Geol. R.- A., 56, Wien.

[22] Wunderlich, H.-G. (1968): Einführung in die Geologie, II Endogene Dynamik.-B.I. Hochschultaschenbücher, Nr. 341/341a, Bibl. Inst. Mannheim

[23] Seibold, I. & Seibold, E. (1992): Neues aus dem Geologen – Archiv (1991). Mit Erinnerungen an A. Wegener und O. Ampferer.- Geol. Rdsch. 81/2 Stuttgart.

Abb. 4: Bildung der Alpen nach der aktuellen Plattentektonik. Nach B. Lammerer (1991): Wege durch Jahrmillionen.- 2. Aufl., J. Berg, München

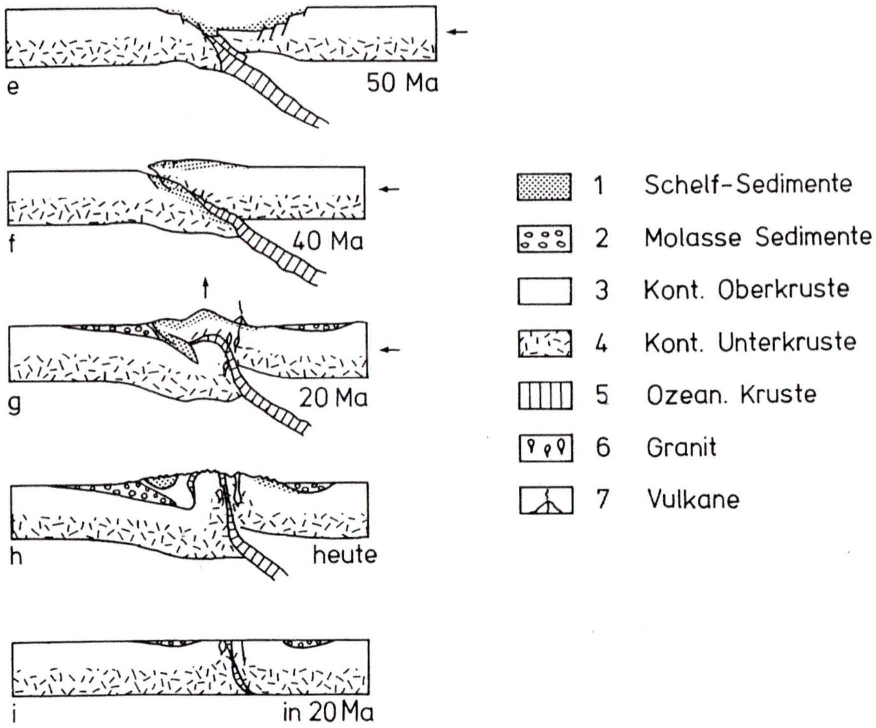

Legende:

e) Durch Kollision der in nördlicher Richtung stoßenden Afrikanischen auf die Eurasische Platte ist der Penninische Ozean verschwunden. Teile seiner Sedimente, Basalte und Ultrabasite wurden abgeschürft und als Penninische Decken nach NW verfrachtet.

f) Die hoch metamorphe, altkristalline Unterkruste schiebt sich in Form von ostalpinen Decken mehr als 100 km weit über das Helvetikum des Eurasischen Südrandes und die penninischen Decken. Diese werden durch die Auflast des Deckenstapels bis zu 30 km in die Tiefe gedrückt (z.B. im Abschnitt der Zillertaler Alpen).

g) Dem Druckanstieg folgt im Verlauf von 20 Mio Jahren eine Erwärmung von ca. 550° C. Die helvetischen Gesteine werden plastisch verformbar und nach oben gepresst.

h) Die helvetischen Gesteine erreichen – z.B. im Tauernfenster – stellenweise wieder die Oberfläche. In den Ötztaler Alpen ist z.B. noch die Basis der ostalpinen Decken erhalten. Als Massenausgleich für die starke Hebung in den Zentralalpen sinken ihre Vorländer ab, so dass sich die entstehenden Vorlandtröge sukzessive mit mehreren Kilometer mächtigen Schuttmassen der Abtragung füllen..

i) Die Hebungstendenz wird noch mind. 20 Mio Jahre andauern, bis die Krustenverdickung unter den Alpen wieder ausgeglichen ist. Durch die Erosion werden dann Gesteine an der Oberfläche freigelegt sein, die heute noch 10-30 km tiefer liegen.

heutigen Bezeichnung: der »Subduktion« gleichzusetzen ist![25]

Im Jahre »1919 dachte er an die Möglichkeit kontinentaler Verschiebungen auf dem Rücken der Unterströme«.[26] Ampferer setzte sich somit bereits mit der von Alfred Wegener zwischenzeitlich entwickelten Hypothese der »Kontinentalverschiebung« auseinander und erahnte in der Mobilität der Kruste schon den Motor des Gebirgsbaues![27]

In seiner Schrift »Über Kontinentalverschiebungen« beschrieb er visionär ein System dieser Unterströmungen und versuchte

[24] Ampferer, O. & Hammer, W. (1911): Geologischer Querschnitt durch die Ostalpen vom Allgäu zum Gardasee.- Jb. Geol. R.-A., 61, H. 3-4, Wien.

[25] Leutner, M. (1999): Wissenschaftstheoretische Fallstudien zur Entwicklung der erdwissenschaftlichen Forschung in Österreich. W. Haidinger – F. v. Hauer – O. Ampferer.- Abh. Geol. B.- A., 1999, Bd. 55, Wien.

[26] Seibold, I. & Seibold, E. (1992): Neues aus dem Geologen – Archiv (1991). Mit Erinnerungen an A. Wegener und O. Ampferer.- Geol. Rdsch. 81/2 Stuttgart.

[27] Wegener, A. (1915): Die Entstehung der Kontinente und Ozeane. - Slg. Vieweg, 1. Aufl., Bd. 23, Braunschweig.

auf diese Weise die Entstehung des Atlantiks zu erklären.[28]

Inzwischen hatten Deutsche Ozeanographen den Mittelatlantischen Rücken genauer erkundet. Hierdurch angeregt, wies er dann auf die zentrale Stellung des Mittelatlantischen Rückens hin, von dem aus durch aufsteigende und sich nach beiden Seiten ausbreitende Konvektionsströme im säkulärplastischen Untergrund sich der Atlantik durch Austreten von ozeanischem Krustenmaterial symmetrisch ausdehnt.

Damit war von ihm das erst mehr als 20 Jahre später im Atlantik nachgewiesene »Sea Floor – Spreading« vorweggenommen![29]

Mit seinen Thesen der »Verschluckungszone« und des Auseinanderdriftens des Ozeanbodens beiderseits des Mittelatlantischen Rückens waren die Grundzüge der modernen, globalen »Plattentektonik« bereits geboren.

Ebensowenig wie Wegener konnte sich Ampferer damals jedoch gegen die überwiegende Ablehnung seiner revolutionären Thesen in der Fachwelt durchsetzen. Das lag vor allem daran, dass die beiden Forscher den Antriebsmechanismus der Krustenbewegungen nicht plausibel erklären konnten.

Erst in den Dreißiger Jahren gelang es dem international renommierten britischen Geologen Holmes, die subkrustalen Konvektionsströmungen durch radioaktive Prozesse im Erdmantel zu erklären[30], wobei das Prinzip besonders von Geophysikern weiter ausgebaut und angewendet wurde.

Trotz der unermüdlichen Bemühungen des berühmten Münchner Alpengeologen und meines späteren Lehrers Ernst Kraus, der die Unterströmungstheorie Ampferers in den Dreißiger Jahren, vor allem in seinem wegweisenden Werk »Der Abbau (!) der Gebirge«[31] bis hin zu seiner Abhandlung »Vergleichende Baugeschichte der Gebirge«[32] (Abb. 3) in diesem Sinne weiter verbreitete, zog sich Ampferer, auch aus Enttäuschung und wegen mancher Anfeindungen, zurück und verfocht seine Hypothese nicht mehr länger. Er äußerte später einmal resigniert, hätte er geahnt, wie groß die Ablehnung auf seine Thesen in der Fachwelt gestoßen wäre, dann hätte er sie beizeiten zurückgezogen!

Besonders gekränkt hat ihn die schroffe Ablehnung durch den bekannten Schweizer Geologen A. Heim.

Trotzdem hatte die Unterströmungstheorie bis zu ihrer Ablösung durch die Plattentektonik Ende der Sechziger Jahre, lange Zeit die meisten Anhänger unter den Geologen.

Für die überwiegende Zahl der Geologen und Tektoniker weltweit gilt heute, dass mit Hilfe der modernen Plattentektonik die Entstehung der Gebirge, die Ursachen des Vulkanismus und der Erdbeben am besten erklärt werden können.

Hiernach begann z. B. die Alpenbildung im Tertiär vor rd. 50 Millionen Jahren durch Kollision der nach Norden stoßenden Afrikanischen auf die Eurasische Platte bzw. entstand durch »Subduktion«, d.h. »Verschluckung« von teilweise ozeanischem Krustenmaterial[33] (Abb. 4).

Leider konnte sich Ampferers griffiger Terminus »Verschluckung« nicht durchsetzen und wurde später durch »Subduktion« ersetzt. Der Begriff geht auf den Schweizer Geologen A. Amstütz zurück.

Mit der Würdigung des bekannten Deutschen Geologen Hans-Georg Wunderlich möchte ich schließen, dass es »Ampferers Schicksal (war), mit seiner epochemachenden Idee zu früh hervorgetreten zu sein, lange bevor seine Fachgenossen befähigt waren, die Tragweite seiner Gedankengänge überhaupt voll zu würdigen«.[34]

Als Fazit bleibt, dass Otto Ampferers Gedanken zur Unterströmungshypothese in die Kontinentalverschiebungstheorie Alfred Wegeners einflossen, so dass, nachdem die beiden Hypothesen viel später von amerikanische Geologen miteinander zur globalen geodynamischen Theorie der Plattentektonik verknüpft wurden, Ampferer noch heute als einer ihrer wichtigsten Wegbereiter gilt.

[28] Ampferer, O. (1925): Über Kontinentalverschiebungen. - Naturwiss., 13.

[29] Seibold, I. & Seibold, E. (1992): Neues aus dem Geologen – Archiv (1991). Mit Erinnerungen an A. Wegener und O. Ampferer. - Geol. Rdsch. 81/2 Stuttgart.

[30] Holmes, A. (1944): Principles of Physical Geology.- Nelson, London

[31] Kraus, E. (1936): Der Abbau der Gebirge I – Der alpine Bauplan.- Borntraeger, Berlin.

[32] Kraus, E. (1951): Vergleichende Baugeschichte der Gebirge.- Akademie, Berlin

[33] Frisch, W. & Meschede, M. (2005): Plattentektonik. Kontinentverschiebung und Gebirgsbildung. - Wiss. Buchges., Darmstadt.

[34] Wunderlich, H. G. (1966): Wesen und Ursachen der Gebirgsbildung. - B.I. Hochschultaschenbücher, Nr. 339/339a/339b, Bibl. Inst., Mannheim

Mein Gott! Wie war das alles schön und wild und schrecklich!

Die Berge in den Augen der französischen Schriftstellerin George Sand (1804-1876)

VON INGRID RUNGGALDIER MORODER

George Sand, eigentl. Aurore Dupin, verehel. Baronne Dudevant, franz. Schriftstellerin, Paris 1.7.1804 – Nohant (Indre) 8.6.1876, Porträt (Ausschnitt), Gemälde, 1839, von Auguste Charpentier (1813-1880), Paris, Musee Carnavalet.
Foto: akg-images

»Ich bitte niemanden um Hilfe, weder um jemanden für mich zu töten, noch um mir einen Blumenstrauß zu pflücken, einen Text zu korrigieren oder mit mir ins Theater zu gehen. Dort gehe ich alleine hin, wie ein Mann, weil ich es will; und wenn ich Blumen will, gehe ich selbst zu Fuß in die Alpen.«

Die französische Schriftstellerin George Sand wagte im Neunzehnten Jahrhundert, was vielen Frauen heute selbstverständlich erscheint. Sie beanspruchte Selbstständigkeit, forderte Unabhängigkeit und lebte in Freiheit – einer »relativen« Freiheit, die sich Frauen auch in unserer Zeit nicht immer zu nehmen erdreisten und die zu George Sands Lebzeiten Skandal erregte. Gewiss war George Sand nicht das, was man eine »große Bergsteigerin« nennen könnte, doch nahmen die Berge im Leben und im Bewusstsein dieser Frau »à la mode« eine Bedeutung ein, die sich auch in Teilen ihres schriftstellerischen Werkes niederschlägt und dokumentieren lässt. Die Bergwelt als sublime Landschaft, als Zufluchtsort vor den Sorgen eines erdrückenden und einengenden Alltags, und somit als lohnendes Reiseziel, entsprach ganz und gar einer sich damals in den besseren Gesellschaftskreisen etablierenden Wahrnehmung des geographischen Gebildes »Berg« und dem »modernen« Zeitgeist. In dieser Hinsicht und in ihrer aufrichtigen Liebe zur Natur und Wildnis der Berge war George Sand eine echte Exponentin der Romantik.

Obwohl sie Touristen hasste, war sie selbst eine von ihnen: Als Kind und Jugendliche reiste sie in die Pyrenäen, als erwachsene Frau lernte sie die Alpen kennen und im reiferen Alter die weniger spektakuläre, aber »charmante« Berglandschaft der Auvergne schätzen. George Sand war die moderne, skandalumwitterte Frau, von der ganz Paris sprach, und als solche in gewisser Hinsicht auch ein Vorbild für viele Frauen der sich besser stehenden Gesellschaftsschichten. Zweifellos trug sie dazu bei, die Berge ins allgemeine kulturelle Bewusstsein des »weiblichen« Bürgertums, dem sie angehörte, zu tragen. Durch Persönlichkeiten wie George Sand kamen die Berge langsam in Mode, wurden sie »in die Köpfe der Menschen in den Städten« versetzt, sodass sie für viele – auch aufgrund des ihnen anhaftenden romantischen Nimbus der Gefahr – eine Attraktion, einen anzustrebenden »way of life« darzustellen begannen. Für die emanzipierte Schriftstellerin waren das Reisen und Wandern in den Bergen, wie übrigens auch das Schreiben selbst und ihre freie Lebenshaltung, ein Sich-Hineinbegeben in Welten, die damals besonders für Frauen nahezu unbekannt, unerforscht und unbegangen waren. Insofern war George Sand auch eine Pionierin des Alpinismus. Und tatsächlich wird sie nicht selten in einem Atemzug mit der als Bergsteigerin bekannteren Henriette D'Angeville, der zweiten Frau am Gipfel des Mont Blanc, erwähnt, der boshafte Zungen sogar unterstellten den höchsten Berg der Alpen nur aus Ehrgeiz und Eifersucht auf die berühmte Schriftstellerin bestiegen zu haben, die sie angeblich gesellschaftlich in den Schatten stellte – eine haltlose Vermutung übrigens, die sich lediglich auf die althergebrachte Meinung stützt, dass Frauen untereinander vornehmlich Konkurrentinnen seien. In den Memoiren George Sands lassen sich jedenfalls keine Hinweise auf eine Konkurrenz zwischen den beiden Frauen finden.

Amandine Aurore Lucie Dupin, so ihr eigentlicher Name, wurde am 1. Juli 1804 in Paris als Tochter von Sophie Delaborde und Maurice Dupin geboren. Ihre ersten Lebensjahre verbrachte sie mit ihrer Halbschwester Caroline (aus einer unehelichen Beziehung ihrer Mutter) und ihrer Cousine Clotilde in der Obhut von Mutter und Tante. 1808, im Alter von vier Jahren, reiste sie mit ihrer schwangeren Mutter über die Pyrenäen nach Spanien, wo ihr Vater als Offizier mit den französischen Truppen anlässlich der Spanien-Kampagne stationiert war. In ihren Lebenserinnerungen, die George Sand fünfzig Jahre später niederschrieb und mit dem Titel »Histoire de ma vie« publizierte, beschreibt sie den ersten, noch lebendigen Eindruck, den die Berge damals auf sie hinterlassen hatten: *»Ich spüre noch das Staunen und die Furcht, welche die hohen Berge in mir erweckten. Die abrupten Windungen des Weges inmitten jenes Amphitheaters, dessen Gipfel den Horizont verschlossen, brachten mir jeden Augenblick eine Überraschung voller Schrecken. Es kam mir vor, als wären wir in diesen Bergen gefangen, als gäbe es keinen Weg mehr, auf den wir weiter oder zurückgehen konnten.«*[1]

In Spanien lernen Aurore und ihre Mutter den Hunger kennen. Ein blinder Junge, Louis, kommt auf die Welt. Als die Familie nach Frankreich zurückkehrt, leiden Kinder und Mutter an Unterernährung und Krätze. Der gesundheitliche Zustand des kleinen Louis verschlechtert sich so sehr, dass er bald darauf stirbt. Acht Tage später kommt der Vater durch einen Reitunfall ums Leben. Aurore ist erst vier Jahre alt, doch an die Überbringung der Nachricht an ihre Mutter erinnerte sie sich bis zu ihrem Lebensende. Aurore und ihre Mutter bleiben vorerst in Nohant. Das Verhältnis zwischen Mutter und Großmutter, das heißt zwischen Schwiegertochter und Schwiegermutter, die die nicht standesgemäße Heirat ihres Sohnes missbilligt und zu verhindern versucht hatte, sind gespannt. In der Folgezeit wächst Aurore zwischen Paris bei ihrer Mutter und dem Anwesen Nohant bei der Großmutter, die das Sorgerecht für das Kind erhalten hat, auf. Als Spielgefährtin wird ihr Ursule, die Nichte des Zimmermädchens ihrer Großmutter zur Seite geholt. Sie wird für Aurore später auch das Haus besorgen und ihr über 40 Jahre lang eine treue Freundin bleiben. Von ihrer Großmutter wird Aurore sehr gefördert. Schon im Alter von etwa fünf Jahren lernt sie lesen und schreiben, das Haus ist voller Bücher mit illustrierten Erzählungen, die ihr zuerst vorgelesen werden und die sie später selbst immer wieder liest. Außerdem lernt sie in dieser Zeit auch die Sagen aus der Griechischen Mythologie und die Fabeln La Fontaines kennen. Sie bekommt Musikunterricht und übt sich mit Ursule und ihrem Halbbruder Hyppolite (aus einer unehelichen Beziehung ihres Vaters) in der Aufführung von Theaterspielen. Vom vierzehnten bis zum sechzehnten Lebensjahr

[1] George Sand, Histoire de ma vie I, GF Flammarion, 2001, Manchecourt, S. 171.

verbringt sie zwei Jahre im Internat der Englischen Fräuleins in Paris und kehrt dann wieder nach Nohant zurückkehrt.

1822 heiratet Aurore Casimir Dudevant. Sie ist 18 Jahre alt. Das junge Paar lässt sich in Nohant nieder. Ein Jahr später wird ihr Sohn Maurice geboren, 1828 kommt die Tochter Solange[2] zur Welt. Das Verhältnis zwischen Aurore und Casimir, das schon bald nach der Heirat getrübt ist, verschlechtert sich immer mehr. Ab 1830 lebt sie getrennt von ihrem Mann und erreicht es, einen Teil des Jahres in Paris verbringen zu dürfen. Casimir zahlt ihr eine Rente aus den Einnahmen (auch ihrer) Ländereien. Sie geht eine Bindung mit dem Schriftsteller Jules Sandeau ein, mit dem sie 1931 den Roman »Rose et Blanche« schreibt. Es folgt eine sehr produktive Zeit, während der Aurore Dudevant unter dem Pseudonym George Sand in schneller Reihenfolge einen Roman nach dem anderen publiziert. Indiana, Lélia, Mauprat, Jeanne, La Mare au Diable sind nur einige davon. Sie erscheinen zumeist in Zeitschriftfolgen, etwa im »Le Figaro« und in der »La Revue des Deux Mondes«, und erfordern deshalb beim Schreiben eine besondere Technik.

George Sand arbeitete enorm viel. Bis zum Ende ihres Lebens schrieb sie 70 Romane, 24 Theaterstücke und 40.000 Briefe, aber auch Kurzgeschichten, Märchen, Essays und anderes. Weiters war sie Mitbegründerin und Redakteurin verschiedener Zeitschriften[3]. »*Arbeit*«, meinte sie, »*ist nicht die Strafe des Menschen. Es ist seine Belohnung und seine Stärke, sein Ruhm und sein Vergnügen.*«

Trotz des unbestreitbaren Einflusses, den ihr Werk auf die Literatur und insbesondere auf die Entwicklung des Romans ausübte (sie kann als Begründerin des problematisierenden Frauenromans gesehen werden), wurden ihre intellektuellen und literarischen Leistungen im allgemeinen Bewusstsein oft auf Kosten ihres Rufes als skandalumwitterte Frau herabgewürdigt. Aufgrund ihrer »männlichen Lebensweise« und als Frau, die sich nicht um die gesellschaftliche Opportunität ihres Handelns scherte, die Grenzen bewusst durchbrach, indem sie Bücher schrieb und damit ans Licht der Öffentlichkeit trat, als Frau, die in Männerkleidung auftrat, sich von ihrem Mann trennte und ihre männlichen Freundschaften wechselte wie es ihr gefiel – was, wäre sie ein Mann gewesen absolut keinen oder jedenfalls weit weniger Anstoß erregt hätte – kam sie ins Kreuzfeuer der Kritik und wurde zu einem ergiebigen Objekt für Gerüchte und schlechte Nachrede. Die Anschuldigung lesbisch und nymphoman zu sein war dabei nur einer von vielen Vorwürfen, die dazu dienten, ihre tatsächlichen Leistungen in den Hintergrund zu drängen.

Doch gerade ohne die Fähigkeit, über diesen Dingen zu stehen, und sich dem Tratsch gegenüber gleichgültig zu zeigen, ohne auch den Mut, trotzdem aus dem privaten Umfeld heraus zu brechen, sich für das aktuelle Geschehen zu interessieren, selbst schriftstellerisch kreativ und produktiv zu sein und sich, wie ein Mann, an den literarischen und sozialpolitischen Diskussionen zu beteiligen, wäre sie nicht zu jener literarischen Persönlichkeit herangereift, die sie war. Durch die Freundschaft zahlreicher namhafter Persönlichkeiten ihrer Zeit wurde sie inspiriert und ihre schriftstellerische Arbeit und Karriere gefördert. Sie lernte Künstler wie Balzac, Musset, Flaubert, Delacroix, Heine, Liszt und Chopin kennen. Einige von ihnen begleiteten sie geistig und persönlich über weite Strecken ihres Lebens. Durch den Einfluss des Philosophen, Publizisten und Politikers Pierre Leroux[4], näherte sie sich frühsozialistischen Idealen, die sie wiederum dazu veranlassten, sich, wie etwa anlässlich der Februarrevolution, auch politisch zu engagieren.

Noch vor Ende des Scheiterns der Zweiten Republik zog sich George Sand auf ihr Landgut in Nohant-Vic zurück, wo sie nach 1850 mehrere Jahre lang mit ihrem Lebensgefährten Alexandre Manceau lebte. 1836, als es zur gerichtlichen Trennung von ihrem Mann gekommen war – eine Scheidung in unserem Sinn gab es damals nicht – sah sich

[2] Ihr Vater ist wahrscheinlich Stéphane Ajasson de Grandsagne.

[3] 1841 gründet sie mit Pierre Leroux und Luois Viardot die Zeitschrift »Revue indépendente«, 1848 ist sie Gründerin der Zeitschrift »La cause du peuple«, die in drei Nummern erscheint. Gleichzeitig arbeitet sie als Redakteurin des »Bulletin de la République«.

[4] Leroux war gegen den Privatbesitz und unterstützte die Gleichberechtigung der Frau.

die Schriftstellerin gezwungen, außer um das Sorgerecht für ihre Kinder, auch um die Geltendmachung ihres Besitzes dieses Landgutes, dass sie von ihrer Großmutter geerbt hatte, zu kämpfen. Der gute Ausgang des gerichtlichen Verfahrens war dabei absolut keine Selbstverständlichkeit, da das gesamte Eigentum einer Frau bei der Heirat damals direkt auf den Mann überging, ja, die Frau selbst und die gemeinsamen Kinder zu seinem Besitz wurden. Doch George Sand hatte Glück – und gute Anwälte, darunter vor allem ihren Freund Michel de Bourges, und so gewann sie nach mehreren Verhandlungen den Prozess. Später schrieb sie in ihrer »Histoire de ma Vie«[5], dass sie dabei weniger an sich selbst gedacht hatte – da sie durch die Einnahmen, die ihr ihre schriftstellerische Arbeit brachte, auch ohne fremde Unterstützung hätte leben können – als an ihre verstorbene Großmutter und an die Wahrung der Interessen ihrer Kinder, und daran, dass diese, ihre Achtung vor ihr nicht verlieren sollten.

George Sand verbrachte einen Großteil ihres Lebens mit Schreiben und Reisen. Von diesen Reisen führten sie mehrere in die Berge. Nach ihrer ersten Berührung mit der Wildnis der Bergwelt, die in ihr, im Alter von vier Jahren, auf ihrer Spanienreise, Schauder und Entsetzen geweckt hatten, begab sie sich noch zweimal in die Pyrenäen und zumindest dreimal in die Alpen. Colette Cosnier, die sich mit George Sands Beziehung zu den Bergen befasst hat, schrieb, dass man bei ihr nicht über »die Bergwelt« im Allgemeinen sprechen könne, sondern dass bei ihr verschiedene Berge, oder besser, Berggebiete, in verschiedenen Zeiten ihres Lebens eine verschiedene Rolle spielten. So wären in Sands Kindheit und Jugend vor allem die Pyrenäen von Bedeutung gewesen, im Erwachsenenalter, also während der Jahre ihrer heftigen Leidenschaften, die Alpen, und in ihren reiferen Jahren, die Auvergne. Dann aber gab es für George Sand noch einen dritten Berg, und zwar einen für die Ewigkeit, einen imaginären Berg als Symbol für ihr Leben.

»Georges Sand's Landsitz in Nohant«, Holzstich. Aus: Allgemeine Familien-Zeitung, 2.Jg., Nr.14, Stuttgart (H. Schoenlein) 1870, S.216. Berlin, Slg.Archiv f.Kunst & Geschichte.
Foto: akg-images

Die Pyrenäen

1825, drei Jahre nach ihrer Vernunftheirat, fährt George Sand mit ihrem Mann in die Pyrenäen. Vielleicht ist es ein Versuch einer gegenseitigen Wiederannäherung, vielleicht soll mit der gemeinsamen Reise ein Anschein von Eintracht gegeben werden, jedenfalls sind Ferienaufenthalte in den Bergen in Mode und »man staunt angesichts des ›sublimen Schauers‹, der von Malern und Dichtern zelebriert wird«[6]. Alles beginnt schlecht: Casimir ist wie so oft schlecht gelaunt, Aurore wähnt sich schwindsüchtig und macht sich um ihren kleinen Sohn Maurice Sorgen. Doch als sich die Pyrenäen vor der Reisegesellschaft erheben, ist sie ergriffen: *»Die Überraschung und Bewunderung packten mich, dass mir der Atem ausblieb. Ich hatte immer schon von den hohen Bergen geträumt, aber meine Erinnerung davon war konfus, jetzt wurde sie wieder lebendig und vollständig; doch weder die Erinnerung, noch die Vorstellung hatten mich auf die Gefühle vorbereitet, die ich verspürte.«*[7] Casimir lässt seine Frau oft alleine, ist ständig auf der Jagd. Jetzt macht es ihr noch etwas aus, doch im Gegensatz zu ihm ahnt sie schon, dass sie einmal froh darüber sein wird. Es gibt genug Kavaliere, die bereit sind, eine unglückliche Ehefrau auf ihren Spaziergängen zu begleiten. Angst, Schauder, Schwindel – George Sand ist entzückt, das Vergnügen der Angst

[5] Vgl. George Sand, Histoire de ma vie I, GF Flammarion, 2001, Manchecourt, Cinquième Partie : Vie littéraire et intime. 1832-1850, Chapitre X, S.460 ff.

[6] Colette Cosnier, *Les Quatre montagnes de George Sand*, Edition Guérin, Chamonix, 2004, S. 25-26.

[7] George Sand, Histoire de ma vie I, GF Flammarion, 2001, Manchecourt, S. 254-255.

wieder entdeckt zu haben: »*All das kam mir schrecklich und entzückend zugleich vor. Ich hatte Angst, eine unerhörte und grundlose Angst, eine Schwindel erregende Angst, die nicht unangenehm war. Ich war wie trunken und wollte weinen.*«[8] Und: »*Der Anblick der Berge erweckte in mir tausend neue Gedanken, er beflügelte mich, mein Herz öffnete sich neuen Eindrücken. Ich hatte das Bedürfnis viel zu lieben, das alles mit jemandem zu teilen, der mit derselben Begeisterung fühlte wie ich.*«[9]

In der Nähe von Lourdes unternimmt das Ehepaar Dudevant einen Ausflug in die Höhle von Espelugues. George Sand fürchtet sich nicht, sie kriecht auf dem Bauch durch unterirdische Gänge und klettert über Felsen hinauf. In ihrer Begeisterung sind beide etwas überdreht – »*un peu fous*«[10], schreibt Sand in ihren Memoiren – und die Führer drohen, sie dort zu lassen. Die Abgründe, die sich unter ihnen auftun, und die schmalen Felsbände, auf denen sie stehen, lassen sie an Dantes Höllenkreise denken. Von diesem Erlebnis berichtet Sand in einem Brief an ihre Mutter: »*Ich unternahm die Besteigung. Ich stieg ohne Angst über die Kante eines glatten Marmorblocks, unter dem ein tiefer Graben lag. Doch als ich über einen Steig klettern musste, der im Dunkeln Furcht erregend aussah, weil es weder Halt für meine Füße noch für meine Hände gab, die überall ausrutschten, spürte ich meinen Mut wanken. Ich lachte, aber ich muss zugeben, dass ich Angst hatte. Mein Mann band mir zwei oder drei Tücher um den Leib und hielt mich, während die Anderen mich an meinen Händen zogen. Ich weiß nicht, was in der Zwischenzeit mit meinen Beinen war. Oben angelangt, vergewisserte ich mich, dass meine Hände (die noch immer schmerzen) nicht in ihren Händen geblieben waren, und meine Anstrengungen wurden durch meine Begeisterung belohnt. Der Abstieg war nicht minder gefährlich. Die Führer teilten uns beim Ausgang mit, dass sie seit Jahren keine Fremden in die Höhle geführt hatten, und dass keine Frau zuvor je bis zur zweiten Stufe gelangt war.*«[11]

»Unbeschreiblich schmutzig«, bis auf die Knochen durchnässt und mit einem Riesenhunger kehrt George Sand gegen zwei Uhr morgens nach Bagnères zurück, nachdem sie mit Casimir unter einem andauernden Nieselregen und einem verschleiertem Mond sechs Meilen zu Pferd hinter sich gebracht hatte. Im unruhigen Schlaf, der auf das Abenteuer folgte, erschien ihr im Traum die unterirdische Stadt mit all ihren Schrecken.

An ihre Mutter schreibt sie: »*Ich bin von den Pyrenäen so begeistert, dass ich für den Rest meines Lebens nicht mehr von etwas Anderem als von Bergen, Bächen, Höhlen und Abgründen träumen oder sprechen werde.*«

Zurück in Nohant, entsinnt sie sich der Pyrenäen, die ihr wie das verlorene Paradis vorkommen. Einer Freundin schreibt sie: »*Als ich fort ging, schien es mir, als verließe ich einen verzauberten Ort, um in den kahlen und eintönigen Ebenen die traurigen Tatsachen des Lebens wieder zu finden.*« Meint sie das wirklich? Sie sieht sich außer Stande die Fülle und Intensität ihrer Eindrücke einigermaßen angemessen zu beschreiben und hat Schwierigkeiten die richtigen Worte zu finden. »*So wie ich mich von den Pyrenäen entfernte, stieg in mir die Angst auf, dass die lebhaften Eindrücke, die ich gewonnen hatte, wieder entschwinden würden, und ich suchte nach Sätzen und Worten, um sie festzuhalten, ohne jedoch etwas Geeignetes zu finden, das auf der Höhe meines Sujets gewesen wäre.*«[13]

Aurore Dupin, die angehende Schriftstellerin George Sand, konnte sich in ihrer Darstellung der sie überwältigenden Berglandschaft, in der Beschreibung des Sublimen, des Erhabenen, des »lustvoll Schauerlichen«, das die Erfahrung der Begegnung mit dieser Berglandschaft in ihr, wie in so vielen Menschen der Romantik, auslöste, noch an relativ wenige Vorbilder halten, und sie hatte Schwierigkeiten all dies schriftlich auszudrücken. Diese Schwierigkeiten waren unvermeidlich und selbst für eine begnadete Schriftstellerin kaum lösbar, was die zahllosen literarischen Versuche großer und unbedeutender Autoren vor und nach ihr bestätigen.

1837 begibt sich George Sand noch einmal in die Pyrenäen. Es ist das letzte Mal

[8] George Sand, Histoire de ma vie I, GF Flammarion, 2001, Manchecourt, S. 255.
[9] Brief an C. Dudevant vom 15. November 1825, zitiert nach Colette Cosnier, *Les Quatre montagnes de George Sand*, Edition Guérin, Chamonix, 2004, S. 26
[10] »ein bisschen verrückt«, vgl. George Sand, Histoire de ma vie I, GF Flammarion, 2001, Manchecourt, S. 268.
[11] Brief an die Mutter, Mme M. Dupin, vom 28. August 1825, zitiert nach Colette Cosnier, S. 28-29.
[12] Zitiert nach Colette Cosnier, *Les Quatre montagnes de George Sand*, Edition Guérin, Chamonix, 2004, S. 29.
[13] Colette Cosnier, *Les Quatre montagnes de George Sand*, Edition Guérin, Chamonix, 2004, S. 31.

und eine halb »erzwungene« Reise: Sie fährt ihrem Mann nach, der ihre neunjährige Tochter Solange, deren Vater er nur auf dem Papier ist, entführt hat. In Begleitung zweier Gendarmen, eines Gerichtsdieners und eines stellvertretenden Präfekten nimmt sie Solange in Gewahrsam und führt sie nach Gavarnie. Sie berichtet: *»Die Wut trieb mich dazu, die Pyrenäen zu sehen (...) Der Schnee und der Nebel, der Regen und die Wildbäche ließen uns das Ziel dieser Reise, eine der wildesten Gegenden, die es auf der Welt gibt, nur zum Teil sehen. An jenem Tag legten wir 15 Meilen zu Pferd zurück. Solange ritt wie der Teufel, ohne sich um den Regen zu scheren. Vor den Abgründen, die von der Straße abfielen, lachte sie aus ganzem Herzen. Adler- und Löwennatur.«*

Jahre später erinnert sich die Schriftstellerin an diese Reise und bemerkt, dass sie die Pyrenäen sogar noch mehr als die Schweizer Alpen liebte: *»Mein Gott! Wie war das alles schön und wild und schrecklich!«*[14]

Alpen

»Ich habe 350 Meilen im Hintern und vierzig in meinen Beinen, weil ich die Schweiz zu Fuß durchquert habe. Meine Nase ist von der Sonne verbrannt und mein Teint hat die Farbe von Ziegelsteinen«[15], so schrieb George Sand am 15. August 1834 aus Genf, wo sie zwei Tage vorher mit ihrem Liebhaber, dem Arzt Pietro Pagello angekommen war. Genf war die letzte Etappe einer mehrmonatigen Reise, die die Schriftstellerin Ende 1833 mit Alfred Musset angetreten hatte, und sie zunächst nach Genua, Pisa, Florenz, Bologna, Ferrara und schließlich nach Venedig führte, wo das Paar einige gemeinsame Monate verbrachte. Nach der Abfahrt Mussets, die auf Krankheit, Genesung und verschiedene Auseinandersetzungen folgte, verließen am 24. Juli auch George Sand und Pagello Venedig, um auf einen eigenwilligen Weg – über Padua, Verona, dem Garda- und dem Iseosee, nach Mailand und von dort zum Como- und Maggioresee bis über den Simplonpass, Martigny, Tête Noire, Chamonix und den Montenvers – nach Genf zu gelangen. Es war eine anstrengende und eher traurige Reise. Nichts war wie es eigentlich sein sollte: Sie ist nervös und niedergeschlagen, denkt nur an Musset[16] und daran, ihn wieder zu finden. Außerdem muss sie ihren alten Traum, einmal nach Tirol zu fahren, aus Geldmangel aufgeben. Pagello geht es nicht viel besser: An der Seite dieser ihm im Grunde fremden Frau verleugnet er ganz offen und für alle ersichtlich seine innersten moralisch-christlichen Prinzipien, die ihm von der besten aller Mütter eingetrichtert worden waren.[17]

Sie klagt: *»Meine schönen Träume von Reisen und Einsamkeit (...), entflieht ihr mir wie all meine anderen Träume? Wenn ich meine Hand ausstrecke, um euch zu streicheln, werdet ihr, meine wilden Freunde, nicht auch davonfliegen? Werdet ihr euch nicht auch wieder auf irgendeinen unerreichbaren Gipfel niederlassen, wohin mein Verlangen euch nicht zu erreichen vermag?«*[18]

Auf ihren langen Fußmärschen – George Sand und Pagello begehen weite Strecken ihrer Reise, insbesondere jene durch die Schweiz, zu Fuß – zieht George Sand es vor, sich »wie ein Mann« zu kleiden. Wie sie viele Jahre später in ihren Memoiren notiert, packte sie in ihren Koffer immer eine Leinenhose, eine blaue Bluse und einen Hut mit einer Krempe ein, falls sich ein Ausflug in den Bergen ergeben sollte, was des Öfteren vorkam.

Unter den schriftlichen Anmerkungen über die Tätigkeiten der Bergführer von Chamonix des Jahres 1834 findet sich eine Eintragung über einen »Herrn Payello und einen Freund (!), die aus Venedig kommen«. Der Freund ist »ein Wanderstudent«, wie Sand selbst sich im ersten Brief eines Reisenden bezeichnet. Sie ist unerkennbar. In ihrem Männerkostüm reist sie sozusagen inkognito. Sogar ihr ehemaliger Diener Antonio, den sie in Venedig engagiert hatte, erkennt sie kaum. Sie hatte ihn ihrem Freund Musset überlassen als dieser nach Frankreich zurückkehrte. Von unstillbarem Heimweh getrieben, versuchte nun Antonio sich zu Fuß über die Alpen zurück in seine Hei-

[14] Colette Cosnier, *Les Quatre montagnes de George Sand*, Edition Guérin, Chamonix, 2004, S. 32-33.

[15] Brief vom 15.8.1834 an F. Rollinat, zitiert nach Cosnier S. 35.

[16] Im Frühjahr hatte sie von Venedig aus einen Abstecher in die Voralpen des Trentino unternommen und an ihn drei ihrer *Lettres d'un voyageur (Briefe eines Reisenden)* adressiert.

[17] Journal de Pietro Pagello, zitiert nach Colette Cosnier *Les Quatre montagnes de George Sand*, Edition Guérin, Chamonix, 2004, S. 39.

[18] Zitiert nach Colette Cosniers, S. 40.

»Warum reisen, wenn man nicht muss? Es geht nicht so sehr ums Reisen, als viel mehr ums Fortgehen.«

Zitat von G.S.

mat Venedig durchzuschlagen. In Chamonix begegnete er George Sand. Als er seine ehemalige »Signora« erkannte, küsste er ihre Hand, wie es in Italien für Dienstboten und Hausdiener üblich war. Es war *»eine denkbar merkwürdige Szene«*, bemerkte Sand Jahre später in ihren Memoiren: Er, in anliegender Kleidung, mit Handschuhen und Goldkette, der einem »Bengel« galant die Hand küsst. Tatsächlich ist es nicht verwunderlich, dass Antonio selbst die Situation falsch einschätzt und George Sand in ihrer vermeintlich misslichen Lage bedauert. Wegen ihrer Aufmachung, in Bluse und Hose und von Kopf bis Fuß von Staub bedeckt, aber auch weil sie zu Fuß unterwegs ist, kann er einfach nicht begreifen, dass all dies nichts mit Unglück oder plötzlicher Armut zu tun hätte, sondern lediglich mit einer ihrer »Launen«.[19] Trotzdem ist ihre Kleidung für die Reise auf den holprigen und unwegsamen Schweizer Bergstraßen auf alle Fälle zwar weniger elegant, aber sicherlich geeigneter als die seine.

In ihren Memoiren gibt George Sand als Grund, warum sie Männerkleidung trägt, an, dass diese nicht nur praktischer, sondern auch billiger als Frauenkleidung sei, und dass sie deshalb eine alte Gewohnheit ihrer Jugend wieder aufgenommen hätte, als sie auf die Jagd ging und die Wälder »wie ein Junge durchstreifte«.

Was George Sand irritiert, sind Touristen. Vor allem die Engländer. Mehrmals notiert sie in ihren Memoiren und Briefen ihre abschätzigen Bemerkungen dazu. Als sie einmal von Venedig aus einen Ausflug in die Voralpen des Trentino unternimmt, freut sie sich, einen ganzen Tag lang zwischen Weißdorn und wilden Pflaumenbäumen spaziert zu sein, ohne einen einzigen Engländer getroffen zu haben.[20] Dabei vergisst sie, dass sie selbst eine Touristin ist und eine jener *»Kuriositäten«* verkörpert, *»die den unnützen und unerträglichen Beruf des Touristen ausüben.«*[21] Touristen sind, wie Evelyn Waugh bemerkte, eben immer nur die anderen.[22] Im ersten Brief eines Reisenden schreibt George Sand weiter über die sonderbare Kategorie der Touristen: *»Ich sehe schon diese langweiligen Figuren, die trotz des Schnees, der die Alpen bedeckt, jeden Sommer in die einsamsten Winkel gelangen; sie sind die wahre Plage unserer Generation und scheinen geschworen zu haben, jeden Ort dieser Erde durch ihre Anwesenheit zu zerstören und die beschauliche Freude eines jeden Spaziergängers mit ihrer müßigen Unruhe und ihren blöden Fragen zu verderben.«* »Der Besucher zerstört mit seiner Anwesenheit, die Einsamkeit, die er aufsucht« schrieb Hans Magnus Enzensberger über ein Jahrhundert später.

Schlussendlich kann auch sie gegen die Allgegenwart der Touristen nichts ausrichten. Mit Pagello und einer Karawane von Engländern, Franzosen, Deutschen und Amerikanern steigt sie von Chamonix zum Montenvers. Sie erreichen das Mer de Glace am Montblanc und bestaunen die riesigen Gletscherspalten, in die sie hinein schreien, um zu hören wie das Echo zurückhallt. Auf weiteren Ausflügen befolgt sie Pagellos Ratschläge, wegen der Vipern und der ungesunden Ausstrahlungen aus den Bergen, nicht zu nahe an den Felsen zu schlafen. Trotz abgeschürfter Hände und Knie ist sie begeistert und stellt fest, wie ihr diese Art der Anstrengung körperlich und geistig gut tut.

Wie viele dieser Touristen sucht auch George Sand, außer der körperlichen Betätigung in den Bergen, besonders eine im Alltag verloren gegangene Ruhe, eine heile Welt in der Wildnis, in der man sich vor den Sorgen und Kümmernissen des modernen Lebens befreien kann. Nach ihrem Ausflug am Montblanc schreibt sie: *»Die Betrachtung der unbeweglichen Gipfel des Montblanc, dieses ewigen, reinen Schnees, dieser weißen, ruhigen Erhabenheit, hatten im letzten Monat genügt, meine Seele in eine lange nicht verspürte Zufriedenheit zu tauchen. Doch sobald ich die Grenzen Frankreichs überschritten hatte, zerbrach diese wunderbare Ruhe und stürzte wie eine Lawine vor der Erinnerung und dem Anblick meiner materiellen Leiden und Sorgen hinab. Der Straßenstaub, die stinkende Postkutsche und die scheußliche Nacktheit der Land-*

[19] Vgl. George Sand, Histoire de ma vie I, GF Flammarion, 2001, Manchecourt, Cinquième Partie: Vie littéraire et intime, 1832-1850, Chapitre III, S.423.
[20] Colette Cosniers, S. 41.
[21] Colette Cosniers, S. 41.
[22] Vgl. Evelyn Waugh prägte den berühmten Satz »The tourist is the other fellow«.

schaft genügten, um mich die Worte aussprechen zu lassen: Das Leben ist unerträglich und der Mensch unglücklich. Und moralische, reale, tiefe, unheilbare Schmerzen erwachten.«[23]

1836 reiste George Sand ein zweites Mal in die Alpen. Auf Einladung des Komponisten Franz Liszt und dessen Lebensgefährtin Marie d'Agoult kam sie mit ihren Kindern, dem dreizehnjährigen Maurice und der achtjährigen Solange, sowie ihrer Zofe und Freundin Ursule nach Genf. In ihren Koffern befanden sich die schon gut bewährten Männerhemden und Hosen, ein paar praktische Pantoffeln für die Reise, ein Samtmantel, zwei Zahnbürsten, eine Honigseife und in Maisblättern gedrehte Zigaretten. Ihrem Verleger schreibt sie, dass sie hoffe, die Alpen würden sie inspirieren und den Kindern wohl bekommen.

Ihre Ehe ist gerade definitiv geschieden und die Kinder sind ihr nach einem aufreibenden Hin und Her gerichtlich zugewiesen worden. Sie residiert mit Marie D'Agoult im Hotel de France. Bei ihr oder durch sie lernt George Sand mehrere interessante und für ihre persönliche und literarische Entwicklung wichtige Persönlichkeiten kennen, wie etwa Chopin, mit dem sie den Winter 1838/39 in Mallorca verbringen wird. Chopin wird bis 1846 auch ihr Lebensgefährte sein.

Im Hôtel de l'Union in Chamonix, wohin sich die Gesellschaft für einige Tage begeben hat, erregt sie Skandal. Gäste und Hotelbesitzer erleben den lauten, fröhlichen Haufen wie eine Kosakeninvasion, der Chefkoch hält sie für eine Gruppe von Gauklern, die vornehmen englischen Damen sperren sich in ihren Zimmern ein, und vor ihrer Abfahrt wird das Besteck im Speisesaal gezählt.

Über ihre Erlebnisse am Berg anlässlich dieser Reise schweigt George Sand sowohl in ihren privaten Briefen als auch in ihren »Briefen eines Reisenden« und in ihren späteren Lebenserinnerungen. Was wir erfahren, ist lediglich, dass sie am Montenvers einen Bergkristall für George Bourges erstattet hat und dass sie, als dieser ihr eine Eifersuchtsszene wegen der Reise ohne ihn macht, sich folgendermaßen rechtfertigt: *»Ich bin rein wie der Kristall, den ich für Sie bestimmt habe.«* Sie schreibt nichts über den Montblanc, nichts über ihre Ausflüge zum Mer de Glace oder zum Bossonsgletscher, keine begeisterten oder schwärmende Einträge über die Schönheit der Berggipfel im Abendrot oder über ihre tiefen Gefühlsregungen bei deren Anblick, und über Chamonix allein den Satz im Zehnten Brief eines Reisenden: *»Das Schönste, was ich in Chamonix gesehen habe, ist meine Tochter.«* Tatsächlich ist das Kind voller Vitalität und Lebenslust, eine *»achtjährige Schönheit, keck und stolz«*. Nichts kann Solange aufhalten, *»weder die kurzen harten Schritte der Maultiere, noch die Steilheit der Hänge oder die Stufen der Felsen, über die man stundenlang klettern muss.«*[24]

Auch diesmal ärgert sie sich über die Touristen, und zwar über alle, über *»Die Engländer, die meinen, die Welt zu umrunden, und dann zurück nach Hause zu kommen, ohne*

[23] Vierter Brief eines Reisenden, zitiert nach Cosnier, S. 44.

[24] Zehnter Brief eines Reisenden, zitiert nach Colette Cosnier, S. 51-52.

»MIROIR DROLATIQUE. Si de George Sand ce portrait laisse l'esprit un peu perplexe (...)« (Karikatur auf George Sand), Kreidelithographie, undat., von Alcide Joseph Lorentz (geb.1813).
Foto: akg-images

[25] Colette Cosnier, S. 53.
[26] Valvèdre, zitiert nach Colette Cosnier S. 16.

ihre Handschuhe beschmutzt oder ihre Stiefel durchlöchert zu haben«, über die Italiener, *»die aussehen als möchten sie ganz Italien wie ihren Besitz zum Gewinn aussetzen«* und die Franzosen, die *»weniger als alle anderen Völker in Europa reisen können«.*[25]

Colette Cosnier hat wahrscheinlich Recht, wenn sie mutmaßt, dass Sands Schweigen über diesen ihren Schweizer Aufenthalt vielleicht auf die laute Gesellschaft, die sie auf ihren Ausflügen begleitete, zurückzuführen ist. Ihre Freunde, ihre Kinder, das gesellige Beisammensein, das Gefühl der Befreiung und Sorglosigkeit nach dem Erhalt des Sorgerechts für ihre Kinder standen auf dieser Reise wohl im Vordergrund und ließen »das intime Zwiegespräch eines empfindsamen Ichs mit der sie umgebenden Natur« in den Hintergrund treten.

Die Berge in George Sands literarischem Werk

Die Bestandaufnahme der Hinweise für George Sands Beziehung und Kontakte zu den Bergen in ihren Briefen und Memoiren sowie in den in Briefform geschriebenen und Essays ist also recht aufschlussreich und stellt uns nun vor die Frage wie und ob die Schriftstellerin George Sand diese ihre Erfahrungen in den Bergen und ihr Verhältnis dazu auch in ihren belletristischen Werken verarbeitet hat.

George Sand, George, Porträt, Holzstich, koloriert, um 1880, nach dem Bildnis, 1837, von Luigi Calamatta (1801/02-1869)
Foto: akg-images

Vor allem zwei Romane erwecken unser Interesse: *Valvèdre* und *Laura, voyage dans le cristal* (Laura, Reise im Kristall). *Valvèdre*, im Besonderen, erscheint zunächst viel versprechend, ja, der Bergroman par éxcellence zu sein, da seine Hauptfigur angeblich an Horace-Bénédict de Saussure inspiriert sein soll. Der Anfang klingt interessant: *»Ich war hungrig nach Poesie und Pittoreskem. Ich wollte zunächst die großen Naturmonumente in der Schweiz sehen.«* Doch dann? Der Roman sollte ursprünglich »Les Savants« heißen und seine Protagonisten sollten den Monte Rosa für eine geologische Studie erforschen, aber dann verliert sich die Geschichte und alles alpine entschwindet zur Enttäuschung der Leser, und man versteht auch warum: Die Schriftstellerin verfügt über kein großes Repertoire an Vorbildern, die ihr als Beispiele für eine gelungene Bergbeschreibung dienen könnten. Angesichts des Eindrucks, den die Mächtigkeit der Berge auf den Menschen in seiner Kleinheit macht, befindet sie sich vor der unüberwindlichen Schwierigkeit das Unbeschreibliche und Unaussprechliche zu beschreiben: *»Vor diesen Bergbecken sind der Maler und der Dichter wie Betrunkene, denen man das Weltreich schenkt. Sie wissen nicht, in welchem winzigen Versteck sie Zuflucht suchen sollen, um sich vor dem Schwindel zu schützen. Das Auge möchte an irgendeinem Ausgangspunkt ruhen, und die Reichtümer zählen: Sie scheinen unzählig zu sein, denn beim Abstieg über die Windungen der verschiedenen Ebenen, wird jedes mal ein neues Bild offen gelegt mit immer neuen Farben und Formen.«*[26]

Der zweite Roman George Sands, in dem Felsen, Mineralien, Eis und eine Expedition vorkommen, ist *Laura, voyage dans le cristal*. Mehr als um einen Roman handelt es sich hierbei um eine längere Erzählung, deren zentrales Thema die abenteuerliche Expedition des jungen Protagonisten Alexis und seines geheimnisvollen Begleiters Nasias zum Nordpol und in die kristallenen Eingeweide unseres Planeten ist. Auf dieser Reise überqueren die zwei den Atlantik, sie fahren mit von Hunden gezogenen Schlitten und in Begleitung von Eskimos, die ihnen als Führer dienen, über eisbedeckte Weiten. Dabei weichen sie Eisbergen aus, überwinden Abgründe, Eisspalten und Berge, die an Höhe den Himalaja überragen, und die Tiere, Kristalle, Mineralien und Naturschauspiele, die sie zu sehen bekommen, sind so wundersam, dass alles zuvor gesehene übersteigen. Als Schauplatz ihrer Handlung führt uns George Sand exotische und fantastische Landschaften vor, deren Faszination in ihren bizarren Formen aus Schnee und Eis, in ihrer unwirtlichen Einsamkeit und fernen Entlegenheit, ihren extremen, menschenfeindlichen klimatischen Bedingungen, und eher in ihrer Weite und Tiefe als in ihrer Höhe liegen. Es ist ein Antiort, der einen (imaginären) Schatz birgt, und in dem die Hauptfigur sich selbst und seine verlorene Liebe wieder findet.

In der Wahl dieser arktischen Landschaft erinnert die Erzählung in gewisser Weise an Mary Shelleys Roman *Frankenstein*, in dem das gejagte Monster auch über die endlosen Schneeflächen der Arktis zieht. Noch erstaunlicher, jedoch, sind die Parallelen zu einem anderen berühmten literarischen Werk des Neunzehnten Jahrhunderts, und zwar zu Jules Vernes *Reise ins Innere der Erde*. Wie *Laura, Reise im Kristall* erschien auch dieser Roman interessanterweise im Jahr 1864. Als George Sand ihn las, fand sie die Ähnlichkeit frappierend, ja, wie sie selbst schrieb, sogar ein »bisschen zu groß«. Woran lag es? War es Zufall? Lag das Thema in der Luft? War diese Art von Abenteuern und Gegenden ganz einfach Mode?

Das Ergebnis der Durchforstung von George Sands Romanen nach Berglandschaften und Bergerlebnissen ist eher enttäuschend. Hofft man dazu noch in diesen literarischen Werken »ihre« Berge, die Berge und Bergerfahrungen ihres eigenen Lebens zu finden, ist die Suche nahezu vergeblich. Berge, Eis, Gletscherspalten und wilde Landschaften finden wir zwar, doch sind diese keine realen, sondern fiktive Orte, phantastische Kulissen für ihre (Liebes-) Geschichten. Als solche reflektieren sie die Gefühle der Protagonisten und werden zu Symbolen ihrer Lebens- und Gemütszustände. Im Alter von einundvierzig Jahren lässt George Sand eine ihrer Heldinnen, Isidora, über eine wilde Berglandschaft sinnieren: »*Eine so sublime Natur wird fortwährend von fürchterlichen Kataklysmen heimgesucht: Hier öffnet der Gletscher seine schauderhaften Flanken aus Saphir und verschluckt den vorbeiziehenden Menschen, dort stürzen die Felsen ein, schütten den See und die Ebene zu, und von all dem, was gestern noch zu ihren Füßen lächelte und atmete, bleibt heute weder eine Spur noch eine Erinnerung… Ja, das ist das Bild der Jugend, ihrer ungestümen Kraft, ihres betörenden Glücks, ihrer heftigen Stürme, ihrer tödlichen Verzweiflung, ihrer Kämpfe und all jener wilden Selbstzerstörung, die das Übermaß ihres Lebens gebiert.*«[27]

Die Autorin selbst macht ihre Leser und Leserinnen darauf aufmerksam, dass sie sie nicht wie ein Führer auf eine Reise führen wird. Sie verspricht nur eine Geschichte. Deshalb erkennt man in diesen Geschichten keine Orte – wie etwa bei Rousseau -, und auch ihre Namen sind frei erfunden.

Nicht etwa durch die literarische Darstellung ihrer eigenen Bergtouren oder durch die Thematisierung der englischen Touristenscharen, sondern durch die abstrahierende literarische Verarbeitung versucht Sand die Schwierigkeit einer »angemessenen« Beschreibung der wilden Berglandschaft zu überwinden.

Ein Berg für die Ewigkeit

George Sand war eine der ersten Frauen, die sich nicht damit begnügte von Bergbesteigungen und anderen Abenteuern zu hören oder zu lesen. Als ihr Reisegefährte Pietro Pagello damit prahlte, schon mehr als zwanzig mal in den Alpen gewesen zu sein

[27] Isidora, zitiert nach Colette Cosnier, S. 18-19.

und dort Berge bestiegen zu haben, antwortet sie, dass es für sie absolut nicht der selbe Genuss sei, zu wissen, dass er es getan habe, wie es selbst zu tun. Damit äußert sie nicht nur den Wunsch, wie er auf die Berge steigen zu wollen, sondern sie beansprucht gleichzeitig auch das Recht, es wie jeder Mann eigenständig tun zu können. Es ist wie eine Forderung nach Anerkennung ihrer Ebenbürtigkeit. Sie selbst sagt über sich: »*Ich glaube, dass ich von der Sorte bin, die sich gerne den Hals aus Übermut brechen würden, und dass es keinen Schüler gibt, der sich mehr auf seine Courage und Geschicklichkeit einbildet als ich.*«[28]

George Sand ist eine unter den ersten überhaupt, die sich Gedanken über das Bergsteigen machen und die sich somit an der bis heute andauernden Diskussion über den Sinn und die Opportunität dieser mit Gefahren verbundenen Sportart beteiligen. Sie fragt sich: »*Darf man einen Mann, der einen unerforschten Berg besteigt, wirklich mit Warnungen und Ratschlägen bedrängen? Jedes Originalwerk ist ein solcher Berg. Es gibt keinen bekannten Weg, den man beschreiten könnte. Der Kühne, der das Abenteuer wagt, weckt ein gewisses Staunen in den Furchtsamen, ein klein wenig Verdruss in den Fähigen, ein bisschen Wut in den Ignoranten. Es sind gerade letztere, die diese Dreistigkeit am meisten tadeln. Wozu hat er diesen Berg bestiegen? Wer hat ihn dazu gezwungen? Was hat er davon? Was nutzt es, die Gipfel zu erklimmen, wenn es unten Platz genug für alle gibt und ebene, angenehm befahrbare Straßen?*«[29] Der Bergsteiger wird mit einem Künstler verglichen, einem Pionier, der einen Weg eröffnet beziehungsweise ein Werk erschafft. Damit rechtfertigt sie früh, das, wozu sich Bergsteiger und Bergsteigerinnen weit über hundert Jahre später noch zu rechtfertigen veranlasst sehen.

George Sand muss nicht alles mittun, um es verstehen und akzeptieren zu können. Sie kann sich auch für Dinge interessieren, die sie selbst nicht tut, und drückt es so aus: »*Doch einige unter diesen Ignoranten, lieben die Berge, und wenn sie sie selbst nicht besteigen können, lieben sie jene, die von den Bergen zurückkommen. Zu diesen gehöre auch ich. Ich war nicht im Himalaja, doch in meinen Träumen erblickte ich sein Haupt, und weit davon, jene zu tadeln, die es berührt haben, würde ich ihren Erzählungen bis morgen in der Früh lauschen.*«[30]

George Sands Äußerungen über das Bergsteigen sind auch mehr als hundertdreißig Jahre nach ihrem Tod erstaunlich modern. Wie im Bereich der Literatur war sie als Frau auch in der alpinistischen Diskussion eine Pionierin, deren Bedeutung bedauerlicherweise bis heute nicht genügend erkannt wurde. Als Schriftstellerin hatte sie mit ihren Romanen, die die sexuelle Identität und die geschlechtliche Schicksalhaftigkeit in Frage stellten, zu Lebzeiten zwar bedeutende Erfolge und Anerkennung erzielt, doch wird ihre Bedeutung für die Entwicklung des Romans immer noch unterschätzt. Gleichzeitig wurden ihre Werke des Öfteren auch gezielt herabgesetzt, und ihre Verbreitung gebremst, etwa als sich Frankreichs Senat gegen den Verbleib ihrer Bücher in den öffentlichen Bibliotheken aussprach. Die geistige Brillanz dieser Frau und die Qualität ihrer literarischen Arbeiten werden immer noch von ihrer unkonventionellen Lebensweise und den Skandalen, die sie erregte, in den Schatten gestellt. Aber »*die Welt wird mich eines Tages verstehen*«, schrieb sie ihren Kritikern, und »*wenn dieser Tag auch nicht kommen sollte, ist das nicht so wichtig. Ich werde den Weg für andere Frauen geebnet haben.*« War George Sand hierin nicht auch eine jener Kühnen, die einen schwierigen, unbegehbar erscheinenden Weg auf einen unbestiegenen Berg für andere eröffnet und möglich gemacht hat?

Das Interesse für die Berge währte bei George Sand bis ins fortgeschrittene Alter. Mit der Zeit verlagerte es sich von einer räumlichen in eine »sammlerische und naturkundliche« Dimension. Als der Dichter Théophile Gautier im Sommer 1863 einige Zeit in Nohant verbrachte, wo George Sand ihn eingeladen hatte, langweilte er sich furchtbar. Er notierte später, dass man dort zuviel Huhn esse, zu viele derbe Witze ma-

[28] Colette Cosnier, S. 38.
[29] »Lettres sur Salammbô«, Questions d'art et de littérature, Des femmes, 1991, S. 236, der Artikel wurde in La Presse, am 27. Januar 1863 publiziert, zitiert nach Colette Cosnier, *Les Quatre montagnes de George Sand*, Edition Guérin, Chamonix, 2004, S. 11-12.

che und all zu wenig über Literatur rede: *»Es gibt nur eines, womit man sich dort beschäftigt. Die Mineralogie. Jeder hat seinen Hammer, man geht nicht ohne ihn aus.«* Überall stehen Kisten, Pakete und Säcke mit Steinen herum, die mit anderen Sammlern per Post ausgetauscht werden. In den Gängen stolpert man darüber. George Sand zeichnet und malt Steine. Sie besucht das geologische Museum in Paris, pflegt Kontakte zu Geologen. Das Thema der Berge kehrt auf diese Weise obsessiv in Form von Steinen und Kristallen zurück, denn es stimmt, dass *»mich ein kleiner Stein den ganzen Berg wieder sehen lässt, von dem ich ihn gebracht habe, und zwar von oben bis unten in seinem kleinsten Detail.«*[31] Das Sammeln von Versteinerungen und Kristallen, die Mineralogie überhaupt, sind in Mode. So trifft auch das Erscheinen des kleinen Romans *Laura, Reise im Kristall*, 1864 in der Revue de Deux Mondes, den besonderen Geschmack der Zeit.

Als Adolphe Joanne mit Édouard de Billy 1874 den Club Alpin Français gründet, ist die bereits siebzigjährige George Sand ein Mitglied der ersten Stunde. Im Gegensatz zum englischen Alpine Club, der Frauen die Mitgliedschaft verweigert, ist Frauen der Beitritt zu seinem französischen Pendant erlaubt. So ist in der Sektion Paris ihre Anzahl mit 7 Damen auf insgesamt 318 Mitgliedern zwar gering, aber dennoch möglich. George Sand scheint mit Begeisterung dabei zu sein. Trotz chronischem Zeitmangel versucht sie sogar Freunden in Nîmes zu helfen, eine dortige Sektion des Club Alpin Français zu gründen. Sie sagt auch ihrem Freund Adolphe Joanne zu, der die berühmte Schriftstellerin um einen Beitrag für das »Annuaire du Club Alpin Français«, das Jahrbuch des Vereins, bittet. Es fällt ihr nicht leicht das Versprechen einzuhalten, weil sie derart mit Arbeit und Terminen überladen ist. In ihren Notizen findet sich der Satz. *»Ich arbeite wie ein Neger für die anderen, ein Artikel für Joanne.«*[32] Trotzdem gelingt es ihr den Beitrag zeitgerecht zu liefern, und sie feiert darin, im Gegensatz zu früheren Schriften zum Thema Berge, nicht mehr deren sublimen Schauer, sondern zeichnet ein impressionistisches Bild der Auvergne, deren Landschaft weniger wild, dafür aber von pittoresker Schönheit und angenehmer Nähe ist. Mit den Jahren haben sowohl sie als auch die Zeit sich geändert. Den Artikel unterzeichnet sie *»George Sand, Mitglied des Club Alpin Français«*.

Zwei Jahre später, stirbt George Sand. Es ist das Jahr 1876. Als sie 20 Jahre zuvor den unendlichen Schmerz über den Tod ihres geliebten Enkelkindes (der Tochter ihrer Tochter Solange) erleben musste, hatte sie eines Nachts einen Traum. Darin empfing das Kind sie auf einem Berg, und George Sand sah sich mit der Kleinen in einer atemberaubenden, vom wunderbaren Licht der aufgehenden Sonne durchfluteten Berglandschaft. Dieser Berg ragte weder in den Alpen, noch in den Pyrenäen oder in der Auvergne zum Himmel – es war ein Berg in der großen, weiten Ewigkeit. Denn unsere Erinnerungen sind in unserem Lebensbuch unauslöschlich eingetragen, wie Buchstaben auf Seiten aus Stein. So lautet ein berühmtes Zitat von George Sand: *»Wir können kein einziges Blatt aus unserem Leben herausreißen, doch wir können das ganze Buch ins Feuer werfen.«*[33]

George Sand, Portraetaufnahme, 1864 (Nadar).
Foto: akg-images

[30] Colette Cosnier, S. 12.
[31] Les Charmettes, zitiert nach Colette Cosnier, S. 9.
[32] Colette Cosnier S. 63.
[33] Aus: Mauprat, 1837.

Im Schatten der Geschichte

Die »Wiedergründung« des Deutschen Alpenvereins

VON NICHOLAS MAILÄNDER

Und 1950 wurden durch die Männer, die man seither die »Zwölf Apostel« zu nennen sich angewöhnt hat, die Grundlagen zur Wiedereinrichtung des Deutschen Alpenvereins gelegt.[1]

Ulrich Mann, Erster Vorsitzender des Deutschen Alpenvereins, 1967-1974

Unbekannt. Johann Stüdl, um 1910. Archiv DAV. *Der Alpenvereinsgründer Stüdl engagierte sich für die Sektion Donauland.*

Wäre die Neuformierung des Alpenvereins in Deutschland nach dem Zweiten Weltkrieg wirklich so glatt über die Bühne gegangen wie es der oben zitierte Satz nahe legt, dann hätte sich die Erforschung der Vorgeschichte jener »Wiedergründung« erübrigt. Doch gut unterrichtete Zeitzeugen berichteten, dass dem Zusammenschluss ein jahrelanger Streit zwischen einer großdeutsch-restaurativen Fraktion im Alpenverein auf der einen, und einer kosmopolitisch-demokratischen Gruppe auf der anderen Seite vorausgegangen war. Diese Parteien hatten sich 1950 nach schwierigen Verhandlungen im Deutschen Alpenverein zusammengefunden. Die harmonisierende Legende von den Zwölf Aposteln diente nach Einschätzung der erwähnten Gewährsleute dazu, den für beide Seiten schmerzlichen Einigungsprozess vergessen zu machen und eine gedeihliche Zusammenarbeit der ehemals gegnerischen Teile des Alpenvereins in Deutschland zu ermöglichen.

Die durch den Arbeitskreis *Geschichte des DAV nach 1945* initiierte Forschungstätigkeit ergab, dass der angesprochene vereinspolitische Konflikt keineswegs erst mit dem »Zusammenbruch« des Dritten Reiches einsetzte, sondern bis in die Zeit kurz nach dem Ersten Weltkrieg zurückreichte. Die Auseinandersetzung lässt sich zurückverfolgen bis zum 12. Mai 1921. An diesem Tag traf sich der Hauptausschuss des Deutschen und Österreichischen Alpenvereins (DuÖAV) auf der Praterinsel in München zu seiner 24. Sitzung.

Damals berichtete Adolf Sotier, Rechtsreferent des DuÖAV-Verwaltungsausschusses und Vorsitzender der Sektion Oberland, kurz nach 15 Uhr über die Hintergründe des Aufnahmegesuchs einer in der Gründung begriffenen Wiener Sektion. Sie sollte den Namen Donauland erhalten. Zu dieser Gruppierung hatten sich in der österreichischen Hauptstadt rund zweitausend vorwiegend jüdische Bergsteiger zusammengeschlossen, die kurz zuvor aus der Sektion Austria ausgetreten waren, weil diese seit

Februar 1921 »nichtarischen« Alpinisten die Aufnahme verweigerte.[2] Nachdem er seine Kollegen über diese Geschehnisse unterrichtet hatte, sprach sich Sotier für die Ablehnung des Aufnahmeantrags aus. Der Hauptausschuss entschied jedoch anders und beschloss die Anerkennung der neuen Bergsteigervereinigung als Sektion des Deutschen und Österreichischen Alpenvereins. In den folgenden Jahren setzte Sotier alles daran, diesen »Fehler« zu korrigieren. Der Oberland-Vorsitzende zählte zu den eifrigsten Betreibern des Ausschlusses der Sektion Donauland aus dem Deutschen und Österreichischen Alpenverein, der schließlich am 14. Dezember 1924 auf einer außerordentlichen Hauptversammlung in München vollzogen wurde.

Speziell zur Erreichung dieses Ziels hatte der antisemitisch eingestellte Vorsitzende der Sektion Austria, Eduard Pichl, am 19. März 1922 in Salzburg den Deutschvölkischen Bund (DVB) im Deutschen und Österreichischen Alpenverein gegründet. Diesem Verein im Verein gehörten zusammen mit zahlreichen österreichischen auch die Münchner Sektionen Oberland und Hochland sowie die Akademische Sektion Dresden an. Zu den wichtigsten Vertretern des DVB zählten zusammen mit Adolf Sotier, Eduard Pichl und dessen Adlatus Karl Sandtner auch der Hochland-Vorsitzende Eduard Meukel, der Linzer Alpenvereinschef Viktor Wessely sowie Prof. Dr. Raimund von Klebelsberg, Vorsitzender des DuÖAV-Zweiges Innsbruck und seit der Bayreuther Hauptversammlung des Jahres 1922 auch Dritter Vorsitzender des Deutschen und Österreichischen Alpenvereins.

Der Traum vom großdeutschen Alpenverein

Die deutschnationalen Vordenker im Alpenverein machten keinen Hehl daraus, wie sie sich ihren Verein vorstellten: Noch Jahre nach dem Zweiten Weltkrieg schwärmte Prof. Dr. Raimund von Klebelsberg von den Zeiten der größten Expansion des Alpenvereins, als dessen »Zweige« in einem Gebiet beheimatet waren, das noch von der Maas bis an die Memel und von der Etsch bis an den Belt reichte.[3] Der Klebelsberg vereinspolitisch nahe stehende Dr. Franz Graßler, von 1949 an Schriftleiter des Bergsteigermagazins *Der Bergkamerad*, beschwor noch 1950 jenes von den deutschvölkischen Kräften angestrebte Idealbild des Alpenvereins, der in der Zeit vor dem Ersten Weltkrieg seine größte räumliche Ausdehnung verzeichnete:

Wir hatten einmal einen Alpenverein. Er umfaßte das deutschsprachige Gebiet zweier großer Kaiserreiche. Der erste Weltkrieg beschnitt ihn im Süden, im Osten und im Westen, doch der Alpenverein durchstand alle Stürme, als letzten und schwersten den der Jahre seit 1933, der die Zwietracht zwischen den beiden deutschen Bruderstaaten brachte. [In Folge der von Hitler verhängten »Tausendmarksperre«, die Reisen von Deutschland nach Österreich praktisch verunmöglichte, N.M.] 1938 führte zu einem erneuten steilen Anstieg; die ersten Kriegsjahre ließen die alten Sektionen im Süden, im Osten und im Westen wieder erstehen. Mit dem Zerfall des

Unbekannt. Adolf Sotier, um 1935.
Archiv DAV.
Als ›graue Eminenz‹ zog Adolf Sotier von 1912 bis 1950 in der Alpenvereinspolitik die Fäden.

Sepp Stahrl. Eduard Pichl, um 1930.
Archiv DAV.
Eduard Pichl zählte zu den extremsten Antisemiten im Deutschen und Österreichischen Alpenverein.

Großdeutschen Reiches versank auch der Traum vom Großen Deutschen Alpenverein.[4]

Dem völkischen Block im Deutschen und Österreichischen Alpenverein stand eine keinesfalls machtlose Fraktion gegenüber, die sich vehement gegen das Hereintragen politischer und insbesondere rassistischer Elemente in den Alpenverein zur Wehr setzte. Einer ihrer wichtigsten Vertreter war der Alpenvereinsgründer Johann Stüdl, der auf jener denkwürdigen Hauptausschusssitzung am 12. Mai 1921 sich mit eindeutigen Worten für die Aufnahme der Sektion Donauland in den Alpenverein eingesetzt hatte:

Gestatten Sie mir als Gründer des D. u. Ö. A.-V. auch meine Stimme zu erheben. Wir haben uns nie beifallen lassen jemanden wegen seiner Konfession den Eintritt in den A.-V. zu verwehren. Mir stand durch 25 Jahre ein Jude als 2. Vorsitzender der S. Prag zur Seite, unser Referent für Hütten- und Führerwesen war ein Jude, beide äußerst opferwillige Mitarbeiter und begeisterte Bergfreunde. Das Benehmen der S. Austria ist eine Anmaßung, Unduldsamkeit und Brutalität. Ich erinnere an O. v. Pfisters Abschiedsworte, daß sich der Verein von jeglicher politischen und nationalen Betätigung fernhalten soll. Fürchten Sie sich vor den Drohungen nicht und zeigen Sie, indem Sie die Sektion zulassen, daß man sich dem Diktat dieser Herren nicht unterwirft.[5]

Johann Stüdl stand in seinem Engagement für die Aufnahme und später den Verbleib der Sektion Donauland im Alpenverein nicht alleine da. In Wien war es vor allem der bekannte Bergsteiger und Alpinschriftsteller Eugen Guido Lammer, der für die verfemte Sektion Partei ergriff. In München setzten sich eine Gruppe von Mitgliedern der Sektion Bayerland um den Publizisten Walter Schmidkunz sowie den prominenten Soziologen und Religionsphilosophen Alfred von Martin für dasselbe Ziel ein.[6] Noch im Herbst 1924 startete dieser Kreis einen hoffnungsvollen Versuch, den Ausschluss Donaulands aus dem Alpenverein in allerletzter Minute zu verhindern. Nachdem die Bayerländer dann doch beschlossen, für den Donaulandausschluss zu votieren, verabschiedete sich Alfred von Martin aus der Sektion. Auch Schmidkunz dürfte damals aus diesem Grund seine Mitgliedschaft bei Bayerland niedergelegt haben.[7]

Die Berge als einigendes Band der Menschheit

Besonders dem Schriftsteller Walter Schmidkunz wird der Austritt nicht leicht gefallen sein. Er hatte den bergsteigerisch-idealistischen Kurs der Sektion Bayerland jahrelang maßgeblich bestimmt. Von Schmidkunz war 1919 auch die Initiative zur Gründung der einflussreichen »Bergsteigergruppe« im Deutschen und Österreichischen Alpenverein ausgegangen. Dieser losen Vereinigung, der rund fünfzig Sektionen angehörten, sind die im Kern heute noch gültige Hütten- und Wegeordnung, die allgemeine Einführung der Jugendarbeit im Alpenverein, die Förderung des Expeditionswesens sowie die Erhebung des Naturschutzes zum satzungsmäßigen Vereinsziel zu verdanken. Die Gründer der Bergsteigergruppe sahen den Aufstieg zum Gipfel im »Ödland«, die Überwindung von Hindernissen in der möglichst unmittelbar erfahrenen Bergnatur, als Mittel der Entfaltung positiver menschlicher Potentiale. Diese Form der Bergerfahrung war nach der Auffassung von Vordenkern der kosmopolitisch-humanitären Kräfte im Alpenverein wie Walter Schmidkunz, Julius Kugy, Eugen Guido Lammer, Oskar Erich Meyer oder Eugen Oertel weit erhaben über nationale Interessen.

Als Sprachrohr der Bergsteigergruppe im DuÖAV fungierte die in München erscheinende Zeitschrift *Der Bergkamerad*. Der in diesem Magazin vertretene »überpolitische« Standpunkt wird in der 1930 abgedruckten programmatischen Aussage zum Thema *Alpinismus und Politik* deutlich:

Mögen die Berge im Gegensatz zum Tal mit den widerstrebenden Belangen der Individuen, Klassen, Nationen, Rassen das einigende Band der Menschheit bleiben!

Am Berge erfahren wir, daß die Natur überall über das kleine Menschengezücht unbekümmert hinwegschreitet, daß Nebel und Sonnenschein ohne Ansehen der Länder, der Volksgruppen – Parteien genannt – der Völker, der Rassen, nicht nach den interessierten Wünschen verteilt werden. Auf den Bergen wohnt der Friede [...] hat einmal einer gesagt. Diesen Frieden sollen wir nicht stören, wenn die Erde nicht noch höllischer werden soll, wie sie es ohnehin oft ist. Am Berge muß der Hader zum Stillstand kommen, das Trennende muß überwunden werden [...][8]

Als engagierter Verfechter solcher Anschauungen trat damals neben anderen ein junger Bergsteiger namens Fritz Schmitt in Erscheinung. Er zählte zu der lächelnd tolerierten linken Minderheit in seiner Sektion Bayerland. Unter dem Einfluss von Schmidkunz, der die schriftstellerische Begabung des jungen Bahnbeamten erkannte und förderte, begeisterte sich Schmitt für die Gründungsideale der Bergsteigergruppe.

Wegen angeblich »staats- und wirtschaftsfeindlicher Betätigung« wurde Schmitt 1933 als sozialistischer Betriebsratsvorsitzender der Reichsbahndirektion München entlassen und mehrmals inhaftiert. Auf die ›rote Liste‹ geraten, tauchte Schmitt erst einmal unter und begann die Recherchen für jenes Werk, mit dem er sich einen Namen machen sollte: Das beim Bergverlag Rudolf Rother erschienene *Buch vom Wilden Kaiser*. Obwohl sein politischer Standort bekannt war, gewann Schmitt durch sein schriftstellerisches Können die Achtung Paul Bauers, im Dritten Reich Führer des Deutschen Bergsteigerverbandes und Leiter des Fachamtes Bergsteigen. Der mächtigste Mann im deutschen Bergsteigen dürfte auch die Anstellung des politisch Verdächtigen beim Bergverlag Rudolf Rother ermöglicht haben. Als Redakteur der *Deutschen Alpenzeitung* konnte Schmitt in innerer Emigration das »Tausendjährige Reich« fast bis zu dessen Ende aussitzen. Dabei kam Schmitt nicht umhin, vom nationalsozialistischen Landespropaganda-Amt lancierte Beiträge zu veröffentlichen. Denn auch die alpinen Publikationen waren angehalten, den Wehrwillen des Volkes für den »Endkampf« zu mobilisieren.[9]

Auch die *Mitteilungen des Deutschen Alpenvereins* wurden zu diesem Zweck instrumentalisiert. Der engmaschigen Zensur zum Trotz nutzten einige Autoren recht geschickt die verbliebenen Freiräume. Zum Beispiel veröffentlichten die Alpenvereinsmitteilungen im Jahr 1944 den Bericht des Münchner Rechtsanwalts Dr. Albert Heizer über eine recht zivil anmutende Lehrwartausbildung des Deutschen Alpenvereins. Der 1905 in Passau geborene Heizer hatte sich 1933 in München als Rechtsanwalt niedergelassen. Seit 1936 war der aktive Alpinist auch Mitglied des schöngeistig orientierten Alpenklubs Berggeist und vertrat seine alpinen Ideale auch noch während des Krieges als ehrenamtlicher Jugendausbilder. Wer zwischen den Zeilen des Artikels lesen konnte, erkannte Albert Heizer als treuen Vertreter der kosmopolitischen Fraktion im deutschen Bergsteigen, die im Bergsteigen vor allem ein Mittel zur Selbstentfaltung des Menschen sah. So findet sich in dem Text zwar kein Wort von Wehrertüchtigung und Endsieg, dafür aber ein eindringliches Schlussplädoyer:

»Es entstand eine kleine Gemeinschaft, berufen und bestimmt, die gemeinsame Idee weiterzutragen und weiterzugeben durch ihr Beispiel. In diesem Sinne sind wir auch auseinandergegangen als Kameraden, denen nur der Berg gilt als Symbol des Lebens schlechthin.«[10]

Das auf Alfred von Martin zurückgehende Zitat unter dem Beitrag entsprach ebenfalls nicht der damals in Deutschland herrschenden Ideologie: »Viele Wege führen zu Gott, einer geht über die Berge.«

Unbekannt. Fritz Schmitt, um 1935.
Archiv DAV.
Bei der Neuformierung des Alpenvereins in Deutschland spielte Fritz Schmitt die entscheidende Rolle.

Unbekannt. Dr. Albert Heizer, 1950.
Archiv DAV.
Heizer leitete seit 1947 die LAG Bayern und war 1950-1958 Vorsitzender des Verwaltungsausschusses des Deutschen Alpenvereins.

Überzeugungstäter oder Überlebensstrategen?

Nach der Machtergreifung der Nationalsozialisten hatte sich auch die deutschnationale Führungsriege im Alpenverein mit Prof. Dr. Raimund von Klebelsberg an der Spitze nicht leicht getan mit der neuen Sportpolitik. So setzte die Führung des Deutschen und Österreichischen Alpenvereins der Eingliederung des Verbandes in die nationalsozialistischen Sportstrukturen erheblichen Widerstand entgegen[11] und versuchte, die demokratischen Leitungsgremien so gut es ging zu erhalten. Aber man war, um diesen Kernbestand der Alpenvereinskultur zu bewahren, zu einer Kooperation mit den Nationalsozialisten bereit, die weit über das notwendige Mindestmaß hinausging. Viele Führungspositionen im Alpenverein wurden nach und nach mit sich zumindest linientreu gebenden Funktionären besetzt. So erstaunt es kaum, dass Dr. Walter Hartmann – »Führer« der Sektion Bayerland und Hauptausschuss-Mitglied – auf einer Sitzung dieses Gremiums beantragte, »daß als Hüttenbesucher nur Arier erwünscht seien und daß Bergnamen mit jüdischem Namen abgeändert werden.«[12] Da die meisten Alpenvereinshütten auf österreichischem Staatsgebiet lagen, gab es für diese Forderung keinerlei gesetzliche Notwendigkeit.

Ernst Baumann. Alfred Jennewein und Martin Busch, um 1955.
Archiv DAV.
Alfred Jennewein (links) wurde auf dem Alpenvereinstag in Würzburg zum 1.Vorsitzenden des DAV gewählt; sein Freund Martin Busch bekleidete von 1952 bis 1957 das entsprechende Amt beim Oesterreichischen Alpenverein.

Der damalige DuÖAV-Kulturreferent und spätere Erste Vorsitzende des Deutschen Alpenvereins, Alfred Jennewein, offenbarte sich ebenfalls als Antisemit, indem er zur »Ausscheidung aller Werke nichtarischer Schriftsteller aus Sektions- und Hüttenbüchereien [...]« aufforderte.[13] Jennewein gehörte der DuÖAV-Sektion Stuttgart an, die bereits in den frühen Zwanzigerjahren einen Arierparagrafen eingeführt hatte und auch den Mitgliedern des SPD-nahen Touristenvereins Die Naturfreunde die Aufnahme verwehrte.[14]

Die 1938 nach Innsbruck verlegte Alpenvereinsverwaltung zeigte sich ebenfalls systemkonform. In einem unmittelbar nach dem deutschen Überfall auf Österreich veröffentlichten Artikel in den *Mitteilungen des Deutschen Alpenvereins* gebärdete sich Dr. Walter von Schmidt-Wellenburg, Generalsekretär des seit März 1938 als Deutscher Alpenverein firmierenden Vereins, als überzeugter Nationalsozialist. Nicht nur machte Schmidt-Wellenburg die seit Jahrzehnten verfolgte antisemitische Aktivität des Verbandes deutlich, er ließ auch keinen Zweifel daran aufkommen, dass das Verhältnis zwischen Alpenverein und Nationalsozialisten in Österreich vor dem »Anschluss« der »Ostmark« nicht gerade durch Berührungsängste gekennzeichnet war. Voll Häme zieht der Generalsekretär des Alpenvereins über jene bürgerlich-liberale Presse her, »[...] die der in diesem Fall vermutlich einträglichen Wahrheit ziemlich nahegekommen war, als sie unsere österreichischen Zweige und Schutzhütten ›braune Oasen‹, unsere Jungmannen und Jugendgruppen hochverräterische braune Nazibanden nannte und den Staat zum Verbot und zur Vermögensbeschlagnahme aufpeitschte«.[15] Solche Worte gingen deutlich über das von den nationalsozialistischen Machthabern geforderte Maß an Angleichung hinaus und lassen eine hochgradige Identifikation v. Schmidt-Wellenburgs mit den Zielen des Hitlerregimes vermuten.

Die Nummer Zwei in der Innsbrucker Zentrale des Deutschen Alpenvereins, der

Hamburger Dr. Karl Erhardt, hielt sich an die von seinem Chef vorgegebene Richtung. Der promovierte Geograf hatte seine Alpenvereinslaufbahn 1935 als Sekretär des Verwaltungsausschusses Stuttgart begonnen und war 1938 im Zuge der Gleichschaltung des Alpenvereins durch die Nationalsozialisten nach Innsbruck übergesiedelt. Hier diente der vielfach belächelte »schöne Mann« aus Deutschland als Zweiter Sekretär unter v. Schmidt-Wellenburg. In Innsbrucker Bergsteigerkreisen hieß es, Erhardt habe sich trotz seiner Nichtzugehörigkeit zur NSDAP wie ein Nationalsozialist aufgeführt.[16] Dass damals beim Deutschen Alpenverein – der als Deutscher Bergsteigerverband integrierter Bestandteil des Nationalsozialistischen Reichsbundes für Leibesübungen war – alle Briefe die Abschiedsfloskel »Mit deutschem Bergsteigergruß! Heil Hitler« enthielten, wundert hingegen kaum.

Keine Stunde Null im Alpenverein

Nachdem Innsbruck durch österreichische Widerstandskämpfer befreit worden war, marschierten US-Truppen am 3. Mai 1945 in die Hauptstadt Tirols ein. Hier wurde am 5. Mai die Kapitulationserklärung der 19. deutschen Armee unterzeichnet. Damit war in Tirol der Krieg zu Ende und das Naziregime gestürzt. Für die Innsbrucker Alpenvereinszentrale in der Erlerstr. 9/3 scheint sich dadurch jedoch nicht viel geändert zu haben. In einem Brief vom 9. Juli 1945 bezeichnete Generalsekretär Dr. Walter von Schmidt-Wellenburg die Samoarhütte in den Ötztaler Alpen noch immer als Hermann Goering-Haus, beließ es allerdings zum Abschied politisch feinfühlig bei einem »Mit deutschem Bergsteigergruß!«[17] Über die Tätigkeit und Absichten der Innsbrucker Alpenvereinsleitung im Sommer 1945 gibt ein Schreiben Auskunft, das Schmidt-Wellenburg im September 1945 durch einen Boten an den alliierten Kontrollinstanzen vorbei den »Alpenvereinszweigen« in Darmstadt hatte überbringen lassen. Schmidt-Wellenburg berichtete in diesem Brief, die zuständige staatliche Behörde hätte einen treuhänderischen Verwaltungsausschuss als Vereinsleitung eingesetzt, um dann auf deren wichtigste Zielsetzungen einzugehen:

Oberstes und ausschliessliches Bestreben dieser treuhänderischen Vereinsleitung ist es, die Einheit des Gesamtvereins trotz der zu erwartenden Aufspaltung des bisherigen Reichsgebietes in mehrere Ländergebiete, der damit zu erwartenden neuen Grenzziehungen und der vorläufigen Schwierigkeiten des Reise- und Briefverkehrs, zu erhalten. In diesem Bestreben findet sie die Billigung und Mithilfe nicht nur aller vernünftigen Kreise im ganzen Alpenverein, sondern auch die Mitarbeit in den Zweigen selbst. Die weitere Absicht geht dahin, das gesamte in Österreich liegende Alpenvereinsvermögen, insbesondere jenes der nichtösterreichischen Zweige zumindest treuhänderisch verwalten zu dürfen, sodass es nicht dem Zugriff Vereinsfremder offen steht. Gelingt es, diesen beiden vordringlichen Absichten der Erhaltung des Gesamtvereins und der Sicherung oder Erhaltung seines Eigentums und desjenigen seiner Zweige zu verwirklichen, dann sind die Grundvoraussetzungen für die spätere erfolgreiche Wiederaufbauarbeit ohne weiteres gegeben […].[18]

Diesem Wiederaufbau stellten sich vorerst erhebliche Hindernisse entgegen. Auf Betreiben der Naturfreunde wurde der Alpenverein in Österreich verboten und das gesamte »reichsdeutsche« Vermögen von den Alliierten beschlagnahmt. Da jedoch der Alpenverein in Tirol über hervorragende Verbindungen verfügte, wurden hier weder das Verbot noch die Beschlagnahmungsverfügung umgesetzt. Hier konnte die Innsbrucker Vereinsleitung auch praktisch unangefochten die treuhänderische Verwaltung der in reichsdeutschem Eigentum befindlichen Hütten übernehmen.[19] Mit der ihnen eigenen Stringenz und Umsicht stellten Schmidt-Wellenburg und Dr. Karl Erhardt über einen geheimen Botendienst zudem wieder die Verbindung zu den deutschen Sektionen her.[20]

Schon im Winter 1945/46 trafen sich Schmidt-Wellenburg und Dr. Hans Senn vom Innsbrucker Alpenvereinshauptquartier in Kiefersfelden mit ihrem Münchner Ansprechpartner Adolf Sotier, um organisatorische Details der Zusammenarbeit zu besprechen und Fragen der Verwaltung der deutschen Hütten auf österreichischem Gebiet zu klären.[21] Sotier organisierte in den Räumlichkeiten des Bruckmann Verlags eine »Zahl- und Buchungsstelle München«, die kurzfristig als geheimes Lebenszentrum des Alpenvereins in Deutschland fungierte.[22] So kam es, dass viele Alpenvereinssektionen in den von Engländern, Franzosen und Amerikanern besetzten Gebieten Deutschlands ihre Tätigkeit bereits kurz nach Kriegsende wieder aufnehmen konnten. Auch die Mehrzahl der in Tirol liegenden Alpenvereinshütten in deutschem Eigentum wurde im Sommer 1946 unter österreichischer Verwaltung wieder voll in Betrieb genommen.

Inzwischen hatte die französische Besatzungsmacht in Tirol von den politisch verdächtigen »restaurativen« Aktivitäten in der Innsbrucker Alpenvereinszentrale Wind bekommen. Die Franzosen reagierten prompt: Schmidt-Wellenburg wurde zusammen mit seinem Mitarbeiter Erhardt verhaftet und im Juni 1946 in ein »Anhaltelager« gesteckt. Weihnachten 1946 erhielt der Deutsche den Ausweisungsbefehl aus Österreich. In München erkundigte sich Erhardt bei Sotier nach der Möglichkeit einer Anstellung in der Zahl- und Buchungsstelle des Alpenvereins.[23] Doch obwohl der damals in München tonangebende Alpenvereinsfunktionär die Fähigkeiten des Organisationstalents kannte und schätzte, konnte Sotier dem gewesenen Alpenvereinssekretär nicht helfen. Denn die Zukunftsaussichten des Alpenvereins in Bayern waren um diese Zeit mehr als schlecht.

Verboten, geduldet – und wieder verboten

Die Alpenvereinssektionen auf deutschem Staatsgebiet hatten nach Kriegsende alle Kräfte mobilisieren müssen, um wieder auf die Beine zu kommen. In den letzten Kriegsjahren hatte die alpine Arbeit erheblich gelitten. Nach der Niederlage blieben den Betätigungsmöglichkeiten des Alpenvereins in Deutschland enge Grenzen gesetzt. Denn die Alliierten hatten bereits vor Kriegsende ein Verbot aller ehemals nationalsozialistischen Organisationen verfügt, zu denen wegen seiner Mitgliedschaft im NS-Reichsbund für Leibesübungen auch der Alpenverein zählte.[24] Der eindeutigen Gesetzeslage zum Trotz waren die Militärregierungen in den amerikanischen und britischen sowie zum Teil auch in den französischen Zonen nach Kriegsende oft bereit, zumindest die lokalen Aktivitäten der Alpenvereinssektionen zu tolerieren.

Wenige Wochen nach der Kapitulation hatte sich der Oberland-Vorsitzende Adolf Sotier mit dem stellvertretenden Vorsitzenden der Sektion München, Dr. Ambros Nuber und deren Beiratsmitglied Fritz Schneider getroffen, um die für den Wiederaufbau notwendigen Schritte zu planen. Um durch eine offizielle Genehmigung Rechtssicherheit zu erlangen, bat Nuber den neu eingesetzten bayerischen Ministerpräsidenten Dr. Fritz Schäffer – ein Mitglied der Sektion München – um Vermittlung bei der amerikanischen Militärregierung. Sotier nahm zudem Verbindung mit dem Münchner Kardinal Michael von Faulhaber auf. Der Kirchenfürst zeigte Verständnis für die Anliegen des Alpenvereins und sicherte seine Unterstützung zu. Jedoch wies Faulhaber auch ausdrücklich auf die Donaulandaffäre sowie die Einführung des Arierparagrafen hin und machte damit deutlich, dass die dunklen Flecken der Alpenvereinsgeschichte nicht vergessen waren.[25]

Am 26. Juli 1945 erläuterten die drei führenden Münchner Alpenvereinsstrategen dem bayerischen Arbeitsminister Albert Rosshaupter die schwierige Lage des Vereins. Einige Tage später erhielt der Minister eine von Sotier und Nuber verfasste ausführliche Denkschrift mit der Bitte um Weiterleitung an die Militärregierung.[26]

Auch in den kleinen Sektionen regte sich wieder Leben. So informierte die Sektion

Bergfried bereits kurz nach dem Krieg ihre Mitglieder über die aktuelle Situation:

Lieber Bergkamerad!

Die Lage ist nun soweit geklärt, daß der Alpenverein bestehen bleibt. Es wird in Zukunft wohl wieder einen Deutschen und einen Österreichischen Alpenverein geben. Eine Vereinigung der beiden Vereine zu einem späteren Zeitpunkt ist vorgesehen, wenn die zur Zeit bestehenden unklaren politischen Verhältnisse geklärt sind.

Unsere Sektion bleibt auch weiter bestehen. Zusammenkünfte können noch nicht stattfinden, weil von seiten der Militärregierung Zusammenkünfte vorerst noch verboten sind. Erst wenn der neue Alpenverein anerkannt ist werden die Sektionen ihr Vereinsleben wieder aufnehmen können.[27]

Da die Schaffung eines das deutsche und österreichische Staatsgebiet umfassenden Alpenvereins in absehbarer Zeit nicht gelingen konnte, machte man sich in München an die Gründung eines neuen, auf Bayern beschränkten Dachverbandes. Am 22. Oktober 1945 trafen sich die Vertreter von zwölf Sektionen der bayerischen Hauptstadt in den festlich geschmückten Räumlichkeiten der Sektion München, um den Deutschen Alpenverein zum zweiten Mal aus der Taufe zu heben. Bei diesem ersten Versuch zur Neuformierung des Alpenvereins in Deutschland wurde die von Sotier vorbereitete Satzung einstimmig genehmigt.[28] Keine drei Wochen später, am 9. November 1945, kamen die Münchner Vorstände des Alpenvereins erneut zusammen und beschlossen die Erweiterung der Dachorganisation auf alle im amerikanischen Besatzungsgebiet befindlichen Sektionen. Später sollten auch die in den englischen, französischen und sowjetischen Besatzungszonen beheimateten Alpenvereinsgruppierungen zum Beitritt aufgefordert werden. Außerdem wurde beschlossen, die Unterausschüsse der Sektionen politisch zu bereinigen, »diejenigen Personen, die in der Öffentlichkeit als Kriegsverbrecher gebrandmarkt wurden, […] auszuschliessen« und neue Mitglieder »ohne Rücksicht auf die Zugehörigkeit zu einer Rasse«[29] aufzunehmen.

Zu den Kräften, die damals in Bayern dem Alpenverein gegenüber die größten Vorbehalte hegten, gehörte eine radikale Fraktion der Naturfreunde. Am 7. Dezember 1945 hatten sich Vertreter des Alpenvereins und der Naturfreunde getroffen, um eine Zusammenarbeit im Rahmen des Bayerischen Landessportbundes zu vereinbaren. Außerdem beschloss man ein Gegenrechtsabkommen für die Benutzung der Hütten.[30] Während ein guter Teil der Naturfreunde-Basis den Abschluss dieses »Freundschaftsvertrages« mit dem Alpenverein wegen dessen Verhalten in der NS-Zeit ablehnte, pochte die Vorstandschaft der Naturfreunde auf die Einhaltung. Der Vorsitzende, Xaver Steinberger, drohte gar mit dem Rücktritt, falls die alpenvereinsfeindlichen Kreise in seinem Verband die Umsetzung des Abkommens verweigern würden.[31]

Unterdessen ließ das offizielle Okay der Militärbehörden zur Gründung eines bayerischen Alpenvereins-Dachverbandes auf sich warten. Auf Nachfrage erklärte Arbeitsminister Rosshaupter, »es seien ausser den Gewerkschaften noch keine Vereine genehmigt worden, der Alpenverein möge sich noch gedulden.«[32] Da die Anerkennung eines nationalen Verbandes in absehbarer Zeit kaum zu erhoffen war, beschloss der Ortsausschuss München Ende 1945, vorerst nur die Gründung eines Alpenvereins München für die bayerische Hauptstadt und ihr Umland anzustreben.[33] Aber selbst das ging daneben: Am 27. Mai 1946 erließ der bei der Militärregierung für »Public Safety« zuständige Hauptmann Urban folgenden Befehl an die Polizeidirektion in München: »Der Alpenverein und seine sämtlichen Unterorganisationen sind sofort aufzulösen. Die erteilten Genehmigungen sind sofort zurückzuziehen.«[34]

Was war geschehen? Der Geschäftsführer des Gaues Südbayern der Naturfreunde, Georg Meier, hatte – offenbar gegen den Willen seiner Vereinsleitung – im Mai 1946 eine ausführliche schriftliche »Meldung über die nazistische und militaristische Aktivität des früheren ›Deutschen Alpenvereines‹ verfasst, die dem Ministerium des Inneren, der Polizeidirektion und wohl auch der amerikanischen Militärregierung zuging.[35] Diese Anzeige enthielt in bunter Folge zum Teil zutreffende, zum Großteil aber auch unwahre Beschuldigungen. So wurde behauptet, der Alpenverein hätte »während des ganzen Naziregimes das Monopol des Alpinismus an sich gerissen.«[36] Auch die aufgezwungene Unterstellung unter den Reichsbund für Leibesübungen wurde ihm zur Last gelegt sowie die aufoktroyierte Einheitssatzung samt dem darin enthaltenen Arierparagrafen. In ihrer Summe liefen die Beschuldigungen auf die Behauptung hinaus, der Alpenverein sei im Dritten Reich eine nationalsozialistische Organisation gewesen und noch immer rechtsradikaler Umtriebe verdächtig.

Daraufhin schickte Dr. Erhard Otto Schoch, neuer Vorsitzender der Sektion München, dem amerikanischen Oberbefehlshaber General Muller ein auf den 19. Juni 1946 datiertes Memorandum, in welchem er die erhobenen Vorwürfe zu entkräften suchte. Schoch wies darauf hin, dass sich der Vorstand seines Vereins aus politisch unbelasteten Persönlichkeiten zusammensetzte. Mit dem Naziregime hätte die Alpenvereinssektion München nur zum Schein zusammengearbeitet. Trotz des »braunen Mäntelchens«, das er sich umgehängt habe, sei der Alpenverein im Grunde gegen den Nationalsozialismus eingestellt gewesen.[37]

Unbekannt. Paul Hübel, um 1935.
Archiv DAV.
Der Berggeist Paul Hübel und der Hochländer Hans Ackermann trugen wesentlich dazu bei, dass die in Bayern verbotenen Sektionen wiedergegründet werden konnten.

Für einen echten Neubeginn

Im Frühsommer 1946 wurde eine kleine Gruppe einflussreicher deutscher Bergsteiger aktiv, die entschlossen war, den völkisch-großdeutschen Verirrungen des Alpenvereins ein für alle mal ein Ende zu setzen. Einer von ihnen war der bekannte Bergschriftsteller Paul Hübel, der als Mitgründer der Gesellschaft alpiner Bücherfreunde auch eng mit jüdischen Autoren zusammengearbeitet hatte. Im Juli 1946 berichtete Berggeist Hübel dem neuen Vorsitzenden der – noch illegal operierenden – Sektion Bayerland, Fritz Schmitt, von der verfahrenen Situation, in welche der Alpenverein geraten war:

[…] gerne hätte ich Sie wieder einmal hier gesprochen, da mir gestern H. Sotier […] über die weitere Lage des AV berichtete und sehr verstimmt war und wenig Hoffnung auf eine baldige gute Regelung der Angelegenheit hat. […] Niemand weiß, wie sich die Dinge weiter entwickeln, aber ich habe das Gefühl, daß wir solange nicht vorwärts kommen, als bis auch hier im AV. die fraglos bekannte Nicht-Säuberung aufgehoben ist. Es muß aber jetzt bald etwas geschehen, damit der alpine Karren nicht endgültig im Dreck liegen bleibt. […]

[Verleger Richard, N.M.] Pflaum […] ist der Meinung, daß wir ruhig die Sekt. in neue alpine Vereine auferstehen lassen sollen und eine Zentralleitung wird sich dann später immer ermöglichen lassen. Ich stimme dem bei, aber nur dann, wenn nicht nur jeder AV-Ausschuß unbelastete Leute ans Ruder stellt, sondern auch nachzuweisen in der Lage ist, daß die Nazi-Hintermänner besonderen Kalibers fern zu bleiben haben! Ich lege Ihnen vertraulich eine Abschrift jenes Briefes bei, den Paul Bauer an die Sekt. s. Zt. gerichtet hat und dem es auch durch diesen Druck gelang, eine ganze Reihe von nazifeindlichen Sekt. Leitern zu Pg.'s [Parteigenossen der NSDAP, N.M.] zu stempeln, die heute auf der Straße liegen. Und dieser Reklame-Alpinist hat heute schon wieder den Mut, sich in Vordergrund zu stellen! […] solche Konjunktur-Ritter gibt es genügend, aber wir Bergsteiger dürfen nicht dulden, daß durch solche u. a. Erscheinungen unser alpines Vereinsleben und nicht zuletzt die Zukunft unseres alpinen Nachwuchses leidet und alles verloren geht, was noch zu retten ist.[38]

Doch bereits eine gute Woche später stellte sich die Lage deutlich hoffnungsvoller dar. Hübel hatte die Militärregierung in der Münchner McGraw-Kaserne aufgesucht:

[…] bei dieser Gelegenheit verwendete ich mich auch wegen der Zulassung von Gründungsversammlungen der aufgelösten Sekt. was zu dem sehr wahrscheinlichen Ergebnis führen

dürfte, daß demnächst doch wieder Gründungs Vers. genehmigt werden dürften.[39]

Und genau so geschah es dann auch. In Zusammenwirkung mit Schmitt machte ein unbelastetes Mitglied der Sektion Hochland, der Oberregierungsrat im bayerischen Innenministerium Hans Ackermann, die aufgelösten Sektionen in Rundschreiben auf den Fortgang der Rechtslage aufmerksam und forderte sie zur Neuformierung als »Alpenklubs« auf. Im Winter 1946/47 führten die meisten Münchner Sektionen mit offizieller Genehmigung der Militärregierung Wiedergründungs-Versammlungen durch, wenn auch unter der von Ackermann empfohlenen unverfänglichen Bezeichnung. Der Alpenklub Berggeist eröffnete den Reigen, gefolgt vom Alpenklub München und allen anderen Münchner Sektionen. Schlusslicht bildete die Sektion Bayerland.

Nachdem die Münchner Alpenklubs ins Leben gerufen waren, initiierte Adolf Sotier die zweite Phase der Schaffung eines alpinen Verbandes, dessen Wirkungskreis vorerst auf Bayern beschränkt bleiben sollte: Für den 18. Mai 1947 berief er im kleinen Sitzungssaal des Münchner Rathauses die Gründungsversammlung der Landesarbeitsgemeinschaft der alpinen Vereine in Bayern (LAG Bayern) ein. Anwesend waren auch Vertreter des Nordwestdeutschen Sektionenverbandes sowie der nordrhein-westfälischen, der hessischen und der badenwürttembergischen Sektionen.[40]

Als Schmitt merkte, dass die Wahl des 1. Vorsitzenden auf Sotier hinauslief, brachte er den »zufällig« anwesenden Albert Heizer ins Spiel. Schmitts Argument, die politische Vergangenheit der Persönlichkeit Sotier würde in dieser noch von der US-Militärregierung beherrschten Zeit der LAG Bayern schaden, bewog schließlich die Versammelten, Heizer zu wählen.[41] Wie bereits berichtet, war der in Planegg bei München ansässige Rechtsanwalt Heizer ein überzeugter Vertreter jenes »idealen«, spirituell geprägten Alpinismus, wie er vor der Nazizeit vom Kern der Bergsteigergruppe um Eugen Oertel und Walter Schmidkunz propagiert worden war.

Allen anderweitigen Beteuerungen zum Trotz dürfte Heizers Anwesenheit bei der Gründungssitzung der LAG Bayern genauso wenig ein Zufall gewesen sein wie seine Wahl zum Ersten Vorsitzenden. Die demokratisch orientierten Alpenvereinsrebellen beabsichtigten offensichtlich, den Alpenverein in Deutschland von vornherein mit Leuten zu besetzen, die einen wirklichen Neuanfang wollten. Die deutsch-völkischen Kräfte, welche seit der Donaulandaffäre im Alpenverein immer stärker an Einfluss gewonnen hatten, sollten in dem neuen Bergsteigerverband nicht mehr zum Zug kommen.

Unbekannt. Hans Ackermann, um 1960. Archiv DAV, Bestand Sektion Hochland.

Das auf Wandel setzende Lager hatte wohl geplant, den Bruch mit der Vergangenheit bereits bei der Gründungssitzung der LAG ein für alle Mal zu vollziehen. Hübel stellte im Namen des Alpenklubs Berggeist einen Antrag, der darauf abzielte, nicht nur Sotier, sondern auch alle seine Gesinnungsgenossen mit einem Zug Schach matt zu setzen:

Die Landesarbeitsgemeinschaft soll sich wieder ausschliesslich den kulturellen Aufgaben des ehemaligen Alpenvereins widmen und die wissenschaftliche und praktische Erschliessung der Alpen fördern und ausbauen. Aus diesem Grunde können Mitglieder der Vereinsführung aus den Jahren 1933-1945 nicht Mitglieder der Vorstandschaft der Landesarbeitsgemeinschaft sein.[42]

Da Hübels Ansinnen nicht die Zustimmung der Versammlungsteilnehmer fand, wurde der Antrag bis zu einer künftigen ordentlichen Hauptversammlung zurückgestellt. Vertagung hin oder her: Der Krieg um die Erbfolge des Deutschen und Österreichischen Alpenvereins war hiermit offiziell erklärt. Denn die mächtige Phalanx deutschnationaler Kräfte, die den Alpenverein zwischen 1933 und 1945 geleitet hatte, wich den Vertretern eines demokratisch-humanitären, kosmopolitisch ausgerichteten Alpinismus nicht kampflos.

Verhärtete Fronten

Inzwischen waren die alten Kräfte bereits voller Elan dabei, in Deutschland Strukturen zu schaffen, die den Zusammenschluss der nicht-österreichischen Sektionen mit den unmittelbar von Innsbruck organisierten Alpenvereinsgruppierungen vorbereiten sollten. Zentralfigur dieser Bestrebungen in Deutschland war kein anderer als Dr. Karl Erhardt. Nachdem Adolf Sotier dem heimatlos gewordenen »Edelweißbeamten« nicht hatte weiterhelfen können, war Erhardt noch im Hochwinter 1947 von München nach Hamburg weitergereist, um dort dem Vorsitzenden des Nordwestdeutschen Sektionenverbandes, Dr. Arthur Schmidt, seine Dienste anzubieten. Doch auch diese Hoffnung zerschlug sich. Erhardt fuhr weiter nach Stuttgart. Am 16. März 1947 wurde von den – traditionell eng mit dem Innsbrucker Alpenvereinshauptquartier zusammenarbeitenden – badischen und württembergischen Sektionen die Einrichtung einer Verwaltungszentrale – der so genannten Beratungsstelle – beschlossen[43], deren Leitung Erhardt innehatte.

Bayerische und nordwestdeutsche Sektionen waren zum Gründungstreffen der Beratungsstelle nicht geladen worden. Unterstützt durch die Sektionen Stuttgart und Schwaben sowie die Stadtverwaltung der württembergischen Hauptstadt, welche die Räumlichkeiten zur Verfügung stellte, nahm die Beratungsstelle am 1. April 1947 ihre Arbeit auf.[44] Der Verzicht auf die Bezeichnung Alpenverein war zunächst notwendig, weil die Besatzungsmächte überregionale Zusammenschlüsse verboten hatten. Doch genau dieses bezweckte die Beratungsstelle. Ihre Zuständigkeit erstreckt sich von Beginn an auch auf die Vereinsgruppierungen in Rheinland-Pfalz, Hessen und Nordrhein-Westfalen. Die Aufgaben des Stuttgarter Büros beschreibt der Jahresbericht 1947 des Alpenvereins Mannheim wie folgt:

Diese Stelle berät die einzelnen Alpenvereine, fördert ihre Fühlungnahme untereinander und unterstützt sie in ihrem Eigenleben. Andererseits hat die Beratungsstelle die Sicherung der alpinen Arbeitsgebiete der Alpenvereine zu betreiben und gemäß Satzung alle grundsätzlichen Maßnahmen vorzubereiten und durchzuführen, die dem allgemeinen Vereinszweck dienen.[45]

Auf ehrenamtlicher Ebene war Karl Stockinger, Mitglied der Sektion Schwaben und Stuttgarter Stadtdirektor a. D., Erster Vorsitzender der Beratungsstelle.[46] Den Vorsitz des für die Beratungsstelle zuständigen Beirates übernahm der Frankfurter Nachkriegsbürgermeister Dr. Kurt Blaum, ein politisch unbelasteter Berufspolitiker der CDU.[47] Als Geschäftsführender Vorsitzender dieses Beirates fungierte der 1947 aus der Kriegsgefangenschaft heimgekehrte Alfred Jennewein[48], der, wie erwähnt, als Mitglied im Stuttgarter Verwaltungsausschuss des DuÖAV als Antisemit aufgetreten war.

Die Dokumente belegen, dass die Tätigkeit der Stuttgarter Beratungsstelle auf die Wiederherstellung des großdeutschen Alpenvereins ausgerichtet war. Auf dieses Ziel arbeitete jetzt eine Gruppe von Persönlichkeiten hin, die im DuÖAV zwischen den Weltkriegen Führungspositionen innegehabt hatten: In Deutschland Jennewein[49], Erhardt und Adolf Sotier, in Österreich Dr. Walter von Schmidt-Wellenburg und Prof. Dr. Raimund von Klebelsberg.

Ein wichtiges Etappenziel von Erhardts Beratungsstelle bestand darin, die »Münchner« zur Eingliederung in die von »Stuttgart« geschaffenen Strukturen zu bewegen. Als die Vertreter der südwestdeutschen Sektionen dieses Vorhaben auf einer Sitzung am 5. Oktober 1947 in Stuttgart verwirklichen wollten, scheiterten sie jedoch am vehementen bayerischen Widerstand. Aus Münchner Sicht »einigte man sich dahingehend, dass die LAG Bayern die hauptsächlichste Arbeit zu leisten habe, während die Beratungsstelle Stuttgart sich der Ausarbeitung einer Denkschrift widmet über Bedeutung, Stellung, Leistung und Arbeit des Alpenvereins im allgemeinen, um dieses Gutachten für den kommenden Friedensvertrag bereit zu haben und dann den maßgebenden Kreisen zu unterbreiten.«[50] Dieser vereinbarten Arbeitsteilung zum Trotz setzte Erhardt den Aufbau seiner Beratungsstelle fort. Parallel dazu richtete die LAG Bayern unter der Leitung von Dr. Hermann Bühler in den Räumlichkeiten des Bruckmann Verlags, Nymphenburger Str. 86, eine Geschäftsstelle ein, welche die Verwaltung der bayerischen Sektionen übernahm.[51]

Im April 1948 erschien auch Heft 1 der *Mitteilungen der Landesarbeitsgemeinschaft der alpinen Vereine in Bayern*, herausgegeben von Fritz Schmitt und zum Großteil aus seiner eigenen Tasche finanziert. Schmitt war jedoch nicht nur der Schriftleiter des neu gegründeten Verbandes, sondern kann getrost als die »Graue Eminenz« hinter den Aktivitäten der LAG Bayern und ihrer Nachfolgeorganisationen angesehen werden. Diese Rolle spielte der unscheinbar auftretende Schmitt bis weit in die Fünfzigerjahre hinein. Wenn er in einer Versammlung etwas »zu bedenken gab«, konnte er fast sicher sein, dass ihm die Anwesenden folgen würden. Gut informierte Zeitzeugen berichten, dass Dr. Albert Heizer – langjähriger Sprecher des kosmopolitisch-demokratischen Lagers im Alpenverein – keine weitreichende Entscheidung fällte, ohne sich vorher mit Fritz Schmitt zu besprechen.[52]

Von welchem Geist der Neubeginn geprägt sein sollte, machte Albert Heizer in seinem Leitbeitrag in Heft 1 der *Mitteilungen* deutlich:

Unvergänglich und unveränderlich steht über allem Zusammenbruch und dem Chaos der Jetztzeit die Idee, deren Symbol für uns der Berg ist: Der Berg, dessen Gipfel hineinragt aus den Tälern dieser Erde in andere Sphären. Das Wissen um diese Zusammenhänge und die gleiche unbestimmte Sehnsucht, die sie treibt und die nicht zerredet und nicht zerschrieben werden sollte, einigt alle, die mit lauterem Sinn sich den Bergen nahen, fern der Politik, ohne Klassen- und Rassenunterschiede, gleichgültig in und hinter welchen Grenzen. Alle diese Bergsteiger sind Kameraden.

Diese Kameradschaft muß natürlich irgendwie organisiert werden. Damit entsteht Menschenwerk, im Gegensatz zur ewigen Idee dem Wandel der Zeiten unterworfen. Dies ist für das Bestehen der Organisation besonders gefährlich, wenn sie nicht mehr in ihren eigentlichen kulturellen und damit ideellen Bestimmungen ihre Hauptaufgabe hat, sondern wesensfremden Zwecken dienstbar geworden ist. Der restlose Zusammenbruch des Deutschen Alpenvereins ist die traurige, aber natürliche Folge dieser Naturwidrigkeit: Er war sich selbst untreu geworden. Man sah nicht mehr die idealen, zeitlosen Ziele, die den Gründern des alten Alpenvereins vorschwebten, sondern machte den machtvollen und angesehenen, nur ideellen Verein anderen, gerade nützlich scheinenden und vergänglichen Zwecken dienstbar! So wurde der Alpenverein in den Strudel des Untergangs des Systems, dem er dienen sollte, hineingezogen und wenn wir (ihn???) wieder aufbauen wollen, dann müssen wir wieder zurückgehen auf die zeitlosen Werte des Alpinismus, auf die ureigensten Aufgaben des Alpenvereins, dürfen wieder nur zweckungebunden arbeiten an der Verwirklichung der alpinen Idee, in Ehrfurcht vor dem Großen und aufgeschlossen für alles Schöne.[53]

Unbekannt. Dr. Karl Erhardt, um 1960.
Archiv DAV.
Der ›Verwaltungsbergsteiger‹ Erhardt war von 1935 bis 1973 für den Alpenverein tätig.

Obwohl Heizer in seinem Leitwort unterstrich, dass die Zuständigkeit der LAG auf Bayern beschränkt war, stellte sich der Verband fast wie ein Alpenverein im Kleinen dar. Wie im Deutschen und Österreichischen Alpenverein vor 1933 wurden Verantwortungsträger für die verschiedenen Fachgebiete gewählt. Der Vorstand verfügte mit Hans Ackermann über einen Jugendreferenten, Fritz Lense zeichnete für den Naturschutz verantwortlich, das Thema Hütten und Wege wurde von Ludwig Aschenbrenner vertreten, Schatzmeister war Rudolf Zett, Oskar Krammer hatte den Bereich des Führer- und Ausbildungswesens übernommen und Paul Hübel kümmerte sich um die kulturellen und wissenschaftlichen Belange.[54]

Zudem betrieb die LAG, wie schon erwähnt, eine funktionierende Geschäftsstelle, die in Eigenregie Mitgliedsausweise und Jahresmarken drucken ließ und an die Alpenklubs im Lande verschickte.

Die Münchner Vereinsstrategen hatten Satzung und Struktur der LAG Bayern von vornherein so angelegt, dass die Landesarbeitsgemeinschaft durch den Beitritt der anderen Alpenklubs in Deutschland ohne großen Aufwand in einen nationalen Bergsteigerverband verwandelt werden konnte. Ein weiterer entscheidender Schritt in diese Richtung erfolgte am 19. Juni 1948 bei einem Treffen der bayerischen Alpenvereine auf den Herzogstandhäusern über dem Walchensee. Das wohl wichtigste Ergebnis dieser Tagung war die satzungsmäßige Änderung des Vereinsnamens in »Alpenverein (Landesarbeitsgemeinschaft Bayern) E.V.« Die Bezeichnung »Alpenverein E. V.« wurde laut Heizer bewusst gewählt, um später nicht nur eine Erweiterung auf nationaler Ebene möglich zu machen, sondern auch den Zusammenschluss mit dem Alpenverein in Innsbruck zu einem transnationalen Verband nach Art des DuÖAV.[55]

In eine rechtlich gültige Form gegossen wurde die Existenz des Alpenverein (Landesarbeitsgemeinschaft Bayern) E.V. am 14. September 1948 mit der offiziellen Gründung durch sieben Münchner Alpenklubs. Auf der Gründungsurkunde trägt die damit entstandene Organisation allerdings den Namen Alpenverein – ohne Zusatz Landesarbeitsgemeinschaft Bayern. Mit diesem am 25. September 1948 beim Amtsgericht München eingegangenen Dokument beginnt die amtliche Akte des Deutschen Alpenvereins.[56] Dies bedeutet, dass der heutige Deutsche Alpenverein vereinsrechtlich gesehen nicht am 22. Oktober 1950 in Würzburg gegründet wurde, sondern bereits mehr als zwei Jahre zuvor! Die Nachfolge des alten DuÖAV, der ab 1938 unter der Bezeichnung Deutscher Alpenverein firmierte, trat nach dem Krieg in vereinsrechtlicher Hinsicht der Alpenverein (Innsbruck) an – von der Sicherheitsdirektion der Besatzungsmacht am 20. September 1945 genehmigt. Einem Hauptversammlungsbeschluss vom 10. September 1950 entsprechend, wurde dieser in Innsbruck ansässige Alpenverein als Oesterreichischer Alpenverein weitergeführt.[57] Damit ist klar, dass die Formierung des Alpenvereins in Deutschland nach dem Zweiten Weltkrieg juristisch gesehen keine Wieder-, sondern eine Neugründung war.

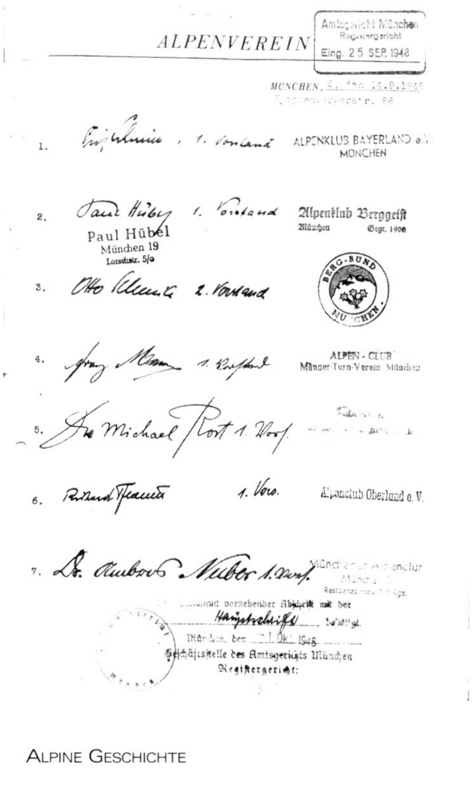
ALPENVEREIN

Amtsgericht München
Registergericht
Eing. 25. SEP. 1948

MÜNCHEN,

1. , 1. Vorstand — ALPENKLUB BAYERLAND e.V. MÜNCHEN
2. Paul Hübel, 1. Vorstand — Paul Hübel, München 19, Lorschstr. 5/0 — Alpenklub Berggeist München Gegr. 1900
3. Otto , 2. Vorstand — BERG-BUND MÜNCHEN
4. , 1. Vorstand — ALPEN-CLUB Männer-Turn-Verein München
5. Dr. Michael Rott 1. Vors.
6. Richard , 1. Vors. — Alpenclub Oberland e.V.
7. Dr. Ambros Nieber 1. Vors.

Übereinstimmung vorstehender Abschrift mit der Hauptschrift bestätigt.
München, den .. Okt. 1948
Geschäftsstelle des Amtsgerichts München
Registergericht:

Gründungsurkunde des Deutschen Alpenvereins. Archiv DAV. *Vereinsrechtlich gesehen wurde der Deutsche Alpenverein am 14. September 1948 ins Leben gerufen. Die Vertreter von sieben Münchner Sektionen unterzeichneten das Gründungsdokument.*

Vorsitzender dieses deutschen Nachkommen des altehrwürdigen DuÖAV – der nach außen als Alpenverein (LAG Bayern) E.V. auftrat – war Heizer. Dass sich sein Kontrahent Sotier plötzlich auf dem vereinspolitischen Abstellgleis wiederfand, wurde ihm durch die Ernennung zum Ehrenvorsitzenden versüßt.

Tief in der Sackgasse

Inzwischen ließ das Verhältnis zwischen dem Alpenverein (LAG Bayern) E.V. und den Landesarbeitsgemeinschaften Württemberg-Baden, Hessen und Nordrhein-Westfalen auf eine baldige Einigung hoffen. Immerhin trafen sich am 7. November 1948[58] die Vertreter der Teilverbände in Ulm und gründeten eine Interessengemeinschaft, welche auf die Formierung einer nationalen Dachorganisation hinarbeiten sollte. Der Verwaltungsausschuss des Alpenverein E.V. würde künftig auch als Verwaltungsausschuss der Interessengemeinschaft fungieren. Ein aus Vertretern der Landesarbeitsgemeinschaften bestehender Hauptausschuss wurde ebenfalls bestellt, in welchem der ehrenamtlich für die Leitung der Stuttgarter Beratungsstelle zuständige Karl Stockinger den Vorsitz innehaben sollte.[59] Zudem waren die der Beratungsstelle Stuttgart angehörigen Landesarbeitsgemeinschaften bereit, sich an den Kosten für Ausgaben zu beteiligen, die von der Landesarbeitsgemeinschaft Bayern im gemeinsamen Interesse aller Alpenvereinsgruppierungen in Deutschland getätigt wurden.

Bergsteigerorganisationen im sowjetisch besetzten Teil Deutschlands standen bei diesem Prozess außen vor. Ehemaligen Alpenvereinssektionen, die sich um ein selbstständiges Weiterbestehen bemüht hatten, war im Herbst 1948 ein abschlägiger Bescheid zugegangen. Eine Weiterexistenz wäre nur im Rahmen des 1948 in der Sowjetischen Besatzungszone gebildeten Deutschen Sportausschusses möglich gewesen, nicht jedoch in einem gesamtdeutschen – oder gar transnationalen – Verband.[60]

Zu den Aktivitäten der Interessengemeinschaft, die von beiden Fraktionen mitgetragen wurden, zählte auch die Publikation einer gemeinsamen Zeitschrift, die ab Januar 1949 unter der Bezeichnung *Mitteilungen des Alpenvereins* von Fritz Schmitt herausgegeben wurde.

Dieser hoffnungsvollen Entwicklung zum Trotz stemmten sich starke Kräfte in der Stuttgarter Fraktion gegen die in Ulm vereinbarte Vorbereitung einer gemeinsamen Gründungshauptversammlung. Auf einem Treffen der Landesarbeitsgemeinschaften am 21. Mai 1949 rückten die Vertreter der Beratungsstelle von dem in Ulm vereinbarten Plan der baldigen Gründung eines Gesamtvereins ab. Kurt Blaum, Vorsitzender des Beirates der Beratungsstelle, wurde deutlich:

»Dr. Heizer hat recht, wenn er sagt, dass wir von den Ulmer Beschlüssen abgehen wollen, aber wir gingen von Ulm weg mit der Meinung, dass sich die Wiedereinrichtung des Gesamtvereins rasch verwirklichen lässt und nun muss ich sagen, dass es länger dauern kann und es ist fraglich, ob der seinerzeitige Beschluss der richtige war.«[61]

Wiederholt wurde auf dieser Sitzung seitens der Beratungsstellenfraktion darauf hingewiesen, dass ein lockerer Zusammenschluss in Form einer Interessengemeinschaft vorzuziehen wäre. Die wichtigsten Argumente hierfür waren die aus diesem Schritt möglicherweise erwachsenden Probleme bezüglich der Wiedererlangung des in Österreich liegenden Hütteneigentums der deutschen Sektionen sowie angebliche Schwierigkeiten, die den Sektionen in der französischen Zone durch die Bildung eines formellen Verbandes erwachsen würden.[62]

Als den Münchnern der wachsende Widerstand der »Westfraktion« deutlich wurde, ging die LAG Bayern in die Offensive: In einem an alle Alpenvereinsgruppierungen der am 23. Mai 1949 entstandenen Bundesrepublik Deutschland gerichteten Rundschreiben, machten die Münchner ihre Absicht bekannt, auf dem für den 7. bis 9. Oktober 1949 angesetzten Alpenvereinstag in Coburg einen Verband mit nationaler Geltung ins Leben zu rufen. Alle Sektionen in Deutschland wurden eingeladen, dieser bundesweiten Vereinigung beizutreten.[63]

Besonders Alfred Jennewein, geschäftsführender Vorsitzender des Beirats der Beratungsstelle Stuttgart, war strikt gegen diesen Vorschlag. Es entbehrt nicht einer gewissen Ironie, dass ausgerechnet jener Mann, der 1950 zum Ersten Vorsitzenden des DAV gewählt wurde, der Gründung eines auf Deutschland beschränkten Alpenvereins erheblichen Widerstand entgegensetzte:

Die Gründung eines »deutschen Alpenvereins« halte ich zur Zeit in völliger Übereinstimmung mit dem Vorsitzenden und dem Beirat der Beratungsstelle sowie nach neuester Fühlungnahme mit entscheidenden Herren des »Alpenvereins«, Sitz Innsbruck, im gegenwärtigen Zeitpunkt für falsch. […] Authentische Äußerungen der massgebenden Herren dieses Vereins in allerjüngster Zeit gehen dahin, dass es den Vertretern dieses Vereins nahezu unmöglich sein dürfte, mit einem formell wiedererstandenen »DAV« der alle Alpenvereine in einem deutschen Dachverband zusammenschliesst, in diesem Sinne zu arbeiten. Die Verbindung eines handlungen beteiligten.[79] Seitens der Beratungsstelle wurden Erich Domeier (Sektion Minden), Karl Buntrock (Sektion Aachen), Dr. Hans Faber (Sektion Schwaben), Dr. Herbert Kalies (Sektion Frankfurt/Main), Bruno Mraczek (Sektion Mannheim) und Dr. Walter Witzenmann (Sektion Pforzheim) in den Ausschuss gewählt. Der Alpenverein E.V. benannte Hans von Bomhard (Sektion Hochland), Dr. Karl Biechele (Sektion Eichstätt), Wolfgang Heuer (Sektion Osnabrück), Dr. Ernst Müller-Bühren (Sektion Hameln), Otto Raab (Sektion München) und Fritz Schmitt (Sektion Bayerland) als Vertrauensmänner.[80]

Die Zwölf Apostel trafen sich am 29. und 30. Juli 1950 in Würzburg. Am 29. Juli war als Ersatzmann der Beratungsstellenfraktion auch Theo Streich (Sektion Mannheim) anwesend. Als Berater nahmen Hans Ackermann und Alfred Jennewein an den Gesprächen teil. Am 30. Juli 1950 verabschiedete der vorbereitende Ausschuss einstimmig folgenden Beschluss:

Resolution

Die zwölf in Würzburg zusammengekommenen Vertrauensmänner des Alpenvereins (E.V.) in München und der in der Beratungsstelle in Stuttgart zusammengefassten Sektionen der Landesarbeitsgemeinschaften Nordrhein-Westfalen, Hessen und Württemberg-Baden sind einhellig der Überzeugung, dass der Zusammenschluss der genannten Sektionen in einem »Deutschen Alpenverein« erfolgen möge.

Unter Rückstellung grundsätzlicher Bedenken, die außerhalb der Zuständigkeit des Alpenvereins liegen, sind sie übereingekommen, zu diesem Zwecke auf den 21./22. Oktober 1950 nach Würzburg einen ***»Deutschen Alpenvereinstag«*** *einzuberufen, dem sie die Vereinigung aller Sektionen auf der Grundlage der von den Vertrauensmännern einstimmig gebilligten Satzung durch Annahme folgenden Beschlusses vorschlagen werden: »Die im Alpenverein (E.V.) in München und in der Beratungsstelle in Stuttgart zusammengekommenen Sektionen (Alpenvereine) schliessen sich als gleichberechtigte Mitglieder in dem hiermit geschaffenen »Deutschen Alpenverein« zusammen.*

Würzburg, 30. Juli 1950
Die Vertrauensmänner[81]

Die allgemeine Zusammenschluss-Euphorie im Alpenverein konnte nicht darüber hinwegtäuschen, dass Jennewein und seine österreichischen Freunde mit ihrem Vorhaben der Neuformierung eines großdeutschen Alpenvereins unter der Führung Innsbrucks gescheitert waren. Auf der außerordentlichen Vertreterversammlung des Alpenvereins E.V., die am 26. August 1950 auf dem Rotwandhaus stattfand, machte Raab seine Strategie deutlich: »Die Aufgabe die gestellt war, war die Liquidation des bisherigen Alpenvereins zu vermeiden und den Freunden im Westen den Beitritt so schmackhaft zu machen, dass es als Zusammenschluss aussah.«[82]

Schwierigster Verhandlungspunkt in Würzburg war die Besetzung des Hauptausschusses und vor allem die Benennung der drei Vorsitzenden des zukünftigen Vereins gewesen. Es fällt auf, dass die Vertre-

Walter Röder. Der Alpenvereinstag in Würzburg 1950. Archiv DAV.
Sieben der »Zwölf Apostel« beim Alpenvereinstag in Würzburg: von links Dr. Ernst Müller-Bühren, Dr. Wolf Heuer, Fritz Schmitt, Dr. Karl Biechele, Dr. Walter Witzenmann, Hans von Bomhard und Otto Raab. Am Rednerpult der Würzburger Oberbürgermeister Dr. Stadelmayer.

auf die Übersiedlung nach Wien vor: Der DOeAV hatte nämlich den Vereinssitz alle fünf Jahre in eine andere Stadt verlegt, und zwar abwechselnd in Österreich und in Deutschland. So war für Ende 1938 – nach München, Innsbruck und Stuttgart – die Übersiedlung der Kanzlei nach Wien vorgesehen, wo ein neuer Verwaltungsausschuss die Vereinsführung übernommen hätte. Damit wäre Eduard Pichl – dessen antisemitische Agitation den Alpenverein in den 1920er Jahren an den Rand der Spaltung gebracht hatte[4] –, inzwischen 65 Jahre alt, zunächst für fünf Jahre Vorsitzender des Verwaltungsausschusses, zugleich Zweiter Vorsitzender des Alpenvereins, und anschließend, so war es Brauch im DOeAV, weitere fünf Jahre Erster Vorsitzender geworden – eine Vorstellung, die auch im Alpenverein keineswegs jedem behagte.

Mit dem »Anschluss« waren die Türen in alle Richtungen wieder aufgetan: Einerseits gab es kein Hindernis für die Eingliederung in das nationalsozialistische Institutionswesen mehr, andererseits war im nunmehr Großdeutschen Reich die regelmäßige, aber lästige und teure Übersiedlung der Kanzlei nicht mehr notwendig. Für die Frage, wie der Sitz des Alpenvereins nach Innsbruck kam, ist die Abwehrhaltung der bisherigen Vereinsleitung vor allem gegen Bauer, aber auch gegen Pichl, ausschlaggebend.

In den ersten Tagen und Wochen nach dem »Anschluss« erwies sich Wolf Werner Graf von der Schulenburg, Leiter des Chefamtes beim Reichssportführer und zugleich Geschäftsführer des reichsdeutschen Sektionenverbandes,[5] als zentrale Figur der Kontakte zwischen Alpenverein und Reichssportführer Hans von Tschammer und Osten. Schulenburg wurde im März 1938 als Sonderbeauftragter nach Wien entsandt, um die »Gleichschaltung« der österreichischen Sportverbände zu leiten. Auch der Generalsekretär des Alpenvereins, Walter Schmidt-Wellenburg, reiste nach Wien, um mit Schulenburg über die Zukunft des Vereins zu verhandeln. Schon am 19. März 1938 konnte er dem Vorsitzenden Raimund Klebelsberg nach Innsbruck berichten, dass der DAV »alleiniger und ausschliesslicher Träger des Alpinismus im DRL [Deutscher Reichsverband für Leibesübungen]« sein werde, der Deutsche Bergsteigerverband unter der Führung von Paul Bauer dadurch überflüssig und verschwinden werde – und: »Der Sitz des DAV soll dauernd in Innsbruck sein.«[6]

Nach Stuttgart, dem Sitz des Alpenvereins, zurückgekehrt, wandte sich Schmidt-Wellenburg an Robert Hartwig, Landesrat und hochrangiger SS-Führer in Innsbruck, und informierte ihn vertraulich von den bevorstehenden Änderungen. Um den Sitz des Alpenvereins würden »die Bergsteigerzentren und Orte mit grossen Sektionen« rivalisieren, »und da ist es insbesondere München, das sich bekanntlich einbildet, bergsteigerischen Geist und Verständnis für Turistik in Erbpacht zu haben.« Nun sei er, Schmidt-Wellenburg, auf die Idee gekommen, »diesem Wettlauf für Innsbruck dadurch einen Vorsprung zu geben, dass die Stadt Innsbruck von sich aus etwas unternimmt, was die Entscheidung des Sportamtes in dieser Hinsicht erleichtern würde« – Innsbruck könnte sich den »offiziellen Zusatz ›Innsbruck, die Stadt der deutschen Bergsteiger‹ geben lassen«:

»Wie das zu machen ist, weiss ich nicht. Ich nehme aber an, dass ein Reichsminister

Der Drahtzieher: Walter Schmidt-Wellenburg, 1960er Jahre.
Alpenverein-Museum, Innsbruck

[2] Nicholas Mailänder, Im Zeichen des Edelweiss. Die Geschichte Münchens als Bergsteigerstadt, Zürich 2006, S. S. 208-211, 236-244. Vgl. Helmuth Zebhauser, Alpinismus im Hitlerstaat. Gedanken, Erinnerungen, Dokumente (Dokumente des Alpinismus 1), München 1998, S. 177-194.

[3] Raimund Klebelsberg, Innsbrucker Erinnerungen 1902-1952 (Schlern-Schriften 100), Innsbruck 1953, S. 359-361. Vgl. dazu Zebhauser, Alpinismus, S. 182-184.

[4] Mailänder, Im Zeichen des Edelweiss, S. 141-163.

[5] Wolf Werner Graf von der Schulenburg wird häufig mit Fritz-Dietlof Graf von der Schulenburg verwechselt.

[6] Schmidt-Wellenburg an Klebelsberg, Wien, 19.3.1938. Oesterreichischer Alpenverein (OeAV), Historisches Archiv (HA), ZV 4.17.

[7] Schmidt-Wellenburg an Hartwig, Stuttgart, 22.3.1938.

oder der Führer selbst dies irgendwie feierlich tun könnte und dann wäre von vorneherein der Boden dafür gegeben, dass der Sitz des grössten und fast ältesten Bergsteigervereins der Welt naturgemäss nach Innsbruck kommt.«[7]

Hartwig griff diese Anregungen »von grösster Tragweite und Bedeutung« sofort auf.[8] Nur wenige Tage später, am 31. März, kam Reichssportführer von Tschammer und Osten im Zuge seiner Propagandareise für die »Volksabstimmung« am 10. April 1938 auch nach Innsbruck. Schmidt-Wellenburgs Erinnerungen zufolge fielen die Entscheidungen beim Abendessen:

»(...) als der Reichssportführer im April 1938 als Redner bei einer großen Veranstaltung der Sportler in Innsbruck auftrat, fiel es bei einem vorgängigen gemeinsamen Abendessen gar nicht so schwer, ihn für den Gedanken zu gewinnen, auch für den Alpenverein als nunmehr einzigen bergsteigerischen Fachverband Innsbruck als Vereinssitz ins Auge zu fassen, zumal der ebenfalls anwesende Führer des reichsdeutschen Sektionentages, Gf. von der Schulenburg (...) begeistert zustimmte. In der anschließenden Versammlung ging Herr v. Tschammer-Osten sogar noch weiter: er nahm nicht nur die Sitzverlegung des Alpenvereins nach Innsbruck in Aussicht, sondern erklärte ganz spontan Innsbruck zur ›Stadt der Bergsteiger‹ (...).«[9]

Am 1. April 1938 verkündeten die Zeitungen im ganzen Reich die Botschaft von Tschammer-Ostens Auftritt in Innsbruck, und Hartwig schickte Schmidt-Wellenburg einige Zeitungsausschnitte mit der kurzen Notiz: »Bin selbst freudig bewegt, dass unsere Angelegenheit so rasch zur Verwirklichung gekommen ist (...).«[10]

Die Münchner zeigten sich brüskiert; Schmidt-Wellenburg berichtete von einer Besprechung in Berlin: »[Paul] Bauer treibt hiegegen immer noch quer.«[11] Selbst in der Hauptversammlung des DAV im Juli 1938 in Friedrichshafen musste sich von Tschammer und Osten noch für den Standort rechtfertigen:

»Nationalsozialismus heißt Einigkeit im Sinne der Gemeinschaft. Ich dulde weder im Reichsbund für Leibesübungen noch in irgend einem seiner Verbände eine Scheidung zwischen Altreich und Österreich. Auftauchende Klagen darüber, daß das frühere Österreich im Alpenverein zu gut weggekommen sei, würde ich als völlig absurd empfinden, ganz besonders in einem Verbande, dessen Stolz von je die großdeutsche Einstellung war. Ich habe Innsbruck als Sitz des Alpenvereins und des Verwaltungsausschusses nicht deshalb bestimmt, weil diese Stadt im ehemaligen Österreich liegt, sondern ausschließlich deshalb, weil Innsbruck für mich die Stadt im Kranz der Berge ist, die damit dem Geiste aktiven Bergsteigertums am nächsten steht.«[12]

Als »Vereinsführer« wurde inzwischen der Reichsstatthalter für das Land Österreich, Dr. Arthur Seyß-Inquart gewonnen, der ranghöchste österreichische Nationalsozialist.[13]

Das »Haus der Bergsteiger« – »nicht übertrieben, aber anständig«

Schmidt-Wellenburg hatte im März und April erwogen, auch die Sammlungen – das Alpine Museum und die Alpenvereins-Bücherei – von München nach Innsbruck zu verlegen.[14] In Innsbruck fand er dafür »allseits grösste Zustimmung«. Für die Unterbringung brauche es einen Neubau; in Frage komme der Ausbau eines geplanten Ausstellungsgebäudes zu einem »Haus der Bergsteiger«; die Kosten von 200.000 RM sollten zu je einem Drittel Stadt, Land und DAV aufbringen.[15] Der Name »Haus der Bergsteiger« war damit bereits geboren. Nicht alle waren der neuen Dynamik gewachsen: »Ein eigenes DAV-Gebäude?«, fragte ein Reporter der *Münchener Zeitung* im Mai 1938 den noch amtierenden Ersten Vorsitzenden:

»Professor v. Klebelsberg wiegt den Kopf. Später. Zuerst wird man schauen, die vielen kleinen, örtlichen Bergsteigergruppen hereinzubringen. (...) Dann wird man die Organisation, nachdem sie seßhaft geworden ist, planmäßig ausbauen. (...) Wir

OeAV, HA, ZV 4.3.
[8] Hartwig an Schmidt-Wellenburg, Innsbruck, 27.3.1938. OeAV, HA, ZV 4.3.
[9] Walter von Schmidt-Wellenburg, Alpenvereinsgeschichte 1929-1967, unveröffentlichtes Manuskript, S. 92. OeAV, Generalsekretariat (GS).
[10] Hartwig an Schmidt-Wellenburg, Innsbruck, 1.4.1938. OeAV, HA, ZV 4.3.
[11] Schmidt-Wellenburg, Bericht über Besprechung vom 6. April 1938 beim Reichssportamt. OeAV, HA, ZV 4.1.
[12] Verhandlungsschrift der 64. ordentlichen Hauptversammlung des D. u. Ö. Alpenvereins (Deutscher Alpenverein) in Friedrichshafen am 16. und 17. Juli 1938, Innsbruck 1938, S. 51.
[13] Dinkelacker an Weiß, 14.4.1938. OeAV, HA, ZV 4.1.
[14] Schmidt-Wellenburg an Hartwig, 22.3.1938. OeAV, HA, ZV 4.3.
[15] Schmidt-Wellenburg, Besprechungen in Innsbruck am 22. und 23.4.1938. OeAV, HA, ZV 4.3, 4.4.
[16] Innsbruck – Stadt der Bergsteiger, *Münchener Zeitung*,

stellen in schnellem Wechselgespräch noch fest, daß die Lichtbildstelle, die Bücherei und die Alpine Rettungsstelle in München bleiben. Die Zeitschrift, von Hanns Barth in Wien herausgegeben, die soll vorerst dortbleiben, damit sie alle etwas vom DAV haben, die großen Hauptkraftpunkte des Vereins: München, Innsbruck, Wien.«[16]

Von Tschammer und Osten verhandelte in Innsbruck mit Gauleiter und der Stadt: »Nun liegt mir daran, daß das Gebäude einen repräsentativen Charakter erhält, nicht übertrieben, aber anständig.«[17] Im August fiel die Entscheidung für den Standort auf den der Stadt gehörenden Bismarckplatz. Dem *Völkischen Beobachter* erzählte der Gauleiter »in seiner freimütigen Weise« von dem Projekt: »Als Hintergrund hätte es [das Gebäude] das herrliche Bergmassiv des Patscherkofel, während nach vorn der Blick auf die erhabene Gebirgswelt der Nordkette fällt. Einen schöneren Platz kann es nicht geben für ein Haus der deutschen Bergsteiger.«[18]

Für die Verwirklichung der Pläne war der neue Verwaltungsausschuss zuständig, dessen Zusammensetzung jetzt ihre Zweckmäßigkeit offenbarte: Ihm gehörten nämlich mit Gustav Linert, Richard Knöpfler und Josef Öfner drei Männer an, die wohl versierte Bergsteiger und Heeresbergführer im Ersten Weltkrieg gewesen waren; entscheidend war nun aber, dass sie als Finanzlandesrat (Linert), Landesstatthalter (Knöpfler) und Magistratsdirektor der Stadt Innsbruck (Öfner) politische Schlüsselstellen in Stadt und Land innehatten. Alle drei bekleideten übrigens hohe SS-Ränge, während sich SA und HJ die Jugendarbeit teilten.

Seinen von jeher eisern verfochtenen Grundsatz, keine öffentlichen Gelder in Anspruch zu nehmen, hatte der Alpenverein sofort aufgegeben – Stadt und Land versprachen die Übernahme je eines Drittels der Kosten, Seyß-Inquart sagte die weitere Unterstützung aus den Mitteln des Landes Österreich zu.

Das Gauhaus (Landhaus-Erweiterungsbau), 1939. Original im Stadtarchiv Innsbruck, Ph-25406

Oberbürgermeister Egon Denz empfahl im November 1938 dem Alpenverein »eine möglichste Beschleunigung der Angelegenheit, [...] da ich mit Rücksicht auf das ungeheure Bauprogramm des nächsten Jahres bei einer zu späten Vergebung des Baues mit möglichen Schwierigkeiten ernster Natur rechne.«[19]

Für dieses »ungeheure« Programm war die ungehemmte nationalsozialistische Städteplanung verantwortlich: Schon im Herbst begann als größtes Projekt der Bau des neuen Gauhauses; ein Aufmarschplatz war bereits vorgesehen. Innerhalb weniger Monate wurde dieser Vorplatz in der Planung erheblich erweitert, so dass er schließlich mit dem Bismarckplatz »zu einer einzigen Fläche verwachsen wird«.[20]

Der von der Alpenvereins-Bauberatungsstelle erarbeitete Vorentwurf nahm auf diese Platzgestaltung Rücksicht und legte die äußere Form des Gebäudes als niedrigere Spiegelung des Gauhauses fest; die Gestaltung des zukünftigen Landhausplatzes wurde in die Ausschreibung für den Wettbewerb aufgenommen.[21]

Zum beschränkten Wettbewerb lud der Verwaltungsausschuss zehn Architekten aus den Zentren des Alpenvereins: München, Innsbruck, Wien und Stuttgart.[22] Die Ausschreibung forderte »sachliche Ausdrucksformen im Geiste des nationalsozialistischen

22.5.1938. ZV 4.15.

[17] 1. Sitzung des neuen Hauptausschusses am 17. Juli 1938 in Friedrichshafen, S. 15. OeAV, HA, ZV 3.25.

[18] Haus der Bergsteiger in Innsbruck, *Völkischer Beobachter*, 19.10.1938. OeAV, HA, ZV 7.

[19] Oberbürgermeister Denz an DAV, 18.11.1938. Dinkelacker an Eppner, 22.12.1938. OeAV, HA, ZV 7.

[20] *Innsbrucker Nachrichten*, 28.1.1939.

[21] Erhardt an Seyß-Inquart, 9.12.1938. OeAV, HA, ZV 7.

[22] Protokoll der 4. Sitzung des Verwaltungsausschusses am 17.12.1938. OeAV, HA, ZV 4.32.

[23] DAV an die geladenen Architekten, 13.2., 15.2. und

Bild oben:
Plan für das »Haus der deutschen Bergsteiger« Vorderansicht. Ernst Leistner, 1939.
OeAV/Historisches Archiv
Bild unten:
Beratung der Jury über die eingereichten Pläne, 9.5.1939. Aus: Innsbrucker Nachrichten, 10.5.1939.
OeAV/Historisches Archiv

Kunstschaffens«. Das wesentliche Element der Ausschreibung war die Einbeziehung in die städtebauliche Gestaltung.[23]

Das Preisgericht trat am 9. Mai 1939 unter Teilnahme von Albert Speer zusammen. Nur wenige Tage davor hatte die Firstfeier des neuen Gauhauses stattgefunden, so dass sich die Jury bereits ein Bild der zukünftigen Gestaltung des Platzes machen konnte. Nach zwei Stunden stand das Ergebnis fest: Der erste Preis ging an Architekt Ernst Leistner aus Stuttgart, der zweite an Baumeister Bruno Biehler aus München und der dritte an Architekt Hans Volkart in Stuttgart.[24] Die gleichgeschaltete Presse lobte den Entwurf:

»Heute schon, ehe der erste Spatenstich zum Haus der deutschen Bergsteiger getan ist, kann gesagt werden, daß der Bau nicht nur hinsichtlich der Einzeldurchbildung der Architektur dem Streben nach harmonischer Ordnung folgen und in höchster baulicher Zweckmäßigkeit erstehen wird, sondern daß er auch, als Ausdrucksform nationalsozialistischen Kunstschaffens, sich hervorragend dem neuzeitlichen Gesamtbild seiner Umgebung einfügen wird.«[25]

Im Sommer erfolgten die Ausarbeitung der Detailpläne, Materialberechnungen und Ausschreibungen, so dass das Bauprojekt mit der geplanten Bauzeit vom 1. September 1939 bis 1. August 1940 beim Oberbürgermeister eingereicht werden konnte. Aber noch vor Kriegsbeginn zeichneten sich große Schwierigkeiten ab: Vor allem die benötigten 151 Tonnen des streng rationierten Baueisens waren trotz Interventionen bei Speer, Fritz Todt und Gauleiter Hofer nicht aufzutreiben. Vor Kriegsbeginn kam keine Lösung mehr zustande; im Dezember 1939 wurde das Bauansuchen »mit Rücksicht auf die Kriegslage« von der Stadt zurückgestellt[26] und im März 1940 entschied das Reichsarbeitsministerium, dass es »für die nächste Zeit ausgeschlossen sei, das Vorhaben freizugeben.«[27] Das Projekt »Haus der deutschen Bergsteiger« war nun bis Kriegsende auf Eis gelegt. Währenddessen sammelte der Alpenverein gewaltige finanzielle Rücklagen von 700.000 RM für den erwarteten Bau an.

Ideen und Projekte nach 1945: Vom Bergsteigerhaus zum Alpenvereinshaus

Nach Kriegsende stand der Alpenverein in Österreich vor existenziellen Problemen, von denen ein unbebautes Areal in Innsbruck das kleinste war. Inzwischen waren

8.3.1939. OeAV, HA, ZV 7.
[24] Protokoll über die Sitzung des Preisgerichts, 9.5.1939. OeAV, HA, ZV 7.
[25] *Innsbrucker Nachrichten*, 10.6.1939, Alpenvereins-Beilage.
[26] Sabine Pitscheider, Die »Neugestaltung« Innsbrucks nach dem »Endsieg«, in: Rolf Steininger/Sabine Pitscheider (Hg.), Tirol und Vorarlberg in der NS-Zeit (Innsbrucker Forschungen zur Zeitgeschichte 19), Innsbruck 2002, S. 281-297, hier S. 289.
[27] Arbeitsamt Innsbruck an DAV, Innsbruck, 15.3.1940. OeAV, HA, ZV 7.
[28] Klebelsberg, Erinnerungen, S. 269.
[29] Mader an Fink,

aber durch die Währungsreform die finanziellen Reserven zusammengeschmolzen und der Alpenverein zur Realisierung des Baues mehr denn je auf Hilfe von außen angewiesen.

Zwischen 1949 und 1951 wurden zahlreiche Projekte angedacht. Raimund Klebelsberg appellierte in seinem ersten öffentlichen Auftritt seit 1945 an die Stadt, mit dem Alpenverein das Haus zu verwirklichen: »Innsbruck braucht nur wieder zu werden, ohne alle Politik, die Stadt der deutschen Bergsteiger.«[28] Die Stadt hielt sich zurück; sie hatte sich beim Verkauf des Grundstücks gut abgesichert: Sollte der Alpenverein das wertvolle Areal im Zentrum der Stadt nicht bebauen, fiele es an die Stadt zurück. Letztlich musste auch der OeAV einsehen, dass das Projekt am Bismarckplatz für ihn zu groß war; Finanzreferent Friedrich Mader sprach es aus:

»[Der Alpenverein] ist nicht mehr wie einst die stolze Vereinigung von über 200.000 Mitgliedern in Österreich und Deutschland, er verfügt nicht mehr über die einstigen reichen Mittel. Der Österreichische Alpenverein ist wesentlich kleiner und bescheiden geworden, kann sich den Luxus eines Repräsentationshauses nicht mehr leisten.«[29]

Auch ein letzter Vorstoß Schmidt-Wellenburgs im Auftrag des Vorsitzenden Martin Busch, diesmal mit Unterstützung der alten Alpenvereinsfunktionäre aus Stuttgart,[30] vermochte den Innsbrucker Bürgermeister Franz Greiter nicht zu überzeugen: Der Alpenverein, so Greiter im August 1951, solle sich mit einem kleineren Grundstück zufrieden geben, die Stadt würde bei einem Tausch ein »Aufgeld« zahlen. Der Alpenverein ging letztlich, wenn auch erst einige Jahre später, auf dieses Angebot ein.

Als im Jahr 1963 das neue Haus in der Wilhelm-Greil-Straße fertiggestellt war, setzte sich schließlich nicht mehr die Bezeichnung »Haus der Bergsteiger«, sondern das schlichtere »Alpenvereins-Haus« durch. Der damalige Vorsitzende des Verwaltungsausschusses, Ekkehard von Hörmann, ging in der Vorstellung des neuen Hauses auch auf die Vorgeschichte ein: Ein Bau »in den Ausmaßen und der Gestaltung des bisherigen Projektes, die dem repräsentativen Platz und den Bedürfnissen eines gesamtdeutschen Bergsteigerhauses angepaßt waren, [hätte] den Möglichkeiten des Österreichischen Alpenvereins in keiner Weise mehr entsprochen.« Der Neubau sei »in einer der Bedeutung des Alpenvereins und seiner Lage in der Stadt entsprechend gediegenen, aber nicht luxuriösen Art« gestaltet.[31]

Nach 45 Jahren hat das Alpenvereinshaus ausgedient. Die Vereinsverwaltung zieht in den neuen Stadtteil am Tivoli und muss sich daher um die Repräsentativität eines Gebäudes weniger Sorgen als um die Zweckmäßigkeit machen: Für die wertvollen Bestände des Alpenvereinsmuseums und des Historischen Archivs ist ein professionelles Depot vorgesehen. Als vorläufigen Ersatz für die verloren gegangene Ausstellungsfläche im Zentrum zeigt das Alpenverein-Museum eine große Sonderausstellung in der Innsbrucker Hofburg.[32]

Das 1963 eröffnete Alpenvereinshaus, 1993.
Foto: OeAV/Benedikter

25.11.1950.
[30] Pro Memoria, OeAV, HA, ZV 7.
[31] Ekkehard von Hörmann, Das Alpenvereinshaus in Innsbruck, in: *Bergsteiger* 1963, S. 15-18, hier S. 16.
[32] Berge, eine unverständliche Leidenschaft. Ausstellung des Alpenverein-Museums Innsbruck in der Hofburg Innsbruck, 2008 bis 2012.

Sella-Langkofel-Gruppe

- Kartengebiet
- Gebietsthema

Richard Goedeke
Eugen E. Hüsler
Edgar Moroder
Bernd Ritschel
Herwig Prinoth

Sella – Langkofel

VON RICHARD GOEDEKE

Was für Kontraste! – Schon zwischen den beiden Bergstöcken.

Sella

- *das ist neben den Drei Zinnen der Fleck Dolomiten mit dem größten Trubel vor und an steilem Fels,*
- *wo die Nähe von Straßen und anderen Kletterern auch Gebirgsneulingen die Befangenheit nimmt,*
- *wo im Winter Seilbahnen und autobahnbreit plattgemachte Pisten locken, mal raschraschbequem vor großen Panoramen über Dutzende von Kilometern rund um einen Bergstock zu rutschen*

Langkofel

- *das ist gleich gegenüber der Sella das wild gebliebene Massiv,*
- *wo schroffe und hohe Felsgestalten dem Massentourismus nur Bergfußwanderungen erlauben,*
- *wo bohrhakenverwöhnte Sportkletterer das Gruseln kriegen und alpine Abenteuerkletterer leuchtende Augen*

Die Landschaft

Geologisch bestehen diese Berge aus wenig gestörten Schichten von Hauptdolomit und Schlerndolomit. In der Sella werden sie markant von tonhaltigen Gesteinslagen durchzogen. Diese Etagen sind als Terrassen und Bänder ausgebildet. Den Sockel beider Massive bilden tonreiche Gesteine, teils auch Laven und Tuffe, die in der Landschaft heute als flache Kuppen oder sanfte Hänge in Erscheinung treten.

Klimatisch reichen die Gipfel bis in die Frostschuttzone. In den schattigen Schluchten hielten sich Firn und Eis bis zur Verschärfung der globalen Erwärmung auch über den ganzen Sommer.

Die Sellagruppe ist ein weites, ödes Hochplateau mit schroffen Randabstürzen. Sie gilt nahe den Straßen als alpiner Klettergarten. Die Bändersysteme untergliedern die meisten der größeren Wände in kleinere Felskomplexe, zwischen denen natürliche Ausquermöglichkeiten bestehen.

In der Langkofelgruppe herrscht die Vertikale bis hinauf zu den in Hufeisenform angeordneten Gipfeln. Hier begegnet man/frau Hochgebirge pur. Die beachtlichen Dimensionen machen die Routen ernster.

Die umgebenden Täler – im Norden das Grödner Tal (mit St. Ulrich, St. Christina und Wolkenstein), im Osten das Gadertal (mit Corvara und Kolfuschg) und im Süden das Fassatal (mit Canazei) – wurden schon früh besiedelt. Hier ist das Ladinische als eigene Sprache bis heute lebendig, ebenso mancher alter Brauch und kunsthandwerkliche Fertigkeiten, wie etwa die Holzschnitzerei.

Die arbeitsintensive traditionelle Berglandwirtschaft ist heute durch den Tourismus in den Hintergrund gedrängt und hat weithin musealen Charakter erhalten. Weil das Gebiet verkehrsgünstig liegt, begann diese Entwicklung hier schon früh. Der Strukturwandel wird im Siedlungsbild offensichtlich. Wo um 1900 noch Wiesen und Weideland die Talböden prägten, da stehen heute die immer größeren Häuser dichter und dichter gedrängt. Schließlich gehören Sella und Langkofel zu den meistbesuchten Bereichen der Alpen.

Alpinistische Erschließungsgeschichte

Die erste Phase der alpinistischen Erschließung zielte auf die erste Besteigung der großen Gipfel über die günstigste Route. Der erste Tourist auf der Boèspitze war 1864 der Wiener Dolomitenpionier Paul Grohmann. Er bestieg auch mit Franz Innerkofler und Peter Salcher am 13. August 1869 erstmals den Gipfel des Langkofels – in nur sieben Stunden ab Monte Pana. Grohmannspitze und Innerkoflerturm holte sich 1880 der Sextener Führer Michel Innerkofler solo. Die Fünffingerspitze eroberten der Bozener Josef Santner und der Alpenmaler Robert Hans Schmitt über den ruppigen »Schmittkamin«.

Langkofel W., Wesseleyturm und Venusnadel.
Alle Fotos vom Autor

Den Zahnkofel bestieg 1890 der Fassaner Luigi Bernard. Er fand auch die heute üblichen Normalwege auf Fünffingerspitze und Langkofel.

In der zweiten Phase wurde die Durchsteigung der großen Wände das Ziel. Als Weg wählte man auch dabei tunlichst die Linien des geringsten Widerstandes. In dieser Zeit kamen zunehmend führerlose Bergsteiger. Sie wagten sich voller Begeisterung auch ohne die genaue Ortskenntnis der einheimischen Führer in diese Berge. So holte sich der Elbsandsteinkletterer Oscar Schuster mit seinem Landsmann Willy Meurer eine der ersten Wiederholungen des »Schmittkamins« und am Plattkofel mit Hans Lorenz die erste Route über die Ostwand (heute verdrahtet zum »Oscar-Schuster-Klettersteig« – welche Ironie, den ersten Verfechter der Idee des sportlichen Freikletterns im Namen eines Klettersteigs zu verewigen!). Der Langkofel war damals offenbar so richtig »in«: Hans Lorenz und Eduard Wagner suchten sich 1895 raumgreifend die erste Route durch die 1000 Meter hohe Nordostwand. 1906 stiegen Plaichinger und Teifel in idealer Linie über den Nordostpfeiler zum Hauptgipfel. Am Langkofeleck überrannten Hermann Delago, Rudolf Schietzold und Anton Schmid 1907 die Südostwand. Der Würzburger Gabriel Haupt holte sich mit Gefährten die »Rampenführe« und als Solist weitere, teils haarsträubende Neutouren. An der Fünffingerspitze wagten sich Gabriel Haupt und Kurt Kiene bei ihrer Durchsteigung des »Diagonalrisses« schon 1912 so richtig ins furchtbar gelb überhängende Gelände.

Auch Bergführer eröffneten in dieser Zeit große neue Routen: Antonio Dimai führte 1908 die ungarischen Baronessen Rolanda und Ilona von Eötvös durch die Grohmannspitze-Südwand. Und Angelo Dibona und Luigi Rizzi durchstiegen 1911 mit den Wienern Guido und Max Mayer die linke Südwand der Grohmannspitze, am Innerkoflerturm den finsteren »Rizzikamin« und die genüssliche Südostkante sowie die 1000-Meter-Nordwestwand auf den Westgipfel des Langkofels (wo sie mit makabren Seilwurfmanövern eine illusionäre Sicherung erstellten, bevor sie die – heute noch als V+ bewertete – Schlüsselstelle überwanden). In der Sella legten sie die ersten Routen durch die mächtigen Westwände von Pordoispitze und Boèseekofel sowie die Südwände von Daint de Mesdi und Bec de Mesdi.

Die dritte Phase der Erschließung lief in den 1930er Jahren und suchte die großen schwierigen Linien. Die alpine Sicherungstechnik hatte durch die Erfindung von Haken und Karabinern die Hemmschwelle vor extremen Schwierigkeiten gesenkt, so dass

Großer Quergang im »Pfeiler über den Wolken« bei der 1. Beg. (1991).

nun auch große wirklich senkrechte und überhängende Wandpartien angegangen wurden. Und wo die Sicherung schlecht war, da half die heroische Grundstimmung weiter. Wenn wir heute gelegentlich bemerken, dass das damals als letzte Grenze Empfundene uns noch nicht unbedingt das lockere Lächeln von den Lippen wischt, dann sollten wir an die Mängel der damaligen Sicherungsmittel denken, an die bescheidene Reibungsqualität der Manchonsohle, das Gewicht der bockigen Hanfseile und der sonstigen Ausrüstung, an die größere Ungewissheit durch geringere Information über Berg und Wetter und an das Fehlen einer effektiven Bergrettung.

Einer der verwegensten Kletterer jener Epoche war der Grödener Johann Baptist Vinatzer, der sich vor allem mit der Südwand der Marmolada di Rocca ein Denkmal setzte, aber auch mit Genussrouten wie der Westwand des Dritten Sellaturms und der Südwestverschneidung am Piz Ciavazes. Er war ein Meister auch im brüchigen Fels, von dem er verschmitzt augenzwinkernd sagte, dass eigentlich doch nur solcher interessant sei, weil man da nicht bloß an Griffen ziehen könne, sondern vorher erst einmal entscheiden müsse, welches Stück Fels man überhaupt berühren und welchen Griff und Tritt man wie stark und in welcher Richtung belasten kann...

Die schönsten großen, ernsten Routen des Gebietes aus jener Zeit stammen von Gino Soldà, so die Direkte Nordwand des Langkofels (1936) und die Südverschneidung des Piz Ciavazes (1947, inzwischen durch Bergsturz verändert). Und es ist tröstlich, dass dieser Mann, ebenso wie Vinatzer, schließlich trotz solcher Wagnisse einen ruhigen Alterstod starb.

In der Phase der Nacherschließung nach 1945 suchte man die vergessenen Linien nebenan: Zuerst wurden neue Routen vorwiegend von Einheimischen wie Demetz, Malsiner, Moroder, Prinoth, Loss begangen. Die Direttissima-Zeit begann hier 1959 mit der Innerkoflerturm-Südwand von Dietrich Hasse und Sepp Schrott. Bepi De Francesch erschlosserte am Ciavazes die spektakulären Dächer der »Via Italia«. Pit Schubert Co und Gross-Rizzi Co legten je eine neue Route durch die gesamte Ciavazes-Südwand... Reinhold Messner brachte sich 1968 mit der zuerst krass unterbewerteten Nordwand des Zweiten Sellaturms ins Gespräch.

Aber dann war es doch gerade der Fall des Tabus Bohrhaken, der die Grenzen der Freikletterei ins Akrobatische verschob. Dies fand zuerst nahe den Straßen statt. Da spielten die bequemen Zugänge wohl ebenso eine Rolle wie die stressmindernde Nähe der Zivilisation – und die Möglichkeit, bei den tollen Aktionen auch gesehen zu werden. Die neue Sportkletterbewegung, zuerst vertreten durch Hans-Peter Eisendle und Hans Kammerlander, boomte mit immer schärferen Neutouren. Die besondere Eignung der südlichen Sella für solche Bedürfnisse löste dort rasch Massenbetrieb aus. Aber in den achtziger Jahren begingen junge einheimische Kletterer nun an der nördlichen Sella eine Serie von kurzen, aber nach Schwierigkeit und Absicherung affenscharfen Routen. Verbunden mit diesen fast überall bravourös im klassischen Stil von unten eröffneten Linien sind Namen wie Gregor Demetz, Helmut Gargitter, Christoph Hainz, Adam Holzknecht, Roland Mittersteiner, Stefan Stuflesser, Karl Vinatzer, Toni Zuech und immer wieder Ivo Rabanser und Stefan Comploi.

Besonders die beiden letztgenannten entwickelten – nicht zuletzt provoziert durch den 1991 von einem Menschen aus dem hohen Norden clean gefundenen »Pfeiler über den Wolken« – auch neues Interesse an den Riesenwänden des Langkofels, die über der gewaltigen Popularität der Sellaziele ganz in Vergessenheit geraten waren. Zwar hatte es auch am Langkofel schon einige interessante Nacherschließungstouren gegeben, wie 1969 die Nordwand von Messner-Mayerl, 1971 den »Pilastro Silvana« von Armando-Franceschini und den »Pilastro Vitty« von Steinkötter-Andreotti-Rossi sowie 1984 »Zauberflöte« von Walde-Hintner. Jedoch erst die neunziger Jahre brachten hier eine ganze Serie von neuen Tausendmeterrouten, in denen als Kontrast zur Tüftelei an Kleinwänden die Herausforderung der großen Dimension und die Freude an der großzügigen langen Linie wiederentdeckt wurde.

Eigene Erlebnisse Sella/Langkofel

Das Führermachen hat mir die Dolomiten zur Heimat gemacht. Gerade auch Sella und Langkofel. Und es war mir Anlass für ein Kaleidoskop von Erlebnissen und Begegnungen, je nach den Koordinaten von Route, Wetter und Gefährten mit den verschiedensten Akzenten, aber immer wieder Erfahrung von prallem Leben:

1967 Zum ersten Mal Sella. Auf der Rückreise von der einsamen Schiara noch rasch ein Besuch am berühmten Sellajoch. Für die Zelger-Route am Zweiten Sellaturm. Wir maulten über die Felsqualität, die wir bei unseren neuen Schiara-Routen an Burèl und Terza Pala als besser empfunden hatten. Und weil wir erst spät einstiegen, erwischte uns in der dritten Seillänge prompt ein Gewitter und schickte uns zum Abseilen.

1968 kam ich wieder, mit vier gleichfalls auf Neutouren eingestimmten Gefährten. Wir zogen zur Pisciaduhütte. Unsere Eingehtour über die Detassis-Route auf den Torre Pisciadu gestaltete sich ernüchternd langwierig und entließ uns nur deshalb ohne Biwak, weil wir schließlich alle unsere Seile zusammenknoteten und damit der nächtlichungemütlichen Firnrinne doch noch entkamen. Am nächsten Tag mussten wir allerdings wieder hinauf, um unsere Seile zu bergen. In Ermangelung eines Eispickels gab uns der Hüttenwirt ein Trumm von armdicker Brechstange mit. Wir befestigten daran mit Ankerstich eine Reepschnur. Moritz als der mit am meisten Bizeps ausgestattete Mitstreiter ging damit beim Abstieg wie eine Art Rübezahl sichernd hinterher und ließ sie alle paar Meter mit der Spitze voraus in den Firn fallen. Wir registrierten erfreut, dass sie sich durch ihr Eigengewicht weit tiefer hineinbohrte und einen verlässlicheren Anker versprach, als ein Eispickel es je konnte... Als wir dann an einem recht grauen Tage unsere Traumlinie am Pisciadu angingen, hoben wir in unseren Bollerstiefeln an der ausgeguckten schönen Plattenkante gar nicht ab – das gelang erst drei Jahre später Heini Holzer in Patschen – und wuselten uns seitlich über unelegante, teils triefnasse Risse hinauf, um die Platte erst weit oben zu betreten.

1974 kamen wir mit dem Schwung der noch stärker verinnerlichten Idee von reiner Freikletterei zum Sellajoch. Wie damals noch üblich und geduldet, zelteten wir unter dem Piz Ciavazes und bemühten uns dann nach Kräften, in den Classics dort oben wie Vinatzer und Große Micheluzzi ganz wenige, noch weniger oder gar keine Haken zur Fortbewegung zu benutzen und uns damit als Avantgarde vorzukommen. Was wir ja auch in dieser Hinsicht schon seit sechs Jahren waren. An einem Morgen vernahmen wir vom Piz Boè plötzlich großes Getöse, sahen in der Flanke des Gipfelaufbaues ein Wölkchen größer werden – ein ausgewachsener Bergsturz! »Ewige« Berge...

1977 Im Vorbeifahren zur Pala mal ein Zwischenstopp am Sellajoch. Stegerkante am Ersten Sellaturm. Gedränge wie zu Hause im Klettergarten Ith zu Pfingsten, Politur auf den abgegrabbelten Griffen wie an einem Bahnhofstreppengeländer, gemischte Gefühle zwischen eklig und heikel... Nix wie weg!

1988 Nachdem Egon Pracht im Frühjahr in einer Lawine umgekommen ist, habe ich von Pit Schubert das Projekt übernommen, den neuen Alpenvereinsführer aus Sella update plus Langkofel neu zu machen. Was das den Blick für ein Gebirge verändert! Da sollte man nun auch alle abgelegenen Winkel selbst gesehen haben, und natürlich möglichst viele Routen selbst klettern. Vor allem die Normalwege. Denn ob deren Beschreibungen – und damit die der Abstiege – genau stimmen, das kann bei Schlechtwetter für Führerbenutzer zu einer Frage von Leben oder Tod werden.

Bei unserer herbstlichen Ankunft ist Susanne indisponiert. Also allein los zur Erkundung des Langkofel Normalweges. Mit Seil, Keilen, Steigeisen und Eisbeil im Rucksack. Und wegen der Steigeisen in den dicken Westalpenmehrschichtenstiefeln. Gewichte bewegen übt ja für das Gebirge… Es wird ein herrlicher Oktobertag. Ich erlebe den großen labyrinthischen Berg so allein unterwegs als grandios und sehr ernsthaft. Am Fassaner Band in einigen schattigen Winkeln Reste von frischem Schnee, die Eisrinne knackighart, so dass ich mich über die Steigeisen freue. Ich komme zügig rauf und genehmige mir beim Abstieg vom Kar aus auch noch den Abstecher zum Langkofeleck.

An den nächsten Tagen mit Susanne die Rampenführe am Piz Ciavazes, über die ganze Wand bis zum Gipfel und mit dem Abstieg über den Pössneckersteig, natürlich Ehrensache trotz des Gepäcks lupenrein Rotpunkt. Ein schöner Tag in der Schubert. Am nächsten Tag noch in die Südkante des Ringfingers. Knapp über der Schlüsselstelle beginnt Schneetreiben, der Winter ist da. Abseilen, zusammenpacken…

1989 Wieder Zelten unterhalb vom Piz Ciavazes. Nicht mehr unbeschwert. Es kursieren hässliche Geschichten von Diebstahl und Vandalismus an Zelten und Autos. Eine ganze Serie klassischer Routen, Grohmannspitze-Südwand mit Gewitterdusche, der Kiene-Riss an der Fünffingerspitze (was die da schon Anno 1912 geklettert sind!), nach einiger Warterei auch die Pichlroute über die Nordkante, die durch einen frischen Bergsturz vielleicht sogar unbegehbar geworden sein soll. Dort selbst nachzuschauen, das ist für einen Führerautor natürlich Pflicht. Die Pichlkamine sehen vor Ort tatsächlich zerdeppert aus. Links davon gibt es noch eine tiefere Kaminreihe. Die ist zwar schwieriger als das Original, aber der Fels blieb hier unversehrt. Wo die große Wandschuppe aus der Kante gebrochen ist, leuchtet der Fels frisch weiß, aber man nimmt ohnehin seitlich davon den Risskamin. Die Pichl ist eine Genusstour geblieben.

In der Ostwand der Grohmannspitze probieren wir die direkte Linie von einem Grödner Bergführer Ferdinand Glück und Klienten aus den dreißiger Jahren, und ich mache große Augen, was der da so geklettert hat. Und der konnte noch nicht supersicher haltende Hexentrics in dem langen Riss der Schlüsselstelle versenken! Wir beschließen, den Veteranen in Wolkenstein zu besuchen und ihm zu gratulieren zu dieser tollen Tour. Als wir das dann versuchen, da erfahren wir, dass er vor zwei Jahren gestorben ist. Aber der Vinatzer, der lebe noch. Und so besuchen wir den, und seine Erzählungen füllen einen unvergesslichen Abend.

Wir lernen auch Fabio Favaretto und Andrea Zannini kennen, die am Sellajoch ganz nobelidyllisch ein Chalet bewohnen und am neuen CAI-Führer basteln. Wir tauschen Informationen. Mit unserer Handvoll von hübschen funkelnagelneuen selbstgemachten Neutouren im Vallon und an der Mur Orientale de Pisciadu haben wir ja auch ihnen was zu bieten.

1991 Wieder am Sellajoch. Diesmal wegen des jetzt allgemeinen Zeltverbots in der gastlichen, verblüffend ruhig gelegenen Valentinihütte. Wo auch local kings wie Hans-Peter Eisendle ein- und ausgehen und uns interessante Details über diese Berge und ihre Erschließung erzählen. Mit Barbara gelingen einige großzügige Routen, unter ihnen die klassische Plaichinger-Teifel. Am schönsten wird mein schon lange beäugtes Projekt am Nordostpfeiler des Langkofelecks. Wir gehen im Nebelgrau los, aber ich rieche förmlich,

Kriegswege.

Wege in den Krieg, in den Tod. Heute Touristenpfade, und das elende Sterben vor neunzig Jahren ist so weit wie der Mond oder wie – Afrika.

Da stockt des Chronisten Feder (so hätte man das früher wohl formuliert), er ist ratlos. Diese düster-finsteren Felslöcher all überall in den Südalpen starren ihn an, klagen stumm: vergessen, verdrängt?

Klettersteige, restauriert, als Erinnerungshilfen: damals und nie wieder? Am Falzaregopass wird zwischen allerhand Kitsch auch ein »vino Mussolini« verkauft, die Touristen tappen durch düstere Stollen, es schaudert sie ein wenig, aber die EU hat's finanziert – und der Krieg ist ja schon so lange vorbei.

1932 – eine »via« im Hochgebirge

Von der Natur, heißt es, könne man viel lernen. Ingenieure täten es und jeder von uns auch. Bei den Brenta-Dolomiten jedenfalls trifft das zu. Hier kann man sehen, wie aus einem »mare« viele »monti« wurden, dass nicht nur Bäume Jahrringe haben und dass der rechte Winkel keine Erfindung des Griechen Pythagoras ist. Und dass es Bergsteiger gibt, die geradeaus wandern auf Straßen, die nie gepflastert wurden: auf der legendären »Via delle Bocchette«. Im Jahr 1932 begann man mit dem Bau (der sich über ein paar Jahrzehnte erstrecken sollte), und nach dem Zweiten Weltkrieg setzte auf dieser Höhenroute jene Entwicklung ein, über die heute (wieder einmal) diskutiert wird: der Siegeszug der Vie ferrate, der Eisenwege. Es war in den Fünfzigern des letzten Jahrhunderts, das deutsche Wirtschaftswunder trieb die Germanen in den Süden, in die Ferien; die einen an die Adria, andere in die Berge. Die Fernsehanstalten sendeten bloß ein paar Stunden am Tag und nur öffentlich-rechtlich: Nachrichten, Spielfilme und Naturkundliches, alles in körnigem Schwarz-weiß. Die Nordwände der Drei Zinnen waren ein Thema, das sogar die Tageszeitungen beschäftigte, und ein alpiner »Weg« schaffte es schließlich bis in die bundesrepublikanische TV-Stube: die »Via delle Bocchette«.

Die mit Drahtseilen gesicherten Felsbänder und die langen Eisenleitern wurden so zum Synonym für eine neue Spielart des Bergsteigens, die mehr und mehr Anhänger gewann: das Klettersteiggehen. Vor allem deutsche Rotsockler fanden am Erlebnis Brenta Gefallen, an diesem Wandern über gähnenden Abgründen: Nervenkitzel und Bergerlebnis (fast) ohne Risiko.

Dem (Klettersteig-) Himmel sehr nahe: auf der »Via delle Bocchette«.
Foto: Manfred Kostner

Komm mit! Auf der »Alpspitz-Ferrata«.
Foto: Eugen E. Hüsler

1965 – Cortina d'Ampezzo

Doch den (ersten) richtigen Boom erlebten die Vie ferrate erst, als die »scoiattoli« (so heißen die Cortineser Bergführer) damit begannen, ihren herrlichen Bergen eiserne Fesseln anzulegen: Tofane, Sorapìs, Cristallo, Pomagagnon. Auch hier lieferte der Hauptdolomit, markant gebändert, eine ideale Steilvorlage: quer und hoch. Das bergsteigerische Fußvolk nahm die Offerte dankbar an, klinkte sich ein ins Drahtseil und ins kleine Abenteuer im Steilfels. Fast wie ein richtiger Kletterer dürfte sich da so manche/r gefühlt haben auf diesen verführerischen neuen »Wegen«, die in schwindelnde Höhen führten: neue Horizonte?

1970 – pro und contra

Oder nur ein Holzweg, ein zum Absterben verurteilter Ast am großen Baum des Alpinismus?

Mit einem Mal waren Klettersteige ein Thema in der Szene, ein überaus kontroverses sogar. Nach gut deutschem Brauch wurde endlos debattiert, gestritten, wurden Argumente ausgetauscht und Meinungen ideologisch zementiert: »Fundis« gegen »Realos«. Hier die Puristen, die am liebsten einen Zaum um ihre geliebten Berge gezogen hätten, dort die Geschäftemacher – eben gut und schlecht, halt wie im ganz gewöhnlichen Leben, gescheit und dumm (Letzteres sind in der Regel die anderen…).

Seien wir ehrlich: Der Berg hat gekreißt, und geboren war eine Maus, ein Mäuslein. Ökologisch gesehen zumindest, denn aus den Eisenteilen aller »vie ferrate« zwischen Wien und der Côte d'Azur könnte man höchstens ein paar wenige Skilifte basteln. Mit den Umweltschäden kann es also nicht weit her sein: Im Vergleich mit anderen »Sünden« wie Straßen- und Pistenbau etwa sind die Klettersteige allenfalls ein winziger Nagel im Sarg des großen europäischen Gebirges, das zu lieben alle vorgeben.

Zu einfach argumentiert?

Da bleibt ja immer noch die »innere Verschandelung«, jene der Bergsteigerseele, die das athletische Tun gerne etwas überhöht begreift, die idealistisch zu empfinden ge-

Einer der bekanntesten und am stärksten frequentierten Dolomiten-Klettersteige: die »Ferrata Pisciadù« im Sellamassiv.
Foto: Eugen E. Hüsler

Ein luftiger Gang am Brunnistöckli in den Zentralschweizer Bergen.
Foto: Eugen E. Hüsler

t ist, »Hehres« fühlt und »Großes« durchlebt. Was soll man da von Leuten halten, die über Leitern und mit Hilfe von Drahtseilen auf Berge steigen, alle Regeln der Fairness missachtend? Ignoranten, die »prusiken« möglicherweise für einen Modetanz aus dem Osten halten, das »Dachl« im Gesäuse mit dem Goldenen Dachl in Innsbruck verwechseln und sich vor Brockengespenstern fürchten?

Da muss der Berg ja leiden und der Bergsteigergedanke dazu! Kein Wort gegen die Wandersleut', auch wenn sie in Massen auftreten. Aber im Fels, da gelten andere Regeln, werden Mut und Können verlangt – kurzum: ganze Kerls (pardon, meine Damen).

Und dann so etwas! Seile, Leitern, Eisenklammern, gnadenlos in den Fels getrieben für die neumodischen »strade per tutti«. Aus einer Viererroute wird mit einem Mal ein Steig, von Klettern keine Spur mehr. Nun genügen Schwindelfreiheit und ein sicherer Tritt…

2007 – angekommen in der Medienwelt

So wurde damals argumentiert, gestritten. Die (absehbare) Entwicklung des Klettersteiggehens hat es nicht beeinträchtigt. Was ursprünglich ein ostalpines Phänomen war (Wiener Bergsteiger bauten bereits um 1900 in ihren Hausbergen erste Sportklettersteige), breitete sich zunehmend über die ganzen Alpen aus. 1988 entstand die erste französische Via ferrata, fünf Jahre später zogen die Schweizer nach. Heute gibt es über 500 echte Klettersteige – und es werden immer mehr. Für die mit exotischer Konkurrenz kämpfenden Ferienorte in den Alpen bilden diese »Abenteuer light« eine Möglichkeit, sich besser zu positionieren, ein jüngeres Publikum zurück zu gewinnen.

Endgültig vorbei scheinen die Zeiten, als Klettersteige noch die Schmuddelkinder des Alpinismus waren. Längst schon sind sie dem publizistischen Korsett der Fachmagazine entwachsen. In der Süddeutschen Zeitung etwa konnte man über »die schier endlosen Leitern« des Leukerbadner Klettersteigs nachlesen, »auf denen man sich fühlt, als wäre man einer der Engel auf der Himmelsleiter aus Jakobs Traum«; der Spiegel widmete in einem seiner Specials einen längeren Beitrag dem Thema, Radiostationen und Regional-TV berichten regelmäßig über die Neueröffnung von Klettersteigen.

Klettersteige: Angekommen in der Medienwelt.

Eine große Ferrata im Osten der Alpen: der »Bert-Rinesch-Klettersteig«.
Foto: Bernhard Barlage

2020 – Quo vadis?

Die Welt bewegt sich, das wusste schon Galileo Galilei, und wie die Kirche Roms vor einem halben Jahrtausend weigerte sich der Deutsche Alpenverein recht lange (zu lange?), ganz offensichtliche Tatsachen auch zur Kenntnis zu nehmen. Rund 500 Klettersteige mussten gebaut werden (auf denen sich zig Tausende von AV-Mitgliedern verlustieren), bis man in München Handlungsbedarf erkannte. Der Schweizer Alpenclub hatte es vorgemacht, vor zwei Jahren Experten zusammengerufen und ein Papier zum Thema mit konkreten Empfehlungen ausgearbeitet: vorher mit allen Betroffenen reden, Meinungen einholen, Natur schonen usw.

Klettersteigspaß auch für Kids am »Fernaugrat« im Stubai.
Foto: Bernhard Barlage

2008 – alte Liebe…

Es ist Herbst, man riecht es. Die Blätter sind gefallen, gelb und braun liegen sie am Weg, Nebel hängt in den Talflanken, irgendwo bimmeln ein paar Kuhglocken. Eine halbe Stunde vielleicht noch zum Einstieg, zum neuen Klettersteig. In diesem Sommer ist er eröffnet worden, alle haben sich gefreut, sogar der Mann von Mountain Wilderness machte ein zufriedenes Gesicht. Sehr schön soll er sein, hat mir der Dani erzählt, steil und einigermaßen fordernd, aber in der Art eher klassisch, so wie die alten Dolomitensteige. Kein moderner Schnickschnack, der den Berg zum Gerüst degradiert und aus dem Bergsteiger ein Zirkusfloh macht. Eine schöne Linie durch die gestufte Wand, ohne Eisen vielleicht Schwierigkeitsgrad IV, eher sparsam gesichert. Dem Dani hat's wirklich gefallen, und die Bilder, die er an dem sonnigen Eröffnungstag gemacht hat, zeigen auch schön warum.

Am Einstieg hängt eine Bronzetafel. Ich klinke mich ein: hinauf! Und merke gleich, es macht Spaß. Immer noch, nach vielen Jahren und noch viel mehr Eisenwegen. Die Route lässt mir Freiheit, ich kann neben dem Drahtseil hochsteigen, die Hände fast immer am Fels. Wo natürliche Griffe und Tritte fehlen, hilft solides Eisen weiter, über einen tiefen Spalt ist eine kleine Seilbrücke gespannt. An einer abgeflachten Felsschulter mache ich kurz Rast, genieße den Blick in die schier bodenlose Tiefe, schaue hinaus ins Alpenvorland, gucke nach oben: Das Drahtseil verschwindet hinter einem schlanken Türmchen, höher in der Wand blinkt Metall in der Sonne: die einzige Leiter an dieser schönen Route.

Ausstieg am Gipfel. Ein gutes Gefühl, wie es Bewegung immer macht. Vor 165 Jahren wurden die Eisenstifte am Dachstein angebracht, fällt mir ein. Da haben die Klettersteige ja eine richtige Geschichte, fast so alt wie jene der Eisenbahn – noch ein »chemin de fer«. Und sie haben ihr Publikum, ein begeistertes, wie ich im Routenbuch nachlesen kann. Da schreib' ich mich dann auch ein: »Klettersteige machen Freude.« Stimmt.

Klettersteig-Charta von Engelberg

Entstehung

Diese Charta wurde auf Initiative des Schweizer Alpen-Club SAC am nationalen Klettersteigforum in Engelberg vom 17. 6. 2005 gemeinsam mit allen Teilnehmenden entworfen und verabschiedet. Am Forum nahmen Verbände des Tourismus, Bergsports, Naturschutzes sowie Gemeinde- und Kantonsvertreter teil. Die Charta wurde nachträglich verschiedenen Organisationen zur Vernehmlassung vorgelegt.

Wozu?

Die Charta soll als gemeinsame Willenskundgebung die Leitplanken für eine vernünftige Entwicklung der Klettersteige in der Schweiz setzen. Die Charta soll bewirken, dass die Planung neuer Klettersteige zurückhaltend und gegenüber von Natur und Landschaft rücksichtsvoll erfolgt. Die Charta dient den Initianten von neuen Klettersteigen sowie den kantonalen Bewilligungsbehörden als Empfehlung.

Allgemeines

Es braucht ein Nebeneinander von technisch erschlossenen und nicht erschlossenen Gebieten und Geländekammern in den Alpen. Klettersteige stellen einerseits eine wertvolle Ergänzung im touristischen Angebot des Berggebietes und unter den bergsportlichen Aktivitäten dar, andererseits sind sie Eingriffe in die Natur und Landschaft. Die Errichtung von neuen Klettersteigen soll sich deshalb innerhalb von gewissen Grenzen bewegen.

Heute gibt es ungefähr 40 moderne Klettersteige in der Schweiz. Um eine nachhaltige Entwicklung gewährleisten zu können, wird eine maximale Anzahl von rund 100 Klettersteigen als sinnvoll erachtet.

Klettersteige sind baubewilligungspflichtige Anlagen, für die eine Werkhaftung gemäß OR Artikel 58 besteht.

Hau ruck! Der extreme »Tabaretta-Klettersteig« am Ortler – mitten im Stilfser-Joch-Nationalpark. Muss so etwas sein?
Foto: Manfred Kostner

Planung neuer Klettersteige, Ausrüstung/Technik

1. Klettersteige sollen ausschließlich in Gebieten angelegt werden, die bereits über touristische Infrastrukturen verfügen.
2. Im unerschlossenen Hochgebirge sollen keine neuen Klettersteige entstehen.
3. Regionale Konzepte (Richtpläne, Nutz- und Schutzkonzepte, Tourismuskonzepte, etc.) sind auch für Klettersteige gültig.
4. Bei der Planung eines neuen Klettersteiges sind die in der Region betroffenen und interessierten Kreise, insbesondere auch des Natur- und Landschaftsschutzes, frühzeitig einzubeziehen.
5. Zu- und Abstieg sind Bestandteil des Klettersteiges und müssen in die Planung einbezogen werden (Benutzerlenkung und -information). Klettersteige sollten mit öffentlichen Verkehrsmitteln erreichbar sein.
6. Die Routen werden so angelegt, dass keine negativen Einwirkungen auf geschützte Pflanzenbestände, Einstände und Wechsel von Wildsäugern sowie Horst- und Nisträume von Vögeln durch den Bau und Betrieb entstehen.
7. Größere Bauwerke wie z. B. Tyroliennes, Hängebrücken und Kletternetze sollen die Ausnahme bleiben. Es darf kein Hochschaukeln hin zu immer aufwändigeren Installationen stattfinden.
8. Kontrolle und Wartung für die langfristige Sicherheit der Anlage müssen gewährleistet sein.
9. Nicht mehr gebrauchte Anlagen müssen rückgebaut werden. Bereits bei der Planung müssen Verantwortlichkeiten für den Rückbau festgelegt werden.
10. Information und Sensibilisierung zu Sicherheit, Natur und Ökologie gehören zu den Aufgaben des Klettersteigbetreibers.

Monografie der Sellagruppe

VON EDGAR MORODER

Wolkenstein im oberen Grödnertal, eine Fotografie vor 1900.
Alle Abbildungen: Edgar Moroder

Die Sellagruppe ist, was seine Basis anbelangt, der größte Gebirgsstock der Westlichen Dolomiten und schon deshalb eines der bedeutendsten Gebirgsmassive, nicht nur in den Dolomiten, sondern ganz allgemein in Tirol.

Die Sellagruppe wirkt wie ein enormes, herrliches, steinernes Schloss, geformt zwischen gigantischen Felswänden von der lebendigen Kraft der Natur, beschützt von schlanken, hohen steinernen Wehrtürmen, ein beeindruckender Felskoloss auf Kilometerdistanzen und über seiner Stirne breitet sich eine geradezu irreale Berglandschaft bis hinauf zu den hellen Wolken: Auch das ist die Sellagruppe!

Eine Felshochfläche mit wenigen klassischen Bergpfaden. Anderseits ein Hochplateau, das dem Bergwanderer Emotionen und Genugtuung verschafft, besonders in den interessanten alpinen Traversierungen.

Die Bergnamen Sella und Mëisules

Der Sellastock, der für die alten Ladiner der dolomitenladinischen Täler einst ein »heiliger Berg« war, wird heute noch verschieden benannt und zwar: die Sella, Sellagruppe, Sellastock, Sellaberg und gegenwärtig von den Ladinern, also von den Grödnern, den Gadertalern und den Fassanern Sella bzw. Mëisules. Der Verfasser vertritt diesbezüglich die Meinung, dass auch die Ladiner um 1750 die Bezeichnung Sella verwendeten. Peter Anich schreibt in seinem großartigen topografischen Atlas (Atlas Tirolensis) bereits vor 1764 für Sella den Namen Sellay und nur diesen Namen. Mit Sella

Pferde auf der Seiseralm,
im Hintergrund Roterd-Spitze und Roßzähne.

Im Juni blühen auf der Seiseralm die Alpenrosen,
ganze Hänge färben sich dann rosarot.

Der Klassiker schlechthin: durch die breite Westwand des Sellastockes führt der Pößnecker Steig auf das Sella Hochplateau.

Die 3152 m hoch gelegene Fassa Hütte auf dem Gipfel des Piz Boe ist der perfekte Aussichtspunkt in den zentralen Dolomiten.

Erst am Nachmittag erreicht die Sonne den Pößnecker Steig.

Bild oben:
Nach einem Sommergewitter – die Fünffingerspitze im Abendlicht.

Bild unten:
Im Zentrum der weiten Sella-Hochfläche ist die Boehütte der bedeutendste Stützpunkt.

Bild gegenüberliegende Seite: Blick vom Zwischenkofel auf Kolfuschg und Sassongher.

Einführung in die Geologie und Archäologie der Sellagruppe

von Herwig Prinoth

Die Zeit

Wenn wir von der Entstehung eines Bergmassivs wie der Sellagruppe sprechen, so müssen wir uns erst einmal an die gewaltigen Zeiträume gewöhnen mit denen wir es zu tun haben. Der Zeitabschnitt, in dem sich die Felsen der Sellagruppe bildeten, erstreckt sich wohl über unvorstellbare 40 Millionen Jahre und die ältesten Gesteine an ihrem Sockel sind ca. 240 Millionen Jahre alt. Kontinuierliche Prozesse wie Erosion (Abtragung) und Sedimentation (Ablagerung von Schichten), die wir in unserem kurzen Leben nicht einmal wahrnehmen können, bewirken in so langen Zeiträumen unglaubliche Veränderungen: Skelette winziger Organismen, die wir meist mit bloßem Auge nicht sehen können, türmen sich zu imposanten Riffen auf und in einigen Millionen Jahren werden die Sellagruppe und die anderen Riffe der Dolomiten von der Erosion komplett zerstört worden sein.

Zur Vorgeschichte

Ein Riff ist eine Art Unterwasserberg aus Kalkstein, der aus Skelettresten von Tieren und Pflanzen besteht. Wir Menschen besitzen zwar auch ein Skelett, damit kann man aber keine Riffe bauen, nur Kalkskelette von Organismen, die auf dem Untergrund angewachsen sind und Kalkkrusten bilden, eignen sich dafür. Im Meerwasser sind große Mengen Kalk gelöst, Kalkalgen, Korallen, Kalkschwämme, Bakterien und Pilze sind in der Lage, diesen Kalk zu binden und damit Kalkskelette und Kalkkrusten aufzubauen.

Im Jahr 1860 veröffentlichte Baron Ferdinand Freiherr von Richthofen in seinem bahnbrechenden Werk »Geognostische Beschreibung der Umgegend von Predazzo, Sanct Cassian und der Seisser Alpe in Süd Tyrol« als Erster die Theorie, dass es sich bei den Dolomiten um einstige Korallenriffe handelte. Seither wird von Geowissenschaftlern aus aller Welt dieser Theorie auf den Grund gegangen und so können wir heute ein schon ziemlich konkretes Bild der Entwicklungsgeschichte der Dolomiten zeichnen.

Im Anis, einer Epoche der Trias vor ca. 243 Millionen Jahren, lag Südtirol fast am Äquator und war von der Tethys, einem tropischen Meer, bedeckt. Der Meeresboden sank kontinuierlich ab und so wurde an der Oberfläche Platz für Ablagerungen frei. Bei diesem Vorgang, den man Subsidenz nennt, können mit der Zeit kilometerdicke Ablagerungen entstehen, ohne dass der Meeresboden jemals unter die noch vom Sonnenlicht durchdrungene Wasserschicht (photische Zone) absinkt. Die oberste Schicht des Meeresbodens wächst zwar nach oben, durch die Subsidenz werden die Schichten aber insgesamt mit der Zeit nach unten immer dicker.

Am Meeresgrund wuchsen ausgedehnte Wiesen, die nicht aus Gras, sondern aus Kalkalgen bestanden. Kalkalgen sind zwar grüne Pflanzen, sie besitzen aber ein Außenskelett aus Kalk das ihnen Halt verleiht. Die etwa 3-4 cm langen Kalkalgenskelette, die wie kleine Röhrchen aussehen, lagerten sich am Meeresboden ab. Mit der Zeit und im Zusammenspiel mit der Subsidenz wuchsen sie zu gewaltigen Kalksteinmassen, den so genannten Karbonatplattformen, heran. Die Subsidenz spielte dabei die Schlüsselrolle. Die Kalkalgen brauchen Sonnenlicht für die Photosynthese, ohne die sie nicht leben können. Nur in der photischen Zone, das sind bei sehr klarem Wasser die obersten 30-40 m, ist genügend Sonnenlicht vorhanden um Pflanzenwachstum zu ermög-

Fig. 1: Sellamassiv von Süden.
Foto 1: Stefan Großrubatscher
Fotos 2-9: Herwig Prinoth

lichen. Bei einer Ablagerungsgeschwindigkeit (Sedimantationsrate) von nur 1 mm/Jahr und ohne Subsidenz würden die 40 m bis zur Wasseroberfläche in nur 40.000 Jahren gänzlich aufgefüllt. Da die Kalkalgen im Wasser leben müssen und nicht über die Wasseroberfläche hinauswachsen können, wäre somit das Wachstum dieses Kalkalgenriffes abgeschlossen gewesen. Die Kalkalgenbänke sind aber tatsächlich 50-200 m dick, das ist der Subsidenz zu verdanken. Die Kalkalgenschichten verwandelten sich allmählich in Dolomit (sie wurden dolomitisiert) und heute kennen wir sie unter dem Namen Contrin Formation. Die meisten Berge der Dolomiten besitzen einen Sockel aus Contrin Formation. Dieser Sockel zerbrach vor ca. 243 Millionen Jahren in mehrere Schollen, die sich neigten. Dort wo die Bruchstücke emporgehoben wurden, siedelten sich wieder riffbauende Organismen an, vor allem Kalkalgen, Kalkschwämme und nur in ganz geringem Maße Korallen.

Die Dolomitenriffe bestehen aber zum Großteil aus durch das Einwirken von Mikroorganismen an Ort und Stelle ausgefälltem Kalk, der sich in Krusten ablagerte und Automikrit genannt wird.

Im oberen Anis, während diese neuen Riffe (der spätere Schlerndolomit) emporwuchsen, begann unser Gebiet dramatisch schnell abzusinken, die Subsidenzrate lag zeitweise sogar bei bis zu 300 m/Million Jahre. Bei einem solchen für geologische Maßstäbe rasanten Absinken riskierten die Riffe unter die photische Zone zu gleiten (wo die Kalkalgen absterben) und zu »ertrinken«, d.h. von Tiefseeablagerungen zugedeckt zu werden. Um diesem Absinken entgegenzuwirken mussten die Riffe »sehr schnell« in die Höhe wachsen, um so die Subsidenz auszugleichen. Das schnelle Höhenwachstum nennt man Aggradation. Das Resultat dieser Aggradation waren Riffe mit steilen und schräg geschichteten Flanken.

Weshalb ist der Schlerndolomit meistens schräg geschichtet?

Wird Sand in einen mit Wasser gefüllten Behälter geschüttet, so kann man beobachten, wie er sich am Boden in horizontalen Schichten ablagert, genau so verhalten sich auch Meeresablagerungen.

Wird aber Aushubmaterial von Lastwagen über eine Böschung gekippt und ergießt sich eine Lastwagenfracht über die nächste, so passt sich jede abgeladene Erdschicht, die dabei entsteht der Form der vorhergehenden an und da die Böschung geneigt ist sind auch die Schichten geneigt.

Bei den Dolomiten lässt sich ein ähnliches Phänomen beobachten.

Edmund von Mojsisovics beschrieb als Erster 1879 in seinem Werk »Die Dolomitriffe von Südtirol und Venetien« die schrägen Schichten vieler Dolomitberge, die er Übergussschichten nannte, und die heute unter dem Fachbegriff *clinostratifications* bekannt sind.

Zur Zeit von Mojsisovics ging man davon aus, dass es sich bei den Dolomitriffen um einstige Atolle handelte, die von Korallen aufgebaut wurden.

Charles Darwin, der berühmte Naturwissenschaftler und Begründer der Evolutionstheorie, war der erste (1842), der die Entstehung von Atollen verstanden und beschrieben hat. Atolle sind rundliche Kalksteinstrukturen, die auf Erhöhungen des Meeresbodens (z.B. erloschenen Vulkanen) von riffbauenden Organismen aufgebaut werden und sich mit der Zeit zu riesigen »Unterwasserbergen« auftürmen. Auf ihrem Gipfel befindet sich eine innere Lagune, die einem seichten See ähnelt, der von einem Ring aus Korallen und Korallenschutt umgeben ist. Die innere Lagune ist nur wenige Meter tief und der Ring aus Korallen befindet sich in der photischen Zone. Die Produktion von Kalkfelsen, die aus den Skelettresten der Korallen bestehen, beschränkt sich auf den Korallenring. Von dort aus wächst das Atoll in alle Richtungen und dehnt sich konzentrisch aus. Schräge Schichten entstehen, wenn sich das Atoll ausbreitet und Felsbrocken, die aus Korallenschutt bestehen, über die Flanken des Atolls stürzen, ganz wie beim oben beschriebenen Beispiel.

Auch das Sellamassiv gleicht einem Atoll, da sich die schrägen Schichten vom Mittelpunkt konzentrisch ausbreiten. Die Korallenrifftheorie war auch bis vor kurzem die gängige Lehrmeinung. Heute weiß man aber, dass man einiges revidieren muss.

Wenige Millionen Jahre vor der Entstehung des Schlerndolomites, vor 251 Millionen Jahren, gab es am Ende der Permzeit das größte Massensterben aller Zeiten. Mehr als 90% aller Meereslebewesen starben damals aus, wie auch fast alle riffbauenden Organismen, vor allem die Korallen waren stark dezimiert worden. Fast 7 Millionen Jahre lang gab es deshalb keine echten Riffe. Erst im Anis begannen neue Organismen Riffe aufzubauen, Korallen gehörten aber noch nicht dazu.

Die ersten Riffbauer nach der Katastrophe waren Kalkalgen, denen sich später auch Kalkschwämme und einzelne Korallen hinzugesellten. Es gab aber keine Organismen, die etwas vergleichbares wie einen Korallenring bei den heutigen Atollen zustande brachten.

Erstaunlicherweise waren es vor allem Bakterien, Kalkalgen und Pilze die imstande waren, Kalk direkt in die Flanken der Riffe einzubauen. Bei diesem Modell braucht es keinen Korallenring, der als Produktionsstätte des Kalkgesteins dient, die Flanken des Riffs bauen sich sozusagen selbst auf. Dieses neue Modell wird auch von den Riffen der Dolomiten bestätigt, sie bestehen zum Großteil aus schrägen Schichten. Die für heutige Korallenriffe typischen inneren Lagunen, in denen sich horizontale Kalksteinschichten ablagern, fehlen meist gänzlich oder sind selten (Latemar).

Da die Aggradation so stark war, bildeten sich steile Flanken.

Während die Riffe als riesige Unterwasserberge bis fast an die Wasseroberfläche ragten, gab es zwischen den einzelnen Riffen tiefe Untermeerestäler, in denen sich wenig mächtige Tiefseesedimente ablagerten. Der Höhenunterschied ist durch die verschiedenen Sedimentationsraten zu erklären: Am Meeresboden zwischen den Riffen war die Sedimentationsrate um ein Vielfaches geringer als auf den Riffen, dort gab es nämlich fast keine Organismen, die Kalk ablagern konnten. So entstanden in etwa 3-4 Millionen Jahren nur etwa 50 m Tiefseeablagerungen, die Buchensteiner Schichten, zeitgleich wuchsen die Riffe (der Schlerndolomit) bis zu 1000 m in die Höhe.

Verwendete Literatur:

Geologie:
Bosellini A. (1998): Geologie der Dolomiten, Verlagsanstalt Athesia, Bozen
Keim L., Schlager W. (2001): Quantitative compositional analysis of a Triassic carbonate platform (Southern Alps). Sedimantary Geology, 139
Keim L. & Roghi G. (2006): The age of Sella platform (Triassic, Dolomites): new insights from palynological studies (Pangeo Tagung Innsbruck)
Mojsisovics E. von (1879): Die Dolomit-Riffe von Südtirol und Venetien. Beiträge zur Bildungsgeschichte der Alpen, Hölder ed., Wien
Richthofen F.F. von (1860): Geognostische Beschreibung der Umgegend von Predazzo, Sanct Cassian und der Seisser Alpe in Süd-Tyrol. Gotha

Archäologie:
Broglio A., Corai P., Lunz R. (1983): Risultati preliminari delle prospezioni nei siti mesolitici della Val Gardena e degli scavi al Plan de Frea, Bulletin d'Études Préhistoriques Alpines, XV, Aoste
Prinoth H. (2004) Der Troi Paian und andere Urwege des Grödentales, in: Der Schlern, Heft 6, 78, Athesiadruck GmbH, Bozen

Das Wachstum der Riffe, die heute den Schlerndolomit aufbauen, hatte aber ein jähes Ende. Im Gebiet von Monzoni und Predazzo im Fassatal türmten sich innerhalb kurzer Zeit, vor ca. 237 Millionen Jahren zwei gigantische Vulkane auf, die große Teile des Dolomitengebietes unter Lava und Ascheschichten begruben. Die Riffe wurden zum Teil von diesen Vulkanablagerungen begraben und mussten ihre Kalkproduktion einstellen.

Der Vulkanismus im Ladin dauerte wahrscheinlich nur ca. 500.000 Jahre, die Auswirkungen waren jedoch verheerend. Es kam zeitweise zu einer Hebung des Meeresbodens und viele Riffe verlandeten sogar und ragten aus dem Wasser, wo sie der Erosion ausgesetzt wurden. An Wachstum war nicht mehr zu denken.

Erst als die Erosion die Vulkanbauten nach der vulkanischen Phase vollständig abgetragen hatte und die Erosionsprodukte im Meer als Wengener und Cassianer Schichten abgelagert wurden, konnten sich erneut riffbauende Organismen ansiedeln.

Da wir bereits wissen, dass sich die Riffbauer in der photischen Zone am wohlsten fühlen, können wir erahnen, dass sich die neuen Riffbauer auf den bereits bestehenden vorvulkanischen Riffen ansiedelten. Die Riffbauer waren immer noch die alten, die Subsidenz verlangsamte sich aber schlagartig. Das hatte große Auswirkungen auf die neuen Riffe, die später zu Cassianer Dolomit wurden. Da die Riffe nicht aus dem Meer herauswachsen konnten, blieb ihnen nichts Anderes übrig als sich nur noch seitlich auszubreiten. Dieses seitliche Ausbreiten nennt man Progradation. Die Aggradation war so gering, dass die neuen schrägen Schichten weniger steil und leicht konkav waren.

Erst zu diesem Zeitpunkt beginnt eigentlich die Geschichte des Sellamassivs. Wir wissen zwar, dass es unter der Sellagruppe einen Kern aus Dolomitgestein gibt, auf dem sich der Cassianer Dolomit ausbreitet, er ist sogar im Vallon, in der Val Lasties und der Val da Mesdì aufgeschlossen. Da man einen solchen Kern aber nur anhand seiner Verhältnisse mit den dazugehörenden Beckensedimenten datieren kann, bleibt bisweilen der Kern des Sellamassives nicht datiert. Wir können vermuten, dass es sich auch hier, wie bei den meisten Dolomitbergen, um Schlerndolomit handelt, beweisen können wir es aber nicht!

Die senkrechten Wände des Sellamassivs bestehen aus Cassianer Dolomit, im nordöstlichen Teil sieht man aber unter dem Cassianer Dolomit ein seltsames Schichtpaket, das aus lauter nur leicht abgerundetem Geröll besteht (einer Brekzie). Diese Megabrekzie ist wahrscheinlich der Rest eines abgetragenen vorvulkanischen Riffes, das der Erosion zum Opfer gefallen ist und dessen Schutt sich in einer Senke abgelagert hat. Vom Grödnerjoch aus kann man der Gardena Megabrekzie bis nach Corvara folgen.

Über diesem Geröll und dem noch nicht datierten Kern aus prävulkanischem Dolomit wuchs der Cassianer Dolomit wie ein Atoll konzentrisch in alle Richtungen und breitete sich aus. Wenn die Subsidenz zum Stillstand kommt, dann können die Sedimente auch ein großes Becken innerhalb weniger 100.000 Jahre fast vollkommen auffüllen. Der Cassianer Dolomit und Cassianer Schichten füllten die immer seichter werdenden Meeresbecken fast vollkommen auf.

Im Süden der Sella lagerten sich über dem Cassianer Dolomit noch Dürrensteinkalke ab und so wurden die Senken zwischen den Riffen noch mehr aufgefüllt.

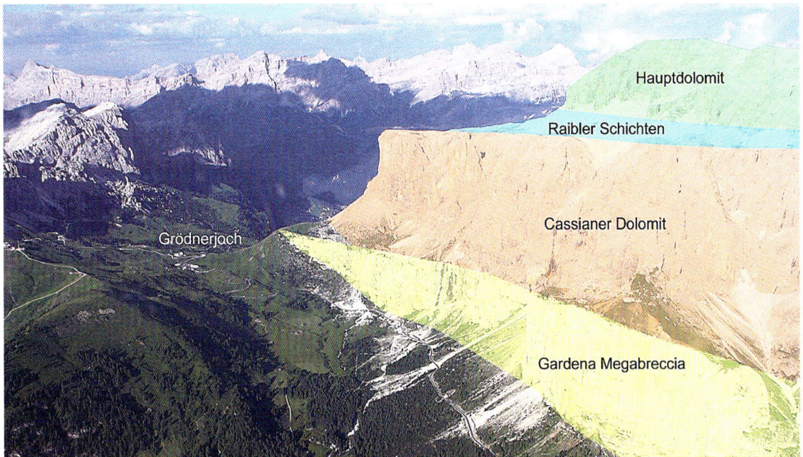

Fig. 2: Geologischer Aufbau des Sellastocks.

Fig. 3: Piz Ciavazes mit Raiblerschichten.

Der Cassianer Dolomit wird nach oben hin von einem weithin sichtbaren schmalen Band aus rötlich-gelblichen Schichten begrenzt, den Raiblerschichten. Mit diesen Schichten wurden die damals noch verbliebenen Untermeerestäler mit Sand und Geröll gänzlich aufgefüllt, die von einem Festland stammen, das sich im Süden des Dolomitengebietes befand. Die Raibler Schichten sind am Piz Ciavazes und entlang der Meisules am besten aufgeschlossen.

Fig. 4: Myophoria kefersteini aus den Raiblerschichten.

In den Raibler Schichten kommt die Muschel Myophoria kefersteini häufig vor. Sie ist ein Leitfossil des Karn.

Auch Nautiliden (Germanonautilus und Pleuronautilus) kann man finden. Nach dieser Phase war unser Gebiet eine riesige flache Gezeitenebene, die zwei Mal am Tag vom Meer überflutet wurde. In den Gezeitenebenen bildeten sich ausgedehnte schleimige Matten aus Cyanobakterien. Bei jeder Flut wurde Schlamm in die Ebene gespült und von den schleimigen Bakterienmatten aufgefangen. Bei Ebbe bildeten sich erneut die Bakterienmatten und bei der nächsten Flut lagerte sich wieder eine dünne Schlammschicht auf den Bakterien ab. Die so entstandenen Schichten nennt man Stromatolithen. Wahrscheinlich waren die Bakterien in der Lage, den Kalkschlamm in Dolomit umzuwandeln oder direkt Dolomit zu produzieren, auf jeden Fall spielten sie bei der Entstehung des Hauptdolomites eine entscheidende Rolle. Die Bakterien, die nur wenige Millionstel Millimeter groß sind, haben die gewaltigen Massen an Dolomit aufgebaut, die den oberen Teil des Sellamassivs bilden, der sich über den Raibler Schichten abgelagert hat. Der Hauptdolomit lagerte sich im Nor zwischen ca. 220 und 210 Millionen Jahren ab. Es gab aber auch immer wieder Zeiten, als das Meer für längere Zeiträume die Küstenebene überflutete. In diesem seichten Meer lebte die Muschel Megalodon. Mit ihren langen Hörnern konnte sie sich am Meeresboden verankern und wurde so von den verheerenden tropischen Stürmen, die während der Regenzeit über die Gezeitenebene fegten, nicht weggespült.

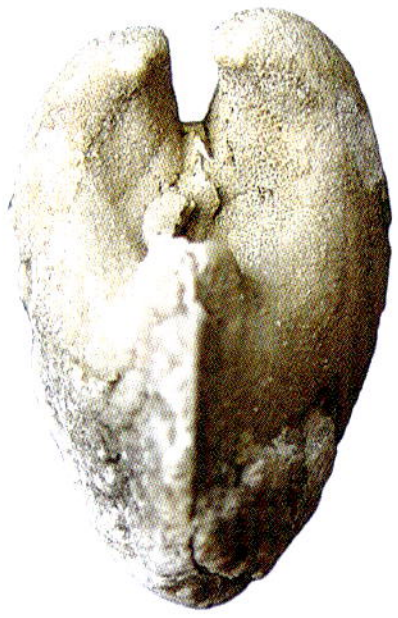

Fig. 5: Megalodon vom Hauptdolomit.

Fig. 6: Belemnit aus dem Ammonitico Rosso vom Piz Boè.

Fast der gesamte obere Teil der Sella besteht aus Hauptdolomit, nur am Piz Boè, am Sas da Mesdì, bei der Vallonspitze und am Boèseekofel sind noch letzte Reste einiger jüngerer Schichten erhalten: Dachsteinkalke, Ammonitico Rosso und Puez-Mergel. Sie stammen aus der Jura und Kreidezeit.

Das Sellamassiv ist aus ca. 180 Milliarden Tonnen Dolomit aufgebaut, aber wieso eigentlich Dolomit? Die Dolomitenriffe bestanden ursprünglich aus Kalkstein. Die riffbauenden Organismen bauten ihre Skelette aus Kalk. Wie ist das möglich?

Diese Frage ist wohl eines der größten noch ungelösten Rätsel der Geologie, da sich Dolomit bis vor kurzem nicht im Labor bei normaler Meerestemperatur herstellen ließ, es braucht dazu hohe Temperaturen um 100°C. Man hat zwar vor kurzem Bakterien entdeckt, die bei Normaltemperaturen Dolomit ausscheiden können. Solche Bakterien sind wahrscheinlich für die Entstehung des Hauptdolomites verantwortlich, mit der Dolomitisierung der Dolomitenriffe haben sie aber nichts zu tun.

Es gab aber eine große Wärmequelle unter den Dolomiten: große Magmakammern, die zum Vulkanismus im Ladin führte. Wahrscheinlich kamen daraus heiße magnesiumreiche Gewässer, die die Riffe durchströmten und zur Bildung von Dolomit führten. Wie das aber genau geschah und ob wirklich die heißen Strömungen im Inneren der Riffe zur Dolomitisierung führten, ist noch ungeklärt.

Archäologie der Sella

Auf dem Sellastock wurden bis jetzt noch keine archäologischen Funde getätigt, was nicht heißen soll, dass man »da oben« nie etwas finden wird. Es ist möglich, dass Steinzeitjäger in der Mittleren Steinzeit, vor rund 7- 8000 Jahren dem Hochwild nachstellten und dabei auf den Sellastock stiegen. Es ist auch nicht völlig auszuschließen, dass man irgendwo auf dem Sellastock Brandopfer darbrachte, so wie auf dem nahen Schlern. Dass in prähistorischer Zeit auch große Höhen begangen wurden, kann man durch den Fund von Ötzis auf dem Tisenjoch (3.200 m) eindeutig beweisen.

Die Steinzeittheorie ist durchaus plausibel wenn man bedenkt, dass es um den Sellastock mehrere mittelsteinzeitliche Rastplätze gibt. Denken wir dabei nur an die Jägerrastplätze unter großen Felsblöcken am Plan de Frea (Sas dl Moro, Grödnerjoch) und bei der Steinernen Stadt (Sellajoch).

Vor allem die Passübergänge zwischen den Tälern um den Sellastock wurden immer wieder begangen. Das hat wahrscheinlich mit der damaligen Jagdtechnik zu tun. Die Pässe wurden und werden immer noch als Wildwechsel verwendet. Damals noch große Reh-, Gams- oder Steinbockherden wanderten über die Pässe, wo ihnen von steinzeitlichen Jägergruppen aufgelauert wurde.

Ein Passübergang ist wie ein Nadelöhr, nur in einem begrenzten Gebiet ist ein Durchgang möglich. Dort war es für die mesolithischen (mittelsteinzeitlichen) Bogenschützen am leichtesten ihre Beute zu erlegen. Die Pfeile wurden damals mit winzigen Feuersteinklingen (Mikrolithen) bestückt, die als Widerhaken dienten. Diese Pfeile bohrten sich tief ins Fleisch wo sie stecken blieben und dann große Wunden aufrissen, wenn das getroffene Tier an einem Baum streifte. Die meist dreieckigen oder trapezförmigen kaum einen Zentimeter großen Mikrolithen, kann man heute noch auf den Jöchern um den Sellastock finden. Sie sind die stillen Zeugen vom Jagdglück oder Pech der Steinzeitjäger.

Fig. 7: Piz Boè.

In späteren Jahrhunderten, während der Jungsteinzeit, der Kupfer- und Bronzezeit, wurden die Pässe vermehrt von Hirten und Händlern begangen. Das wird z.B. von bronzezeitlichen Scherbenfunden unter dem großen Stein vom Plan de Frea (ca. 1600 v. Chr), von einer schönen bronzenen Lanzenspitze vom Sellajoch und von Silexpfeilspitzen vom Pordoijoch bewiesen. Sicher wurden die Pässe auch in der Eisen und Römerzeit begangen, aus diesen Zeitabschnitten gibt es aber nur weinige Funde. Eine schöne Lanzenspitze, die auf dem Weg zwischen Grödnerjoch und Kolfuschg gefunden wurde, stammt wahrscheinlich aus dem Mittelalter. Die Pässe um die Sellagruppe (wobei das Wort Sella übersetzt Sattel heißt, also Übergang) waren immer mit Wegen verbunden, es waren aber auch immer Grenzen.

Fig. 8: Sas dl Moro, Plan de Frea am Grödnerjoch.

Wenn wir an die ladinische Sprache denken, so sprach man zur Zeit des frühen Mittelalters wohl in vielen Tälern Südtirols noch ein ziemlich einheitliches»Protoladinisch«, d.h. dass sich noch keine durch Isolation bedingten Idiome gebildet hatten. Als immer größere Gebiete germanisiert wurden, blieben nur noch einige Sprachinseln übrig, die ladinischen Täler um die Sella: Gröden, Abtei, Fassa und Buchenstein.

Durch den Sellastock waren die Sprachgebiete aber von einander getrennt und so bildeten sich in den Tälern verschiedene ladinische Idiome.

Fig. 9: nachgebaute Mikrolithenpfeilspitze.

FORUM ALPENVEREIN

Franz Speer

Anke Hinrichs

Martin Roos

Ewald Langenscheidt

Jan Mersch

Flying Fox (Autorin) – No Limits Sommer Juni 2007.
Foto: A. Hinrichs

war es eine große Hilfe, dass auch ich mich in steilem und abschüssigem Gelände einem Insassen anvertrauen konnte und mich mit einer persönlichen »Notbremse« an den Abstieg wagen konnte. Es war für mich ein unglaubliches Erlebnis, die Strecke von der Fafleralp im Wallis über den Lötschenpass auf 3000 Metern Höhe nach Leukerbad und weiter über die Gemmi nach Kandersteg auf den eigenen zwei Beinen zurück zu legen. Das unmittelbare Erleben der hochalpinen Welt und der Ausblick auf die Viertausender erweiterten nicht nur den eigenen Horizont, sie stellten auch die alltäglichen Sorgen und Probleme in ein ganz anderes Licht. Darüber hinaus erlebte ich die Begegnungen mit den Insassen als sehr wertvolle Bereicherung für mein Leben. Ich erfuhr vieles über ihre Lebenswege, die auch oft schwierigen Gebirgspassagen gleichen. Für die Insassen bedeuten diese Touren soziale Reintegration. Wir behinderte Teilnehmer erhielten durch sie die Unterstützung, die wir bei einer mehrtägigen Hochgebirgstour benötigen.

Im Rahmen eines hochalpinen Bergsportlagers[1] für behinderte Menschen in der Schweiz erreichte ich mit kompetenter Unterstützung erstmals einen Dreitausender, lief in einer Seilschaft über Gletscher und Schneefelder, ließ mich in eine Gletscherspalte abseilen, kletterte aus dieser mit Pickel und Steigeisen wieder empor und kletterte eine 6er Seillänge an einer Felswand hoch. All das waren für mich sehr prägende Erfahrungen, und es wurde mir dabei bewusst, was trotz Behinderung alles möglich werden kann. Bis heute ist es jedoch schwierig, Hilfestellungen zu akzeptieren und einzufordern. Und eine Teilnahme an normalen DAV-Kursen auf Sektionsebene ist nach wie vor noch die Ausnahme.

»Wir vermögen mehr als wir glauben. Wenn wir dies erleben, werden wir uns in Zukunft nicht mit weniger zufrieden geben!«

Kurt Hahn,
Wegbereiter der Erlebnispädagogik

Seilschaft auf dem Gletscher, 2004 mit dem SAC.
Foto: SAC-Rinsberg

Besonders in Erinnerung geblieben sind mir zwei mehrtägige Trekkingtouren von Hütte zu Hütte, die Procap[2] seit zehn Jahren in Kooperation mit der Strafanstalt Witzwil durchführt. Neben gehbehinderten Personen können auch Menschen im Rollstuhl daran teilnehmen. Letztere werden von den Insassen über Stock und Stein getragen und in den Hütten betreut. Für mich

Meine Erfahrungen wollte ich 1999 an andere Menschen weitergeben und fand in der JDAV einen geeigneten Projektpartner.

Als ich dem Jugendreferat des Deutschen Alpenvereins den Vorschlag unterbreitete, einen integrativen alpinen Jugendkurs anzubieten, waren anfangs manche Unsicherheiten und Fragen aus dem Weg zu räumen, etwa die nach der rechtlichen Absicherung eines so ungewöhnlichen Unternehmens. Aber von Anfang an signalisierte mir das Jugendreferat großes Interesse an diesem Projekt und eine Offenheit, über die ich mich sehr gefreut habe. Die Bereitschaft, neue Wege auszuprobieren und dafür Risikos in Kauf zu nehmen, ist lange noch nicht selbstverständlich – gerade in der Arbeit mit beeinträchtigten Menschen.

Fachkräfte aus der Behindertenhilfe reagieren oft sehr zurückhaltend auf integra-

[1] Veranstalter ist die Sektion Rinsberg, Schweizer Alpen Club
[2] ehemals Schweizer Invalidenverband

tive erlebnispädagogische Projekte. Da treten Bedenken in den Vordergrund :

• Überfordern wir unser Klientel nicht mit erlebnispädagogischen Aktivitäten? Die stoßen doch im Alltag schon permanent an ihre Grenzen, warum müssen wir ihnen noch weitere Misserfolge zumuten?

• Und was ist, wenn die dann hinterher mehr Selbstständigkeit im Alltag einfordern? Das bringt doch unsere Dienstpläne völlig durcheinander!

Für viele Menschen mit einer Beeinträchtigung ist es immer noch Realität, dass ihnen keine Möglichkeiten geboten werden, ihre wirklichen Grenzen auszutesten. Der Prozess ihrer Sozialisierung geht oft einher mit der »Überbehütung« durch die Eltern, die dann in die »fürsorgliche Belagerung« in manchen Institutionen der Behindertenhilfe übergeht. Fürsorgliche Belagerung, so Heinrich Böll, ist ein Verhalten, das aus realer oder fiktiver Bedrohung eines Menschen entsteht, das aber so massiv in sein Leben eingreift, dass es den Betroffenen beengt und geradezu erstickt. Und Alfred Adler schrieb über das Erziehungsverhalten von Müttern behinderter Kinder, die Verwöhnung durch die Mutter behindere die Entwicklung des Kindes dann, »...wenn sie das Kind von jeder Mithilfe entbindet,...für das Kind ständig denkt, handelt und spricht, ihm jede Entwicklungsmöglichkeit unterbindet und es an eine imaginäre Welt gewöhnt, die nicht unsere eigene ist...« (zit. in Gerd Hansen 1999, S. 261) Avishai Margalit, ein israelischer Philosoph, ist der Ansicht, dass eine Gesellschaft, selbst bei bester Güterausstattung ihrer Mitglieder, demütigende Strukturen und Institutionen aufweisen kann.

Der erlebnispädagogische Ansatz bietet eine hervorragende Möglichkeit, solche Strukturen aufzubrechen: gewohnte Verhaltensweisen werden reflektiert und können geändert werden, sowohl bei den behinderten (Herauslocken aus der Komfortzone) als auch bei den nichtbehinderten TeilnehmerInnen (soziales Engagement, Rücksicht auf Schwächere, aber keine fürsorgliche Belagerung).

Klettern mit Assistenz, SAC-Lager Grächen 2004.
Foto: SAC Rinsberg

No Limits-Winter '07: Vorbereitung/Selbsterfahrung der nichtbehinderten TN – führen und sich führen lassen.
Foto: A. Hinrichs

No Limits-Winter '07: Iglubau mit blinden TN.
Foto: A. Hinrichs

Todesursachen an den 8000ern

VON MARTIN ROOS

Am Everest kamen bis Ende 2005 über 190 Menschen ums Leben. Alle Fotos: J. Botella de Maglia.

Trekking, Gletscherrouten oder gar auf einen der 14 Achttausender steigen – Hochgebirgstourismus boomt. Sogar in die Todeszone der Allerhöchsten wagen sich immer mehr Menschen hinauf. Welche Lebensgefahren dort drohen, analysierten Experten der Spanischen Gesellschaft für Berg-Medizin und -Rettung (SEMAM).[1] Sie versuchten, den Umständen auf den Grund zu gehen, unter denen Bergsteiger an den Achttausendern ums Leben kamen. Diese Erkenntnisse sollten dazu beitragen, die Expeditionsplanung zu verbessern und die Todesrate im Rahmen von Himalajaexpeditionen zu senken.

Auf zwölf Gipfelbesteigungen kommt an den Achttausendern ein Bergtoter. Diese erschreckende Relation von 12 zu 1 bildet das Destillat aus einem Zahlentopf, in dem etwa 8200 Besteigungen rund 670 tödlich Verunglückten gegenüberstehen – eine Milchmädchenrechnung glücklicherweise, quasi ein »Worst-Case«-Szenario. Denn im Himalaja waren weit mehr Menschen unterwegs als die registrierten 8200.[1] Aber verlässliche Aussagen über die Summe all Derjenigen, die sich am Dach der Welt einer erhöhten Lebensgefahr aussetzen, sind schier ein Ding der Unmöglichkeit. Um dennoch grobe Hinweise darauf erhalten zu können, welcher Berg welche Tücken aufweist und woran Bergsteiger in der Vergangenheit scheiterten, musste die Todesursachenstatistik auf einer wissentlich unvollständigen Statistik basieren: auf der Zahl der Gipfelbesteigungen.

Todesursachen

Der Everest führt angesichts der hohen Besteigungszahlen mit Abstand die Todesursachenstatistik an (vgl. Tortendiagramme). Je knapp ein Drittel der Everesttoten starb aufgrund von Lawinen beziehungsweise Absturz. Mit rund fünfzig Prozent liegt demgegenüber der Anteil der Lawinentoten am Nanga Parbat weit höher (ebenso wie an Dhaulagiri und Manaslu) und wird allein von der Annapurna um ein gutes Stück übertroffen (64 Prozent Lawinentote). Unter dem Strich müssen Lawinen als Ursache Nummer eins für tödliche Unfälle an den Achttausendern angesehen werden (Gesamtanteil 35 Prozent). Demgegenüber spielen Lawinen am K2 unter den Todesursachen eine eher untergeordnete Rolle: »Nur« zehn von den sechzig Bergsteigern am zweithöchsten Berg der Erde, die ums Leben kamen, wurden von Eismassen fortgerissen. Wegen seiner technischen Schwierigkeiten darf der K2 jedoch, nach der Annapurna, zu den gefährlichsten der vierzehn Himalajagipfel gerechnet werden (s. Absatz »Gefährlichkeit«). Als abgestürzt oder verschollen mussten zusammengenommen mehr als die Hälfte aller K2-Expeditionstoten eingestuft werden.

Abstürze stehen in der Rangfolge der Todesursachen insgesamt nach den Lawinen an zweiter Stelle (Gesamtanteil 28 Prozent). Statistisch gesehen ragen hierbei außer dem K2 vor allem die beiden Gasherbrum-Gipfel, Kangchenjunga, Broad Peak und Lhotse heraus. Wurden Verunglückte nach einem Absturz beziehungsweise Lawinenabgang nicht gefunden oder tauchten aus unbekannten Gründen nie wieder auf, galten sie als verschollen. Dieser Unterpunkt der Todesursachenstatistik steht mit 14 Prozent auf Rang drei. An Unterkühlung und/oder Erschöpfung verstarben im Rahmen der registrierten Expeditionen 9 Prozent – etwas weniger als das etwas diffuse statistische Konglomerat der Krankheiten (11 Prozent).

Erkrankungen

Unter den 77 erkrankungsbedingt Verstorbenen standen physiologische Anpassungsprobleme im Vordergrund: 14mal

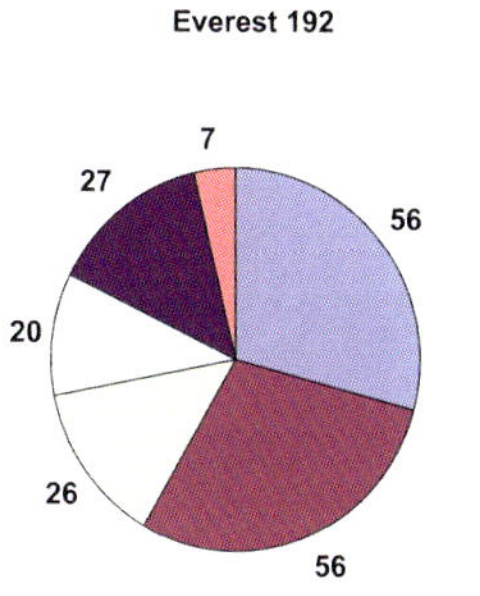

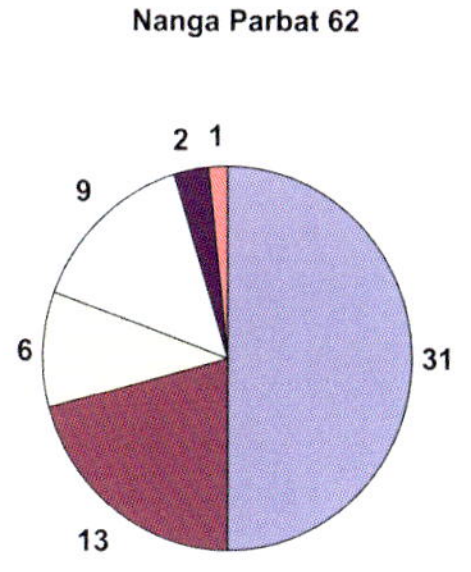

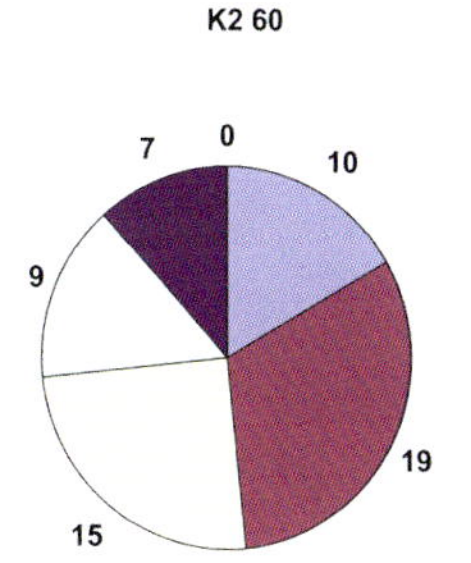

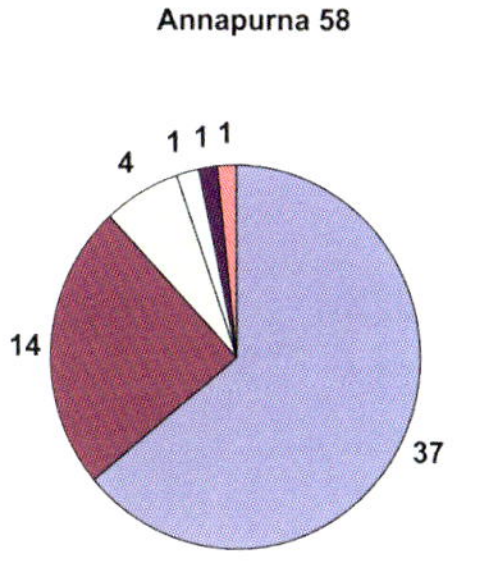

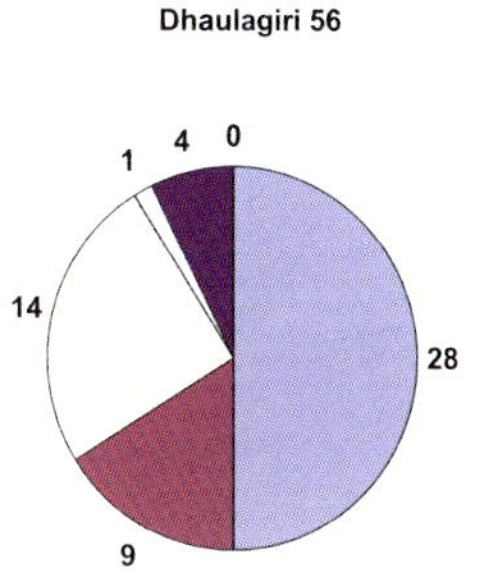

- Lawinen
- Abstürze
- verschollen
- Unterkühlung und/oder Erschöpfung
- Krankheit
- andere

[1] Die Datenregistrierung oblag dem baskischen Bergarchivar Xavier Eguskitza, Stichtag 31.12.2005. Die Auswertung erfolgte im Auftrag der Sociedad Española de Medicina y Auxilio en Montaña (SEMAM) und wurde auf deren Jahrestagung vorgestellt (Antxon Iturriza, 17.11.2006, Albacete/Kastilien-La Mancha). Datengrundlage ist die Zahl der Gipfelbesteigungen – eine analytische Krücke allerdings, denn die wahrhaftigen Zahlen aller Bergsteiger, die an den Achttausendern unterwegs waren, aber unterhalb des Gipfels kehrt machten, lassen sich ebenso wenig ermitteln wie die statistische »Demarkationslinie«: Sollte z.B. der Expeditionskoch gezählt werden? Oder die Träger, die nur zu Basis- oder Höhenlager gehen, aber dabei ebenso ums Leben kommen können wie ein ambitionierter Gipfelanwärter? Angesichts der resultierenden statistischen Unschärfe erscheint sogar der Umstand marginal, dass manche Menschen mehrfach auf demselben Gipfel standen. So erklomm z.B. allein Apa Sherpa 16mal den Everest.
Einig waren sich die SEMAM-Experten, dass die ermittelten Zahlenrelationen nur beschränkte Aussagen zulassen. Dennoch begrüßten sie derartige Relationen, um die mutmaßliche Gefährlichkeit der Achttausender veranschaulichen zu können.

Lawinenkatastrophen unter 8000 m

Die von den Bergsteiger-Todeszahlen her fatalsten Lawinenunglücksfälle spielten sich nicht an Achttausendern ab: Von den dreizehn größten Katastrophen ereigneten sich nur vier an Achttausendern. Nachfolgend die Bergnamen der ersten Sieben dieser traurigen Katastrophenrangfolge, mit Ereignisjahr und Zahl der Todesopfer:

Lenin	(7.134 m, 1990)	43
Kang Guru	(6.981 m, 2005)	18
Kawagebo	(6.740 m, 1991)	17
Nanga Parbat	(8.125 m, 1937)	16
Manaslu	(8.163 m, 1972)	15
Huascarán	(6.768 m, 1970)	14
Saser Kangri	(7.622 m, 1995)	13

Fazit

Lupenreine Statistik spiegeln derartige Zahlen mit Gewissheit nicht wider. Aber gewiss ist, dass gefährlich lebt, wer in die Fußstapfen von Messner, Kammerlander & Konsorten zu treten versucht. Wie gewiss, belegen die dargestellten Daten eindrücklich. »Klein ist die Wahrscheinlichkeit, den Gipfel eines Achttausenders zu erreichen«, resümiert SEMAM-Präsident Javier Botella de Maglia. »Klein ist auch die Wahrscheinlichkeit, während einer Expedition zu sterben. Aber die Wahrscheinlichkeit, den Gipfel zu erreichen, ist nur zwölfmal größer als diejenige, zu sterben.«

Relativ niedrige Risikorelation (Tab. S. 296) am Hidden Peak...

...und am Broad Peak.

Himalaja-Statistiken

Der international anerkannte Experte Xavier Eguskitza gehörte, bevor er sich gesundheitsbedingt zurückzog, zu einem guten Dutzend weltweit agierender Enthusiasten, die über Dekaden hinweg Historie und Statistik des Himalajabergsteigens dokumentierten
(s.a. www.adventurestats.com/pages/history.htm).

Buchveröffentlichungen zum Thema:

- Louis C. Baume: Sivalaya – The 8000-Metre Peaks of the Himalaya. A Chronicle and Bibliography of Exploration (1979).
- American Alpine Club (Hrsg.): The Himalayan Database – The Expedition Archives of Elizabeth Hawley (2004).
  Letztere Datenbank liegt nach Angaben von »Viewfinder«-Autor Jonathan de Ferranti, Newburgh/ Schottland, auszugsweise aktualisiert vor unter www.viewfinderpanoramas.org/climbers.html (Stichtag 31.3.2007).

Unter medizinischen Gesichtspunkten ausgewertet und wissenschaftlich bearbeitet wurden:

- Xavier Eguskitza & Antxon Iturriza: ¿De qué mueren los ochomilistas? In: Javier Botella et al. (Hrsg.): Nuevos Progresos en Medicina de Montaña. SEMAM, Valencia 2006, S. 15-28.
- Raymond Huey & Xavier Eguskitza: Limits to human performance: elevated risks on high mountains. Journal of Experimental Biology 2001, Band 204, S. 3115ff.
- Andrew Pollard & Charles Clarke: Deaths during mountaineering at extreme altitude. The Lancet 1988, Band 331, S. 1277ff.

Danksagung:
Dr. med. Javier Botella de Maglia, Valencia, für die kritische Durchsicht dieses Beitrags.

achtungen vor Ort, dass Zustand und Beschaffenheit der Sturzmassen z. B. im Hinblick auf die Vorfeuchte kaum einen Einfluss auf das Murgeschehen besaßen. Als Konsequenz daraus wurde ein zeitlich hochauflösender Niederschlagsschreiber mit Datalogger zur Aufzeichnung der Messwerte installiert, der minütliche Niederschlagswerte lieferte. Die Auswertung der über den Sommer 2000 hinweg gewonnen Daten und die Korrelation mit den Beobachtungen des Murgeschehens erfolgte anschließend über das Datenbanksystem der Nationalparkverwaltung Berchtesgaden.

Bei der Betrachtung der Niederschlagstagessummen fiel zunächst auf, dass in einem weiten Bereich von 13 bis über 60 mm Niederschlag/Tag Murereignisse stattgefunden haben. An anderen Tagen mit Niederschlägen in einer Größenordnung zwischen 20 und 30 mm/Tag waren dagegen keine Muren abgegangen. Damit lag eine ereignisbezogene Auswertung des Niederschlags nahe. Eine erste Annäherung über Stundenmittel (z.B. > 5 mm Niederschlag) erbrachte eine relativ gute Annäherung an die tatsächlich stattgefundenen Murtätigkeiten.

Wie die Beobachtungen der Ereignisse vor Ort jedoch zeigten, setzten das wildbachartige Geschehen und die Murgänge im Mühlsturzgraben nahezu unvermittelt innerhalb weniger Minuten ein. Eine weitere Annäherung an diese Verhältnisse brachte die Auflösung der Niederschlagsereignisse im 10 Minutentakt. Dabei wurde festgestellt, dass bei Niederschlägen von mehr als 2 mm in weniger oder gleich 10 Minuten eine absolute Übereinstimmung mit den tatsächlich stattgefundenen Murereignissen erzielt werden kann. Gleichzeitig konnten so aber auch die Ereignisse herausgefiltert werden, die zwar bezogen auf die Tagessummen durchaus Murtätigkeiten hätten erwarten lassen, in deren Niederschlagsverlauf der kritische Wert von mehr als 2 mm Niederschlag in weniger oder gleich 10 Minuten jedoch nicht erreicht wurde und auch keine Muren abgegangen waren.

Dies bedeutet für die Verhältnisse im Mühlsturzgraben: Wenn mehr als 2 mm Niederschlag in weniger oder gleich 10 Minuten fallen, ist mit plötzlich einsetzenden Murtätigkeiten bzw. wildbachartigem Geschehen zu rechnen. Absolute Niederschlagstagessummen oder Stundenmittel reichen nicht aus, um das Geschehen im Mühlsturzgraben zu erfassen oder zeitlich enger einzugrenzen.

Alles in allem, ein eher kleiner Felssturz, aber trotzdem...

Dagegen ist die genaue Erfassung und direkte Auswertung des Niederschlagsverlaufes als Methode dazu geeignet, – allerdings kurzfristige, aber konkrete – Vorhersagen bezüglich wahrscheinlich eintretender Murereignisse zu treffen.

Wie geht es nun weiter? Aufgrund der vorhandenen Instabilitäten, der morphologischen Verhältnisse und der Zerrüttung des Dachsteinkalkes vom Großen Mühlsturzhorn bis zu den Grundübelhörnern sind weitere Sturzereignisse zu erwarten. Am Rande des derzeitigen Ausbruchs hat sich ein Felspfeiler bereits allseitig abgelöst und ist durch eine Randkluft vom übrigen Anstehenden getrennt. Auch etwas seitlich unterhalb der Ausbruchstelle vom 8.9.1999 lösen sich immer wieder Steinschläge, dort erweitert sich eine Kluft.

Die Sturzmasse verlagert sich, trotz in Teilbereichen beginnender Setzung, weiterhin talwärts, Lawinen können dabei unterstützend wirken. Nach entsprechenden Niederschlagsereignissen muss weiterhin mit Muren gerechnet werden und/oder mit einem teilweise wildbachartigen Geschehen und damit einhergehenden Materialumlagerungen. Ebenso können Ausräumungen durch Lawinen erfolgen. Inwieweit dabei das schon abgegangene und noch im unteren Graben liegende Murmaterial wieder mobilisiert werden kann, lässt sich derzeit nicht abschätzen. Im Talbereich sind Materialumlagerungen und Überschotterungen durch den Klausbach zu erwarten.

Und wann wird dies geschehen? Nun, morgen, in zehn Jahren oder vielleicht erst in 100 Jahren. Denn 100 Jahre sind in der geologischen Geschichte nur ein Augenblick...

Danksagung: Mein Dank gilt der Nationalparkverwaltung Berchtesgaden für die Förderung und Unterstützung der Arbeiten, insbesondere Herrn L. Köppl, der ständig vor Ort war und die Geländearbeiten mit äußerster Sorgfalt durchführte sowie für die fruchtbaren Diskussionen und die kritische Durchsicht des Manuskripts.

Verschiedene Generationen von Schuttfüllungen im Mühlsturzgraben. Im Vordergrund die jüngsten und zum Teil durch Muren wieder ausgeräumten Einfüllungen, im Bildmittelgrund die Reste älterer Einfüllungen, die heute den Grabenbereich begrenzen. Ihre wesentlich größeren Dimensionen zeigen an, dass die jüngsten Ereignisse eher kleineren Umfang besaßen.

Literatur:

Abele, G. (1974): Bergstürze in den Alpen.- Wiss. Alpenvereinshefte, 25, München.

Bader, K. (1981): Die glazialen Übertiefungen im Saalachgletscher-Gebiet zwischen Inzell und Königssee.- Eiszeitalter und Gegenwart, 31, Hannover 1981.

Brugger, W., Dopsch, H. Kramml, P. S. (1991): Geschichte von Berchtesgaden.- Bd. 1, Plenk, Berchtesgaden.

Fischer, K. (1984): Erläuterungen zur Geomorphologischen Karte 1 : 25000 der Bundesrepublik Deutschland.- Blatt 16, 8443 Königssee, Berlin.

Fischer, K. (2005): Geomorphologie der Berchtesgadener Alpen.- Forschungsbericht 50 der Nationalparkverwaltung Berchtesgaden, Berchtesgadener Anzeiger.

Langenscheidt, E. (2001). Geologie der Berchtesgadener Berge. Berchtesgadener Anzeiger.

Langenscheidt , E. (1988): Ingenieurgeologisch – felsmechanische Charakterisierung der verbreitetsten Festgesteine im Alpenpark Berchtesgaden.- Ökosystemforschung Berchtesgaden.

Langenscheidt , E. u. Otholt, D. (1998): Geologische Karte von Bayern 1: 25000, Nationalpark Berchtesgaden.- Bayer. Geol. L.- A., München.

Mayer, H. (1966): Waldgeschichte des Berchtesgadener Landes (Salzburger Kalkalpen).- Forstwiss. Forsch., 22, Beih. z. Forstwiss. Centralblatt, Hamburg (Parey).

Penk, A. u. Richter, E. (1885): Das Land Berchtesgaden.- Zschrft. Dt. u. Österr. Alpenver., 16, 217 – 298, Salzburg.

Poschinger, A.v. u. Thom, P. (1996): Bergsturz Hintersee/Ramsau (Berchtesgadener Land): Neue Untersuchungsergebnisse.- Geologica Bavarica, 99, 399 – 411, München.

Zankl, H. (1961): Der Bergsturz am 06./07. Februar 1959 im Wimbachtal.- Zeitschr. f. Gletscherkunde und Glazialgeologie, IV, 3, 207 – 214, Innsbruck / München.

Hari Berger († Dez. 2006) bei der Rotpunktbegehung von »Antihydral«, Rätikon.
Foto: Hermann Erber

dem oberen Teil der »Ferrari-Route« bis zum Gipfel des Cerro Torre gelingt ihnen die längste Eislinie und eine der anspruchsvollsten Routen in Patagonien.

Max Bolland und Moritz Attenberger (beide D) gelingt nach langem Warten zwischen Depressionen, Whiskey und vielen Schachteln Zigaretten eine schnelle saubere Begehung der Supercanaleta am Fitz im perfekten Bridwell-Style.

Kletterexpeditionen

Der Kletterreisegesellschaft um Stefan Glowacz und Kurt Albert (beide D) gelingt erneut ein lässiger Trip in wenig bekanntes Gebiet. Am Acopan Tepui können sie in der Nähe zu einer von Amerikanern versuchten Linie mit »Fegefeuer« eine 700 Meter lange Neutour mit Schwierigkeiten bis 9 erstbegehen.

Hari Berger († Dez. 2006) und eine international besetzte Kletterer-Urlaubsgemeinschaft macht sich auf Madagaskar in der Tsaranorogruppe an die Arbeit. Bemerkenswert sind die Erstbegehung von »Short Cut«, IX+ mit 16 Seillängen durch den höchsten Teil der Wand und die freie Begehung der 13 SL von»Bravo le filles«, X.

Bergsteigen und Klettern ohne Expeditionscharakter

Alpines und Gefrorenes

Der slowenische Bergführer Miha Valic kann innerhalb von 102 Tagen während der Wintersaison mit wechselnden Partnern und alleine alle 82 Viertausender der Alpen besteigen. Damit gelingt ihm ein altes Projekt, das der fabelhafte Patric Berhault († 2004) auf seiner letzten Reise angegangen war.

In nur 3 Stunden und 54 Minuten gelingt dem Ausnahmebergsteiger Ueli Steck (CH) eine Winter-Solobegehung der klassischen Heckmaier Route in der Nordwand des Eiger; der amtierende Hausmeister beim Gebietscheck.

Beim Eis- und Mixedklettern passiert in der Saison nicht viel. Die Bedingungen und Verhältnisse sind generell zu schlecht. Im Diebesloch unter dem Wilden Kaiser kann jedoch Hari Berger und später in der Saison auch Ines Papert das Testpiece »Law and Order«, M13, einfahren. Mit der Vorstellung vom Klettern am Eis haben derartige Routen nicht mehr viel zu tun, an der Decke einer Grotte arbeiten sich die Akteure mit den Eisgeräten zurück ins Licht.

Viele der Top-Leute bemühen eine andere Taktik. Sie fahren nach Norwegen, Island oder Kanada und Alaska um ihrer Leidenschaft fürs Gefrorene ausgiebig nachzugehen. So zum Beispiel die Seilschaft Astner-Auer (beide I), die dabei ordentlich abräumen. Jeden Tag fällt ein weiterer langer anspruchsvoller Wasserfall in den Rockies, die Ticklist liest sich wie eine Auflistung der besten und schwersten Routen.

Klettern an hohen Wänden

Hansjörg Auer (A) gelingt die erste Free Solo Begehung von »Weg durch den Fisch«, 9-, an der Marmolada. Nachdem er am Vortag die Route aus dem Abseilen heraus inspiziert und stellenweise ausbouldert, gelingt ihm der Durchstieg in nur 2 Stunden und 50 Minuten. Wenn man die technisch anspruchsvolle Art der heiklen Kletterei in den Platten der Marmolada berücksichtigt, dann scheint dies eine deutliche Steigerung zur Solo-Begehung der Hasse-Brandler an der Zinne darzustellen.

Am Westpfeiler des Hohen Göll, Berchtesgaden, gelingt Alexander Huber (D) eine 5-Seillängen-Ausstiegsvariation zu Scaramouch: »Der kleine Feigling«. Die Schwierigkeiten werden zwar nur mit IX- angegeben (der Zustieg über die Scaramouch ist

X-), aber bei nur einem Bohrhaken in der Schlüssellänge an einem völlig kompakten Pfeiler wird hier die Abenteuerkomponente maßgeblich betont und trennt die Spreu vom Weizen unter den »Beherrschern« des Neunten Grades.

Hari Berger († Dez. 2006) kann die 6 Seillängen von »Antihydral«, 10, an der Kirchlispitzen im Rätikon rotpunkt durchsteigen.

Und ob nun die Camilotto Pellisier an der Zinne 8b ist oder »nur« 10- (siehe Fokusartikel) spielt ja nicht die wesentliche Rolle. Die starke Ines Papert (D) (siehe auch Seite 142ff.) kann eine Rotpunktbegehung verbuchen, aber auch der unbekannte junge Kärntner Stefan Köchel kann zwei Tage später die Tour rotpunkt klettern.

Sportklettern und Bouldern

Dave Mc Leod (GB) kann einmal mehr schwere Erstbegehungen ohne Bohrhaken im sagenumwogenen Gritstone Grad E10/E11 erschließen. Mit »Rhapsody«, E11 7a, setzt er den momentanen Endpunkt. Um Klarheit über die Bewertung am Ende der E-Skala zu bekommen, beginnt er zum einen möglichst viele derartige Routen auch zu wiederholen und zum anderen Sportkletterrouten wie »Odi Social«, 8c+, in Siurana zu begehen.

Dean Potter (USA) beschäftigt sich in seinem Heimatgebiet, dem Yosemite, mit dem Soloklettern. Dabei gelingt ihm die dritte Solobegehung von »Separate Reality«, VIII. So in Fahrt legt er noch ein Solo am »Dog´s Roof«, IX- nach und treibt das Ganze auf die Spitze mit der Solobegehung des Rissdachs von »Heaven«, IX/IX+ das sehr ausgesetzt hoch über dem Valley liegt.

Mit »Keitos Palast«, 8c, gelingt Barbara Raudner (A) nach einigen 8b's der Anschluss an die Creme de la Creme der Hardmoverinnen.

Auch die junge Sarah Seeger (D) stellt mit »Smith & Wesson«, 8b+, ihr Potential deutlich unter Beweis.

Angela Eiter (A) kann »Skyline«, 8b, in Bürs onsight einfahren.

Ebenfalls onsight gelingt der Baskin Josune Bereziartus »Hidrofobia«, 8b+, was damit die schwerste Onsight-Begehung durch eine Frau darstellt. Bei den Herren hängt die Onsight-Latte immer noch bei 8c. Wobei Yuji Hirayama das bereits zweimal geschafft hat. Innerhalb von 8 Tagen Klettern in Spanien kann er eine 8c, vier 8b+, drei 8b, acht 8a+ und eine 8a onsight begehen.

»La Rambla«, 9a+, in Siurana erhält mehrere Wiederholungen, unter anderem gelingt der Ausdauerhammer auch Andreas Bindhammer (D).

Adam Ondra (CZ) schließt im zarten Alter von 14 Jahren gleich mit zwei 9a Routen zur Weltspitze der Männer im Sportklettern auf. Insgesamt verbucht er 17 Routen ab 8c+ aufwärts.

Manuel Brunn (D) sichert sich die erste Wiederholung von »Das Erbe der Väter«, 8c+, am Schleierwasserfall, und in Kochel knipst der unbekannte Markus Meyer die erste Wiederholung der dortigen Toproute »Rauchzeichen« 8c+ ab.

Sarah Seeger in »Smith & Wesson«, Frankenjura.
Foto: Manuel Brunn

Kilian Fischhuber (A) reiht sich in die Liste der Wiederholer von »Action Direct«, 9a, ein. Mit der Wiederholung des Boulders »Unendliche Geschichte« im Averstal kann er ebenfalls einen der Topboulder verbuchen. Die Schwierigkeitsvorschläge liegen bei 8b+, obwohl die Route schwieriger sein soll als das anerkannte »Dreamtime« im Tessin, das mit 8c gehandelt wird.

Während dessen kann Markus Bock ein altes Projekt realisieren und spuckt für »Corona«den Grad 9a+ aus, also schwieriger als »Action Direct«, wobei er die neue Tour für die aktuell schwerste Tour in Franken hält. Er muss es wissen, hat er doch alle fränkischen Routen ab 8b aufwärts im Laufe der Jahre geklettert: was für eine Leistung!

Im Brennpunkt:

Aktuelle alpinsportliche Entwicklung in Südtirol

Ein Gespräch

Zum einen kann man die alpinsportliche Entwicklung im Sinne der geografischen Grenzen betrachten, also was wird in Südtirol geklettert, alpinistisch gemacht, zum anderen geht es aber natürlich auch um die Frage, was machen Südtiroler Kletterer/Bergsteiger in ihrer Heimat und an den Bergen Europas und der Welt. Eine Vermischung dieser beiden Aspekte ist bei unserer Betrachtung zwangsläufig gegeben.

Vom Aussterben bedroht?

Südtirols Alpinismus in der Identitätskrise

Tot ist er nicht, der Alpinismus auf hohem Niveau in unserem traditionsreichen Bergsteigerland. Lediglich sein Gesicht hat sich in den vergangenen Jahrzehnten stark verändert, was jedoch wohl nur den Zeitgeist widerspiegelt: Schneller, besser, mehr – und das in einem Tempo, wie man es noch vor 40 Jahren kaum für möglich gehalten hätte! Aus Pionieren sind Sportler geworden. Dementsprechend verändert haben sich auch ihre Ziele.

Reihte sich zur Zeit meiner »wilden« Jahre in den verschiedenen Dolomitenwänden manches Mal noch eine Seilschaft an die nächste, so erfreuen sich viele der einstmaligen Klassiker mittlerweile ihrer seligen Ruhe. Bequem erreichbare alpine Sportkletterrouten mit bis zu zehn Seillängen und Bohrhaken in moderaten Abständen stehen in der Gunst der Kletterszene.

Zuversichtlich stimmt mich da die Tatsache, dass sich aus dieser Szene doch immer wieder außergewöhnliche Talente entfalten. Bei uns im Pustertal sind es unter anderem die jungen Brüder Simon und Manuel Gietl, die sich seit einigen Jahren auch auf neues oder kaum begangenes Terrain vorwagen und für ein echtes Abenteuer weder Mühen noch Risiken scheuen. Leider ernten sie und ihresgleichen in unserem Land nicht die Anerkennung, die ihnen gebühren würde.

Verständlicherweise, denn welcher Laie kann sich schon unter der Beschreibung ...alpine Route im 9. Grad, brüchiger Fels, spärliche Absicherung mit Normalhaken... etwas vorstellen? Da lassen sich boulevardpressegerecht aufbereitete und geschickt servierte Geschichten von Möchtegern-Extremen schon viel leichter unters Volk bringen. Vor allem, wenn der Berg des Geschehens möglichst weit weg ist und mit einer stattlichen Höhe aufwarten kann.

Die Ziele – nicht nur an den weit entfernten Weltbergen, sondern auch in den nahen Dolomiten – werden den Nachwuchskönnern von heute jedenfalls nicht ausgehen. Vorausgesetzt, sie sind idealistisch genug, um die belebten Pfade zu verlassen und ohne den Beifall der Öffentlichkeit ihrer Leidenschaft nachzugehen.

Kommentar von Christoph Hainz, Bergführer und Profibergsteiger

Südtiroler Gesprächsrunde:

Hanspeter Eisendle, Bergführer, in den Achtzigern Teilnahme an Messnerexpeditionen, schöne Erstbegehungen z.B. »Fata Morgana«, erste Onsight-Begehung »Weg durch den Fisch«.

Roland Mittersteiner, Lehrer, sehr anspruchsvolle Erstbegehungen z.B. »Weg durch das Saxophon«, erste Onsight-Begehung »Weg durch den Fisch«.

Pauli Trenkwalder, Bergführer, Kletterexpeditionen und Kletterreisen in unbekannte und noch unentdeckte Winkel zusammen mit Freunden.

Florian Riegler, Landwirt, Sportklettern bis 8c+, schnelle Rotpunktbegehung von z.B. »Via Italia«, wilde Erstbegehungen, wie »Zwergenkönig«.

Was sind für euch die alpinsportlichen Entwicklungsschritte, die Meilensteine in Südtirol bzw. von Südtiroler Bergsteigern?

Hanspeter: Luis Trenker, obwohl er ja nie ein Spitzenkletterer war, war das Sprachrohr für eine ganze Generation, Preuß und Dülfer eher im Akt, Trenker eher in der Wiedergabe dieses Tuns, das ist alpin-historisch schon interessant. Die besseren haben es also nie zu dieser Berühmtheit gebracht außerhalb der alpinen Gesellschaft. Wenn du so willst, gibt es den Trenker und den Messner, ja gut und den Kammerlander, der mit dem Messner sich auf den Markt gebracht hat und jetzt dort ist.

Roland: Die Gemsjäger und Bauern sind genau genommen die ersten Alpinisten, sie haben ja die steilen Steige schon gekannt und die Wände teilweise durchstiegen. Und ihre Ortskenntnis als Führer angeboten.

Hanspeter: So richtig Klettern fängt dann an so vor dem Krieg mit der Erstbesteigung der kleinen Zinne durch die Innerkofler. Vinatzer, Fuchetta Nordwand, in den 30iger Jahren. Eisenstecken, Paula Wiesinger führt den sechsten Grad und kann einarmigen Klimmzug, Steger.

Dann nach dem Krieg Abraham Erich, als Teilnehmer an der italienischen K2 Expedition, dabei hat er eine entscheidende starke Rolle gespielt. und seine Touren in den Dolomiten stellen auch eine Entwicklung dar.

Als nächsten schon die Messnergeneration. Wobei von seinen Wegbegleitern, insbesondere regional bezogen, Heini Holzer zu nennen ist, der ja auch sehr medienwirksam war. Die waren damals in den Dolomiten sicherlich gleichwertig unterwegs, wenn man z.B. den »Weg der Freunde« in der Civetta anschaut. Und das Steilwandthema war eben damals eine echte Monopolsituation vom Heini, auch international, dadurch hat er sich eben deutlich abgehoben. Während beim Reinhold dann die Übertragung auf die hohen Berge und das Ausland stattgefunden hat, was schon sehr einzigartig und medial mit Sicherheit entscheidend war.

Aber im internationalen Blickwinkel ist es mit Sicherheit so, dass Reinhold der wichtigste und bekannteste Südtiroler Bergsteiger überhaupt ist, der eben auch zur Weltspitze aufstrebt und das internationale Geschehen dominiert und stark beeinflusst. Hier in der Entwicklung des Dolomitenkletterns ist der Reinhold in seiner Zeit vor den hohen Bergen mit Sicherheit der bedeutende Mitgestalter und Entwickler, indem er sich am wenigsten an die Konventionen hält und dadurch den Blick hat, den nächsten Schritt zu sehen, gleichzeitig auch das Können hat und den Kopf, diesen Schritt auch zu gehen, die Bahn zu brechen. Der Mittelpfeiler am Heiligkreuzkofel und die Soloerstbegehung an der Marmolada sind da die bahnbrechenden Touren, wobei ich denke, dass er das damals so gar nicht verstanden und erkannt hat.

Roland: Mit seinen Büchern und Veröffentlichungen versteht er es vor allem dieses auf die normalen Menschen zu übertragen und verständlich zu machen, das ist sicherlich eine ebenso wichtige Rolle dabei. Und da war Reinhold ja mit Sicherheit einzigartig in seiner Fähigkeit.

Hanspeter: Reinhold hat letztendlich die Südtiroler Bergsteiger paralysiert. Er hat die Latte so hoch gelegt. Danach kam eigentlich niemand, der sich wie Reinhold mit den Weltbergsteigern messen kann und auf dieser internationalen Bühne auch spielt. Allerdings ist auch seit Reinholds internationalen Erfolgen und seiner medialen Rolle die Bedeutung der 8000 bis heute in Südtirol weitaus wichtiger als alles andere.

Mit Hans Kammerlander macht der Reinhold noch seine letzten international bedeutsamen Aktionen, am besten ist da sicher die Überschreitung der Gasherbrums gewesen.

Medial ist Hans Kammerlander der Nachfolger von Reinhold, inhaltlich ist es aber in keiner Weise vergleichbar, das Thema schnelle Begehung von Normalwegen oder Skiabfahrten lässt sich gut verkaufen, stellt aber keine sportliche Weiterentwicklung im Alpinismus dar, er ist im Höhenbergsteigen schon gut, aber im internationalen Vergleich doch recht normal.

Karl Unterkircher spielt im Höhenbergsteigen noch eine Rolle, mit K2 und Everest innerhalb einer Saison, aber die Routen sind eben alt bekannt und präpariert; aber das ist schon sehr stark.

Noch einmal zurück zum Dolomitenklettern, was ist der nächste Schritt nach Messner, wo hat es sich hinentwickelt? Wann ist da eine deutliche Steigerung zu bemerken?

Hanspeter: Die Neutouren von Hans Kammerlander und mir waren schon beachtlich und gut, aber das stellte keine deutliche Steigerung dar. Wir waren damals auch nicht nur aufs Felsklettern ausgerichtet. Manolo Zanolla hatte dann die »Supermatita« am Sass Maor gemacht, aber das ist eigentlich untergegangen. Von außen kam 1981 die Erstbegehung vom »Weg durch den Fisch« durch die Slowaken Igor Koller und Indrich Sustr, das war eine echte Steigerung. Und die Impulse von den Nordtirolern dann in der Folge, also Schiestl, Mariacher, Rieser, die waren reine Felskletterer

Der junge Nordtiroler Hans-Jörg Auer überrascht mit seiner kühnen Solobegehung des »Fisch« die südtiroler Szene (nach Redaktionsschluss).
Foto: Archiv Auer

und haben das Dolomitenklettern Anfang der Achtziger beeinflusst. Die Marmoladatouren wie »Don Quixote« stehen für diese Bewegung, mit »Moderne Zeiten« gibt es dann eigentlich schon den Übergang. Da sind sie nicht mehr nur einfach frei hinaufgeklettert, sondern haben in der ersten Seillänge eben auch aus dem Hängen heraus und mit Vorbereitungen das ganze so geklettert.

Für mich ist dann eindeutig der nächste Qualitätssprung bei Mittersteiner und Holzknecht, da gibt es in meinen Augen wieder eine deutliche Steigerung. In der gleichen Zeit ist auch der Christoph Hainz aktiv. Mit seinen frühen Routen setzt er eindeutig Maß-

Pietro Dal Pra bei der Rotpunkbegehung der »Via Della Cattedrale« an der Marmolada. Foto: Beat Kammerlander

stäbe. Routen wie »Zauberlehrling«, oder »Geierwally«, das ist bedeutsam, auch in einem größeren Betrachtungsrahmen. Aber interessant ist, dass er dann bei den späteren Touren viel höhere Schwierigkeiten bei deutlich besserer Absicherung klettert, also einen eigentlich ganz anderen Stil weitergeht und in Richtung der alpinistischen Entwicklung eigentlich nicht nach vorne geht.

Roland: Wir haben eben einen anderen Zugang gehabt. Wir sind vom Sportklettern gekommen, und haben das alpine mehr so nebenbei betrieben. Dadurch haben wir dann diese Steigerung in der Schwierigkeit eben auch schlecht gesichert und moralisch anspruchsvoll in diesem kompromisslosen Stil bei den Erstbegehungen durchziehen können. Wir sind eine ganze Zeit lang mal nur noch zum Klettern gegangen. Ein echtes Problem damals war es gute Partner zu finden, die das auch mitgetragen haben. »Der Weg durch das Saxophon« oder »vogelfrei« an den Meisules steht sicherlich gut für diese Phase. Aber alpin ist das eben auch immer schwer zu bewerten, nur die reine technische Schwierigkeit oder eben auch die Absicherung, oder der Fels.

Stuffer Manfred ist dann als Sportkletterer deutlich schwerer geklettert als wir, und ist dazu auch ein begnadeter Alpinkletterer, auch mit seinen wilden Solos.

Wie seht Ihr dann die Einflüsse die so akut von außen kommen, Alexander Huber mit Bellavista, also die Entwicklung ins Thema Schwierigkeit, also 8c? Oder die Griffmanipulationen in der Schlüssellänge der Bellavista oder die französische Bohrhakentour in der Zinne? Was denkt ihr über das Zinnen-Solo?

Hanspeter: Ich sehe das differenziert. Die Bellavista ist für mich ein Versuch, eine Möglichkeit in die traditionelle Richtung, moderne, sehr hohe Schwierigkeiten mit fast alpinistischen Mittel – also der Normalhaken als Symbol, ohne das überbewerten zu wollen, eine Seillänge mit 20 Normalhaken ist leichter als eine Seillänge mit drei Bohrhaken – aber das geht absolut in die richtige Richtung. Ebenso das Freiklettern von ehemaligen Technotouren, da spielt eben die Risikokomponente, das Abenteuer, die Psyche eine große Rolle. Im Gegensatz zu Erstbegehungen im hohen Schwierigkeitsniveau, also sagen wir z.B. 8b, meinetwegen »Des Kaisers neue Kleider«, sehr gut abgesichert, alle paar Meter der Bohrhaken. Auch wenn das von unten erstbegangen wird, so ist das dennoch für den Wiederholer eine reine Sportklettertour – wenn du müde bist lässt du aus und springst ins Seil. Das ist das Transportieren des Klettergartens ins Gebirge, während das andere eher das Transportieren der Kletterfähigkeiten ins Alpinistische ist.

Roland: Ich glaube, dass es der nächste Schritt jetzt wäre, wenn jemand mit wenig

Material, also ein Satz Keile, ein Satz Friends, eine große Wand auf einer Neutour onsight durchsteigt und dabei dann auch höchste Schwierigkeiten überwindet, das wäre dann ein Meilenstein. Aber irgendeine Route zu präparieren, mit Klemmkeilen, Bohrhaken, Normalhaken, das auszuchecken und dann rotpunkt zu durchsteigen, das ist eigentlich keine Weiterentwicklung. Und das darf man schon sagen, diese Geschichten wie z.B. »Senkrecht ins Tao«, da stimmt einfach nichts dran, das ist eine alte Route, der sie eine Ausstiegsvariante drangehängt haben, und wenn jemand im Klettergarten nicht 8a klettert, wie will er dann in der Marmolada 8a klettern? Auch als Alpinist musst du glaubwürdig sein, und am einfachsten kannst du deine klettersportlichen Fähigkeiten im Klettergarten demonstrieren, da ist das ganze vergleichbar und reell. Ich meine, wenn du in Massone 8c kletterst und dann für eine Route an der Marmolada 8a ausspuckst mit weiten Hakenabständen, dann ist das glaubwürdig. In eine ähnliche Richtung geht das mit den Schwierigkeitsvorschlägen und Bewertungen. Natürlich ist 8b für die Camillotto/Pellisier besser verkaufbar, dass die Route aber relativ schnell mehrere Rotpunktwiederholungen bekommt, erscheint dann doch seltsam, wenn es denn wirklich so schwer ist. Ich glaube schon, dass es sehr schwer ist, ich kann nur diese Tendenz sehen die Dinge »überteuer zu verkaufen«.

Pauli: In der Richtung Entwicklung der Schwierigkeiten ist für mich die Rotpunktbegehung der »Via Della Cattedrale« an der Marmolada durch Pietro Dal Pra völlig unterschätzt. Das ist auch ein echter Meilenstein, lang, äußerst alpin und schlecht gesichert und richtig schwer.

Was ist mit anderen Spielformen, die ja auch in Südtirol stattfinden, z.B. Mixed- und Wasserfallklettern?

Pauli: Am ehesten im Pustertal und in der dortigen Szene, die machen sehr viel auf hohem Niveau, also Astner, Auer, Unteregelsbacher, Hainz.

Hanspeter: Das ist schon anspruchsvoll und sie haben dort auch früh schwere Dinge

»Zwergenkönig«. Eine Erstbegehung an der Rotwand

Zum Anfang zurück

Unsere Familie hatte eine kleine Almhütte auf den Wiesen unter der Rotwand und so verbrachten mein Bruder und ich mehrere Sommer am Karerpass. Mit unseren Eltern unternahmen wir Wanderungen und unsere ersten Klettersteige. Schon damals lauschten wir mit leuchtenden Augen den faszinierenden Geschichten der wilden Erstbesteiger, welche Tage und Nächte in der Wand verbrachten. Sie suchten das Abenteuer...

2004 Die Traumfrau

10 Jahre später, nach viel Training, Kletterwettkämpfen und Reisen in die verschiedensten Länder der Welt kletterten wir immer schwierigere Routen und wollten endlich selbst einen Weg durch eine alpine Wand eröffnen. Ich hatte bereits 3 Erstbegehungen gemacht und somit schon etwas Erfahrung gesammelt. Martin verbuchte sehr viele alpine Felstouren auf seinem Konto und brachte außerdem handwerkliches Geschick mit.

Mir fiel eine fantastische Linie an der Rotwand auf, als ich dort mit einem Freund kletterte. Im linken Wandteil, zwischen Eisenstecken und Schrott befindet sich ein 45 Meter überhängendes Dach, 120 Meter über dem Boden. Der steilste Teil der Wand. Die Linie war wie Liebe auf den ersten Blick und sie sollte für 3 Jahre unsere Lebenslinie werden.

So kam es, dass wir im Sommer 2004 einstiegen und die ersten Haken schlugen. Die Wand war bereits hier im flachsten Teil steil, brüchig und Furcht erregend. Nach fünf Stunden hatten wir erst 20 Meter unserer »neuen Liebe« überwunden. Es war sehr hart: Wir wollten von unten klettern, ohne Bohrmaschine und mit so wenig Haken wie möglich auskommen. Wenn nicht in diesem Stil, dann überhaupt nicht!

Schon nach wenigen Metern lagen unsere Nerven blank und der Puls konstant auf 180. Es ging langsam, aber es ging und wir vertrauten unserem Friend, dem Cliffhanger, mehr und mehr. Die Erde drehte sich nicht mehr um die Sonne, sondern um ihn.

Wir waren eigentlich sehr zufrieden nach fünf Tagen bereits 100 Meter der Wand überwunden zu haben. Trotzdem wurde es immer steiler und ausgesetzter und außerdem baumelte nicht nur unsere Seele frei in der Luft. Wir mussten die Technik, mit Hammer und Nagel umzugehen, und vor allem unsere Moral verbessern. Es kostete immer mehr Zeit, dort hinzukommen, wo wir am Tag zuvor aufgehört hatten. Abgesehen von den blutigen Fingern und den schmerzenden Füßen vom stundenlangen Hängen in der Wand, war es immer wieder eine Überwindung den Zustieg und die unteren Seillängen zu bewältigen, um dann auf 120 Metern Wandhöhe weiterzumachen.

Es wurde Herbst und es kam bereits der erste Schnee über die Dolomitengipfel. Aus diesem Grund richteten wir ein Materialdepot ein und fixierten die ersten Längen mit Seilen, um das nächste Jahr wiederzukommen.

2005 Der Tiefpunkt

Es war Ende August. Wir hatten dieses Jahr bereits viele alpine Routen wiederholt und waren daher gut vorbereitet. Dachten wir, denn nach einigen Stunden im Neuland kamen wir nicht mehr weiter. Das Gelände war steil und brüchig, und es kamen die ersten Zweifel auf. Auch die Standplätze konnten wir mehr schlecht als recht einrichten. Am Stand angekommen, befahl mir Martin

wieder abzuklettern, um den Stand nicht unnötig zu belasten. Ich war entsetzt. Vor uns baute sich das riesige Dach auf, das unüberwindbar schien.
Beim Sichern dachte ich oft an Kathi, eine Freundin von uns, die einige Wochen zuvor beim Klettern an der Cirspitze tödlich verunglückte. Sie war gleich alt wie Martin; und ihre Schwester, die sie sicherte als es geschah, ist gleich alt wie ich. Es kostete uns sehr viel Kraft nicht aufzugeben und weiterzumachen. Wir suchten immer wieder nach Schwachstellen im Fels und zogen unsere Route in diese Richtung. Nach weiteren drei Tagen in der Wand kamen wir endlich bis zum Dach. Wir sahen einen Lichtblick. Ein großer Riss öffnete sich von rechts nach links. Wir waren jedoch 150 Meter über dem Boden und unsere Kletterbewegungen waren alles andere als fließend. All zu oft fielen Steine auf uns herab und einmal musste ich sogar ins Krankenhaus, um mir eine Wunde am Kopf nähen zu lassen.
Im oberen Wandteil wurde Martin zur treibenden Kraft. Ich muss gestehen, dass mir bereits beim Sichern der Magen krampfte, als er immer wieder samt Schlosserei durch die Luft sauste. Anscheinend kann Glaube Berge versetzen. Normalerweise bin ich moralisch stark, doch schlechte Standplätze und brüchiger und steiler Fels auf dieser Höhe wurde mir zuviel. Ich war am Nullpunkt angelangt.
Es war bereits Herbst und ich war wirklich nicht traurig, dass wir es für dieses Jahr sein lassen mussten. Ich würde nun wieder mehr zum Gardasee fahren, um dort an abgeschmierten Routen sorglos zu klettern.

2006 Die Entscheidung
Die Hoffnung stirbt zuletzt, und wir waren fest entschlossen, die Route dieses Jahr zu beenden. Oder zumindest die Erstbegehung zu schaffen; ob man das Ding dann auch frei klettern kann, stand in den Sternen. Wir wurden immer schneller beim Hochgehen, beim Jümaren und auch beim Klettern. Wir waren ein perfektes Team, jeder Handgriff passte und nach drei Tagen war das große Dach überwunden.
Eine Woche später stiegen wir wieder ein, kletterten an unseren alten Seilen hoch bis zur letzten Seillänge und machten weiter. Die Tour hatte angefangen unser Leben zu diktieren. Zuhause gab es bald kein anderes Thema mehr. Es dürfte nun nicht mehr weit sein. Nach einigen Stunden verschwand Martin hinter einem Bauch: »Stand«! Er zog den Houlbag nach und ich folgte. Es war wie ein Wunder: Ein Standplatz, an dem man stehen konnte. Nach insgesamt 10 Tagen an Standplätzen, an denen man nur frei hing, ein toller Moment. Doch wir mussten weiter. Es gab kein Zurück. Vielleicht eine Seillänge noch, danach würde es leichter werden. Nach weiteren 30 Metern wurde es tatsächlich flacher. Die nächsten zwei Seillängen schafften wir ohne Probleme und gelangten schnell zum Ausstiegsgrad.
Euphorisch kletterten wir bis zum Gipfel. Wir hatten es geschafft. Mehr als helle Freude kam tiefe Befriedigung in uns auf. Es war eine geile Zeit und Abenteuer und Erfahrung die Belohnung dafür. Im Abendrot schlugen wir uns in die Hände und der Schein unserer Stirnlampen begleitete uns zum Einstieg hinab. Dort erwarteten uns bereits unsere Eltern und meine Freundin und gratulierten uns. Wir gönnten uns noch einen Festschmaus, bevor wir müde und zufrieden nach Hause fuhren und der »Zwergenkönig« seinen Schatten über den Rosengarten legte.

von Florian Riegler

getrieben, also am Puls der Zeit in dieser Teildisziplin. Wenn ich den Fokus aber etwas weiter stelle, also die Betrachtung Alpinismus wähle, dann ist das sehr detailverliebt und die Vorbereitungen für die letztendlichen Begehungen nehmen einen sehr großen Teil der eigentlichen Aktion ein – das Sicherungsmaterial ist angebracht, das Eis wird vorgebohrt, usw. Die ersten Touren so in Prags und in Rain sind interessant und wild, während wie bei den alpinen Klettereien die neueren Touren vom Schwierigkeitsgrad her anspruchsvoller erscheinen, für eine Begehung aber nur mehr Kraft nötig ist, während die Sicherung immer besser wird und der Anspruch der Tour eigentlich zurück geht. Das ist eine Entwicklung die ich meine festzustellen. Es kann natürlich sein, dass das auch wieder zurück geht und dann ähnlich schwierige Touren mit wenigen Bohrhaken gemacht werden.

Florian: In dem Zusammenhang finde ich so eine Tour wie »Cani Morti« von Manolo in einem sehr guten Stil begangen, trotz der Bohrhaken als Zwischensicherung. Manolo beschreibt diese wenigen Bohrhaken ja als die Zeichen ihrer Schwäche.

Sportklettern in Südtirol?

Roland: Die Spitze ist sehr breit geworden, oder besser es gibt heute viel, die auf sehr hohem Niveau beim Sportklettern unterwegs sind. Also bis 8c klettern doch einige. Aber 9a+, da fällt mir gerade kein Südtiroler ein.

Hanspeter: Ja aber im Alpinen sehe ich nur sehr wenige die im Bereich der Spitze bzw. auf hohem Niveau klettern.

Roland: Der Alpinismus ist eben sehr stark zurückgegangen, die Leute kommen heute vom Sportklettern und wollen ein kalkulierbares leicht verdauliches Plaisir Erlebnis in einer alpinen Umwelt. Schöne geputzte Platten, Edelstahlabsicherung, schöne Abseilpisten – nasse Risse, brüchiger Fels, unklare Routenführung, ungewisser Ausgang, unklares Risiko, das stirbt aus.

Hanspeter: Ja, aber ich glaube, dass es immer schon wenige waren, die das wirklich gemacht und gewollt haben, ich meine jetzt nicht die Begehung von Klassiker.

Was macht dann Qualität aus? Wohin kann sich das Klettern weiterentwickeln?

Roland: Der Aufwand und die Leichtigkeit.

Hanspeter: Beim Klettern gibt es Qualität auf jedem Niveau. Qualität würde ich beim Bergsteigen mit einem möglichst großen Verzicht auf technische Hilfsmittel und wenig hinterlassenen Spuren beschreiben, so dass für Wiederholer ähnliche Exponiertheitsgefühle und ähnliche Risikoabwägungen möglich sind, wie für den Erstbegeher. Die Kunst des Ersten wird somit direkt spürbar. Das funktioniert leichter ohne Bohrhaken oder eben mit ganz wenigen, ist leichter in einer großen Wand weit weg von den Straßen, als in einer kleinen hinterm Haus usw.

Pauli: Insofern ziehe ich aber meinen Hut vor der teilweise technischen Soloerstbegehung von der Bellavista, das beeindruckt mich eigentlich fast mehr als dann die Leistung der Rotpunktbegehung, auch wenn die durchgängige Rotpunktbegehung aller Seillängen am Stück bisher ja von niemandem wiederholt wurde.

Florian: Die Linie. Wenig Absicherung: Mehr Ausgesetztheit und Abgeschiedenheit, vielleicht auch die Übertragung dieser Ideen auf höhere Wände an höheren Gipfeln.

Solange ich die Bohrmaschine dabei habe ist das Tun eher in Richtung des sportlichen Moments ausgerichtet, kann ich das klettern? Sobald ich nur mit Normalhaken und Keilen arbeite ist das Abenteuer schon viel höher, da stellt sich ja schon alleine die Frage des Rückzugs als ungewiss, da kann ich mich eben nicht einfach von Spit zu Spit hinaufarbeiten. Insofern ist so etwas wie der französische Blitzableiter an der Zinne doch sehr schade, das darf eigentlich nicht sein.

Hanspeter: Den Maßstab für den Einsatz von Bohrhaken haben schon die Südtiroler selber vorgegeben, jetzt ereifern sie sich, dass Fremde kommen und das nur einfach konsequent anwenden. Ich finde es schwierig in diesem Zusammenhang die Grenze zu ziehen. Was ist das Kriterium, der Bohrhakenabstand? 3 Meter, 10 Meter, oder wie ist das festgesetzt, wie willst du begründen, dass 10 Meter Abstand richtig und gut ist, 3 Meter aber falsch?

Oder ab wann ist die Eigenständigkeit einer Linie gegeben, wenn du bis zu 1 Meter an bestehende Touren herankommst, oder mußt du mindestens 20 Meter entfernt bleiben?

Alpinismus als Subkultur, wie Kunst im Sinne einer intensiven Lebensform und Ausdrucksform?

Roland: Die Art einer Aktion ist da für mich das entscheidende Maß der Dinge und der einzig wichtige Bewertungsmaßstab. Ob das dann einer für sich selbst als Kunst empfindet oder nicht, mir egal. Auf alle Fälle finde ich gebohrte Mehrseillängenrouten, die dann einstudiert und nach wochenlangen Mühen Rotpunkt begangen werden nicht als Kunst. Das ist mühsamer Leistungssport. Dagegen, wenn einer mit minimaler Ausrüstung einsteigt und eine Wand auf schwerer Linie durchsteigt, dann kann das Kunst sein.

Hanspeter: Das ist ja wie deine Unterschrift, so eine Erstbegehung. Insofern zählt für mich die Art einer Route, und dabei in der doppelten deutsch/englischen Bedeutung von Art. Somit der Ausdruck deiner individuellen Herangehensweise und Kreativität. Die Art wie man etwas macht, macht letztendlich die Qualität aus. Wobei wahrscheinlich über die letztendliche Bemessung von Qualität erst die nächste Generation entscheidet.

Dank für das offene Gespräch.

Der südtiroler Bergführer Pauli Trenkwalder während einer Erstbegehung in Marokko. Foto: Archiv Trenkwalder

Autoren

Martin Achrainer, geb. 1968. Zeithistoriker mit den Schwerpunkten Regional-, NS- und Justizgeschichte, derzeit als Archivar im Rahmen des Projekts »Historisches Archiv« im Oesterreichischen Alpenverein tätig.

Birgit Antes, 1950 im alpenfernen Saarland geboren, lebt seit 37 Jahren am Tegernsee in Oberbayern und arbeitet als freie Journalistin und Buchautorin. Wegen der Sucht nach wilden Landschaften wann immer sich die Gelegenheit bietet unterwegs – in heimischen und fernen Berg-Welten und am liebsten im Team Antes & Antes.

Dennis Cramer, geb. 1970, studierte Deutsch, Ev. Theologie und Sport an der PH Ludwigsburg. Ist heute als Realschulkonrektor und Schulbuchautor tätig. Er lebt mit seiner Frau und seinen drei Kindern bei Schwäbisch Hall. Publiziert seit 1994 Reisereportagen und literarische Miniaturen zu alpinen Themen. Klettert gerne im Fels und unternimmt Hoch- und Trekkingtouren.

Peter Donatsch, geb. 1958. Meine Texte und Bilder, in Form von Reportagen, Büchern, Lesungen und Multivisionsschauen zeigen Schönheit, Geheimnis und Wandel in der Natur und beim Menschen. Sie sind Ausdruck meiner Sicht auf die Welt. Mein Bestreben zielt darauf ab, ›dahinter‹ zu blicken, das Unsichtbare, Unbekannte zu beschreiben ...

Dr. Hans Dietrich Engelhardt, Professor für Soziologie und soziale Arbeit mit den Schwerpunkten Organisations- und Qualitätsentwicklung, Selbstorganisation, Selbsthilfegruppen in Praxis, Lehre, Forschung; Hobbybergsteiger weltweit, seit 1975 zahlreiche teilweise expeditionsartige Unternehmungen in Ladakh. HDEngelhardt@web.de

Gaby Funk, geb. 1957 in Eybach, Schwäb. Alb. Studium Germanistik/Romanistik, später Journalismus. Produktmanagerin, Leiterin Marketing und Presse bei Reiseveranstaltern, Tourguide in Alaska/Kanada, Redakteurin und Textchefin bei Alpin und Outdoor. Lebt seit 2005 in Oy-Mittelberg im Allgäu als freie Bergsport- und Reise-Journalistin, Buch-Autorin sowie Übersetzerin französischer und englischer Bergbücher.

Stephanie Geiger, Dr. phil, M.A., geb. 1977 in Murnau. Volontierte nach dem Studium bei der Frankfurter Allgemeinen Zeitung. Schreibt heute für die FAZ und deren Sonntagszeitung, Welt am Sonntag, Neue Zürcher Zeitung und andere. Den Bergen seit frühester Kindheit verbunden, was sich auch in ihren Arbeiten spiegelt. Lebt und arbeitet in der Nähe von Garmisch-Partenkirchen und in Berlin.

Dr. Richard Goedeke, geb. 1939, Geograph und Anglist, Lehrer i.R., extremer Kletterer und Allroundbergsteiger (119 alpine Erstbegehungen, über 1000 im Mittelgebirge), früherer Landesjugendleiter des DAV. 10 Jahre Mitglied im Hauptausschuss des DAV, Naturschutzreferent, Garant von Mountain Wilderness, Mitglied im ehem. Bundesausschuss und jetzigen Fachbeirat Klettern und Natur des DAV, Autor von Kletterführern und Mitautor der Kletterkonzeption Niedersachsen.

Beat Gugger, Freier Ausstellungskurator, Burgdorf (Schweiz) und München. Beschäftigt sich seit mehreren Jahren in Ausstellungen immer wieder mit verschiedensten Aspekten der Berge und Ihrer Wahrnehmung im Alltag.

Anke Hinrichs, geb. 1974, Diplompädagogin, beruflich tätig als Selbstständige, Hobbies: skilaufen, bergsteigen, klettern & reisen.

Dr. Christoph Höbenreich, geb. 1968 in Innsbruck, staatlich geprüfter Berg- & Skiführer, Geograph, Sportpädagoge, Autor. Leiter mehrerer erfolgreicher Gebirgs- und Polarexpeditionen: Nordpol, Trans-Grönland, Vinson Massiv (Leiter der US-Basis Vinson Basecamp), Franz Josef Land Durchquerung auf den Spuren von Julius Payer. Mitarbeiter der Sportabteilung im Amt der Tiroler Landesregierung. Lebt mit Jolanda, Timo und Daniel in Thaur/Tirol.

Eugen E. Hüsler, geb. 1944 in Zürich, hat bis heute fast 70 Bücher veröffentlicht, darunter einige »Schwergewichte« (vier Atlanten). Gilt als »Klettersteigpapst«, sieht sich selbst aber mehr als Allrounder mit besonderem Interesse für die Geschichte und Erschließung der Alpen. Sein liebstes Buch: »Alpenpanoramen«. Lebt seit 1983 zusammen mit Hildegard in Oberbayern.

Bernhard Kathan, Kulturhistoriker, Autor und Künstler, lebt und arbeitet in Innsbruck.

Stefan König, geb. 1959, hat zahlreiche Bücher mit alpinen und alpinistischen Themen veröffentlicht (zuletzt den Roman »Die Nanga-Notizen«. Er leitet das Bergfilmfestival St. Anton, ist Autor der Trenker-Biographie »Bera Luis« und gilt international als Bergfilmexperte. Er lebt – mit Blick auf die Berge – auf halbem Weg zwischen München und Zugspitze.

Iris Kürschner, geb. 1965 in Baden in der Schweiz, ist seit über 15 Jahren als Fotojournalistin für Zeitschriften und Verlage unterwegs. Das Spektrum ihrer Reportagen umfasst neben Länder- und Stadtportraits vor allem Outdoorthemen (Trekking, Radtouren, Bergsteigen, Reiten, Wintersport). Zahlreiche Buchveröffentlichungen: u.a. Klettersteige Schweiz; Himalaya – Gipfel der Götter; Der Matterhorntrek.

Dr. Ewald Langenscheidt, geb. 1955. Studium der Geologie (Marburg). Seit der Diplomarbeit über die Geologie des Hagengebirges im Nationalpark Berchtesgaden wissenschaftlich tätig (Promotion 1986: Die Landschaftsentwicklung der Berchtesgadener Alpen interpretiert aus Höhlen und ihren Sedimenten). Mitarbeit im Berchtesgadener UNESCO-Projekt MAB 6. Anschließend Koordinator des staatl. Verbundprojekts »Bodenforschung im Deutschen Alpenraum«. 1995 – 1997 Erstellung der neuen geologischen Karte des NP Berchtesgaden. Gründung des Büros Geo&Natur Umweltinformation.

Folkert Lenz, geb. 1964; hauptberuflich Hörfunkjournalist, jede freie Minute auf den hohen Gipfeln dieser Welt unterwegs. Als Allround- und Expeditionsbergsteiger (Alaska, Anden, Pamir, Afrika, Kaukasus, Patagonien) zieht es den Norddeutschen in die einsamsten Landstriche dieser Welt, am liebsten in Eis und Schnee. Mehrfach als Expeditionsleiter tätig.

Nicholas Mailänder, geboren 1949 in Stuttgart, Diplompädagoge, gilt als Pionier der Sportkletterbewegung in den Alpen, beging zahlreiche alpine Klassiker. Der Wahlmünchner war von 1991 – 1999 beim DAV für den Arbeitsbereich Klettern und Naturschutz zuständig. Lebt heute als freier Schriftsteller in München und beschäftigt sich eingehend mit der Geschichte des Bergsteigens und seiner Institutionen.

Jan Mersch, geb. 1971, Mag. rer. nat. Psychologie, lebt mit Frau und Kindern im Chiemgau. Bergsteigen und Skitouren seit Kindheit, Klettern und Alpinismus seit 1985 in Europa, USA und Asien. Seit 1993 staatlich geprüfter Berg- u. Skiführer. Jedes Jahr ca. 220 Tage unterwegs, mit Privatgästen in den Alpen und Asien, eigene Bergschule »Erlebnis Berg«, Mitglied im DAV-Lehrteam. Intensive Auseinandersetzung mit Risikomanagement, Entscheidungstheorie und Lawinenkunde. Co-Autor der SnowCard. Veröffentl. in Büchern und Zeitschriften.

Dr. Edgar Moroder, geb. 1941 in St. Ulrich/Gröden, Studium Uni Wien u. Padua, spezialisiert in den Fachbereichen Biologie und Erdwissenschaften (Diss. »Die Alpingeografie und Almwirtschaft der Seiser Alpe« an der Uni Padua). Unterrichtete 32 Jahre lang hauptsächlich Biologie und Erdwissenschaften an der Handelsoberschule »Raetia« in St. Ulrich, 17 Jahre auch das Zusatzfach »Ladinische Geschichte und Sprache«. Schreibt seit vielen Jahren journalistische Beiträge für verschiedene Zeitungen und ist Verfasser von mehr als einem Dutzend Büchern. Diverse Sendungen für verschiedene Rundfunkanstalten sowie ab 1970 zahlreiche Vorträge.

Helga Peskoller, A.Univ.-Prof.Mag.rer.nat.Dr.phil., geb. 1956 in Hall i. Tirol, hatte und habe mehrfach mit den Bergen zu tun. Studium der Geographie, Philosophie, Psychologie und Erziehungswissenschaft. Forschung/Lehre am Institut für Erziehungswissenschaft der Leopold-Franzens-Universität Innsbruck mit den inhaltlichen Schwerpunkten: Extrem- und Risikoforschung, Allgemeine Erziehungswissenschaft, Historische und Pädagogische Anthropologie, Bildungstheorie und Ästhetische Bildung.

Herwig Prinoth, Jahrgang 1971, Studium der Naturwissenschaften an den Univ. Bologna und Ferrara. Erforscht seit Jahren die Geologie und Archäologie der Dolomiten, wo ihm wichtige Funde gelungen sind, u.a die Entdeckung des Ammoniten Paratirolites und der einzigartigen Nautiloidenfauna in den oberpermischen Bellerophonschichten und die Entdeckung der sagenumwobenen Burg Stetteneck in St. Ulrich in Gröden. Er ist Kurator im Museum Ladin Ciastel de Tor im Gadertal.

Bernd Ritschel, geb. 1963 in Wolfratshausen (Oberbayern), bereist seit 23 Jahren die Gebirge und Kontinente dieser Erde. Viele Expeditionen (Himalaya, Alaska, Anden, Arktis) führten ihn auch auf Gipfel über 7000 Meter. Heute einer der bekanntesten Berg-und Reportagefotografen, der in fast allen europäischen Ski- und Bergmagazinen publiziert sowie (Mit-)Autor von diversen Bildbänden und Lehrbüchern ist.

Martin Roos, geb. 1967, sattelte nach dem Biochemiediplom auf Wissenschaftsjournalismus um. Als freier Autor, wechselweise wohnhaft in München und Valencia, schreibt er vor allem über medizinische und erdkundliche Themen. Reise und Alpinismus gehören mehr und mehr zu seinem Portfolio – in Form von Analysen, Reisereportagen sowie als Buchautor. 2007 erschien sein Wanderführer »Costa del Azahar«. Autorenhomepage: www.genuancen.net

Ingrid Runggaldier Moroder, geb. 1963 in Bozen, aufgewachsen in Gröden. Germanistik und Anglistikstudium in Innsbruck. Übersetzerin in der Landesverwaltung der Provinz Bozen Südtirol. Arbeitet als freie Mitarbeiterin für verschiedene Zeitschriften, Radio und Fernsehen. Verschiedene Filmdokumentationen, darunter »Frau im Aufstieg« (2002), und »Worte im Kopf« (2004). Außerdem Mitglied des Landesbeirats für Chancengleichheit zwischen Frau und Mann, Kulturreferentin beim Alpenverein Südtirol und Mitglied des Verwaltungsrates des Internationalen Bergfilmfestivals der Stadt Trient.

Dr. Volker Schenk, geb. 1937 in Wernigerode am Harz, aufgewachsen im Salzkammergut und am Tegernsee.Geologiestudium in München, dann zunächst in Österreich und Italien, anschließend bei einer weltweit operierenden deutschen Ingenieurfirma tätig. Fachvorträge u. Veröff. in nationalen und internat. geotechnischen Zeitschriften; DAV-Mitglied seit 1956, lebt heute mit seiner Frau in Hohenlohe.

Mag. Dr. Ingeborg Schmid-Mummert, geb. 1973, Volkskundlerin, Romanistin. Mitarbeiterin im »Historischen Alpenarchiv«, einem gemeinschaftlichen Projekt von OeAV, DAV, AVS. Dissertation über tödliche Bergunfälle im Spannungsfeld des frühen Verbandsalpinismus.

Thorsten Schüller, geb. 1964, seit über drei Jahrzehnten mit Seil, Steigeisen und Skiern in den Bergen unterwegs. Neben zahllosen Touren in den Alpen hat der gebürtige Kieler, der in der Nähe von München lebt, hohe Gipfel im Himalaya, in Südamerika sowie in Zentralasien bestiegen, verdient seinen Lebensunterhalt als Redakteur. 2007 erschien sein Reisereportagenband »Canasta im Schneesturm«.

Mag. Stefan Spath, 42 Jahre, lebt in Wien und arbeitet als Reisejournalist mit Schwerpunkten Reisen, Natur, Outdoor und Wellness für Zeitungen und Magazine in Deutschland, Österreich und der Schweiz. Der gebürtige Tiroler studierte Publizistik und Politikwissenschaften in Salzburg und Wien und arbeitete mehr als 10 Jahre in der Außenpolitik-Redaktion der Austria Presse Agentur (APA), längere Aufenthalte in Australien und Neuseeland. Seit 2000 als freier Autor tätig.

Franz Speer, geb. 1947 in Lenggries, Dipl.-Ing. Landespflege (TU München-Weihenstephan), ab 1978 Mitglied im DAV-Ausschuss zum Schutz der Bergwelt (Umweltausschuss), seit 1981 hauptamtlich im DAV-Referat jetzt Ressort Natur- und Umwelt tätig, seit Anerkennung des DAV als Naturschutzverband in Bayern 1984 vorrangig für die Stellungnahmen im Rahmen von Anhörungen und seit 2004 zusätzlich für die DAV-Kampagne »So schmecken die Berge« zuständig. Mitglied im Naturschutzbeirat der Regierung von Oberbayern und im Präsidium der Bayerischen Akademie für Naturschutz und Landschaftspflege, Mitbegründer der Isar-Allianz.

Karin Steinbach Tarnutzer, geb. 1966, bei München aufgewachsen, war von Jugend an, unter anderem als Fachübungsleiterin Hochtouren im DAV, in den Bergen unterwegs. Die Literatur- und Kommunikationswissenschaftlerin arbeitete in fünfzehn Verlagsjahren in München und Zürich mit zahlreichen Alpinisten und Bergbuchautoren zusammen. Sie lebt als freie Lektorin und Autorin in St. Gallen.

Walter Theil, geb. 1952, studierte Germanistik, Geschichte, Philosophie und Sport. War viele Jahre als Lektor, Verlagsleiter und Geschäftsführer in verschiedenen Verlagen tätig, davon 10 Jahre beim Bergverlag Rother. Gründete 2000 seinen eigenen Verlag (wt-BuchTeam) und betreut seit 2004 die Redaktion des Alpenvereinsjahrbuchs.

Bernhard Tschofen, geb. 1966 in Bregenz (Vorarlberg), ist seit 2004 Professor für Empirische Kulturwissenschaft am Ludwig-Uhland-Institut der Uni Tübingen. Seine Forschungs- und Lehrschwerpunkte sind Regionale Ethnographie, Tourismuskultur (Alpinismus), Repräsentationen historischer Volks- und Alltagskulturen (Nahrung, Kleidung), Wissenskulturen und Museologie.

Jürgen Winkler, erlernte das Fotografenhandwerk und arbeitete einige Jahre in der Industrie- und Werbefotografie. Dann freischaffender Fotograf mit dem Schwerpunkt Fotografie im Gebirge. 1970 Teilnehmer der Nanga-Parbat-Expedition zur Rupalwand, seit 1974 staatlich geprüfter Berg- und Skiführer. Er ist berufenes Mitglied der Deutschen Gesellschaft für Photografie und national und international mehrfach ausgezeichnet. Diverse Ausstellungen im In- und Ausland.

Heinz Zak, geboren 1958 in Wörgl, lebt als Kletterer und freiberuflicher Fotograf in Scharnitz, Tirol. Brachte Ende der 70er Jahre die Idee des Sportkletterns mit nach Österreich und gilt durch seine erfolgreichen Publikationen (u.a. »high life«, »Rock Stars«, »Yosemite«) und seine weltweiten Veröffentlichungen in Büchern, Zeitschriften und Kalendern heute als einer der bekanntesten Kletterer und Kletterfotografen Österreichs (www.heinzzak.com).

Impressum

ISSN 0179-1419	ISBN-10: 3-937530-20-7	ISBN-13: 978-3-937530-20-8	(Buchhandelsausgabe)
	ISBN-10: 3-937530-19-3	ISBN-13: 978-3-937530-19-2	(Mitgliederausgabe)
	ISBN-10: 3-928777-83-1	ISBN-13: 978-3-928777-83-4	(beiliegende AV-Karte)

Text- u. Bildredaktion: Karin Straßer, Walter Theil
Konzeption u. Layout: wt-BuchTeam Walter Theil, Garching/Alz
Umschlaggestaltung: Norbert Freudenthaler
Reprographische Arbeiten: Wolfgang Ehn, Mittenwald
Gesamtherstellung: Biedermann GmbH, Parsdorf b. München

Alleinvertrieb für Wiederverkäufer:
in Deutschland: GeoCenter, Postfach 800330, 70508 Stuttgart
in Österreich: Freytag-Berndt u. Artaria, Brunner Str. 69, 1231 Wien

Bildnachweis (Kapitelseiten):
Bild S. 10: »Ich war noch nie am Matterhorn«, Peter Angermann, 1999, Acryl auf Leinen, 170x140 cm.
Foto: Peter Angermann
Bild S. 88: Heinz Zak geht über den Spiegelsee, Schladminger Tauern.
Foto: Gabriele Lugmayr/Archiv Heinz Zak
Bild S. 150: Bizarre Steinmänner säumen den Weg über den Passo San Chiaffredo, Etappe des Giro del Viso.
Foto: Iris Kürschner
Bild S. 186: »In attempting to pass the corner I slipped an fell«.
In: Whymper, Edward: Scrambles amongst the Alps. With additional illustrations an material from the author's unpublished diaries. Revised and edited ba H.E.G. Tyndale. London (Murray)[6] 1936, S. 86.
Bild S. 242: Im Sellastock.
Foto: A. Strauss
Bild S. 280: Hari Berger († Dez. 2006) auf Kletterexpedition auf Madagaskar.
Foto: Hermann Erber